D1735288

BIOGRAFÍAS
ESPASA

CARLOS ABELLA

LUIS MIGUEL DOMINGUÍN

Prólogo de
JORGE SEMPRÚN

ESPASA CALPE
Madrid-1995

Director Editorial: Javier de Juan y Peñalosa
Editora: Constanza Aguilera
Diseño de la colección: José Fernández Olías
Cubierta: Ángel Sanz
Fotografía de cubierta: de la colección particular de Luis Miguel *Dominguín*
Fotografías del interior: de la colección particular de Luis Miguel *Dominguín,*
archivo gráfico de Espasa Calpe, Agencia Efe y los archivos de Cano,
Pepillo, Pablo Pérez-Mínguez, Jacques Loïcq, Valls, J. M. Lara, Cuevas,
Alarcón, Mateo, Solana, Rubio, Rodero, J. Palao, Anguita, M. Wenge-
row, Finezas, Santos Yubero, Aracil, Martín, Orduña, Chino Pérez, Cha-
presto, Arjona y Enrique

Impreso en España
Printed in Spain

ES PROPIEDAD

© Carlos Abella, 1995
© De esta edición, Espasa Calpe, S. A., Madrid, 1995

Primera edición: abril, 1995
Segunda edición: mayo, 1995

Impresión: UNIGRAF, S. L.

Depósito legal: M. 16.922-1995
ISBN: 84-239-2277-4

Editorial Espasa Calpe, S. A.
Carretera de Irún, km 12,200. 28049 Madrid

A Mercedes y Rafael, mis padres

agradecimientos

A Gabriel Aguirre, Mauricio Álvarez de Bohórquez, Juan Antonio Bardem, Isabel Berdegué, Lucía Bosé, Ángel Luis *Bienvenida*, Juan *Bienvenida*, Pedro Beltrán, José María Camiña, Manuel Cano, José Cavero, Emilio Cuevas, Antonio Checa, Fernando Chueca Goitia, Paola *Dominguín, Pochola Dominguín*, Pepe *Dominguín*, Francisco Román («Don Paco»), la Fundación Gala-Salvador Dalí, Fernando Escardó, Manuel Escudero, Pepe Esteban, Andrés Fagalde, Nacho Fagalde, José Luis González, José Ibáñez, Aurora Junco, Antonio Jover, Juan Jurado, Carlos Lomana, José Luis Lozano, Rafael Llorente, Jaime Marco *el Choni,* Pablo Martín Berrocal, Rafael Muñoz Lorente, Ricardo Muñoz-Suay, Joaquín Pacheco, Amancio Peinado, Mariano Peinado, Domingo Peinado, Pablo Pérez-Mínguez, Pedro Portabella, Carmen Posadas, Antonio Romero, Javier Pradera, Miguel Primo de Rivera, Carmen Prieto Castro, Bernabé Sarabia, Carlos Sentís, Carlos Taché, Ramón Tamames, Teresa Tortella, José Ignacio Vallejo-Nágera y Peter Viertel.

A Marta Valenciano, que mecanografió el original con tanta eficacia como orden; a John Pittaluga, que supo encontrar en la Hemeroteca Nacional y en el Registro Civil de Madrid testimonios escritos de la vida de Luis Miguel. A Cecilia Garcés, de nuevo decisiva en el último aliento.

Al interés y fe en el libro de Beata Rozga, y a Constanza Aguilera, que puso comprensión, dulzura e inteligencia.

Y a Rosario y Luis Miguel, por su confianza, generosidad, paciencia y permanente hospitalidad.

El ingenio, sin el carácter, no vale nada.

Anatole France, *L'étui de nacre.*

No sé quién ha dicho que el gran talento no consiste precisamente en saber lo que se ha de decir, sino en saber lo que se ha de
callar.

Mariano José de Larra, *El don de la palabra.*

El hombre es verdaderamente grande sólo cuando obra a impul-
sos de las pasiones.

Disraeli, *Coningsby.*

índice

prólogo

¿Dónde habré visto por primera vez a Luis Miguel? ¿Y cuándo? Hago un esfuerzo de memoria, surgen imágenes: me adentro en la emoción de los recuerdos. No creo que fuera en «La Companza», aquella finca de Quismondo...

(¡Quismondo! El nombre tiene rotundidad, cierto empaque clásico, recio. Estoy escribiendo este prólogo en una casa de campo, en el corazón suave y boscoso de la Isla de Francia, región de mieles y de mieses. Vientos de sudoeste desparraman las nubes por un cielo cambiante. Me levanto del escritorio, refulge el agua de un estanque. En el anaquel busco el tomo correspondiente del *Diccionario Geográfico-Estadístico de España y sus Posesiones de Ultramar* de don Pascual Madoz. Está la entrada relativa a Quismondo entre Quisicedo y Quitapesares. La que sigue a esta última me encanta: Quitasueños. Se trata —o se trataba— de un cortijo de la provincia de Sevilla, en el partido judicial de Alcalá de Guadaira: ¡hasta los cortijos y fincas vienen reseñados en el Madoz! Me encanta también el estilo descriptivo de don Pascual: hablando del pueblo de Quismondo dice que *es de clima templado, con buena ventilación y se padecen catarros...*)

Una noche, en «La Companza» de Quismondo, sea como sea, estuvimos cenando en la amplia cocina. Presidía el patriarca, don

Domingo. Mejor dicho: presidía su mujer, doña Gracia, matriarca, ex señorita pelotari, que aún desafiaba, socarrona, a los amigos de sus hijos, derrotándolos estrepitosamente —a Pedro Portabella se le ha visto perder el partido, el aliento y hasta la compostura en el frontón de la casa.

Aquella vez, en la sobremesa ya, se presentó la pareja de la Guardia Civil que hacía su ronda habitual de vigilancia. A Domingo, primogénito de los *Dominguines* —nuestro Dominguito, *Petit-dimanche,* como le llamaba Ignacio Romero—, le hizo gracia invitar a la Benemérita a una copa de aguardiente. Le hizo gracia que el cabo y su acompañante tomaran un trago sentados a la misma mesa que yo, miembro por entonces de la dirección del PCE, representante clandestino de esta en Madrid.

Pero no creo que fuera en «La Companza» de Quismondo, aquel fin de semana, donde conocí a Luis Miguel. Lo lamento, en cierto modo. Me hubiera gustado conocerlo en aquella finca de Toledo, que me parece tan emblemática de la legendaria aventura de los *Dominguines.* Probablemente fue en Ferraz, 12, o en algún restaurante de Madrid. Me lo presentó Domingo, en cualquier caso, pocos meses después de que nos conociéramos él y yo, en 1956, de que comenzara a trabajar a mi lado, en la organización comunista clandestina.

Cinco años más tarde, en Cannes, en el Hotel Majestic, estuvimos charlando y bebiendo hasta la madrugada. Estaba Luis Miguel —a solas, para mis adentros, le pongo un solo nombre, Miguel, como lo hacía su hermano Domingo—, estaba Miguel, pues, con Lucía Bosé. Yo estaba también con mi mujer, Colette. Estaba Lucía dichosa porque había vuelto a encontrarse aquellos días con algunos compañeros de su juventud italiana e izquierdista. Y es que acabábamos de festejar por todo lo alto los ochenta años de Pablo Picasso, en Mougins, Niza y Vallauris. *Hubo pandorgas y fuegos / y otros nocturnos juegos / que dispuso el adalid...,* como dice el romance. El adalid, en este caso, el del cumpleaños de Pablo Picasso, fue Domingo *Dominguín,* por parte española. Por parte francesa, que fue la fundamental —en cuanto, al menos, a la financiación de *fuegos* y *juegos*—, el responsable fue un siniestro personaje del Partido Comunista Francés, hombre de la sombra de los aparatos, encargado de los asuntos de dinero, Georges Gosnat. Hombre culto e inteligente, dicha sea la verdad, pero totalmente desprovisto de escrúpulos; totalmente sometido a la fluctuante sinrazón de partido, a la fidelidad *perinde ac cadaver.*

En mi condición de representante oficial del PCE en aquel cumpleaños, tuve que asistir a algunos de los tratos financieros que el acontecimiento exigió. Así pasaron por mis manos los dineros que le entregué a Domingo para pagar la corrida de toros que se celebró en Vallauris, con gran éxito público y escándalo gubernativo, ya que hubo tercio de muerte no autorizado.

Lo esencial, sin embargo, aquella noche en el Majestic de Cannes, no fueron estas anécdotas, ni otras muchas que podrían contarse. Lo esencial es que Lucía estaba feliz. Se había vuelto a encontrar con algunos de sus compañeros de juventud. Con Antonello Trombadori, por ejemplo. Y Miguel estaba relajado: incisivo e irónico, en plena forma intelectual. Durante aquellos días, al ver actuar como delegado del PCE al *Agustín Larrea* que conocía, pudo ver confirmarse lo que ya suponía. Porque nunca se creyó Luis Miguel que yo estuviera preparando en Madrid oposiciones a una cátedra de sociología; siempre supuso cuál era mi dedicación política.

Ya he dicho en alguna ocasión con cuánta prudencia, cuánto sigilo, con cuánta generosidad siempre manejó Luis Miguel, para ocultarnos y protegerme, los datos que había ido adivinando o coligiendo, relativos a mi verdadera función, a mi verdadera identidad. No se me escapa —pero ello no disminuye su valor intrínseco— que, al protegerme, Luis Miguel protegía ante todo a su hermano Domingo; que lo que en él predominaba era el espíritu de solidaridad familiar que, por encima de broncas, altercados y barullos, hacía de los *Dominguines* un clan que dominó la figura del padre, primero, una fratría, luego, apiñada en torno a la presencia solar de Luis Miguel, el más joven de los hijos.

Por ello, cuando este me llamó por teléfono, hace unas semanas, no dudé un instante en aceptar lo que me pedía.

¿Un prólogo a la biografía que estaba terminando de escribir Carlos Abella? Pues sí, pues bien: un prólogo. No es que me gusten los prólogos, no suelo aceptar propuestas o encargos de este género. No tengo para los prólogos o prefacios ni el oficio ni el talento de algunos. De Ortega y Gasset, pongamos por caso. En este, por añadidura, por tratarse de Luis Miguel, de la época en que su vida ha transcurrido, la mía (somos casi exactamente coetáneos —noción, esta, utilizada y hasta manoseada por Ortega, precisamente—, ya que nació en 1925, yo en 1923, dos años antes, casi día por día: porque somos del mismo signo, Sagitario, del mismo mes, diciembre, yo del día 10, él del día 9), en este caso, por tanto, podría interesarme, más que un prólogo, algún moroso y memorioso excurso por nuestras vidas: alguna excursión veraz por la memoria, en este tiempo nuestro de desmemoriados.

Me puse al teléfono hace unas semanas, oí la voz de Luis Miguel, inmediatamente identificada. La voz de Rosario, luego, insistiendo cariñosamente —¡paz en la tierra y en el cielo de vuestras vidas y vuestras almas, paz para ambos en el sosiego de las lluvias y soles compartidos hasta el último sol, la última lluvia tibia!—. Se desencadenó un torbellino de recuerdos: no bastaría este prólogo, ni diez más, para siquiera enumerarlos. Y en todas las fulguraciones de la memoria, la imagen de Domingo, por supuesto: Dominguito, *Petitdimanche,* dejado de la mano del dios de la amistad, allá a lo lejos, en las Américas, donde se forjó la leyenda de la fratría *Dominguín.*

Sabía de antemano que la biografía de Luis Miguel, de ser veraz y completa —y con Carlos Abella tenía que serlo: lo ha sido—, pondría de relieve datos o momentos que me disgustarían, que volverían a disgustarme. Sabía de antemano, por ejemplo, que siendo Luis Miguel como es —coherente, fiel a su andadura vital— volvería a expresar, de alguna manera, su respeto por la figura política del general Franco, opinión que ya hemos discutido, que volveremos a discutir, si se tercia, hasta tirarnos los trastos a la cabeza. Acepté, sin embargo, emocionadamente, sin dudarlo un segundo, escribir este prólogo.

¿Pero es un prólogo? ¿No será más bien el testimonio breve, frágil, efímero, de un deseo de eternidad? Quiero decir: un deseo de expresar algo eterno, que rebase los límites de nuestras vidas y vivencias, de nuestras muertes también. El deseo y la nostalgia de un vínculo fraternal, de una pertenencia a la fraternidad, por encima de las peripecias de la vida, de sus avatares.

Más que un prólogo, pues, Miguel, una señal: sigue dando la cara, no perdiéndole la cara al toro de la vida. Nos estamos viendo.

JORGE SEMPRÚN.

1

Linares, 28 de agosto de 1947: el último testigo

Linares, 28 de agosto de 1947

L UIS Miguel *Dominguín* llegó a Madrid el 27 de agosto de 1947 de madrugada. Había toreado en Cieza el día anterior y durante la noche había conducido el Hispano-Suiza turnándose con Teodoro, su mecánico. Descansó unas horas y después de dar un beso a su madre, se reunió con su hermano Domingo en la Cervecería Alemana. Aquel 27 de agosto de 1947 la plaza de Santa Ana, casi vacía, soportaba el rigor de la temperatura estival; los madrileños esperaban a que el calor disminuyera para salir a pasear por las calles vecinas, llenas de bares de sabor taurino. Era miércoles y, pese a ser agosto, la vida cotidiana de los españoles todavía no se había visto conmocionada por el furor de las vacaciones; a última hora de la tarde, los servicios municipales regaban las calles creando una artificial humedad, que incitaba al paseo bajo los árboles de los bulevares.

Después de cenar pronto una merluza y algo de fruta, Luis Miguel viajó con su mozo de estoques *Miguelillo,* el leal *Chocolate* y su primo Domingo Peinado en el mastodóntico Hispano-Suiza, con el que se alcanzaban medias de cuarenta kilómetros por hora. Al día siguiente toreaba en Linares con *Manolete* una corrida de toros de Eduardo Miura.

Por tren, en el expreso Madrid-Baeza, viajaba su padre, Domingo *Dominguín,* con el fotógrafo Cano, el matador de toros Rafael Ortega *(Gallito)* y el crítico Capdevila. En la estación se encontraron al crítico de *Ya* y *Dígame* Ricardo García *(K-Hito)* y al conde de Colombí, buen aficionado a los toros y seguidor de *Manolete. Dominguín* padre les comentó que la corrida de Miura que se iba a lidiar era «muy chica».

Manolete, por su parte, acompañado por su apoderado, José Flores *(Camará),* y el crítico de *Pueblo* Antonio Bellón, viajaba de noche en su precioso Buick azul por la carretera de Andalucía, camino de Linares. Cuando los demás cerraron los ojos, *Manolete* comentó al crítico su cansancio, su deseo de concluir ya esa temporada en la que después de su ausencia de los ruedos del año anterior, los públicos se habían vuelto con él exigentes hasta la injusticia. «¡Qué ganas tengo de que llegue octubre!», le había reconocido a Matías Prats en una entrevista radiofónica en San Sebastián. Bellón ha escrito que *Manolete* le habló de Lupe Sino y de su próximo matrimonio con ella.

En su Hispano-Suiza, Luis Miguel permanecía atento a las maniobras que su chófer Teodoro hacía para adelantar a los pocos vehículos que atravesaban España esa noche. Por un rato, antes de Puerto Lápice, cerró los ojos y evocó los últimos acontecimientos que le llevaban a mantener con *Manolete* una enconada rivalidad. Recordó su encuentro en San Sebastián cuando, después de una larga temporada sin hablarse, se dieron la mano en presencia de Juanito Belmonte en el patio de cuadrillas. Recordó también cómo se había llegado a esa competencia y lo que les había costado a él y a su padre conseguir que *Manolete* le admitiera como su más serio competidor, aceptando su presencia en los carteles.

Se hablaba ya entonces de la nueva pareja. En San Sebastián, aquella tarde de agosto, el callejón estaba lleno de ilustres aficionados ávidos de presenciar uno de los primeros duelos de la que todos creían pareja histórica: Luis Calvo, Rafael Sánchez Mazas, el conde de la Corte, José Antonio Girón, ministro de Trabajo, al que Luis Miguel brindó un toro...; el otro se lo ofreció a Carmencita Franco, que también recibió el brindis de *Manolete* y de Juanito Belmonte.

Luis Miguel recordó también que la víspera *Manolete* había sido homenajeado por la sociedad gastronómica *El Gasómetro* e hizo unas declaraciones en las que negó que le vetara: «Luis Miguel —dijo el diestro de Córdoba— es un torero lleno de juventud y de gallardía, lo que se dice un buen torero, y con él toreé en Vitoria, volveré a hacerlo en San Sebastián y juntos saldremos en cuantas plazas estemos contratados el mismo día.»

K-Hito y el conde de Colombí cenaron en el vagón restaurante, como *Dominguín* padre y sus acompañantes. *Manolete, Camará* y Antonio Bellón lo hicieron en el albergue de Manzanares, donde vieron pasar, por cierto, el expreso de Madrid. Luis Miguel se detuvo en Valdepeñas, donde tomaron un café y continuaron viaje. Todos llegaron a Linares de madrugada.

Luis Miguel había reservado una habitación en el hotel Cervantes —el hotel taurino por excelencia de Linares—, en el que también se vestía *Manolete. Chocolate,* más previsor que su rival en la organización de *Manolete,* había conseguido una habitación en la primera planta, junto al cuarto de baño. Como su torero volvía a torear al día siguiente, *Chocolate* había reservado para entonces otra habitación en el parador de Úbeda, para estar más tranquilo y alejado del bullicio local.

«*Islero*» mata a «*Manolete*»

A mediodía del día 28, Luis Miguel, vestido de forma deportiva con un pantalón de gabardina y un polo de manga corta, encendió un cigarrillo rubio sin filtro y le preguntó a *Miguelillo* si hacía viento, al mismo tiempo que empezó a sentir la boca reseca. Esa tarde iba a torear una corrida de Miura alternando con *Manolete* en un momento álgido de su rivalidad. Le extrañaba que tal y como estaba físicamente *Manolete* aceptara torear una corrida de Miura en Linares, en pleno mes de agosto, pero supuso que era cosa de los apoderados y de la empresa y que, por alguna razón, tanto *Camará* como Pedro Balañá así lo habían convenido. También sospechó —y así me lo ha confirmado— que los toros estarían «arreglados» y por ello había decidido que no viniera con él el doctor Tamames, médico que le acompañaba siempre y que merecía toda su confianza. El día era hermoso, claro y se adivinaba que tras el almuerzo la tarde sería calurosa.

Por su parte, *Manolete* descansaba en su habitación del hotel Cervantes. Se levantó hacia las once, tomó un desayuno ligero y poco antes de la una atendió la visita de Pedro Balañá, Antonio Bellón, *K-Hito* y el conde de Colombí, que fueron a desearle suerte.

Guillermo y *Chimo* aprovecharon para bajar a tomar algo. *Camará* había ido al apartado. Cuando *Manolete* se quedó solo otra vez pidió que le pusieran con el balneario de Lanjarón.

—Señorita, ¿me puede poner con la habitación de doña Lupe Sino?

—Sí, le paso.

Esperó ansioso unos instantes y confió en que ella estuviera en su cuarto.

—¡Manolo!, ¿eres tú?

—Sí. ¿Qué tal has dormido?

—Bien, muy bien. Llegamos aquí anteayer y esto es muy bonito. Estoy descansando mucho.

—Tengo ganas de verte, Lupe. ¡Y de que acabe la temporada!

—Ya queda poco, Manolo; apenas un mes más, unas cuantas corridas y podremos estar juntos.

—Sí, pero cada día me exigen más y esto es muy duro. Ya le he dicho a *Camará* que no hay derecho a que me haya contratado tantas corridas en agosto y septiembre. Y además hoy miuras... ¡Y con Luis Miguel!

—Bueno, mi amor, dile a Guillermo que me llame al terminar la corrida o si puedes hazlo tú mismo. Mucha suerte, mi vida.

—Gracias, Lupe, la necesito. ¡Hasta la tarde!

Al llegar al apartado, Domingo *Dominguín* y *Camará* se saludaron como viejos amigos, ignorando las batallas que primero bajo cuerda y después abiertamente habían librado en los últimos meses. *Pinturas* y Peinado se saludaron también con cordialidad y, una vez organizado el sorteo por el personal de la empresa, cada cual extrajo su papeleta. *Camará* se mostró disgustado con el primer toro del lote de *Manolete* —un toro muy alto, basto, que podía no ser bueno— y propuso cambiarlo por uno de *Gitanillo*, que aceptó. Como Peinado se dio cuenta del cambio, *Camará* se acercó a *Dominguín* para ofrecerle canjear algún toro del lote de Luis Miguel por el otro de *Gitanillo*. Pero Domingo, poco amigo de tentar a la suerte, se mostró conformista con el destino y rechazó la componenda.

*   *   *

El traje rosa pálido y oro colgaba doblado de una de las sillas de la habitación de *Manolete;* este, nervioso, fumaba un cigarrillo americano sin filtro. Había tomado una ensalada y un poco de pescado y empezó a notar en su organismo las clásicas reacciones de la intranquilidad. Recordó que el cuarto de baño estaba en el primer piso y en batín y zapatillas salió de su habitación. Al pasar por delante de la que ocupaba Luis Miguel miró de reojo y vio a algunos partidarios suyos; apenas se detuvo para no incomodarlos. Estaba ya acostumbrado a aquella pequeña miseria humana y, aunque le dolió, al fin y al cabo él ya estaba yéndose de los toros. Al salir del cuarto de baño, Luis Miguel estaba solo y le invitó a pasar. Sentía aprecio por el menor de los *Dominguín,* al que conocía desde niño y al que había visto torear de becerrista. Era un buen torero, que le plantaba cara a los toros y al público y, además, era hijo de don Domingo *Dominguín,* por el que sentía un gran respeto como hombre y como taurino. Por otra parte, era hermano de Pepe, con el que tantas veces había salido al cine o a bailar porque se le daban muy bien las chicas.

—Pasa, Manolo —le dijo Luis Miguel.

—Hola, Miguel. Cómo aprieta el calor, ¿eh?

—Sí, Manolo.

Un mutuo respeto presidió la primera parte de la conversación; los dos ponían a contribución su timidez y la larga frialdad que había dominado sus relaciones en los últimos meses, producto de la rivalidad de sus partidarios y de los comentarios de los escritores y críticos taurinos.

—Estoy muy cansado, Miguel —reconoció *Manolete,* rompiendo el hielo y buscando en la aceptación de esa flaqueza una humanización de la relación—. Me han hecho torear a la fuerza —continuó—. Cuando termine esta temporada quiero marcharme.

Luis Miguel, ocho años más joven, pero más ambicioso y audaz, se sintió vencedor de la batalla emprendida en el mes de agosto de 1944, cuando Domingo Ortega le hizo doctor en tauromaquia. Por primera vez vio en otro hombre la cara de la derrota, de la decepción por el insaciable apetito de héroes del público, y ejerciendo su madurez interior, trató de tranquilizarlo quitándole importancia a ese cansancio.

—Hombre, Manolo, así estamos todos a finales de agosto. El calor, los viajes y la tensión acaban por agotar a cualquiera, pero luego termina la temporada y estamos deseando que llegue marzo para empezar otra vez. Ya verás cómo el año que viene estás más animado.

—No, no. A final de temporada me retiro y lo que siento es que a quien más daño voy a hacer es a ti. Tú heredarás mis enemigos y todos irán en contra de ti. Ya lo verás.

Luis Miguel escuchó su vaticinio y, después de desearse suerte mutuamente, se estrecharon la mano. *Manolete*, con su permanente porte elegante y erguido, abandonó la habitación camino de la suya. Antes de que volvieran *Chocolate* y *Miguelillo*, Luis Miguel rememoró su vieja admiración por este hombre y por su toreo.

«Mi admiración por este *Manolete* era inmensa —me reconocería en la primera de nuestras conversaciones— porque sólo he conocido dos toreros que no necesitaban que el toro estuviera en el ruedo para crear arte: *Manolete* por su solemnidad y *Cagancho* por su empaque. Sin embargo, pronto comprendí nuestro destino. Nuestra ley no aceptaba otra alternativa. Parecía estar escrito. Para ocupar su sitio tendría que desalojarlo primero, y demasiado bien sabía yo que *Manolete* no cedería su corona al son de otra música que no fuera su propio canto funeral, aunque —también lo sabía— ese canto fúnebre podría ser el mío.»

$$* \quad * \quad *$$

Mientras *Miguelillo* le ayudaba a vestirse el traje verde y oro y él se abotonaba la camisa, recordó con una mueca irónica la tarde que conoció a *Manolete*. Era un perfecto desconocido y toreaba en la plaza de toros de Tetuán de las Victorias, de la que su padre era empresario. Recordó que aquel 2 de mayo de 1935 su padre le llevó al patio de caballos y le presentó al torero: «Mira, Manolo, este es mi hijo Luis Miguel.» Años después, en su finca «La Virgen», Luis Miguel me hizo la observación de que cuando su padre se acercó a *Manolete* no le dijo: «Mira, hijo, te presento a *Manolete*», sino que le consideró a él más importante al decir: «Manolo, te presento a mi hijo Luis Miguel.»

En «La Virgen», en un atardecer de primavera, Luis Miguel me contó que «aquella tarde en Tetuán fue la primera vez que vi esa sonrisa de *Manolete* que casi era un rictus. Luego —ya desde mi localidad— vi su expresión lejana, irónica, triste y sencilla y no la olvidé nunca, porque cuando le cogió *Islero* y se lo llevaban las asistencias a la enfermería, nuestras miradas se cruzaron por última vez y volví a ver la suya de predestinado, lejana, sencilla, triste y serena. «¿Sabes? —me dijo Luis Miguel con su habitual rotundidad—, la mirada de *Manolete* no tenía ni más ni menos muerte que la de doce años atrás en la placita de Tetuán de las Victorias.»

La corrida transcurrió sin especial interés en los primeros toros y *Manolete* estuvo aseado en el segundo. En el tercero, Luis Miguel toreó con gran lucimiento a su enemigo y lo mató mal, pese a lo cual, ante la petición de trofeos, la cuadrilla de Luis Miguel se apresuró a cortar las dos orejas y el rabo del toro, que el diestro hubo de devolver en parte, ya que el presidente sólo le concedió una oreja, que Luis Miguel paseó en la vuelta al ruedo. Cuando ya sonaban clarines y timbales para anunciar la salida al ruedo del cuarto, Luis Miguel, secándose el sudor con una toalla, escuchó gritar a un aficionado, seguidor suyo: «¡Luis Miguel, de *Joselito* a ti, pasando por tres *chalaos!*»

Luis Miguel miró de reojo a *Manolete* y al observar su gesto contrariado y dolido le dijo: «Manolo, no hagas caso.» Quien había pronunciado la frase —según Luis Miguel— «era un hombre delgado, con sombrero de ala ancha, vestido de negro, con camisa blanca, sin corbata. El prototipo del clásico cordobés». A su lado —según cuenta Antonio D. Olano en su libro *Dinastías*— estaban varios amigos de Luis Miguel que, curiosamente, al final de la corrida no se acordaban de este personaje y creían que era una visión fantasmagórica del torero.

Gitanillo de Triana estuvo bien con el cuarto toro, que fue bueno, y que hubiera correspondido a *Manolete* de haberse respetado el sorteo.

Y salió el quinto, negro bragado, de nombre *Islero,* que ya en el quite comprometió a Luis Miguel. «*Manolete* —en palabras del crítico *K-Hito*— estuvo bien con él y lo toreó por el pitón derecho, que era el lado malo del toro. En una arrancada violenta, quiso arrollarle, pero *Manolete* intentó darle un molinete de rodillas, aprovechando el viaje, sin hincar las rodillas.» A la hora de perfilarse para entrar a matar, Luis Miguel recuerda que pensó: «No, ahí no», porque «lo hizo en la suerte contraria y con los chiqueros detrás del toro». «Por eso —aduce Luis Miguel— el toro no le cogió, sino que, herido de muerte, se limitó a girar la cabeza y le arrolló.» *K-Hito,* por su parte, recuerda que «*Manolete* hizo la suerte muy despacio, dejándose ver».

Islero metió todo el cuerno derecho en la ingle derecha de *Manolete* que, herido, giró sobre el pitón, cayendo al suelo, donde quedó hecho un ovillo, sin que el toro hiciera nada por él. Al quite acudieron todas las cuadrillas y personal de la plaza, percatados de que la cornada era grave. Conocedor del momento psicológico que pasaba *Manolete* y su anhelo de retirarse para casarse con Lupe Sino, *K-Hito* le comentó al conde de Colombí: «Hemos visto la última corrida de *Manolete*.» El propio crítico reconoció poco después que no lo dijo porque pensara que la herida fuera mortal, sino persuadido de que no volvería a torear.

Luis Miguel estuvo al quite con los subalternos de otras cuadrillas y cuando se hubieron llevado al toro, recogió su capote y contempló cómo entre Guillermo, *Cantimplas* y unos monosabios se llevaban a *Manolete* a la enfermería, con un evidente gesto de dolor, mientras le concedían las dos orejas del toro. Luis Miguel lidió el sexto toro en un ambiente de cierta preocupación por las noticias que llegaban de la enfermería y que hablaban de una cornada muy importante, de la que le estaban operando.

Cuando concluyó la corrida, Luis Miguel visitó inmediatamente la enfermería. En sus propias palabras, «el quirófano parecía más bien un bar de casino provinciano. *Manolete* aún con ropa de torear permanecía tendido en la mesa de operaciones. A su lado y de rodillas, una mujer que con una bayeta empapaba la sangre y la echaba en un cubo. ¡La sangre de *Manolete!*». Luego subió a la habitación del hotel Cervantes, desde donde su padre llamó a Madrid.

En la enfermería se sucedieron las consultas, mientras los médicos procedían a operar al torero de su grave percance. La herida, extensa y profunda, había afectado a las arterias femoral y safena, provocando una fuerte hemorragia, que requirió varias transfusiones de sangre. Un cabo de la Guardia Civil y un modesto matador de toros, Pablo González *(Parrao),* fueron quienes donaron la suya para que la vida del torero más importante de la inmediata posguerra no se acabara. Muy poca gente sabe que Luis Miguel ofreció la suya, como ha relatado el enfermero José María Sabio en el libro *Manolete. Vida y tragedia* [1]: «Luis Miguel, al terminar la corrida, se fue al hotel a desnudarse del traje de luces. Volvió rápido a la plaza y en la enfermería —yo le oí— al llegar dijo: "Aquí está mi brazo para que con mi sangre salvéis la vida de *Manolete".*»

No se le pudo sacar sangre a Luis Miguel porque la de su grupo no servía y porque de niño había padecido fiebres palúdicas. El enfermero recuerda, sin embargo, su insistencia y la advertencia de

---

[1]   Filiberto Mira, *Manolete. Vida y tragedia,* Aplausos, 1984.

Luis Miguel junto a *Manolete* en su último paseíllo. Linares, 28 de agosto de 1947

Manolete, herido, es conducido a la enfermería. Luis Miguel, a la derecha, atento al toro

su padre que le insinuaba que la donación le debilitaría para torear al día siguiente. A esto, Luis Miguel contestaba con estas palabras: «Que mañana toree mi hermano Pepe o quien quiera. Hoy lo que tenemos que hacer es sacar adelante a *Manolete.*»

Además de los doctores, la enfermería de Linares se llenó de amigos de *Manolete*, que influyeron mucho en las decisiones que se tomaron en estas últimas horas. Se acordó que el primer diestro del cartel, Rafael Vega de los Reyes *(Gitanillo de Triana),* condujera el Buick de *Manolete* hasta Madrid para recoger al doctor Jiménez Guinea y lo trajera de vuelta. Luis Miguel llamó a su hermano Domingo, que estaba en Madrid, y le dijo:

—Domingo, Manolo está muy grave. La cornada es muy fuerte y conviene que llames inmediatamente a Tamames; pides un coche y venís para aquí.

—¿Pero le han operado ya? —preguntó Domingo.

—Sí, pero aquí los medios son muy rudimentarios y la hemorragia ha sido brutal. ¡Tráete a Tamames, Domingo!

Domingo *Dominguín* escribió pocos días después de la muerte de Manolete un emotivo artículo en la revista *El Ruedo,* en el que bajo el título «La muerte del héroe» relató sus impresiones y la reflexión humana y sociológica que le inspiró tan fatídico acontecimiento. «Mi hermano Luis Miguel —escribe Domingo— que, tras el percance, acudió el primero a recogerle, me dijo, pocos minutos después, que en el rostro de *Manolete* había visto la huella de la muerte y que un hombre del temple de *Manolete* no se podía equivocar. Luego, con voz angustiada, Luis Miguel, que me hablaba por teléfono, me pedía: "¡Médicos! ¡Los mejores!"»

Entre médicos y amigos decidieron que lo mejor era trasladar a *Manolete* de la enfermería de la plaza de toros al hospital de los Marqueses de Linares, mejor dotado de asistencia general y posoperatoria. Y mientras una ambulancia conducía el cuerpo del torero, *Gitanillo de Triana,* experto conductor, que por paradojas de la vida acabaría perdiendo la vida en un accidente de coche regresando de casa de Luis Miguel *Dominguín* en 1969, volaba camino de Madrid. Aquí, Domingo *Dominguín* llamaba a su antiguo «camarada» de utopía falangista y ministro de Trabajo José Antonio Girón para pedirle un coche que en escasas horas le llevara a él y al doctor Tamames a Linares, petición a la que el ministro accedió gustoso, poniendo a disposición de Domingo al teniente Pepe Recart y un vehículo rápido de gasolina.

Luis Miguel, con su padre, el crítico Capdevila y otros amigos, se retiró al parador de Úbeda para dormir un rato. En el hospital, *Manolete* rechazaba una y otra transfusión. En la cama del parador Luis Miguel recuperó la tranquilidad para pensar en lo que había sucedido, para reconstruir las horas vividas desde que *Manolete* cayó herido. Con amargura le vinieron a su mente las duras palabras que algunos espectadores le dirigieron cuando ocurrió la cornada.

Luis Miguel recuerda la muerte de «Manolete»

Sentado en la terraza de «La Virgen», donde se divisa una inconmensurable y soberbia visión de Sierra Morena y donde nos llega la brisa de la primavera, Luis Miguel recuerda que aquella experiencia de Linares fue traumática y de ella extrajo conclusiones personales definitivas para su vida porque «el público de Linares empezó a insultarme, porque se sentía responsable de la tragedia. Ellos sabían que habían exigido todo al pobre Manolo y que le habían llevado hasta la muerte. Empezaron a llamarme ¡canalla!, ¡sinvergüenza!, hasta ¡asesino!, dijo uno». «Y es que —continúa Luis Miguel— la muchedumbre, la masa, reacciona siempre de la misma manera. Es como un animal. Como un toro.»

—Pero ¿por qué te culpabilizaron a ti, precisamente? Aparte de tu rivalidad con él y de la competencia cada vez mayor entre vosotros, ¿qué motivó esa reacción?

—El hecho es que el público de los toros quiere que haya enfrentamiento con el toro, pero casi le gusta más que los contrincantes sean humanos. Cuando *Manolete* caía herido la gente buscó en seguida otra víctima de su insaciable deseo. Ten en cuenta que el público de los toros —y eso lo aprendí para siempre aquella tarde— está formado por gente gris en su vida normal, que se quiere hacer notar en la plaza y que son como los «amigos de los ministros». Ya sabes, los ministros cambian, pero los amigos de los ministros son siempre los mismos.

—Pero, en tu opinión, ¿qué pasó en Linares aquella noche?

—Aquella noche pasó lo que pasa siempre en este país: nos fiamos tanto de nuestro particular sentido de la improvisación que alguna vez falla. Pero voy a terminar de contarte lo que yo viví. Serían las cuatro y media de la madrugada cuando sonó el teléfono de mi habitación. Era Manolo Tamames, que me decía: «Miguel, vente para acá. ¡Este hombre se muere!» Cuando llegamos mi padre y yo, ya había muerto, y Tamames me explicó, con discreción, que había sido una mala transfusión de sangre lo que provocó un *shock* hemorrágico.

«Al pie de la cama donde *Manolete* estaba muerto —me cuenta Luis Miguel— miré su rictus final, tan grave y triste como había sido su vida, y vi entrar a cientos de personas que iban a curiosear y a dar el pésame. Junto a *Manolete* estaba Lupe Sino, su novia, a la que no habían dejado entrar antes ni *Camará* ni Álvaro Domecq, que fueron los que tomaron esta decisión por temor a que el torero hubiera querido casarse con ella *in articulo mortis*. La pobre Lupe Sino —insiste Luis Miguel— le espantaba las moscas con un periódico a la manera de abanico y, cuando nos retirábamos, apareció un señor muy afectado que se abrazó al cadáver gritando: "Monstruo, que nos has dejado. ¿Qué vamos a hacer sin ti?" Me fijé en él, porque era el mismo que al acabar el paseíllo había gritado aquella impertinencia contra *Manolete* y luego me había insultado a mí llamándome ¡asesino! Yo creo —y se detiene para pronunciar esta frase con mayor profundidad— que aquel hombre era la aparición de la muerte.»

—¿La muerte? —le pregunté sorprendido.

—Sí, una aparición de la muerte. Aquel hombre es para mí el símbolo de la arbitrariedad de la vida, de la fatalidad y de eso que los toreros decimos tantas veces: la muerte compra su entrada cada corrida y está ahí de espectadora, acechando al torero, inquietándole.

—Pero, Luis Miguel, ¿fue *Islero* quien mató a *Manolete?*

—A *Manolete* le mató el público, porque era un torero extraordinario, de gran honradez profesional, con mucha personalidad y con mucho valor. En mi opinión —se reafirma—, *Manolete* ha sido el torero más honrado que he conocido y su personalidad era tremenda. La rectitud de *Manolete* era ejemplar pero...

Luis Miguel me mira y, sin dudar, pero en una actitud muy peculiar y que precede a un juicio que él sabe polémico o duro, sin más, gira la cabeza y estira el cuello desde el hombro al labio derecho. Da una larga e intensa calada a su cigarrillo y mirándome con aire casi angelical lanza su histórico *pero* a la figura de *Manolete*.

—... pero *Manolete* no conocía al toro y eso también le mató. Por su jerarquía, él tenía que conocer mucho más al toro, sus condiciones y dificultades. Era un torero corto, con poco repertorio, y que cometió un error técnico grave, que le resultó fatal.

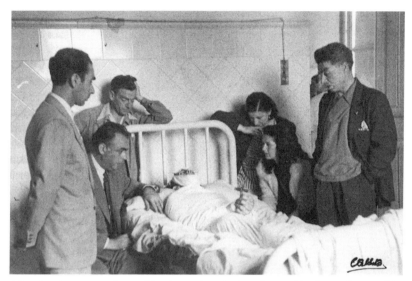

Manolete ha muerto. Lupe Sino (sentada, a la derecha) no llegó a verle con vida

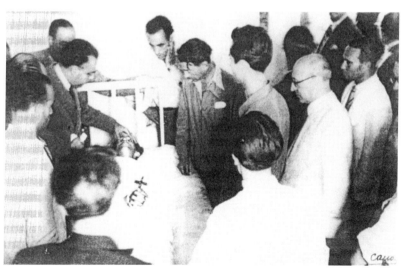

Luis Miguel (de espaldas) mira cómo *el Pipo* cierra los ojos de *Manolete*

—¿Qué influencia tuvo en tu vida su muerte? Yo creo que desde ese día tú estableces con el público un pugilato y en lugar de complacerlo pareces querer provocarle e incluso despreciarle, ¿es esto cierto?

—Sí, claro. La muerte de *Manolete* me produjo una inmensa rabia y una sensación de odio hacia la gente. Y, por supuesto, desde ese día, mi actitud ante ella fue otra. A partir de Linares empiezo a maltratarla, y es que en Linares descubrí que la masa es cobarde y por eso la trato como tal, con desprecio. Ellos quieren un triunfo a cualquier precio y yo lo tengo claro: el número uno no debe ser más valiente que el toro, sino más inteligente.

Son las dos y media de la tarde y la rememoranza de aquella histórica noche nos ha llevado varias horas y toda una tensa recreación. Inquieto y severo con los horarios, Luis Miguel manipula el *walkie-talkie* y sintoniza la frecuencia oportuna para hablar con la cocina. Quiere saber si está ya la comida. Acostumbrado a mandar y a que le sirvan, aun en este doméstico cometido, se aprecian las innatas condiciones para que la voz sea un enérgico instrumento y para que quienes trabajan a sus órdenes sepan que él está pendiente de todo. Con la firmeza de movimientos que preside su cuerpo se levanta y le sigo hasta el comedor. Como un rayo, *Santo,* su perro favorito, renuncia al sopor en la sombra y sigue fielmente a su amo.

Luis Miguel, sometido a un severo régimen, come con lentitud y parsimonia un espléndido *steak tartare,* su plato favorito. Le miro y pese al paso del tiempo, que con implacable efecto ha marcado sus facciones, reconozco al hombre que, con poco más de veinte años, en plena juventud y en el ejercicio definitivo de sus ambiciones, vivió la muerte de su máximo rival, y que en la madrugada del jueves 29 de agosto, junto con otras personas, sacaba el féretro de *Manolete* del hospital de Linares, después de haber vivido la agonía más tensa y triste de la remota historia de España.

Los enemigos de Luis Miguel

Manolete murió poco después de las cinco de la mañana del jueves 29 de agosto. España lloró su muerte con la misma incredulidad que en 1920 se despertó con la de *Joselito*. El fotógrafo Cano, contratado por Luis Miguel para seguir sus actuaciones en Andalucía, realizó el mejor reportaje de su vida e inmortalizó la imagen final, rígida y triste del torero que con su personalidad había llenado la inmediata posguerra.

En una imagen inolvidable, Cano fotografió cómo en el momento de levantar el cadáver de *Manolete* con una sábana para introducirlo en la caja de madera, Luis Miguel gira la cabeza para no verlo en un último rasgo de pudor. Todavía *Manolete* tiene un crucifijo entre sus engarfiadas manos.

A las seis de la mañana, los empleados de la funeraria trajeron una sencilla caja de madera para introducir el cuerpo inanimado de *Manolete*, que estaba aún con la mortaja que le habían hecho Álvaro Domecq y *Camará*. Sus amigos velaban el cuerpo: Rafael González *(el Pipo)*, Teodoro Matilla y su novia Lupe Sino, a la que acompañaba la mujer de Bonifacio García *(el Yoni)*.

Cuando bajaron el féretro, entre *el Pipo, Camará* y Luis Miguel, ya habían llegado al hospital de Linares Domingo Ortega y el escritor y crítico Antonio Díaz-Cañabate, que le acompañaba. También estaba el subalterno Pascual Montero. Todos contemplaban con cara incrédula y grave una escena que jamás creyeron vivir.

Luis Miguel, a las ocho de la mañana, tras consultar con su padre y con Domingo Ortega, cabeza del cartel, decidió que no toreaba la segunda corrida de la feria. Pocos minutos antes, el conde

Luis Miguel, delante de *Camará*, ayuda a sacar el féretro de *Manolete* del hospital de Linares. Mañana del 29 de agosto de 1947

de Colombí y el crítico *K-Hito* regresaban a Madrid en el Hispano-Suiza del padre del torero Manolo Navarro, acompañados por un abatido y abrumado doctor Jiménez Guinea que durante el viaje reconoció que a *Manolete* le fallaba el corazón. Camino de la capital de España se cruzaron con Bermúdez, el representante en Madrid de *Manolete,* y con el coche que, desde San Sebastián, traía a la desconsolada Angustias Sánchez, madre de *Manolete,* a la que don Pablo Martínez Elizondo había informado de la gravedad del percance de su hijo.

Lupe Sino apenas contenía sus lágrimas y abandonada por todos no acertaba a reaccionar ante la tragedia, que tanto le afectaba. Luis Miguel me ha contado que, viéndola tan indefensa, le sugirió a su hermano Domingo que la acompañara a Madrid en el mismo coche que les había traído.

El entierro de *Manolete* en Córdoba fue impresionante y todo el pueblo se echó a la calle para acompañar a su ídolo. El 30 de agosto, Luis Miguel toreó en Almería y triunfó clamorosamente. El domingo 31 de agosto hizo el paseíllo en la plaza de La Línea de la Concepción y enrabietado por el éxito del pequeño y bravo torero de Barajas, Rafael Llorente —que cortó un rabo—, pidió un sobrero, con el que obtuvo un gran éxito.

Luis Miguel —como Juan Belmonte frente a *Joselito*— perdió la batalla de la posteridad, ganando la de la sucesión, demostrando que no estaba dispuesto a dejarse ganar la partida por nadie, ni siquiera por el más modesto rival. Como me reconoció con escepticismo en una de nuestras conversaciones: «Alguien se tenía que quedar para contarlo.»

El artículo que Domingo *Dominguín* escribió en *El Ruedo* concluía con estas palabras: «El destino, terco, se había empeñado en arrebatárnoslo. Al frío de la madrugada consumó su empeño. Se llevó a *Manolete*. Pero nos dejaba su figura, su hombría, que permanecerán siempre entre nosotros ondeando al viento, bajo el sol o bajo las estrellas, como ejemplo y lección suprema de nuestro héroe popular más preclaro.»

El vaticinio que *Manolete* le hizo a Luis Miguel se cumplió a rajatabla y, desde Linares, algunos aficionados extremaron su inquina por él, sintiéndose culpables de su exigencia fatal. Al público reparo de las limitaciones técnicas del toreo de *Manolete* que, lógicamente, le granjearon el odio general, se sumaron las declaraciones que hizo al *Caballero Audaz* —el mejor entrevistador de la prensa escrita de entonces— y en las que, manteniendo el respeto por la figura, la honradez personal y profesional, el pundonor y el amor propio de *Manolete*, Luis Miguel se lamentaba de que sus comentarios hubieran desatado tal ira. Y lo hizo con esta sarcástica y mordaz frase: «En España no se puede hablar ni bien de los vivos ni mal de los muertos.» Una frase tan ingeniosa como inoportuna.

Esta provocación incrementó la fama de Luis Miguel hasta el extremo de convertirse en el más impopular de los populares, el más «odiado» de los grandes ídolos españoles de la España de los años cuarenta y cincuenta.

Así supo verlo él mismo, cuando veinticinco años después de la muerte de *Manolete* y, en homenaje a su conmemoración, escribió: «Comprendí entonces lo que se me venía encima. Pensé en mi efímera conquista, que no era tal sino una herencia, y en el duro camino que me esperaba. Conocí desde entonces eso que mi amigo Agustín de Foxá llamó el peso de la púrpura.»

2

la búsqueda del amor

Lucía Bosé: amor a primera vista

EL 19 de diciembre de 1954, en el aeropuerto romano de Fiumicino, Lucía Bosé embarcaba feliz en el DC-6 de Alitalia con destino a Madrid. El director de cine español Juan Antonio Bardem la había seleccionado para interpretar su película *Muerte de un ciclista.*

En el aeropuerto de Barajas la esperaba el productor Manuel Goyanes que, cuando se dirigía a la sala de llegadas internacionales, encontró a Luis Miguel *Dominguín* provisto de su tarjeta de embarque con destino a Roma y que, al saber que era Lucía Bosé a quien esperaba Goyanes, decidió cancelar su vuelo.

Meses antes, durante sus frecuentes visitas a Ava Gardner en Roma, donde rodaba *La condesa descalza,* Luis Miguel había oído hablar de la belleza y la clase de Lucía Bosé. No había llegado a conocerla pese a la insistencia de Walter Chiari —acompañante habitual de la actriz italiana—, que proponía a Ava una cena de los cuatro. Este encuentro no se llevó a cabo porque Ava, celosa y conocedora de los gustos de Luis Miguel, le había dicho: «La amiga de Walter Chiari es la única mujer que yo no te presentaré en mi vida.»

Entonces, a Luis Miguel no se le podían lanzar esos retos, porque inmediatamente desarrollaba toda su estrategia de seducción. Y así fue. Algo distanciado ya de la absorbente personalidad de Ava Gardner, Luis Miguel aplazó su cita romana y se dispuso a remover toda la ciudad para preparar su encuentro con la joven actriz italiana.

Mientras, Lucía Bosé descubría en el coche de Manuel Goyanes los primeros metros de la entonces despoblada autopista de Barajas, camino del hotel Castellana Hilton, el más cosmopolita de Madrid. Tras adelantarle un mínimo programa de actos relacionados con el rodaje de la película, la invitó a la recepción que cuatro días después iba a tener lugar en la Embajada de Cuba en homenaje al operador cinematográfico Alfredo Fraile.

Sola en su habitación del hotel, Lucía recordaba los últimos meses pasados en Roma, sus problemas de salud motivados por un pulmón perforado, sus éxitos en el cine italiano de entonces, en el que ya era una actriz cotizada entre los directores más prestigiosos, como Michelangelo Antonioni, Luchino Visconti o Valerio Zurlini. También evocó la personalidad del actor Walter Chiari, quien le dijo en el momento de su despedida: «Ten cuidado con Luis Miguel *Dominguín,* el torero; es el amante de Ava Gardner y le encantan las actrices de cine.»

Lucía interpretó sus palabras como una última prueba de cariño y se preguntó con tremenda incredulidad: «¿Un torero? ¡Cómo me voy a enamorar de un torero!»

—Luis Miguel avisó inmediatamente a Ava Gardner, y le comunicó que no viajaría a Roma por problemas en su casa. Trató de consolarla anunciándole su visita para después de Navidad. Dejó el aeropuerto y se dirigió a la casa familiar en la calle Príncipe, donde comió con su madre. Habló por teléfono con su hermano Domingo y quedaron en verse, días después, en la recepción de la Embajada de Cuba, en la que, al igual que yo, estaban invitados.

—¿Y qué pasó, Lucía?

—Pues que como yo estaba prevenida por Walter, cuando conocí a Luis Miguel me pareció curioso, chocante casi, porque apareció con capa española y sombrero. Pero no me causó una especial impresión porque le vi venir. Las mujeres sabemos cuándo un hombre viene en plan conquistador.

—¿Te dijo algo especial?

—Bueno, nos presentaron y como yo no hablaba español y él chapurreaba cosas en italiano, le dije algo así como: «¿Es usted de los que torean esos bichos con cuernos?» Y me contestó una frase muy pedante, muy madrileña, algo así como: «Sí, y a los novios de las mujeres guapas como usted.»

—O sea, que no te cayó muy bien.

—No, después del cóctel en la Embajada, Manolo Goyanes había organizado una cena con varios amigos en Valentín; vinieron el crítico de cine Alfonso Sánchez, Luis Miguel, Edgar Neville, Marita Blasco y los Quintanilla; la cena fue muy agradable y todos me trataban con gran simpatía. Al terminar, fuimos a La Parrilla del Rex y allí bailé con Luis Miguel por primera vez. Por cierto, Luis Miguel quería que nos apretáramos mucho y yo me defendía, como las chicas de la época. Pero lo mejor vino luego, porque me pidió que le llevara a su casa y le dije que no.

—¿Qué pensaste de Luis Miguel?

—Pues lo clásico, que creía que yo iba a ser una presa fácil y que iba a caer rendida a sus pies.

—Luis Miguel ha reconocido que se había apostado que te llevaba a la cama esa noche y que al fracasar urdió otra apuesta...

—Sí, al salir de La Parrilla del Rex, simuló que tropezaba en la escalera y se torcía un tobillo. Cojeando nos despedimos hasta otro día.

—¿Y cuándo fue ese segundo encuentro?

—A los dos días. Cuando llegué a los Estudios Chamartín para el rodaje, Luis Miguel estaba sentado con un pie escayolado y me pareció obligado y educado interesarme por su pie. Esa era precisamente la apuesta: que sería yo la que me acercaría a saludarle.

—¿Eso fue el 26 de diciembre?

—Sí, el día de Navidad estuve sola, salvo un rato que me acompañó el director del hotel Castellana y uno de sus colaboradores, que me ofrecieron una copa.

—Pero la lesión que tenía Luis Miguel fue simulada, ¿verdad?

—Sí, días después me enteré de que había fingido la caída para ocultar su fracaso conmigo y así justificar que no nos íbamos juntos. Se fue a ver a su amigo Manolo Tamames y le pidió que le escayolara por unas horas la pierna.

—Rocambolesco, ¿no?

—Sí, Luis Miguel ha sido siempre muy ingenioso y ha tenido mucha imaginación para las situaciones conflictivas.

Con vehemencia y rotundidad, Lucía Bosé rememora aquellos días enloquecidos en los que, recién llegada a Madrid, con veintitrés años se enamoró de Luis Miguel *Dominguín,* con el que se casó apenas dos meses después. Estoy en la histórica casa de Somosaguas. Lucía, bella, sonriente y divertida por la evocación de aquel tiempo, se muestra segura de sí misma, con comprensión histórica de lo que ocurrió, y con idéntica ironía se ve a sí misma entonces, guiada por un mágico impulso sentimental. En cuanto nos sentamos en un gran sofá blanco, los perros se serenan y nos permiten hablar con tranquilidad. Lucía habla español con soltura y franqueza, de vez en cuando lanza una expresión rotunda y reivindica por vía de pensamiento y de palabra su origen latino. Pese a hablar con distancia de las cosas que recordamos, lo hace en un tono fogoso, demostrando criterio y temperamento. Lleva el pelo corto desde hace pocos días y aunque estuvimos conversando casi cuatro horas sin interrupción, siempre atenta, no se mostró cansada ni aburrida. A veces le divertía que estimulara su memoria y, pese al rumor que la sitúa como una mujer severa, conmigo evidenció deportividad, franqueza y sólo algún resquemor ligero.

—¿Cuándo volvisteis a encontraros?

—En el estudio se trabajaba mucho, pero por la noche siempre salíamos y el día que Luis Miguel vino nos invitó a cenar al Hogar Gallego, junto a la calle Mayor. Allí apareció ya sin escayola y me hizo mucha gracia que se hubiera inventado todo. Esa noche le conté que tenía mal un pulmón y que debía cuidarme y en seguida se lo contó al doctor Tamames, que se acercó a mí y me dijo que él me conseguiría una visita al doctor Abelló, que era justamente el médico que me habían recomendado en Roma.

—¿Luis Miguel cambió de actitud o mantuvo su línea de conquista?

—No, yo notaba que le gustaba, pero en el estudio todos me habían prevenido contra él, y el propio Bardem me había dicho: «¡Ojo!, Luis Miguel no le conviene.» Por cierto que con el director hacíamos bromas a costa de Luis Miguel y de sus pretensiones, recordando una escena de *I Vitelloni,* de Fellini, en la que una gente que pasa por delante de unos trabajadores de una obra se ríe de ellos al grito de: «¡Currantes!»[1]. Para ellos, el desprecio que tenían hacia Luis Miguel tenía la misma pretensión que en la película. Pero esa noche Luis Miguel estuvo encantador y pendiente de mí todo el rato y al terminar la cena me acompañó al hotel.

---

[1]   *N. del A.:* Lucía utilizó la expresión italiana *laboratori!*

El 1 de marzo de 1955, apenas dos meses después de conocerse, Luis Miguel y Lucía se casaban en Las Vegas

—¿Solos?

—Sí, fue la primera vez que íbamos solos por Madrid y nada más subirme al coche me dijo: «Lucía, ¿por qué no nos casamos?» Fue un poco fuerte y me quedé muy impresionada por su propuesta, aunque no le tomé muy en serio. Al día siguiente se lo conté a Juan Antonio Bardem, a Manolo Goyanes y a mi abogada, y todos se escandalizaron, prometiéndome que hablarían con él. De hecho, sé que el doctor Tamames le advirtió a Luis Miguel que yo estaba muy enferma y de que me tenía que tratar con delicadeza.

—Y así fue, ¿no?

—Sí, porque el 30 de diciembre me acompañó a la consulta del doctor Abelló y luego me invitó a cenar a Jockey. Al día siguiente volvimos a vernos y cuando en el estudio volvieron a preguntarme por el «toreador» para hacerme la ironía de *I Vitelloni,* ya no me hizo gracia. No sé cómo pero ya me había «enganchado».

—¿Qué fue lo que viste en él? ¿Hubo algún detalle o alguna revelación que te hizo cambiar de opinión sobre él?

—Sí, una tarde me llevó a su casa en la calle Nervión, y allí me mostró su lado más íntimo, su núcleo más humano, y tuve una fuerte impresión, pero no sólo física, sino también espiritual. Fue un momento, como si abriera la profundidad de su corazón y me dijera: «Mira, ese soy yo.» La pena es que luego ya no volvió a hacerlo. Se cerró otra vez y yo me quedé deslumbrada por ese fogonazo de humanidad. Tan embobada estaba, que esa misma noche de fin de año le dije que sí a su propuesta de matrimonio.

—O sea, que doce días después de conoceros, decidisteis casaros...

—Sí, suena un poco fuerte y cuando lo he pensado después me ha parecido una locura, pero desde luego los dos fuimos muy audaces, porque apenas nos conocíamos y sin embargo fuimos muy sinceros. Ese día ya supe que Luis Miguel no quería casarse conmigo para acostarse, sino que él me había escogido a mí para vivir juntos y que iba a cuidarme. Bueno, me sentó tan bien el amor, que me curé de mi pulmón.

—¿Qué pasó desde ese momento?

—Yo seguí rodando la película y viendo a Luis Miguel. Algunos amigos se horrorizaron cuando les conté que me iba a casar con él. Uno de ellos fue Mauro Bolognini, que vino a Madrid a pasar unos días. A mediados de enero, Luis Miguel me llevó a conocer a su madre en la casa de la calle Príncipe; también estaban sus hermanas y curiosamente Carmen Sevilla, que había «tonteado» con alguno de los *Dominguín,* creo que con el propio Luis Miguel, y que se hizo muy amiga de sus hermanas.

—¿Qué te pareció su familia?

—Estuvieron muy cariñosos y hay que tener en cuenta que yo era para ellos una extraña, una actriz italiana de paso por España y eso era un poco fuerte. Desde ese día me llamaron «la italiana», de igual forma que yo siempre le llamé «el torero».

—Y llegó San Valentín...

—Sí, el día de San Valentín, Luis Miguel vino a recogerme al estudio y cenamos en Lhardy; durante la cena me dijo que tenía que ir a Londres a despedirse de Ava Gardner y luego a Hollywood porque le habían ofrecido rodar una película, que se iba a titular *Zaino,* y cuyo guión iba a escribir un amigo suyo, que se llamaba Carlos Blanco.

—¿Y no te pareció raro que fuera a Londres a ver a Ava?

—Sí, pero confié en él, aunque en algún momento pensé que a lo mejor no le volvía a ver. Me llamó desde allí y de hecho a la vuelta organizamos nuestra boda. Fue entonces cuando perdí mi virginidad, pero lo hice con tanta entrega que todo resultó bello y delicado. Fue en mi habitación del hotel Castellana y durante tres días seguidos hicimos el amor. Yo estaba radiante y segura de lo que hacía y Luis Miguel me regaló una esmeralda.

—¿Qué pasó cuando terminaste el rodaje de *Muerte de un ciclista?*

—Acabé de rodar el 20 de febrero y tenía que volver a Roma para ver a mis padres. Como Luis Miguel estaba en Los Ángeles, hablamos de preparar los papeles para casarnos allí. Cuando fui a pedir mi visado a la Embajada de Estados Unidos me lo negaron, alegando que yo era comunista y que tenían fotos mías participando en una manifestación antiamericana.

—¿Y era cierto?

—Sí, había estado en una manifestación para pedir por la liberación del matrimonio Rosenberg, al que se acusaba de espionaje a favor de los rusos. Se lo conté a Luis Miguel, que se enfadó mucho porque creía que era una excusa para no casarme con él. Entonces me dijo que él hablaría con unos amigos para que el asunto se arreglara y que iría a Roma a buscarme.

—¿Qué dijeron los periódicos italianos y tus amigos? Tú eras en Italia más que una promesa, ¿no les pareció inverosímil que te casaras con un torero español?

—Sí, claro, fue un pequeño escándalo porque muchos de mis amigos me reprocharon que me casara con un perfecto desconocido y, por ejemplo, Antonioni estuvo casi diez años sin hablarme. Entonces yo era su «musa». Muchos me dijeron que estaba loca y de Luis Miguel sólo sabían que era torero y que había sido el amante de Ava Gardner.

—Creo que ofreciste una fiesta en tu casa de Roma para presentar a Luis Miguel que acabó de forma cómica.

—Sí, yo estaba feliz, había conocido al hombre de mi vida y quería que todos le aceptaran, así que una vez resuelto el problema del visado —sin que Luis Miguel tuviera que intervenir— y con él ya en Roma pensé que lo mejor era organizar un *party* para presentárselo a mis amigos. Vinieron todos, Luchino Visconti, Valerio Zurlini, Mauro Bolognini, Franco Zefirelli, que eran todos grandes directores de cine, y Luis Miguel les encantó físicamente, tan bello y atlético. Se pusieron a hacerle preguntas y a interesarse por su profesión y cuando les explicó las heridas que causaban los toros, Luis Miguel, que es muy listo y se había dado cuenta en seguida de que algunos de los presentes eran homosexuales, se desnudó, enseñándoles con un poco de provocación las cornadas de las piernas y de la espalda. Todos se quedaron muy impresionados. Uno de los presentes, Alfredo Bianchini, exclamó fascinado una frase que aún hoy se oye en los círculos artísticos de Roma: «Le habrán zurcido, ¡pero le han zurcido tan bien!»

Boda en Las Vegas y en «Villa Paz»

El 27 de febrero de 1955, apenas dos meses después de haberse conocido en Madrid, Luis Miguel y Lucía Bosé daban una rueda de prensa en París para anunciar su boda, ante la incredulidad de los medios de comunicación italianos y franceses convocados y la decepción de sus respectivos admiradores. En esta primera escala del viaje, en Orly, se encontraron con el cantante italiano Domenico Modugno, todavía poco conocido, pero que con el tiempo llenaría una época con sus canciones.

De París volaron a Nueva York y de allí a Los Ángeles, donde durmieron el 28 de febrero. Al amanecer del 1 de marzo, Luis Miguel la despertó diciéndole: «Ponte guapa que vamos de boda», y en una avioneta particular que Luis Miguel había alquilado volaron

a Las Vegas. Además de los pilotos, les acompañaban los imprescindibles testigos, que eran Carlos Blanco y Hugo Fregonese, guionista y director, respectivamente, de la película que Luis Miguel iba
a rodar en Hollywood.

Cinco dólares le costó a Luis Miguel la licencia matrimonial y
en la residencia del lago Nead del juez de paz Charles Peterson, sin
protocolo alguno, Luis Miguel y Lucía fueron declarados marido y
mujer. Como anécdota hay que contar que hizo de intérprete el *maître* del hotel La Posada del Desierto, ya que ni Luis Miguel ni Lucía
hablaban inglés. En un casino de los cientos que hay en Las Vegas
celebraron su luna de miel, bebiendo champaña y jugando en las
centelleantes e iluminadas máquinas tragaperras. Los dos habían
estado de acuerdo en no contraer matrimonio canónico y casarse
civilmente en Las Vegas y no en España o Italia, para evitar el espectáculo.

Con la misma rotundidad que en otras ocasiones de su vida Luis
Miguel ha alardeado de haberse apostado a Lucía Bosé —cuando la
conoció—, en una de nuestras conversaciones en «La Virgen», me
reconoció que se casó con Lucía por la Iglesia por unas perdices.
Llevado por su natural ingenio y por un sentido del humor que roza
la insolencia, Luis Miguel disfruta con sus frases sentenciosas,
rotundas, que parecen trivializar un sentimiento, escondiéndolo. Pero
esta actitud no encubre otra cosa que un cierto rubor ante las emociones, una notable timidez ante la evidencia interior de su propia
alma, como si quisiera renegar de ella con una actitud desdeñosa.

El «me casé con Lucía por la Iglesia por unas perdices» encaja
perfectamente en ese mohín distante de lo que entonces eran sus
más íntimos sentimientos. La propia Lucía ha relatado ya en unas
periodísticas memorias que su boda religiosa se aceleró por el interés de Luis Miguel en asistir a una cacería que organizaban «los Calderones» y en la que iba a participar Franco. El anfitrión advirtió a
Luis Miguel que no podría acompañarle Lucía, porque «sólo» estaban casados por lo civil ¡y en Las Vegas! Hay que haber vivido en
España, en aquellos años y en aquella sociedad para saber el grado
de «inmoralidad» que simbolizaba un matrimonio civil.

Y Luis Miguel no lo dudó. Si para mantener su posición y seguir
frecuentando el ambiente social tenía que casarse por la Iglesia, pues
se casaba por ella. Si para cazar perdices en la finca más famosa de
aquellos años y poder compartir un puesto con Franco o jugar una
partida de mus con Camilo Alonso Vega tenía que casarse con Lucía

Bosé, pues se casaba. Su interés no era sino el propio de una época, de una mentalidad y de un clima que llevaba a los españoles a ejercitar sus dotes de arribismo, con la diferencia —notoria— de que Luis Miguel lo hacía a la vista del público, expuesto bien en la arena o en el escaparate social al comentario y a la crítica.

Planteado casi como un ultimátum, fue la tía Ana María, madre de *Mariví Dominguín* [2], la que se hizo cargo de todas las gestiones y la que arregló los papeles para que el 19 de octubre de 1955, el bueno de don Julio, párroco de la iglesia de Saelices, casara en la finca de Luis Miguel a la pareja más famosa de la España de esa época. Estuvieron presentes en «Villa Paz» solamente los padres y hermanos de los novios, los cuñados, entre ellos Antonio Ordóñez, y el doctor Tamames que, retirado ya Luis Miguel, seguía siendo un hombre importante en la casa *Dominguín*. Cuentan los que allí estuvieron que *Dominguito* bromeó con don Julio pidiéndole: «Ya que ha casado a mi hermano, ¡a ver si casa a mis padres!» El cura por su parte le reconoció la de veces que había ido a «Villa Paz» con el deseo secreto de ver a Ava Gardner.

Desde que se casaron, Lucía conoció el mundo taurino de cerca, tanto en la plaza como en el propio campo y, aunque tuvo que transigir, le costó digerir algunos ingredientes. Vivían con la fiel Elisa en un pequeño chalecito en la calle Nervión, en la colonia de El Viso, cerca de la calle Doctor Arce, donde por aquellos años establecería Ava Gardner su casa, justo vecina de la del exiliado presidente argentino Juan Domingo Perón.

Entre ambas bodas ocurrieron dos acontecimientos que tuvieron trascendencia sentimental e histórica. Durante el mes de junio, a las órdenes de Luis Buñuel, Lucía rodó en Córcega la película *Cela, s'appelle l'aurore,* última de las que interpretaría en mucho tiempo y que se concluiría en Niza, en el mes de octubre. También en junio, Lucía confirmó los inequívocos síntomas de embarazo.

Restablecida la «legalidad» y «legitimidad» de su matrimonio, Lucía recuerda que «el torero» empezó a comportarse como un maniático en ciertas cosas. Le advirtió que se había casado con ella para que fuera la señora de *Dominguín*, «porque estoy harto de que te llamen Lucía Bosé». Otra vez —según Lucía— reunió Luis Miguel al personal al servicio de ellos en «Villa Paz» y les advirtió que a la señora tenían que hablarle en español y que nada de comer

---

[2]   Su verdadero nombre era María Gutiérrez González.

El 19 de octubre de 1955 se casaban por la Iglesia en «Villa Paz»

pasta, entre otras instrucciones. Luis Miguel justifica esas decisiones por su deseo de que la casa tuviera cierta disciplina y de que Lucía se fuera integrando en España y su mundo, sin duda acostumbrado al ejemplo familiar, donde las mujeres tenían su sitio junto al hombre, con discreción. Y para ello, según Luis Miguel, «era necesario que si queríamos criar los hijos, y los dos queríamos tener muchos, ella dejara el cine, se convirtiera en un ama de casa y se acostumbrara a las comidas y a los hábitos de España».

Luis Miguel pudo ir a la cacería en Torrijos con Lucía Bosé, que conoció a Franco, a su hija Carmen y a su yerno Cristóbal Martínez-Bordíu, y a los prohombres del Régimen que les acompañaban: Camilo Alonso Vega, Manuel Arburúa y Eduardo Aznar. También estaban Antonio y Marita Blasco, a los que ya trataba.

Miguel Bosé nace en Panamá

Dedicada a múltiples proyectos que van desde la decoración de casas rehabilitadas a la creación de un museo de los ángeles en el pueblo de Turégano, en la provincia de Segovia, Lucía muestra una notable energía casera, lo que se aprecia en su hogar de Somosaguas, producto de su mimo y gusto. Telas claras ilustran cortinas atenuando la luz exterior, sin aislarla.

Después de las inevitables frases protocolarias recuperamos la conversación del último día y me comenta el disgusto que tuvo cuando Luis Miguel le anunció que volvía a los toros.

«Desengáñate, los toros son su vida —le razonaba el doctor Tamames a una desolada Lucía—. Luis Miguel es torero y tú te creías que ya lo había dejado, pero él es joven, tiene sólo treinta y dos años y está fuerte. No debes preocuparte, es un torero muy seguro y dominador.» Con estas palabras pretendía el doctor Tamames aplacar la sorpresa y la decepción de Lucía. En la misma línea argumental le habló su suegro, Domingo *Dominguín:* «Mira, Lucía, el toro lo es todo en la vida, y Luis Miguel, como yo, como sus hermanos, nos hemos criado en el mundo de los toros y sin él no podemos vivir. Debes aceptarlo así, él será más feliz y tú debes entenderlo. Es su profesión y su pasión.»

En efecto, la víspera de la primera Navidad que celebraban juntos en familia, Luis Miguel anunció su vuelta a los ruedos. Y dicho y hecho, el 2 de enero de 1956 Luis Miguel iniciaba su preparación física, que le exigía grandes sacrificios y que le aislaba de todos y de todo lo que no fuera el mundo del toro.

Luis Miguel planteó su reaparición en América, a donde voló en el mes de febrero; en marzo llamó a «Villa Paz» para pedirle a Lucía que se reuniera con él en México.

«Y yo de ocho meses —comenta con irónica vehemencia Lucía— allá que me fui detrás de mi hombre y, como no existían las facilidades de ahora, tuve que coger tres aviones: a Montreal, de allí a Nueva York y por fin a México.»

«Cuando llegué —y sonríe al evocarlo—, al bajar las escalerillas del avión advertí que había un gran mariachi y me pregunté qué famoso vendría en el avión con nosotros. Pero el mariachi era para mí.»

—Este era un detalle de magia —le comento a Lucía.

—Sí, durante mucho tiempo, prácticamente hasta la muerte de su padre, Luis Miguel conservó su encanto, se mostraba cariñoso y entrañable, colmándome de regalos, aunque a veces mostraba su soberbia. Ese día en México me hizo muy feliz y me organizó un recibimiento extraordinario.

—Me dices que estabas de ocho meses, ¿no?

—Sí, casi nueve. Luis Miguel prefirió que el niño naciera fuera de México y me metió en un DC-3 que transportaba un pequeño contingente de tropas a Guatemala; yo no sé lo que se proponían pero iban armados hasta los dientes. Luis Miguel había salido de México unos días antes y me esperaba en el aeropuerto de Guatemala con su hermano Domingo y su primo Domingo Peinado. Cuatro días después tomamos otro avión a Panamá, donde nos alojamos en el hotel Hilton. Allí tuve las primeras contracciones, pocas noches más tarde, y Luis Miguel, nervioso, le decía a su primo: «Oye, Domingo, quédate aquí y ayuda a Lucía, que está fuera de cuentas.»

Domingo Peinado recuerda que eran las tres o las cuatro de la mañana cuando Luis Miguel, asustado, le llamó a su habitación: «"Domingo, oye, que Lucía está fuera de cuentas, vente para acá." Lo cómico —insiste Domingo con rudeza— es que Luis Miguel me decía: "Como tú ya has tenido hijos, sabrás de qué va."»

«Hubo que hacerme la cesárea en el hospital de San Fernando de Panamá, pero cuando vi a mi hijo, me pareció todo maravilloso», evoca Lucía, que me cuenta lo bien que se portaron sus amigos Fernando y Carlos Eleta. «Vino a visitarme el presidente de Panamá,

Ricardo Arias, y llegaron telegramas de todo el mundo. Uno me emocionó especialmente: el que desde Madrid nos mandó Ava Gardner.» Miguel González Bosé nació en Panamá el 3 de abril de 1956. Fue recibido con la felicidad y la alegría de ser el primero y, además, por ser varón. Desde el primer día se convirtió en uno de los ejes sobre los que se articuló el matrimonio *Dominguín*-Bosé, privilegiada posición que no perdió por su secreta autoridad, su fuerza interior y sólida ascendencia sobre los demás miembros de la familia.

Principio del fin: muere Domingo padre

La casa de Somosaguas tiene un cuidado jardín que Lucía mima personalmente; los árboles ocultan ya las fachadas y los contornos de lo que fue la primera casa que se construyó en esta apacible loma que domina la Casa de Campo. La amplitud de los salones y su luminosidad evocan las dimensiones de otros tiempos y, uno tras otro, permiten optar por aquel que más calma brinde a nuestra conversación. Paola, con su atractivo permanente entra y sale, y me reconoció en la despedida que se moría de ganas de estar presente en la conversación entre su madre y yo. Lucía me guía por la casa con andar gimnástico que evidencia elasticidad y vida sana, y opta por situar nuestra segunda conversación en un amplio sofá blanco, encajándose en la esquina, con los brazos sueltos y la rodilla sobre el cojín. Opto por imitar su postura desde el centro del mullido sofá y de vez en cuando recupero algo de mi natural acomodo, más de perfil.

Lucía habla con energía, sin aparentar duda, comunicando decisión y claridad de ideas. Habla del pasado con alegría, sin melancolía y como si sólo existiera o importara el presente.

—Vamos a hablar del pasado otra vez, Lucía.

—¡Adelante!

—Nace Miguel y ¿qué ocurre?

—Bueno, cuando me recuperé viajamos a Colombia, donde vivimos en casa de Hernando Santos, propietario del periódico *El Tiempo,* que organizó un buen número de cenas y nos presentó al presidente de Colombia, Alberto Lleras Camargo. Los Santos son amigos de los *Dominguín* desde que estos estuvieron en Colombia después de la guerra. Al llegar a Madrid nos dieron una recepción formidable en Barajas y nos instalamos en «Villa Paz». Como yo estuve

Lucía demuestra su valor toreando una becerra

Luis Miguel, entre Lucía Bosé y Sofía Loren, el día del bautizo de su hijo Miguel

criando a Miguel y Luis Miguel no toreaba, pasamos unas semanas muy felices y empezamos a preparar el bautizo de Miguel, que se celebró el 12 de julio. Yo quise que fuera Luchino Visconti su padrino y muchas veces he pensado en la premonición y el presagio que alimentaba este deseo, porque estaba convencida de que Miguel iba a ser artista. Al bautizo vino también —continúa Lucía, mientras se aleja para ofrecerme un café del próximo *office*— Sofía Loren, que estaba rodando *Orgullo y pasión,* con Frank Sinatra y Cary Grant. Luis Miguel organizó un tentadero y vinieron muchos invitados. Sofía toreó al alimón con Luis Miguel y fue una gran fiesta, con flamenco incluido. ¡Ah!, me olvidaba que la madrina fue mi gran amiga Margherita Varzi.

—Lucía, me han contado que en el bautizo de Miguel hubo un breve incidente entre Pepe *Dominguín* y el marqués de Villaverde.

—Sí, creo recordar que fue por la mujer de Pepe, María Rosa Salgado, que era bellísima. El marqués de Villaverde se puso un poco pesado bailando con ella, Pepe se molestó y Luis Miguel tuvo que intervenir. Los hermanos se han querido muchísimo, pero al mismo tiempo han disputado muy fuerte, hasta el punto de que en ocasiones he pensado que podía suceder algún drama porque eran muy vehementes. Luis Miguel adoraba a sus hermanos y les cuidaba como si fuera el mayor.

—Sí, yo también he observado que no le gusta ser el menor, le molesta que digan «el benjamín de los *Dominguín*».

—Claro, porque su padre le exigió tanto... Y porque, además, en un momento de la vida, toda la familia giraba en torno a Luis Miguel y eso le influía mucho.

—Pero en seguida te quedas embarazada otra vez.

—Sí, en septiembre me confirmó el médico que estaba esperando otra vez. Durante el invierno Luis Miguel compró «La Virgen» en Andújar, donde empezamos a ir los fines de semana, y aunque todavía no teníamos la casa, vivíamos en el parador que está junto al Santuario. También dormíamos en Doña Rosa, que son unas casas que hay junto al arroyo que lleva al pantano. Ahí empezó a andar Miguel, siempre entre perros y animales.

—¿Te gustaba la vida en el campo?

—Mucho, pero cuando mi embarazo de Lucía fue avanzando me preocupó estar tan lejos de Madrid y, aunque me encantaba la vida sana que hacíamos, en julio del cincuenta y siete me fui a

Madrid, y me instalé en el hotel Castellana Hilton. Ten en cuenta que pesaba veinticinco kilos más de lo normal y que estar en «Villa Paz» era muy incómodo, con Miguel tan pequeño.

—¿Y Luis Miguel ya había reaparecido en España?

—Sí, creo que fue en julio precisamente cuando reapareció y, para quedarme sola en «Villa Paz», preferí venirme a la ciudad. Manolo Tamames me vigilaba regularmente y el 19 de agosto ingresé en la clínica Ruber para dar a luz a Lucía, que era monísima. Le hicimos padrino de bautizo a Tamames y avisamos a Luis Miguel a Tarragona, donde toreaba.

—¿Pero llegó a tiempo?

—Sí, creo que suspendió una corrida, pero vino y estuvo conmigo. Ten en cuenta que entonces, en plena temporada, apenas nos veíamos y, aunque no toreó mucho, cuando no lo hacía, estaba en el campo.

—Entonces fue cuando el padre de Luis Miguel cayó enfermo, ¿verdad?

—Sí, creo que en una corrida que toreaban en Murcia. Bueno, pregúntaselo a él. Se encontró mal y le hicieron unos análisis que confirmaron que tenía cáncer. Luis Miguel consultó a Jaime Merchán y este aconsejó llevarle a Heidelberg, donde le operaron, aunque ya sin esperanzas. Murió en el verano de 1958.

—¿Cómo le afectó a Luis Miguel la muerte de su padre? ¿Notaste un cambio importante en su carácter?

—Sí, radical. Don Domingo tenía tal fuerza que vivía volcado en ellos, exigiéndoles y tratándoles con dureza, pero justamente. Recuerdo que un día, teniendo Luis Miguel ya más de treinta años, su padre le abofeteó en mi presencia. Bueno, yo estaba detrás de Luis Miguel pero lo vi todo. Y eso es prueba de un temperamento. A Luis Miguel le afectó muchísimo la muerte de su padre, tanto que comenzó a beber y a escaparse de casa durante días.

—Y tú, ¿qué pensabas?

—Yo creía que era por los toros, por la tensión, porque entonces vino la competencia con su cuñado, Antonio Ordóñez... Y como todo el mundo que me rodeaba me insistía en que tenía que tener paciencia y comprender la vida de la mujer de un torero pues, aunque no me divertía, me aguantaba. Además, estaban Miguel y Lucía que me ocupaban todo el día. Por ellos empecé a buscar una casa en Madrid que me permitiera vivir cerca de los colegios y las comodidades de la gran ciudad.

—Creo que hay una anécdota curiosa en la compra de la casa de Somosaguas.

—Sí. Esta parcela era del Banco Urquijo y cuando la vi me encantó el sitio, la altura y la distancia. Ten en cuenta —se mueve inquieta en el sofá— que cerca de Madrid sólo estaba La Florida y que Pozuelo y Aravaca eran dos pueblos, sin casas apenas. A mí me entusiasmó que estuviera tan lejos y al mismo tiempo tan cerca de Madrid y le dije a Paco Urquijo que era la casa que buscaba; como a Luis Miguel no le gustaba, me negué a acompañarle a una cacería y Paco, sospechando algo extraño, me llamó. Cuando le conté lo que ocurría me dijo algo fantástico: «Lo siento, Lucía, pero la casa ya está prácticamente vendida, ¿y sabes a quién?» «No —le contesté—. Ni idea.» «A Ava Gardner —me soltó a bocajarro—, pero, tratándose de ti y como tienes tanto interés, voy a tratar de arreglarlo.» Y así fue. Como Ava era amiga nuestra —continúa Lucía—, pocos días después me llamó y me dijo: «Oye, primero me quitas el hombre y ahora la casa», pero no estaba enfadada. Ava y yo hemos sido amigas y muchas veces comíamos juntas. Una vez —y al recordarlo se detiene un momento y sonríe—, años después, me invitó a cenar a su casa y me advirtió: «Cuando me veas muy bebida, no digas nada y márchate.» Era una gran mujer, con mucha generosidad y que no tuvo suerte.

Triste final de un cuento

Entre 1959 y 1967 se fragua la incomprensión y la distancia afectiva y humana que llevará a la separación de Luis Miguel *Dominguín* y Lucía Bosé. Viajan juntos, comparten nuevas situaciones y amigos, sufren contratiempos íntimos y profesionales y empiezan a hacer frente a la común responsabilidad de educar a sus hijos y construir una familia. Pero Luis Miguel se enfrenta a una de las temporadas más cruciales de su carrera, rivalizando con su cuñado Antonio Ordóñez y sufriendo dos graves cornadas consecutivas.

En esta época, Luis Miguel y Lucía trataron con cierta intimidad a Pablo Picasso, al que visitaron frecuentemente en la Costa Azul donde, en diciembre de 1959, dejaron a Miguel y Lucía cuando viajaron a América. Con ellos estuvo la «tata» de la casa, Reme, mientras que Jacqueline hacía las veces de madre.

Cuando concluyó la temporada americana, Lucía Bosé viajó a Niza para agradecer personalmente a Picasso y Jacqueline su trato y fue allí donde confirmó su tercer embarazo, prometiéndole al pintor que al nuevo vástago le llamarían Pablo o Paola, según fuera niño o niña, y que, en cualquier caso, serían él y Jacqueline los padrinos.

En 1960, toda la familia se fue a vivir a Somosaguas, y en septiembre Miguel empezó sus clases en el Liceo Francés, decisión salomónica entre la voluntad materna —Liceo Italiano— y la paterna: un colegio español. «En esta época —insiste Lucía— Luis Miguel dejó los toros y empezó a faltar de casa; estaba dos o tres días sin aparecer. Y fue entonces, en noviembre de 1960, cuando nació Paola, cuando se corrió la famosa juerga que acabó con el corte del pelo al uno, pero eso será mejor que lo cuente él. Yo di a luz a Paola y gracias a eso pudo excusarse de torear un festival benéfico en Las Ventas ante Carmen Polo de Franco.»

«Cuando me repuse —continúa Lucía—, viajamos a Niza para bautizar a Paola y fue precioso y muy emocionante ver a Picasso con ella en brazos. Pablo estaba encantado y con él y Jacqueline disfrutamos de su nueva casa, un *château* en Vauvenargues.»

Lucía quedó nuevamente embarazada, pero abortó antes del verano de 1961, después de un serio incidente ocurrido en uno de los lugares favoritos de Luis Miguel en sus noches locas: Gitanillo's. «Allí estaba "el torero" cuando llamó a casa para que el mecánico fuera a buscarle y en vez de ir él fui yo. Con mis cinco meses de embarazo decidí presentarme, sin importarme con quién estuviera. Al verle no me pude contener y le abofeteé. El hombre que sólo hacía unos años me había fascinado por su finura y su categoría, se había convertido en un guiñapo, zafio y sin gracia alguna.»

Cuando le pregunté cómo reaccionó él, me dijo: «No, no me pegó, pero me cogió el abrigo por las solapas con tal fuerza que arrancó los hilos de lana. Fue una escena muy fuerte, de gran tensión. Cuando volví a casa ya me di cuenta, definitivamente, de que nuestra relación había terminado porque aquel hombre ya no era el que yo había conocido, querido y admirado.»

—Pero aún estuvisteis juntos cinco años, ¿no?

—Sí —y duda—. Fueron seis, pero ya él hacía su vida; retirado de los toros, viajamos juntos a Argentina a cazar con Teddy Vicuña en Bariloche y fui tan feliz en la paz de las montañas, que todavía creí que podíamos recobrar el equilibrio. Fueron veinte días viviendo en una tienda de campaña, solos con unos caballos.»

—¿Cuándo te enteraste de su relación con su prima?

—No, yo —y se ríe de sí misma al recordarlo— no sospeché nada hasta muy tarde, porque ten en cuenta que esa niña se crió con nosotros, en nuestra casa; su madre y su padre trabajaban para nosotros en «Villa Paz» y durante mucho tiempo vi su afecto y confianza como una consecuencia del trato familiar. Pero todo el mundo estaba al corriente menos yo, incluso mi madre; pero no me quisieron decir nada por si acaso era algo pasajero y nos arreglábamos. Yo ya había conocido otras «aventuras» y eran eso, simples «aventuras».

—¿Y cuál fue tu actitud en estos últimos años de vuestro matrimonio?

—Yo defendí mi familia, mi casa y a los chicos; aguanté hasta que ya no pude más; además —se incorpora en el sofá con cierto cansancio— en septiembre del sesenta y dos volví a dar a luz un niño que sólo vivió diez días y al que bautizamos Juan Lucas, aunque Luis Miguel estaba empeñado en que se llamara Judas. No me acuerdo si era una broma de mal gusto o lo decía en serio. El caso es que después de esta desgracia, en otoño del año siguiente me volví a quedar embarazada, pero aborté y entonces me operaron de la matriz y me advirtieron que no podría tener más hijos. Tres ya eran suficientes. Fue en ese año cuando ya se produjo nuestra separación física, por cierto, después de un verano muy agitado porque por «Villa Paz» pasaron muchos famosos que visitaban España, como Humberto de Saboya, Yul Brynner, Claudia Cardinale, Virna Lisi, Truman Capote, Audrey Hepburn y su marido Mel Ferrer y aquella periodista tan famosa, Elsa Maxwell. ¡Ah!, me olvidaba de Dalí, sí —duda—, fue entonces cuando vino Dalí, con sus túnicas y sus bigotes.

—¿Y cómo se relacionaba Luis Miguel con sus hijos? ¿Los veía mucho?

—Bueno, los tres iban ya al Liceo Francés y por lo tanto empezaban sus años de estudio, pero Luis Miguel venía a comer, a veces sin avisar, entraba y salía a su antojo. Sí vino a la primera comunión de Miguel y de Lucía, que fue en mayo del año... —y duda— sesenta y cuatro. Sí, del sesenta y cuatro. Luego —continúa Lucía— fuimos juntos a Moscú, porque me invitaron al Festival de Cine. Allí mucha gente me reprochaba que me hubiera retirado y que no hubie-

Tiempos felices. En noviembre de 1960 nace Paola

Último viaje juntos. Moscú, Festival de Cine

ra seguido actuando. Fue nuestro último viaje y, como consecuencia de él, tuvimos que recibir en «Villa Paz» a una delegación de poetas rusos, a los que homenajeamos por todo lo alto.

—¿Y cómo fue la separación real? ¿Tuvo algo que ver el incidente del incendio en «Villa Paz»?

—Sí, claro. Yo estaba harta de aguantar esa doble vida, porque ni rehaces la tuya ni rompes con el pasado. Yo ya había decidido separarme, pero me faltaba un último empujón, así que la noche de fin de año cogí a los tres niños y me presenté en «Villa Paz» a hablar con «el torero», que se las prometía tan felices. Luego he sabido con quién estaba, aunque yo ya lo suponía, pero discutimos muy fuerte y le dije que quería separarme. No quería hablar conmigo y creía que no me atrevería, pero, contra la opinión de todo el mundo, le pedí la separación.

—¿Quién te desaconsejó que te separaras?

—Todo el mundo, todos mis amigos me pidieron que aguantara, que a lo mejor todo se arreglaba. Ten en cuenta que estábamos en 1967 y que la legislación y la moral de entonces era muy contraria a la mujer y que Luis Miguel era un hombre con mucho poder e influencia y, sobre todo, con muchas ganas de ser libre, pero muy pocas de ser demandado. Manolo Tamames me insistía en que no se me ocurriera separarme porque la sociedad era tremenda con las mujeres valientes que rompían sus matrimonios. Me apoyaron Gregorio López-Bravo, que entonces era ministro; Natalia Figueroa y su padre y el periodista Antonio D. Olano, que perdió su trabajo en *Pueblo* por guardar el secreto de la separación.

—Aunque sea volver un poco atrás, ¿qué pasó con el incendio de «Villa Paz»? ¿Fuiste tú la culpable como se dice o fue un accidente?

—Fue un accidente que ocurrió cuando aquella noche ya nos habíamos ido los niños y yo. No tengo ni idea de lo que pasó, pero desde entonces tengo fama de pirómana. Él llegó a presentar una denuncia pero luego la retiró.

—¿Y cuál fue el acuerdo de separación?

—Yo —vuelve a sonreír con ingenuidad— pude conservar a mis hijos y quedarme con esta casa en usufructo, mientras que «el torero» debía pasarme una cantidad para la manutención de los hijos, que me acuerdo muy bien era de ¡treinta mil pesetas! ¡Treinta mil! Diez mil por cada hijo.

—Y desde entonces, ¿cuáles han sido vuestras relaciones?

—Mira, Carlos —y con una mezcla de severidad e ironía me va contando las diferentes etapas desde su separación—. Han pasado ya más de veinte años. Mis hijos y yo hemos luchado como fieras para salir adelante; hemos tenido que empeñar cuadros, joyas, y yo tuve que volver al cine para poder ganar esta batalla. Pedro Portabella fue el que me ofreció la oportunidad de rodar películas otra vez. Miguel, Lucía y Paola se han educado como yo quería, los tres han hecho lo que han querido y los tres son felices en sus vidas. Esta casa es la casa de mi familia, por la que yo he luchado tanto y estoy muy orgullosa tanto de mí como de mis hijos. «El torero» se dedicó desde nuestra separación a sus cosas y a sus «novias» y con alguna no le fue muy bien, porque no se dio cuenta de lo mala que era y le pagó con daño todo lo que él hizo por ella. Estoy hablando —me aclara— de su prima, claro. Luego estuvo con aquella chica chilena, Pilía Bravo, y Luis Miguel me pidió que le decorara el apartamento que se había comprado en Marbella. Alguna de sus novias quería que yo le diera la anulación para que se pudiera casar, aunque a veces era él quien me llamaba para preguntarme qué me parecía y me venía a decir que no se me ocurriera decir que sí al divorcio. Aunque no me lo preguntes —insiste Lucía—, te voy a contar por qué no he accedido más que al divorcio. No es solamente porque me casé una vez y dije que para siempre; tampoco es porque yo no me haya vuelto a querer casar. No le he dado la anulación porque él no me la ha pedido, porque Luis Miguel es un hombre que no pide las cosas. Cuando quiere algo, te manda un abogado, pero él no se «rebaja» a pedirlo, y esto es lo que me ha dolido. Yo he esperado otra actitud. Después de tantas vueltas que da la vida, yo hubiera reaccionado de otra manera si él me hubiera llamado y me hubiera dicho: «Oye, Lucía, que me he enamorado de Rosario y quiero casarme con ella y para ella es muy importante casarse por la Iglesia. Yo quiero complacerla.» A mí me dice esto, y yo le hubiera concedido la anulación para que se volviera a casar. Pero no ha tenido la humildad de pedírmelo, se ha limitado a comentarlo por ahí, a hacer declaraciones, a decir que si yo soy intransigente... Todo eso me ha decepcionado. Yo hubiera renunciado a mis principios si él me lo hubiera pedido. Quiero que lo digas así.

Como el primer día, hablamos más de cuatro horas seguidas; son las once y media de la noche y el silencio de los recuerdos sólo se ha visto alterado por las constantes llamadas de teléfono. Lucía, con su elasticidad corporal y su actitud jovial y campechana, me acompaña a la puerta atravesando salones y me presenta a algunos colaboradores de su hijo Miguel, pendientes —con el horario cambiado— de las actividades ultramarinas del ídolo de tantas chicas y chicos españoles. Le agradezco a Lucía su sinceridad al evocar con pasión y distancia una historia de amor que lo fue también de todos nosotros. Luis Miguel me ha hablado siempre con respeto de Lucía. Ella es la madre de sus tres hijos, que él tanto quiere y añora y que perdió al fracasar su matrimonio. En los muchos momentos de intimidad que hemos mantenido a lo largo de 1994, Luis Miguel ha reconocido su responsabilidad en ese fracaso, pero a la vez le atribuye a Lucía una actitud burlona y despreciativa de su profesión y su mundo, y me ha admitido que llegó un momento en el que perdieron su entendimiento y hasta el imprescindible atractivo mutuo.

Si no fuera por Rosario

QUIZÁ estaban destinados a encontrarse y hechos el uno para el otro, pero lo cierto es que mientras Luis Miguel daba la vuelta al mundo de su vida, Rosario Primo de Rivera y Urquijo seguía más o menos en el mismo sitio; mientras Luis Miguel conquistaba el corazón de tantas mujeres de todos los continentes, Rosario seguía fiel a sus orígenes, a su mundo, a sus principios. Mientras Luis Miguel triunfaba, se equivocaba, escogía y vivía todo un ciclo vital enloquecido y aventurero, Rosario desarrollaba toda una vocación de generosidad, toda una tradición familiar de protagonismo público marcada por un linaje y, también, por una dramática herencia de la tragedia de España.

Ya se conocían cuando Luis Miguel paseaba su esbelta figura por los ruedos de España y América; también cuando Antonio Ordóñez competía con Luis Miguel, bajo la atenta mirada de Ernest Hemingway. Ordóñez era el torero de su casa, porque Rosario es hija de Rosario Urquijo y el rondeño visitaba con frecuencia la finca «Juan Gómez», donde su tío Antonio Urquijo criaba los toros de una de las ganaderías de mayor abolengo de España.

Durante muchos años de su vida tuvieron los mismos amigos, coincidieron en cenas, fincas, viajes y hasta en alguna plaza de toros, aunque él no sabía que ella estaba en el tendido acompañando a algunas de sus más leales admiradoras.

Porque hay que decir que Luis Miguel *Dominguín* pronto entró a formar parte de una determinada aristocracia ganadera que combinaba su casa en el centro de Madrid, Sevilla o Salamanca con la finca en Ciudad Real, Toledo, Jaén, Albacete o Córdoba, con la que cazaba y disfrutaba de una visión del mundo, de la vida y de España. Eran tiempos de penuria económica y de implantación de unas normas de conducta moral, consustanciales al Régimen y consecuencia de una visión de España íntegra, reivindicativa de lo espiritual y de una doctrina capaz de identificar el pecado con que las mujeres llevaran pantalones y que en las playas no se procediera con el suficiente decoro.

Luis Miguel y Rosario eran hijos del mismo tronco, pero mientras Luis Miguel utilizó su fama y su poder como medio para hacer lo que le venía en gana, Rosario se debía a un esquema familiar más severo y estricto, más convencional y de respeto por las formas y los compromisos sociales.

Mientras que Luis Miguel se convirtió en uno de los hombres más brillantes, agudos y cínicos de aquellos años, permitiéndose a sí mismo una envidiable y agitada vida sentimental, Rosario, bella, elegante y esbelta, caminaba por la senda de la realización personal, la continuación de la tradición familiar y la formación humana dentro de las reglas de la época.

Me cuenta Rosario: «La primera vez que vi a Luis Miguel fue en Puerta de Hierro. Yo comía con varias amigas después de jugar al golf y apareció él, que venía de ver a Franco. Yo tenía entonces muchas amigas que le conocían e incluso que habían salido con él. Pero —rectifica— a lo mejor la primera vez que le vi fue en San Sebastián, porque le estoy viendo con Annabella Power, sentado en el bar Basque.»

«Además —continúa, mientras fuma con soltura un cigarrillo—, mi hermano Miguel le conoce de siempre y creo que más de una juerga se habrán corrido juntos. Además, mi amiga Blanca Romanones era amiga de su hermana Carmina y estuve invitada a su boda en "Villa Paz", en casa de Luis Miguel.»

«Así que —concluye— no existe un primer día, distinto, mágico. Nos conocíamos y, cada cual por su lado, teníamos los mismos amigos y nos divertíamos más o menos en los mismos sitios. Recuerdo que en los años cincuenta —me parece que todavía no estaba casado con Lucía— coincidimos en una feria de Sevilla, y estuvimos en las mismas casetas.»

Con una especial habilidad y una indudable clase, Luis Miguel
ha sido capaz de simultanear los ambientes, perteneciendo a todos
y dejando que todos creyeran que pertenecía al suyo. Y en cuanto
al mundo de las mujeres, esta habilidad ha sido natural y espontá-
nea y lo mismo compartía su vida con una actriz de cine que se enamoraba de una joven dama de la buena sociedad madrileña; de idéntica forma se paseaba por París con la más elegante señora del
Pedralbes barcelonés que se enamoriscaba de la bailaora más racial
del tablao de moda. Por su vida desfilaron toda una suerte de inteligentes y bellas mujeres, pero él mantuvo siempre encendida la llama
de su atractivo con las jóvenes aristócratas de la señorial vida del
Madrid de los años cincuenta.

Aunque algunos testimonios la han incluido en un trío de leales -
admiradoras de esa condición, Rosario ha admitido que no siempre
estuvo enamorada de él y que no es hasta años después de conocerse cuando su relación pasa a ser afectiva e íntima. Hasta que ello
ocurrió, en 1982, Rosario mantuvo una seria e importante relación
sentimental con un hombre que acabó perdiendo la vida en un accidente de automóvil cerca de San Sebastián y se dedicó a la medici-
na, vocación que Gregorio Marañón encauzó con inteligencia al
hacerle ver que era más importante una buena enfermera que un
médico más. Además, Rosario cuidaba de su madre, viuda desde
que el 23 de agosto de 1936 su marido, Fernando Primo de Rivera y
Sáenz de Heredia —hermano de José Antonio e hijo, por tanto, del
general Primo de Rivera—, fuera fusilado en la cárcel Modelo de
Madrid en uno de los episodios más vandálicos y gratuitos de la
Guerra Civil española.

Luis Miguel, presente en esta conversación con Rosario, escucha complacido las explicaciones históricas que Rosario da de su
primera —digámoslo así— aproximación, sonriendo con picardía
cada vez que ella alude a sus diferentes historias amorosas.

Para recrear ese momento en el que sus vidas vuelven a encontrarse y quizá por primera vez a mirarse como algo más que amigos, Rosario me ofrece un whisky, que acepto. Sus claros ojos y su
franca sonrisa complementan su forma de hablar rotunda, decidida,
con una voz fluida, algo ronca, y que transmite confianza, seguridad, criterio.

«Nos volvimos a encontrar en su última época de matador;
yo creo —míralo en los datos— que fue en 1973, o quizá antes.
Recuerdo cómo yo había tenido el tifus, estaba agotada y me fui

a pasar unos días de descanso, por San Juan, a Mangas, en Zamora, a casa de Jaime y Blanca Martínez de Irujo. Acababa de venir de Lourdes, donde cada año iba como enfermera en una expedición de enfermos, y necesitaba descansar, no hacer nada. Y allí apareció Luis Miguel, que toreaba esos días en Burgos y en Zamora. Se vistió en casa de los Martínez de Irujo poniéndose aquel traje negro y oro que tanto le gustaba y que tuvo el detalle de regalarles, así como la cabeza de uno de los toros que lidió esa tarde. Y ahí nos encontramos —continúa—. Aquel verano volvimos a coincidir en San Sebastián, donde él toreó también, y como luego fue a Dax, estuvimos un par de días saliendo juntos, aunque con todo el grupo de amigos. Aquel verano comíamos todos los días en Nicolasa y estuvimos oyendo cantar a María Dolores Pradera.»

Rosario fuma sin parar, cogiendo el cigarrillo con la mano derecha y, pese a que estamos hablando, se levanta para hacer cosas por el salón de «La Virgen», consiguiendo simultanear hablar y ordenar la mesa o tirar los periódicos. Aquí, en la sierra, va vestida con unos vaqueros gastados, mocasines y una blusa estampada, normalmente de flores, de las de Cacharel. Es alta, tiene las piernas muy delgadas y encima de la blusa lleva una chaqueta de punto abierta.

«Aquel verano —continúa explicando, mientras atiza el fuego de la chimenea— se organizó en San Sebastián el Campeonato del Mundo de Tiro de Pichón y el equipo de España quedó campeón, con Teba, Fernando Terry y mi hermano Miguel. Para celebrarlo, y en su homenaje, Cayetana Alba dio una cena y allí estuvo también Luis Miguel. Cuando volvimos a Madrid, en septiembre, me empezó a llamar y salimos solos. Ya entonces le vi en crisis y un poco desorientado, porque era su última temporada y ya se daba cuenta de que una etapa de su vida se acababa.»

—¿Y tú ya te enamoraste de él? —le pregunto.

—No lo sé, pero sí recuerdo que aunque era muy circunspecto, yo me di cuenta de que empezaba a tener problemas..., y las cosas no iban bien con su prima. De hecho creo recordar que ya no vivían juntos.

—¿Y os volvéis a separar?

—Sí; poco después me invitó a una berrea en «La Virgen» y luego se fue a América para torear. Allí un toro le rompió el peroné y a su vuelta, ya dejó de torear y se engolfó. Ponlo así: «se engolfó».

Luis Miguel escucha encantado el relato, y es así, a la contra, cuando mejor desarrolla su sarcasmo, apostillando la versión histórica de los hechos que Rosario ofrece.

—¡Cómo si antes hubiera sido un santo! —exclama Luis Miguel divertido.

—Sí, ya sé que antes eras de aúpa, pero en esta época te fuiste a vivir a Marbella y allí te lo montas en tu apartamento... Bueno, ahorro los detalles.

—¿Y no os volvéis a ver hasta 1982? —les pregunto a ambos.

—No —contesta Rosario—, nos vimos un día en su casa de Darro, que yo acompañaba a mi cuñado José Vicuña y, que yo recuerde, ya no nos volvimos a ver hasta que se puso enfermo y tuvieron que operarle en Boston de dos úlceras de estómago. Bueno, en realidad, en Boston le dijeron que no eran partidarios de operar y fue un amigo suyo venezolano el que le convenció de hacerse un chequeo en Miami. De Agostino —así se llamaba— se lo llevó luego a Venezuela y allí le llamé para que se operara en Madrid, pero no me hizo caso. Yo llamé alguna vez a Boston y hablé con su hija Lucía para saber cómo estaba.

—¿Cuándo fue todo esto?

—Me parece que fue en marzo o abril de 1982, porque cuando volvió se instaló en Marbella otra vez, donde yo le llamaba de vez en cuando. Un día, Blanca Velayos me advirtió de que su hermana Carmina estaba muy grave y me presenté en Marbella, casi sin avisar, y le dije: «Luis Miguel, te tienes que ir a Madrid a ver a tu hermana Carmen.» Le saqué los billetes de avión Málaga-Madrid y me acuerdo que se fue con una modelo jamaicana de color que se llamaba Bambi.

Luis Miguel ironiza una vez más la situación: «Todos los amigos de Marbella me dijeron: "¡Que viene el coco!"», y Rosario se ríe con la distancia de las cosas que da el saberse comprendida y ganadora.

—A finales de agosto murió su hermana —explica Rosario— y de verdad que le vi muy mal. Entonces bebía mucho y estaba desquiciado, sin estímulo, viviendo sin orden ni concierto y muy abandonado a su suerte. Me pidió que le localizara unas declaraciones del doctor Marañón sobre él, me fui a la hemeroteca y allí las encontré. Según Marañón, Luis Miguel hubiera sido un genio en cualquier actividad que hubiera desempeñado.

El recuerdo de esta frase provoca una nueva intervención de Luis Miguel, destinada a rebajar el elogio, como si un súbito rubor le invadiera; al mismo tiempo no puede evitar que la satisfacción anterior active su curioso tic: estira su cuello hacia arriba en un movimiento lleno de armonía.

«Mi hermana, una más, ¡no!»

Durante los últimos meses de 1982, Luis Miguel y Rosario se vieron con frecuencia y hablaron de lo divino y de lo humano; él evocaba los más ocultos pasajes de su vida y también las grandes preocupaciones de un hombre que, con cincuenta y siete años, llevaba diez viviendo como un crápula solterón, bebiendo más alcohol del recomendable como cuota diaria y ahogando en ese mundo la secreta tristeza de una quizá buscada soledad, la lejanía de unos hijos y el temor a una enfermedad que acabara pronto con su turbulenta vida.

Rosario fue el bálsamo inteligente, duro y comprensivo a la vez, que le ayudó a salir de una etapa difícil y a afrontar un futuro sereno y reposado, una vida más adaptada a sus años y más conveniente a sus condiciones físicas, malgastadas y ajadas por el abuso y el descuido.

A finales de 1982, Luis Miguel viajó a Miami para pasar unos días con varios amigos y después fue invitado por el vicepresidente del Perú, Manuel Ulloa, a visitar su país. A los pocos días, todavía en Miami, este llamó a Madrid alarmado: «Rosario, Miguel está fatal, desquiciado; yo creo que sería muy conveniente que vinieras a Miami.» Rosario dudó, pero su preocupación le incitaba a tomar la más trascendente y valiente decisión de su vida. El amor que sentía por Luis Miguel ya no era un secreto íntimo ni una utopía rechazable. La duda corroía su bien estructurado cerebro cuando días después el teléfono de su casa de Madrid volvió a sonar. Era Luis Miguel, que insistía: «Rosario ven. Te necesito conmigo.»

Rosario colgó el teléfono emocionada y durante unos minutos meditó internamente la trascendencia de esa llamada y la importancia de cualquiera de las decisiones que tenía que tomar. Conocía muy bien a Luis Miguel y sabía que él la necesitaba. Sabía también que él había depositado en ella el cuidado de su maltratado cuerpo y el mimo de su perturbado corazón. Sabía también que durante un tiempo su entendimiento había sido óptimo y que entre los dos existían claves vitales y sociales que les hacían complementarios y necesitarse mutuamente. Rosario tenía entonces cuarenta y seis años, era toda una mujer y sabía que había encontrado al hombre con el que compartir y al que dedicar su vida, velando su madurez y con el que disfrutar tantas cosas pendientes.

Repuesta de sus íntimos pensamientos, decidió hablar con su amiga Miriam Figueroa y con su hermana Fernanda, que fue tajante: «No te vayas.» Sin duda, uno de los factores que determinaron este drástico consejo fue una remota duda ante la turbulenta existencia de Luis Miguel, que no le hacía precisamente muy fiable a los ojos de muchos de los que le conocían. Pero Rosario no hizo caso a su hermana. Después de cumplir su jornada en la sede del partido Alianza Popular como colaboradora del desaparecido abogado José María Ruiz-Gallardón para la revisión del censo, entró en una agencia de viajes y pidió un billete de ida y vuelta para Miami. Pero quedaba una duda: «Quedaba saber si Luis Miguel iba a estar en el aeropuerto. Y estuvo.»

Un inesperado problema iba a complicar esta maravillosa y romántica escapada. En el aeropuerto de Miami, con Luis Miguel, estaba el periodista Diego Bardón, singular y exótico personaje que quiso ser torero, con nulo éxito y escasa seriedad, y que estaba preparando un reportaje sobre Luis Miguel para publicar en las próximas semanas en la revista *¡Hola!*

Pese a su amistad con Luis Miguel, el periodista no se avino a silenciar la presencia de Rosario Primo de Rivera al lado del torero, consciente del impacto publicitario de la noticia. Ante este hecho consumado, Rosario decidió volver a Madrid.

—¿Por qué volviste a Madrid?

—Porque yo pensé: «Mi madre no se entera por el *¡Hola!* de que he estado con Luis Miguel. Yo no le doy a mi madre ese disgusto.»

Y dicho y hecho, Rosario voló a Madrid para explicarle a su madre que se iba a publicar un reportaje en la revista *¡Hola!* sobre su viaje con Luis Miguel *Dominguín*. Le dijo que estaba enamorada de él, que él también, que se habían encontrado en la vida después de muchas vueltas y que «ya no era una niña».

Su madre alegó razones y esgrimió argumentos para prevenir a su hija de la importancia y trascendencia social y religiosa de su decisión. «Luis Miguel —le dijo— es un hombre casado y no puede unirse por la Iglesia si no se anula su matrimonio con Lucía Bosé.» Idénticos planteamientos le hicieron algunos amigos. Lo más duro fue la actitud de su hermano Miguel que, pese a ser amigo de Luis Miguel y conocerle muy bien desde hacía años —o quizá por ello—, se rebeló contra la idea de que su hermana Rosario fuera la última conquista del más conquistador de los españoles de la posguerra y en ese terreno uno de sus más caracterizados rivales. Miguel, que adora a su hermana, pronunció una frase que ella no olvida: «Mi hermana, una más, ¡no!», en la que junto al rechazo de que Rosario fuera una «víctima» más, se evidencia el inevitable sentido de protección y amparo por un miembro de su familia, que además era chica, soltera y que ya no tenía veinte años. Aun así, su rechazo a la relación entre Rosario y Luis Miguel se hizo patente de forma rotunda y drástica, al permanecer tres años sin dirigir la palabra a su hermana. Varios encuentros posteriores, alguno por mediación de *Pochola Dominguín,* acabaron por devolver a la normalidad un sentimiento tan poderoso.

Boda con Rosario

La relación entre ellos no ha sido fácil; la diferente concepción de la vida, de la pareja y de los condicionamientos sociales, religiosos y morales influyó de modo notable en los primeros años de convivencia. Por otro lado y para guardar las apariencias, durante la primera Navidad que pasaron juntos cada cual vivió en su casa: Rosario, en la casa familiar de la calle Martínez Campos de Madrid y Luis Miguel, en su piso de la calle Darro en la colonia El Viso de Madrid, donde le ha gustado vivir siempre.

La incomprensión no provino sólo del entorno familiar. También los amigos sintieron la extrañeza por la unión y alguno vaticinó su próximo fin. Otros, mejores conocedores de la psicología de ambos, auguraron larga singladura a la nueva pareja, aduciendo que «por fin Luis Miguel había encontrado la horma de su zapato». Lo que es evidente es que quienes conocían a Rosario no dudaron ni un ápice de su capacidad ni de su entrega para mantener una relación inspirada en la inteligente mezcla de esposa y enfermera para cuidar con idéntico éxito del corazón y del cuerpo del mítico Luis Miguel *Dominguín.* También hubo voces entonces que, en lugar de adivinar las claves de ese entendimiento, prefirieron obcecarse en la aparente —sólo eso— incompatibilidad de caracteres y en el contrasentido de que Luis Miguel y Rosario —antitéticos y contrarios, según ellos— compartieran el mismo techo.

Y es que en la vida siempre hay gente interesada en tutelar desde la distancia el destino de los amigos, empeñada por tanto en creer que la conveniencia de Luis Miguel y su deseo circulaban en idéntica dirección, cuando era todo lo contrario. Son los que creían y querían ver a Luis Miguel esclavo —y por tanto víctima— de su propia imagen: Marbella, chicas, bebida. En una palabra, su propio estereotipo.

Y con Rosario ocurrió igual: los que más se suponía debían congratularse de que su hija, su hermana o su amiga hubiera encontrado el hombre de su vida, fueron quienes con mayor ímpetu rechazaron la idea de que este fuera Luis Miguel, negándole así la opción —¿la última quizá?— de que encontrara al hombre con el que realizarse en plenitud.

En enero de 1983, Luis Miguel y Rosario viajaron a «La Virgen» para instalarse allí definitivamente. La madre de Rosario cedió al fin y juntos se establecieron en Sierra Morena para compartir la vida que más complace a Luis Miguel: la maravillosa soledad del campo, el silencio sólo roto por el canto de los pájaros, las pisadas de una manada de gamos y el lejano gruñido de un ave o una alimaña. Allí, Rosario —inteligente y tenaz— ha organizado el refugio de Luis Miguel, construyendo a su alrededor un imperio de comodidad, adaptándose a la generosa visión de la amistad de Luis Miguel, que tanto gusta de estar allí solo, pero recibiendo amigos los fines de semana o en cortos períodos de tiempo. Un gigantesco frigorífico permite no depender de la compra diaria, ahorrándose así los kilómetros que separan «La Virgen» del santuario de la Virgen —donde un pequeño colmado les surte de los primeros alimentos— o del mercado de Andújar, apartado unos cuantos cientos de curvas de estrecho trazo.

En agosto de 1983, el espíritu joven y animoso de Rosario se evidenció al proponer a Luis Miguel algo distinto: «Los dos queríamos —me dice Rosario— pasar unas vacaciones distintas, hacer algo que no hubiéramos hecho nunca. Por eso alquilamos la *roulotte* del corredor de motos Ricardo Tormo y nos fuimos a Galicia, a recorrerla pegados al terreno. Estuvimos en Santiago de Compostela, en La Coruña, pero sobre todo en ese maravilloso paisaje de brumas y nieblas matinales, de enormes laderas y de impresionantes prados. Vinieron con nosotros —comenta Rosario— Sagrario Parrilla y los Camiña. Fue una experiencia fantástica.»

«Por cierto —y sonríe al evocarlo— en ese viaje conocimos a

«Rosario es excepcional y ha sido una suerte encontrarnos, porque si no hubiera sido por ella...»

Rosario y Luis Miguel salen de la plaza de toros de Las Ventas

Enrique Curiel, que entonces era comunista y muy significado, y yo no estaba dispuesta —como quería Antonio D. Olano— a hacerme una fotografía con él. ¡Sólo faltaría! Eran tiempos difíciles y no se hubiera entendido que apareciéramos juntos como si tal cosa. Me indigné con Olano y su falta de inteligencia. Ahora, eso sí, Curiel nos cayó fenomenal, porque nos pareció listo y como le dijo Luis Miguel: "Oye, tú no puedes ser comunista, porque estás muy bien educado."»

«Juntos hemos viajado también a América del Sur, a Venezuela, Ecuador y Perú, que son países donde Luis Miguel tiene amigos muy buenos, que le conocen desde niño», insiste ilusionada.

El 10 de diciembre de 1988, en los Juzgados de Familia de la calle Pradillo de Madrid, Rosario Primo de Rivera y Urquijo y Luis Miguel González Lucas se casaron por lo civil, tras llevar él diecisiete años separado de su primera mujer, Lucía Bosé. A la boda, estrictamente privada, asistieron sus hijos, sus hermanos *Pochola* y Pepe y los seis hermanos de Rosario: Miguel y Fernanda y los hijos que su madre tuvo con don Alfredo Pickman, Alfredo, Macarena, Tere y Guillermo. También estuvieron invitados Carmen Montero, persona vinculada a la familia de Rosario, y don Servando, administrador de Luis Miguel.

Con esta ceremonia, Rosario satisfacía una íntima aspiración al estar su relación con Luis Miguel basada en unos principios contrarios a los suyos, pero al mismo tiempo complacía una secreta última voluntad de su madre, que desgraciadamente moría dos semanas después, la noche de Navidad.

Al mismo tiempo, Luis Miguel inició los trámites para solicitar la anulación de su matrimonio con Lucía Bosé, a la que —según me dijo— pidió ese obligado trámite para satisfacer así los fundamentos religiosos de Rosario, partidaria del matrimonio canónico. Para ello es preciso que sea la Iglesia la que bendiga la nueva unión, anulando la anterior. Según comentó Rosario, «hubo un primer intento que estuvo mal planteado y que resultó fallido, y en el que entre otros testigos declararon Gabriel Aguirre y Juan Antonio Vallejo-Nágera, que tuvo el detalle de ratificarse en su testimonio por escrito, una semana antes de morir, en 1990. ¡Cuánto nos acordamos de él!».

En los últimos años, las apariciones públicas de Luis Miguel se han ido espaciando y sólo Jesús Quintero en su programa *El perro verde* consiguió sacarle de su dorado refugio. Pero aun así, cuando se mueve por España consigue que los reporteros busquen su testimonio e indefectiblemente le preguntan por su próxima boda religiosa y sobre si Lucía Bosé ha accedido a concederle la anulación. Y es esta sigilosa y dura contienda entre dos mujeres la que interesa y apasiona a un buen número de gentes de nuestro país que con avidez devoran las revistas del corazón. Una, Lucía Bosé, italiana, mujer de temperamento, endurecida por las peripecias vitales y por la solitaria lucha para sacar a sus hijos adelante, se resiste a borrar de la vida —de su vida— una ceremonia que tuvo su accidental origen, pero que fue fruto de una íntima decisión. La otra, Rosario Primo de Rivera, una señora de «rompe y rasga», de fuertes creencias y firmes criterios, que no se arredra ante nada ni ante nadie, dura, expeditiva, y a la que no le tiembla el pulso a la hora de «proteger» a Luis Miguel de quienes no le convienen y de borrar de la lista de amigos a quienes no se ajusten a su modelo.

Rosario ha tenido que ejercer en estos años de convivencia de severa enfermera para contrarrestar un notable impulso autodestructivo de Luis Miguel, empeñado en disfrutar de la vida a grandes sorbos y que se considera incapaz de abandonar el tabaco. Dos años después de la operación de Boston, Rosario llevó a Luis Miguel al doctor Hidalgo Huerta, que le practicó una resecación de estómago y una gastroscopia porque padecía hernia de hiato, lo que le dificultaba la alimentación.

Cada año, después de Navidades, Rosario se pone firme y reserva una habitación en la Clínica de Navarra, donde Luis Miguel se somete a un exhaustivo chequeo con idéntica paciencia con la que hace treinta o cuarenta años iniciaba los entrenamientos para ejercer su profesión con la mejor preparación física. En enero de 1994 uno de los rutinarios chequeos detectó una notable insuficiencia respiratoria y una cierta fatiga cardiaca, producto todo de su excesivo volumen, imponiéndosele un severo régimen de cuyo cumplimiento he sido testigo presencial y que le ha llevado a perder casi veinte kilos en seis meses.

Allí le escribirá su amigo Antonio Garrigues Walker una emotiva carta en la que, entre otras cosas, le dirá: «… no permitas que el desánimo y el pesimismo se desmadren y campen por encima de tu respeto y tu dignidad. Tú eres, sin duda, más fuerte que el dolor, por muy grave y puñetero que sea.» Su recomendación final será: «Cúrate, pues, a ti mismo. Llénate de alegría y de futuro y verás la cantidad de milagros que se producen. Aunque no seas culpable de tu enfermedad, responsabilízate de ella. Hazla tuya.»

Jugadora de golf y amante de los más sencillos atractivos urbanos, Rosario ha aprendido a disfrutar de la rudimentaria vida de «La Virgen», ocupando su tiempo en el cuidado de la casa, de su jardín —al que dedica tanto mimo— y ayudando a Luis Miguel a mantener en buen orden y concierto una organización en la que trabajan tres guardas, un encargado, un tractorista, un jardinero, y en la casa dos matrimonios con sus respectivos vástagos, que son como hijos de Rosario y Luis Miguel. Uno de ellos —una niña de escasos seis años con un delicioso acento andaluz— viene a besarle constantemente, con espontaneidad, mientras le llama «jefe».

Rosario, según Luis Miguel

Luis Miguel siente por Rosario, además de amor, fascinación por sus cualidades humanas. Admira su estilo de mujer, su inteligencia, su saber tratar a todo el mundo con idéntica consideración, su elegancia personal, que la hace siempre dueña de su emotividad y de los escenarios donde se encuentra. «A Rosario —me confiesa— la conozco prácticamente desde que éramos niños y, como tenemos muchos amigos comunes, hemos frecuentado siempre los mismos sitios.» Emite su opinión con una tremenda rotundidad, con un estilo personal que busca la sentencia, la frase redonda, un poco a la manera que —dicen— tenía de hablar Juan Belmonte.

«Rosario es excepcional y verdaderamente estoy muy bien con ella. Ha sido una suerte encontrarnos, porque si no hubiera sido por Rosario...»

Los puntos suspensivos los pongo yo, pero interpretando que su mente se ha quedado en blanco, buscando en el pasado quién sabe qué inestable estado emocional, qué inseguridad o sencillamente qué profunda depresión, producto del tedio vital.

Un largo silencio ha sido el colofón a esa frase, tan incierta y alusiva al reconocimiento que Luis Miguel siente por Rosario. Hay en ese «si no fuera por Rosario» la grandeza de la desnudez y la secreta gratitud del hombre orgulloso capaz de reconocerla sólo con una discreta insinuación.

«Rosario llegó en un momento decisivo de mi vida —reconoce Luis Miguel—, supo ayudarme a superar los momentos malos y juntos estamos compartiendo estos nuevos años, que no son mejores ni peores que los anteriores, sino sencillamente distintos. Llevo una vida muy sana, cuidándome mucho, y cada día doy respuesta a la pregunta que todos los días nos hacíamos, hace años. Pienso que lo más inteligente es irse adaptando a las circunstancias que te van tocando vivir. Si veo que no puedo hacer algo, pues no lo hago.»

Luis Miguel cumplirá setenta años en diciembre de 1995. No le gusta la soledad «pero aprecio estar con poca gente: lo ideal es estar con cinco o seis amigos». Cuando le pregunto si al mirar hacia atrás siente miedo de algo, me contesta con esta frase: «Sí, he tenido el miedo de no llegar a cumplir los años que tengo, porque no podemos hacer todo lo que nos gustaría hacer. Pero desde luego no me arrepiento de nada. Si volviera a nacer haría lo mismo, porque yo creo en el destino de las personas, y eso no se puede cambiar.»

3

sus orígenes y sus raíces: su herencia

Domingo González Mateos: el patriarca

¡AH de la casa!, venimos a ver a don Domingo —exclamó el miliciano desde la cancela de la casa.

Un guarda salió para averiguar quiénes eran y qué querían y, al ver la expresión decidida del grupo de milicianos, temió lo peor. Desde el 18 de julio había rumores sobre represalias y desapariciones de personas en Toledo y su provincia. Volvió a la casa, cruzó el jardín y avisó a don Domingo. El patriarca de los *Dominguín* reunió a su mujer, a sus padres y a sus hijos y les dijo:

—Ahí fuera hay una patrulla de milicianos que vienen por mí; seguramente algún desaprensivo me ha denunciado por colaborar con las tropas de Franco. Voy a salir a hablar con ellos y a explicarles que aquí nos hemos limitado a trabajar en el campo, a estar tranquilos y que no hemos hecho mal a nadie.

Doña Gracia esperó a que su marido terminara de hablar para tomar la palabra y con toda su firmeza exclamó:

—Si estos milicianos quieren llevarte, yo me voy contigo. Bajo ningún concepto te dejaremos solo.

Convenido esto, Domingo salió a la puerta de su casa de Quismondo (a sugerencia de Pedro Escudero, alcalde entonces, se habían refugiado allí por considerar «La Companza» un lugar poco seguro) y les explicó que no tenía ningún temor a una posible denuncia y que tampoco había inconveniente en acompañarles a Madrid. Ante esta actitud, el pequeño grupo de milicianos dudó, pero el que llevaba la voz cantante recuperó la iniciativa:

—Usted se va a venir con nosotros para interrogarle y ya decidiremos si viajamos a Madrid o no.

Un ligero escalofrío humedeció la frente del orgulloso matador de toros que, con gesto franco y audaz, comenzó a despedirse de sus hijos y de su mujer. Ésta, al besarle, le recordó lo hablado en la casa.

No hubo terminado Domingo de recoger su sombrero, cuando por la calle apareció un grupo de gente del pueblo y al frente de ellos, Pío, el pastor, con su boina y las mangas de la camisa por los codos.

—Venimos —dijo— porque ha corrido el rumor de que venían ustedes por don Domingo y queremos que sepan —mirando con energía al cabecilla de los milicianos que se había adelantado ligeramente— que don Domingo es nuestro patrón, pero también nuestro camarada y amigo, y que aquí, en el pueblo, no hay nadie que le quiera mal. Los *Dominguín* han luchado como todos nosotros por sacar adelante a sus familias conforme a la ley y no hay queja de mal trato ni de abusos, como se han dado en otras fincas.

Paralizados en su iniciativa, el grupo de milicianos enmudeció. El más experimentado se encaró con el que había hablado:

—Nosotros venimos por Domingo González *Dominguín*, que es este señor, y tenemos órdenes de interrogarlo.

—¿De qué le acusan? —preguntó uno del pueblo.

—Sólo sabemos que ha habido una denuncia y que tenemos que llevarlo con nosotros y nada más. Ya decidirán lo que se deba hacer.

Pío, con idéntica energía a la empleada la primera vez, replicó:

—De aquí no se va a ir nadie solo y todos vamos a acompañar a don Domingo tanto si va al pueblo como a Madrid. Estamos orgullosos y felices de trabajar en estas tierras y de que algunas de ellas sean de Domingo, que se ganó el pan con su esfuerzo y su coraje en los toros. Así que lo dicho: si Domingo se va, nos vamos todos con él. Lo que le pase a él nos pasará a todos.

Estas emocionadas palabras calmaron al líder de los milicianos y llenaron de orgullo a Domingo y su familia.

En el caótico y sórdido Madrid la incompetencia fue superior a la violencia indiscriminada y como opción conciliadora fueron acompañados a visitar al secretario general del Partido Comunista,

José Díaz, quien, al conocer el caso, pronunció esta frase: «Un hombre al que apoya su pueblo es un buen hombre.» Y así, Domingo resultó absuelto de la denuncia presentada por la FAI y pudo regresar a Quismondo y a «La Companza» entre la alegría de sus paisanos.

Este episodio, frecuente en la pequeña historia cotidiana de la Guerra Civil española, ilustra con claridad la personalidad y el peso social y político que la figura de Domingo *Dominguín* tenía entre los habitantes del pueblo. No era un cacique, ni un prohombre de las derechas rurales; tampoco un señor de Madrid que presume de finca el fin de semana; era, sin más, un luchador, un hombre que gracias a su audacia y a su decidido tesón hizo dinero con los toros, primero como matador y más tarde como empresario y apoderado.

«El Titán de Quismondo» (1895-1918)

Tan sugerente personaje nació en Quismondo, a unos sesenta kilómetros de Madrid y a cuarenta de Toledo, en una familia humilde. Sus padres, Alejandro Cruz González y Pilar Mateos, eran gente dura que, sin cultura ni medios, consiguieron sobrevivir a la pobreza aun a costa de vivir de lo ajeno, como aquel día que «de vuelta a casa —como explica Pepe *Dominguín* en su libro *Mi gente* [1]—, bordeando el arroyo de La Guadamilla, la abuela Pilar robó un saco de bellotas con su hija en brazos, a la que acababa de dar a luz en la cárcel, donde había estado detenida por la Guardia Civil».

Su padre vivía de las labores del campo y ganaba un real como guarda de la finca «La Charpona». Pronto ahogó sus penas y sinsabores en los reconfortantes impactos del vino castellano, de alta graduación y rojo subido.

Domingo era listo y pronto se dio cuenta de que allí no había otro futuro que la miseria y la sumisión al destino, escenificado en las tierras que los nobles españoles habían adquirido en la provincia toledana, como el marqués de Comillas, cuya finca «El Alamín» abarcaba nada menos que seis pueblos: Escalona, Santa Cruz de Retamar, La Torre, Villa del Prado, Méntrida y Almorox. Cruzaban estas tierras las aguas generosas del río Alberche y, al contacto con la savia líquida, brotaban cultivos capaces de alimentar la diversión

---

[1] Pepe *Dominguín*, *Mi gente*, Piesa, 1979.

señorial y las primeras necesidades de quienes dependían de esa tutela.

Domingo nació el 4 de agosto de 1895. Sus padres se empeñaron en llamarle «Dominguín» por haber nacido en domingo. Cuando hubo cumplido los dieciséis años, Domingo se planteó si tendría el valor de ser torero. Corría el año de 1911 y los ruedos ibéricos eran escenario de los éxitos de *Bombita* y de un joven torero de Sevilla, hermano menor de *el Gallo,* al que llamaban *Gallito.* Fue entonces cuando exclamó, y testigos hay de ello: «O dejo de ser pobre o de cabeza a la sepultura», propósito que se arraigó en sus entrañas con tal firmeza que le estimulará para superar cuanto obstáculo se cruzó en su camino.

Con la complicidad de un tío suyo —Lobato— se puso delante de un toro y no se asustó. Como además de valor tenía inteligencia, se dio cuenta de que por tierras de Toledo mal le iba a ir y se decidió a viajar a Madrid, a abrirse paso. Evitando la carretera general, se escapó a Santa Cruz de Mudela, donde se encontró con el tío Macario, que le acompañó a Madrid en tren y le dejó en la histórica Posada del Segoviano, en la Cava Baja.

En el compartimiento del tren, frente a la severa mirada de su tío, Domingo imaginaba el disgusto que tendrían sus padres.

Llegando a la estación de Atocha, su tío le previno de los peligros de la gran ciudad: «Tú a lo tuyo. Si te va mal, al pueblo, que allí te conocemos todos.»

Nada más llegar, Domingo se colocó como dependiente en la taberna de Desiderio en la Ronda de Toledo, donde le encontraron los emisarios de la inquieta familia y le repatriaron a Quismondo. No fue por mucho tiempo: una tarde, con las piernas temblorosas y el pulso acelerado, entró en el cuarto de sus padres y cogió veinte pesetas del costurero de su madre. Con semejante capital voló por los caminos, a pie y en carro, hasta Torrijos y de allí a Madrid otra vez, donde había comprobado que, con esfuerzo y ganas, era posible salir adelante. Recorrió las calles en busca de oficio, sin olvidar la máxima —ruda pero eficaz— de que «un par de buenas hostias, asistidas de un poco de razón, hacen milagros». Nuevamente encontró acomodo en una taberna, esta vez de la calle Mayor. Por ella desfilaban aficionados que comentaban los entresijos de la lidia. A la hora de dormir se refugiaba en el burdel que, en la calle Tudescos, había montado Pepe Merchán, el hijo de don Ramón, el boticario de Quismondo y futuro mecenas de sus primeras correrías de torero.

Luis Miguel contempla con cariño el retrato de su abuela Pilar

Con sus padres, quienes se casaron en Madrid en septiembre de 1919

Las chicas del prostíbulo le cogieron cariño al zagal que soñaba con emular a *Frascuelo* y a *Cúchares* y, quién sabe por qué, le regalaron un sombrero de ala ancha y una bicicleta.

En la taberna conoció a Julián, un carterista ilustre, que se gastaba alguna de sus recaudaciones en invitar al chico a los toros. Es en la plaza de toros de Madrid, en la esquina de Alcalá con Goya, donde presenció Domingo su primera corrida de toros, quedándose admirado ante el arte de Rafael *el Gallo*.

En su libro *Dominguín, su arte y sus éxitos,* cuenta Eduardo Pagés que un domingo se tiró de espontáneo y fue detenido. La constancia familiar y el celo de la Guardia Civil pudieron más y de nuevo volvió a casa, donde ya encontró otra actitud. Un atisbo de tolerancia y de resignación paternas fueron suficientes para que Domingo se lanzara a las capeas. Debutó como simple espontáneo en una que se organizó en Almorox, y le dio al bicho una larga afarolada demostrando que tenía valor. Esa tarde, entre otros chavales que soñaban con llegar a la cumbre del toreo, Domingo conoce a Antonio Suárez, al que todos llaman *Chocolate* —por su afición al mismo— y que pronto abandonará su ilusión para dedicarse en cuerpo y alma a su fraternal amigo, al que llamará siempre «camarada». Con sus primeras ganancias repone los cuatro duros en el costurero familiar.

«Dominguín», matador de toros, empresario
y apoderado de toreros (1918-1937)

En 1916, con la ayuda de Ramón Merchán, que le «financia» los primeros gastos, y el aliento de *Chocolate,* vistió su primer traje de luces en Cadalso de los Vidrios como banderillero de Remigio Frutos *(Algeteño).* Días después, toreó ya como espada en Villa del Prado, donde sufrió su bautismo de sangre, al recibir una cornada en la ingle derecha. Por su arrojo y agallas, los paisanos de Quismondo comentaban con lacónica seriedad: «Tenemos hombre.» Y el hombre buscó en las dehesas de Salamanca los conocimientos taurinos imprescindibles que sólo se adquieren en los tentaderos de las ganaderías del lugar. Allí le acompañaban el leal *Chocolate* y un nuevo compinche, Policarpo Sánchez *(Cogetrenes),* que una noche perdió pie entre vagón y vagón y murió ante los ojos horrorizados de sus dos compañeros de fatigas.

Con apenas veinte años, y tras innumerables vicisitudes, el 22 de abril de 1917 debutó en la plaza de Tetuán de las Victorias de Madrid. El 15 de agosto siguiente se presentó en la plaza de la carretera de Aragón, debut que, según sus propias palabras, «no estuvo acompañado por el éxito precisamente», porque ni él ni sus compañeros, Ramón Fernández *(Habanero)* —por cierto, hermano del que sería conocido y querido doctor Zúmel, amigo de Domingo Ortega y de otros tantos toreros— ni Manuel Molina *(Lagartijo)* estuvieron acertados en la lidia de seis novillos de Medina Garvey. «En pleno abatimiento —continúa Domingo—, cuando ya volvía los ojos hacia la casa paterna, recibí una llamada desde Barcelona para que fuera a tomar parte en una novillada invernal que organizaba Eduardo Pagés. Tuve suerte y aquella noche surgieron mis primeros admiradores.»

Repitió en la Ciudad Condal —desoyendo los consejos que le animaban a lo contrario— y, al regreso de Barcelona, más contento que unas pascuas, *Dominguín* nombró apoderado a Victoriano Argomániz, que le organizó novilladas en Barcelona y la repetición en Madrid, con Emilio Méndez, Joselito Martín y novillos de Bueno. El día 2 de mayo de 1918 obtuvo un gran éxito en la capital, alternando con *Varelito*. Repitió en el mismo coso y un toro volvió a darle una cornada el 18 de junio. El 26 de septiembre de ese mismo año, José Gómez *(Joselito el Gallo)* le concedió la alternativa en plena plaza de toros de Madrid, en presencia del otro novillero revelación, *Varelito;* los toros fueron de Contreras y el de la alternativa fue fogueado por su mansedumbre. Tampoco brilló en el sexto, un difícil sobrero de García Lama. Según Pagés, «hay que hacer constar que el enemigo tenía la cabeza por las alturas, estaba tuerto y arrancaba sólo sobre seguro. Un toro de regalo».

Aquel invierno de 1918 a 1919, Domingo viajó por primera vez a América a cumplir unos contratos en Lima. A su vuelta, le costó abrirse paso en el panorama taurino. Con sus primeras ganancias rescató a sus padres de Quismondo, y con su hermana pequeña, Macaria, se instaló en una casa de la calle Barquillo, cerca de la plaza del Rey y de la casa natal de Joaquín Costa.

Con su primo Félix sirviéndole las espadas y *Chocolate* de leal subalterno, Domingo recorre las plazas de España y de América lidiando los toros más difíciles y superando cuantos contratiempos se producen, como la gravísima cornada que sufre en el vientre, en la capital de México, el 1 de noviembre de 1921.

Intuyendo las dificultades de su profesión e inquieto por ello, desde muy pronto, Domingo se orientó hacia otras actividades taurinas, como la de empresario. Su primera experiencia como tal se produjo precisamente en México, en la plaza de toros de Querétaro, donde organizó corridas con Rodolfo Gaona y con Ignacio Sánchez Mejías.

Un par de años antes, en 1919, Domingo había intervenido en una de las corridas de los sanfermines. Una vez concluido el festejo, tras vestirse en el hotel La Perla de Pamplona, se dirigió a la estación donde debía coger un tren que le llevara al Norte, ya que toreaba al día siguiente. Le acompañaba el crítico Ángel Caamaño y en la estación le esperaba la cuadrilla, que le informó que el tren tenía una demora de tres horas. En esta espera reparó en un grupo de muchachas que habían ido a despedir a una amiga pelotari que, desde San Sebastián, donde veraneaba, había ido a Pamplona a conocer la ciudad en fiestas. Domingo preguntó y supo que la muchacha, andaluza, se llamaba Gracia Lucas Lorente. Se enamoraron y se casaron en septiembre de 1919, justo al acabar la temporada, en la iglesia de Chamberí de Madrid. Fue 1925 el último año en el que se vistió de luces y, por cierto, su postrer festejo tuvo lugar en Toledo, el día del Corpus. En aquella corrida, Domingo era ya empresario y había contratado para el acontecimiento a Ignacio Sánchez Mejías, con el que le unía una gran amistad. Los toros fueron de su amigo, el ganadero Celso Cruz del Castillo, vecino de «La Companza», finca situada a siete kilómetros de Quismondo, que él había comprado en 1923 con sus primeros ahorros y que le había costado setenta y cinco mil pesetas.

Cuando, años después, le preguntaron los motivos que le movieron a retirarse, Domingo respondió lo que decía *Joselito:* «A los veinte años el torero puede con los toros; a los veinticinco lucha con los toros; a los treinta, los toros pueden con él.»

El matrimonio Domingo-Gracia tuvo varios hijos; el primero, Domingo, nace el 10 de junio de 1920 en la casa familiar de la calle Echegaray, número 7. Pepe viene al mundo el 19 de marzo de 1922 y es bautizado también en la cercana iglesia de San Sebastián. En 1924, cuando ya se han ido a vivir a la calle Arrieta, nace la primera hija, Gracia, a la que siempre llamarán *Pochola*. Y el 9 de diciembre de 1925, cuando Domingo ya ha decidido retirarse de los toros, es Luis Miguel el que nace en la nueva casa familiar de la calle San Bernardo, número 15. Finalmente, en 1929, nacerá Carmen, cuan-

Domingo González *(Dominguín)* recibiendo la alternativa de manos de *Joselito*.
Madrid, 26 de septiembre de 1918

do toda la familia se ha trasladado a la calle de la Ballesta. No estarían allí mucho tiempo, pues el nuevo vástago obligaría a encontrar una vivienda mayor, en la calle Atocha, número 30, domicilio que ocuparían durante todos los años treinta.

Como empresario, Domingo administra bien las seiscientas mil pesetas ahorradas en sus ocho temporadas de matador de toros. Comienza arrendando la plaza de toros de Tetuán de las Victorias, en Madrid, para luego, como socio de Eduardo Pagés, su primer biógrafo, gestionar las plazas de San Sebastián, Jerez, Logroño, Talavera, Algeciras, Pontevedra, Gijón y La Coruña, donde fue empresario otros veintidós años. Domingo reconoce en el libro de Alfredo R. Antigüedad [2]: «Me arruiné y volví a recobrarme varias veces en una lucha durísima.» En los archivos del Banco de España se conserva un expediente por el que en 1933 se le bloquea su cuenta corriente número 5298, abierta en el mismo y que a 22 de junio presentaba un saldo de 20,05 pesetas, por auto de un juzgado de Madrid y como consecuencia de una denuncia presentada por don Agapito Carrillo.

Durante dos años, 1932 y 1933, Domingo estuvo en América y entonces fue su mujer, doña Gracia, la que regentó la plaza de toros de Tetuán.

En 1926, Domingo administró la carrera de su amigo y compañero de fatigas taurinas Ignacio Sánchez Mejías. En 1927 descubrió a un torero, que él creía —con fundamento— de leyenda: Joaquín Rodríguez *(Cagancho)*. «Adiviné en él —le confiesa a Alfredo R. Antigüedad— un torero de público y me encargué de dirigirle, firmándole en el año 1927 un contrato en exclusiva.» Esta exclusiva duró cuatro años y fueron los mejores de la genial trayectoria del gitano de los ojos verdes. Si mérito tiene la dirección del torero, mayor tiene haber adivinado —como reconoce— sus condiciones después de haberle visto la primera vez en una novillada en un pequeño pueblo de Sevilla, ya que ese día le echaron los dos novillos al corral. Este fracaso fue frecuente en su vida de matador de toros, ya que, en su primera temporada, se dejó veintidós toros sin matar. Allí donde iba el gitano le acompañaba el escándalo, hasta el extremo de que en Badajoz fue encarcelado por un comisario de policía celoso cumplidor de su oficio, después de dejar «vivos» a sus enemigos. El comisario se extralimitó encerrando también a

---

[2]   Alfredo R. Antigüedad, *Y el nombre se hizo renombre,* 1949.

Domingo, su apoderado, cuando este se interesó por el torero y quiso sacarle de la cárcel. Para ello, Domingo tuvo que recurrir a la influencia del político conservador José Calvo Sotelo, ya que, al día siguiente, el gitano tomaba su alternativa en Murcia de manos de Rafael *el Gallo*.

Le reconoce José María de Cossío su ojo clínico a la hora de adivinar las posibilidades futuras de desconocidos aspirantes, cualidad que se vio acreditada de nuevo cuando, en palabras de Cossío, «supo prever, columbrar, las excepcionales cualidades, facultades y aptitudes de Domingo Ortega cuando este no toreaba más que en novilladas de ínfima categoría».

Y así fue, porque después de torear algunas novilladas en Barcelona a finales de año, Ortega concedió a *Dominguín* una exclusiva por cinco años. El 8 de marzo de 1931, sólo unos meses después, tomaba la alternativa en Barcelona, ocupando durante toda la década el primer lugar del escalafón y convirtiéndose en una gran figura del toreo y una gran personalidad de la vida social española de esos años.

En 1932, Domingo *Dominguín* apoderó a otro torero de tanta dimensión como Ortega: el mexicano Fermín Espinosa *(Armillita)*, torero de dominio y arte que, desde 1928, competía de igual a igual con los grandes espadas españoles y al que la afición había bautizado con el apodo de *el Joselito mexicano*. Con Domingo Ortega, *Armillita* y sus plazas, Domingo *Dominguín* —en palabras de Paco Malgesto— «se hizo el mandamás en España y también en México, donde durante varios años fue el organizador de las temporadas en combinación con el empresario local don Eduardo Margeli, antiguo banderillero gaditano, o con el coronel Manuel Escalante».

Volver a empezar en América (1937)

Casi coincidiendo con la proclamación de la República, Domingo ofrece a sus hijos Domingo y Pepe la oportunidad de torear unas becerras en casa del ganadero de El Escorial Pepe Méndez. Les acompañó el fotógrafo Rodero y Luis Miguel, que con ingenuidad e insólito fervor para sus cinco años, insistía: «¡Papá, ahora yo!» No podía ser de otra manera, porque como le dice a Alfredo R. Antigüedad: «En mi casa, mis hijos no oían hablar de otra cosa que de toros. Los chiquillos iban casi diariamente a la plaza de Tetuán, que yo llevaba en arriendo, para jugar con otros chiquillos; y allí, ¡claro es!, jugaban al toro. Yo les veía torear de salón y se me caía la baba. Sin decírselo a nadie, procurando que nadie notase mi anhelo, no sabe usted las veces que yo soñaba con que aquellos chiquillos, hijos míos, fueran toreros. ¡Toreros mejores que yo! Les ayudé; les estimulé de mil maneras.»

En este clima familiar y social, los *Dominguín* se fueron a vivir a «La Companza» y entonces estalla la Guerra Civil.

Amancio Peinado, hijo de Maximina Rico González, prima hermana de Domingo, recuerda que en los primeros meses de la guerra «los milicianos no sólo fueron a buscar a Domingo padre, sino también a Domingo hijo», del que se conocía su filiación falangista, porque en cierta ocasión, en plena zozobra política, le cogieron un carnet de la fogosa organización política que lideraba José Antonio Primo de Rivera. Luis Miguel recuerda que su hermano, con sólo catorce años, vendía a voces el periódico *Arriba* por las calles.

En octubre de 1936, después de algunos meses de estar la zona controlada por los republicanos, entraron los nacionales en Quismondo, momento en el que muchos republicanos se refugiaron en «La Companza», acogidos por la familia *Dominguín*. Luis Miguel recuerda que los primeros moros entraban al grito de «Salud», corrigiéndoles su padre: «¡Se dice arriba España, coño!»

Amancio, tan unido a Luis Miguel desde niño, recuerda que en su casa le contaban cómo al entrar los nacionales en Quismondo, el coronel Pimentel tomó la finca de tío Domingo al grito de «¡fuera la gente de las zarzas!», que es donde se habían escondido los refugiados, temerosos de una represalia de signo contrario a la de los primeros días de la guerra.

Restablecido el frente en las inmediaciones de Madrid, al haber fracasado el intento de las tropas nacionales de entrar en la capital, la guerra se prolongó, lo cual fue en detrimento de la organización de las actividades taurinas.

Este hecho y el asesinato en México de su socio Eduardo Margeli son los acontecimientos que van a motivar que Domingo *Dominguín* decida viajar a la República mexicana para intentar salvar su participación en la empresa que llevaba los asuntos taurinos de la plaza de toros de El Toreo. Margeli fue asesinado por un novillero de escasa proyección llamado Antonio Popoca.

Para ir a México se necesitaban medios económicos e influencias y, por ello, Domingo optó por viajar a Burgos, donde el ejército de Franco había establecido su cuartel general. Simultáneamente obtiene recursos para el viaje, vendiéndole a un familiar suyo tres vacas lecheras por tres mil pesetas. Con su espíritu aventurero a cuestas, el 17 de octubre de 1936 la familia *Dominguín* salió en camioneta hacia Salamanca acompañándoles la hermana de Domingo, Ana María. Los niños tenían dieciséis, catorce y once años, respectivamente, y las niñas, *Pochola* y Carmina, doce y siete.

En Salamanca se alojan en el Gran Hotel durante unos días, hasta que continúan viaje a Lisboa en tren. Allí se establecen en el hotel Francfort, muy próximo a la plaza del Rossio, en espera de cruzar el charco. *Saturnia* es el nombre del transatlántico que zarpa del puerto de Lisboa un día luminoso de otoño con destino a Nueva York, donde, al llegar, descubren con tristeza que sus papeles no están en regla. Debido a ello son internados provisionalmente en las instalaciones que las autoridades de inmigración americanas tenían en Ellis Island, desde la que veían con contenida emoción la tan anhelada estatua de la Libertad.

Resuelto el papeleo a los catorce días y aclarado que su destino final es México, los *Dominguín* embarcan en un vapor que les lleva a Veracruz, en pleno golfo de México, donde les está esperando el gran amigo de Domingo, el coronel Escalante.

La situación es desesperada porque las noticias que este ofrece no son gratas: las autoridades mexicanas han decidido nacionalizar la plaza de toros de El Toreo, obligando a Domingo a malvender sus acciones, que le fueron pagadas en joyas.

Vivieron unos días en México D.F., en la casa que el coronel Escalante tenía en la calle Panuco, pero pronto se trasladaron a una alquilada en la calle Tuxpan. Mientras Domingo se ocupaba de sus asuntos taurinos intentando formalizar alguna operación, sus hijos Domingo y Pepe recibieron clases de mecanografía y Luis Miguel estudiaba en casa con una profesora que le instruía en los primeros y más elementales conocimientos, interrumpidos por tantos avatares.

En México, Domingo y su familia recibieron trato inmejorable de Fermín Espinosa *(Armillita)* y los chicos mayores hicieron amistad con Luis Castro *(el Soldado),* diestro mexicano de gran personalidad.

Tres hijos toreros... y otra vez América (1941)

Domingo consiguió establecer los contactos suficientes para paliar su situación económica. Una vez logrado esto, optó por regresar a Europa, en concreto a Portugal, donde se establecieron él y su familia una pequeña temporada. Es en Lisboa donde Domingo, que ha alentado la vocación taurina de sus hijos, reflexiona y medita el momento idóneo para hablar con ellos. Una tarde les reúne para decirles lo que ya hacía tiempo pensaba: «Hijos, el toreo es una profesión muy difícil a la que hay que dedicarse en cuerpo y alma. El toro no admite otra dedicación y no perdona las distracciones. Hasta ahora habéis aprendido a manejar los engaños, a conocer el oficio con unas becerras, en tentaderos y siempre entre amigos. Pero si deseáis que, además de una diversión, esto sea una profesión, debéis comprometeros a dedicar todo vuestro tiempo. Si así lo queréis, yo estoy dispuesto a ofreceros toda mi ayuda y a enseñaros todo cuanto sé. Pero —insistió— sois vosotros los que debéis plantearos vuestro futuro.»

Varios amigos le proponen que «los hijos de *Dominguín»* —como todo el mundo les conoce— toreen en público en la plaza de Campo Pequeno y acepta, saliendo los chicos vestidos de corto. Luis Miguel tenía entonces once años y ese día se enfrentó a su padre llevándole la contraria en el ruedo.

Mientras permanecen en Portugal, Domingo compra ganado bravo que lleva a México, acompañado de *Chocolate,* a bordo del buque alemán *Kadleward.* Ciertos problemas surgidos en México le obligan a abandonar el país y, al llegar a Lisboa, se entera de que su hijo mayor, Domingo, se ha alistado voluntario para hacer la guerra. Corría el año 1937.

Semanas después, herido Domingo hijo y evacuado a Pinto, Domingo padre decide volver a España y a «La Companza». «Allí —recuerda el patriarca de la casa *Dominguín*— don Máximo Villanueva, comandante entonces de Aviación, organizó un festival en el que torearon los tres hermanos. Desde entonces, y por toda España, actuaron en otra veintena de festivales.» Los chicos alternaban estos festivales patrióticos con los estudios y con el entrenamiento constante en el campo. Domingo enuncia su ideario fundamental para hacer toreros: «Torear muchas vacas y conocer, sobre todo conocer, el ganado. Esta fue mi preocupación principal y la de mis hijos. Considerábamos, y seguimos considerando, que ese conocimiento constituye una base sin la cual no se puede ser torero.»

Tal es la convicción y confianza que Domingo tiene en sus chicos que decide no adquirir compromisos con otros toreros para dedicarse íntegramente a su tutela y orientación.

Cuando Alfredo R. Antigüedad le pregunta a *Chocolate* si adivinaba que los hijos de Domingo iban a ser toreros, contestó como si la pregunta fuera una tremenda incoherencia: «¿Pues qué iban a ser?... ¿Catedráticos de Filosofía?...»

Y así, toreando festivales, llega el final de la guerra; al poco tiempo, dejan la casa de la calle Atocha para trasladarse a la que será el domicilio y sede de su máximo esplendor taurino: el número 35 de la calle Príncipe. Con el préstamo de tres mil pesetas que solicitan a don Ramón Artigas, subgobernador del Banco de España, los chicos se equipan de muletas, capotes y vestidos de torear.

Domingo y Pepe empiezan a torear con caballos y, cuando no torean, acompañan a su padre en sus tertulias de la Cervecería Alemana, en la plaza de Santa Ana, y de El Gato Negro, en la calle Príncipe. También se hacen habituales de la que se ha montado en la librería del recordado Antonio Berdegué, en la calle Cedaceros, y por la que desfilan importantes personajes del mundo de los toros y de la cultura, atendidos por su bella mujer Isabel.

Como Luis Miguel tiene sólo quince años, su padre recurre al director general de Seguridad, el ganadero conde de Mayalde, para que le autorice a torear en Madrid, olvidando su minoría de edad. De este modo, viendo las posibilidades de su hijo menor, se compromete con Pedro Balañá y con Rafael Dutrús *(Llapisera)* para organizar una serie de becerradas por toda España, que van a permitir a Luis Miguel foguearse y adquirir las tablas y la experiencia necesarias para llegar a novillero maduro. La autorización especial que Mayalde le ofrece para que Luis Miguel pueda torear en Madrid en 1940 no se hace extensiva a todas las plazas y como Luis Miguel no cumple los dieciséis años hasta diciembre de 1941, Domingo *Dominguín* decide tomar una nueva y drástica decisión: ¡Hay que volver a América!

En otoño de 1940, poco antes de zarpar del puerto de Vigo con destino a La Habana, Domingo recuerda a su padre muerto enterrado en el cementerio de Quismondo y que, según Pepe *Dominguín* «se murió liando cigarrillos, tomando sus últimas copas de aguardiente y tras haber renunciado a la asistencia espiritual de un sacerdote».

En el vapor *Cabo de Buena Esperanza,* Domingo articula sus

planes y repasa los países donde los chicos puedan torear y reencontrarse con las amistades de otro tiempo.

Su primer propósito se frustra porque las autoridades cubanas desautorizan la celebración de corridas de toros en La Habana, influidas por la Sociedad Protectora de Animales y pese a los buenos oficios de Jaime Mariné, en palabras de Pepe *Dominguín,* «catalán, hombre clave y de la confianza de Fulgencio Batista».

Para ambientar la ya entonces animada La Habana, Domingo padre, con la ayuda de Mariné, consiguió que los almacenes El Encanto exhibieran en sus escaparates los trajes de luces y, tanto Domingo como Pepe y Luis Miguel participaron en varios programas de radio y concedieron entrevistas en muchos periódicos. Pero todo fue en vano y, como el capital familiar menguaba en proporción directa al tiempo transcurrido, Domingo optó por dejar a su mujer, a sus hijas y a los miembros de sus cuadrillas —además de a *Chocolate*— en el hotel Ritz, para viajar a Lima a preparar el debut de sus hijos, lo que efectivamente ocurrió el 5 de enero de 1941. Los hijos llegaron a Panamá el 1 de enero y de allí volaron en un avión de Panam a Lima, alojándose todos en el hotel Maury, junto al Girón de la Unión.

A principios de 1941, en Bogotá, Antonio Reyes *(Nacional),* que era un antiguo «charlot» sin fortuna, recibió un cable de Domingo anunciándole su llegada y la de los suyos, quienes se instalaron en el hotel Regina, que se convirtió pronto en el lugar de cita de la afición bogotana. Otro de los lugares que frecuentaban era el café Victoria, en la calle 12, entre las carreras séptima y octava. Como su estancia en Bogotá fue fructífera y la organización de corridas de toros resultó un éxito, Domingo envió un giro al hotel Ritz de La Habana para que su mujer e hijas pudieran unirse a ellos, después de pagar la elevada cuenta del hotel y los pasajes de un hidroavión a Barranquilla y, desde allí —donde fue a buscarles—, un avión a Bogotá.

Domingo se hizo empresa en Bogotá y cuando ya todos estuvieron juntos alquiló una casa en la esquina suroeste de la carrera 13, en la calle 55. En palabras del periodista Hernán Restrepo, a la casa se la conoció como «*la cuna de los pocholos,* bautizada así por Camilo Pardo Umaña, porque todos, cuál más, cuál menos, estaban enamorados de la hermana mayor de los *Dominguín*».

Dominguín organizó corridas en Bogotá gracias al préstamo de veinticinco mil pesos que le brindó el doctor Giovanni Serventi, director de un banco, con la garantía, según Domingo, «de mis hijos,

Lima, 5 de enero de 1941. Luis Miguel (en el centro), con quince años, alternó con sus hermanos Pepe y Domingo

El ganadero colombiano Benjamín Rocha regaló un ocelote a Luis Miguel, que le bautizó con el nombre de *Siva*

lo único que tengo y lo que más quiero». Además de revitalizar la afición en Colombia y de dar corridas de toros en Medellín, Cali, Manizales y Cartagena de Indias, Domingo ofreció a sus tres hijos la posibilidad de conocer a muchas de las grandes familias colombianas, con las que establecieron importantes lazos de amistad. Entre ellos, el ganadero Benjamín Rocha, que les invitó a su finca «El Aceituno», en la Tolima, a cazar y a torear, y que regaló a Luis Miguel un ocelote, poco acostumbrado a las alfombras y las cortinas del hotel, en el que causó importantes desperfectos, hasta el extremo de que el director les presentó la disyuntiva: «O me sacan el tigre o se buscan hotel.»

En Manizales, Domingo sufrió un percance del que salió ileso: al tratar de encerrar los novillos en un estrecho callejón, cayó al suelo y se libró de milagro de la arremetida furiosa de uno de los animales. Años después, cuando sus hijos eran ya matadores de toros, se repetiría el accidente en Bogotá, al encerrar un toro de la ganadería de Clara Sierra.

Unos meses más tarde, la inquietud y el afán de aventura llevaron a Domingo a organizar un viaje a Caracas, que sería la última etapa del periplo americano. Recorrió todo el parque automovilístico bogotano hasta que encontró un «bus», que conducido por Ferreira —su propietario— trasladó a toda su familia y a las cuadrillas a Caracas por la difícil y escarpada carretera que cruza los Andes. Fueron tres días de viaje, en el que doce personas pasaron todas las peripecias posibles. Acampaban al aire libre en los lugares más cómodos para las mujeres. Con ellos viajó también el pequeño ocelote, cuyas necesidades físicas llenaron el autobús de un insoportable hedor. Pepe *Dominguín* describe con precisión su estado de ánimo: «En pequeños períodos de tiempo pasábamos por páramos fríos de una altura superior a tres mil metros, para descender a preciosos y tórridos valles tropicales, con unas variaciones de temperatura tales, que nuestros cuerpos no acababan de asimilarlo, pues tan pronto había que cubrirse con gruesa ropa de abrigo como quitarse la última prenda pegada a la piel, buscando el alivio al pegajoso y denso calor.»

El pinchazo de dos ruedas en plena selva obligó a Ferreira a descender del vehículo. Aterrorizado por los ruidos de animales, exigió que los hijos de Domingo salieran a protegerle y así fue: Domingo, Pepe y Luis Miguel empuñaron sus estoques como toda arma y soportaron la algarabía de misteriosos sonidos que surgían de la tupida selva. Otra noche, los ratones asaltaron el pequeño campamento nocturno y obligaron a toda la expedición a subir de nuevo al autobús, a instancias de *Chocolate*, que se vio incapaz de detener el feroz ataque roedor.

Por fin llegaron a Caracas donde, durante dos meses, llevaron una placentera vida de familia en un chalet que alquilaron a las afueras. En la capital venezolana, Domingo recayó en su dolencia de gota, que había contraído en Lima. Aunque estaba postrado en la cama, bastó, sin embargo, que se le abalanzara el tigrillo —por el que no sentía ninguna simpatía— para saltar del lecho de un brinco, echarle una manta al felino y bajar las escaleras sin evidenciar molestia alguna de su mal, que desapareció como por arte de magia.

Concluidas con éxito las actuaciones de los chicos en Caracas, Valencia y Maracay donde, como no había toros bravos, Domingo seleccionó reses criollas, regresaron a Bogotá —nuevamente en el autobús de Ferreira—, donde Luis Miguel se vio obligado a desprenderse del tigrillo, que había ido perdiendo sus características de cachorro para crecer de forma harto peligrosa. *Siva* fue regalado a una amiga de la familia y ella, a su vez, lo donó al zoo de Bogotá. Aquí, los *Dominguín* conocieron a la familia Santos y pronto fueron invitados al palacio presidencial por Eduardo, que era presidente de la República. Otro hermano, Enrique, era conocido en los ambientes taurinos por ser una pluma muy cualificada.

En la visita al presidente de la República estuvieron presentes sus sobrinos Enrique y Hernando, de la misma edad que Domingo, Pepe y Luis Miguel, con los que han mantenido durante muchos años una sincera y continuada amistad.

Domingo, considerando a Luis Miguel preparado para tomar la alternativa llamó a España a Domingo Ortega, ofreciéndole torear varias corridas de toros y ser él quien doctorase a su hijo menor, lo que ocurrió el 23 de noviembre de 1941 en la plaza de toros de Bogotá.

El regreso a España, después de más de un año fuera del hogar, se realizó en un barco fletado especialmente que les llevó del puerto de La Guaira a Trinidad, donde les quisieron confiscar las espadas. De allí, sorteando a los barcos contendientes en la guerra mundial, se dirigieron a Lisboa en el buque *Marqués de Comillas*, de la Compañía Transatlántica.

Luis Miguel, la mejor obra de Domingo
«Dominguín» (1942-1958)

A su llegada a España en la primavera de 1942, Domingo decidió que su hijo mayor tomara la alternativa, que Pepe siguiera de novillero y que Luis Miguel toreara festivales. A ninguno se les reconocieron sus alternativas americanas, pero la estancia en América había sido tan fructífera que, aunque lo ganado no daba para mucho, compró con un crédito «El Mocho», finca que lindaba con «La Companza».

En pocos días, Domingo *Dominguín* vuelve a ser el artífice heroico de las tertulias de la Cervecería Alemana, donde empieza a urdir su objetivo final: situar a sus tres hijos en el mundo de los toros y, en concreto, a Luis Miguel en la cima, ocupada ya entonces por *Manolete,* un torero nuevo al que los públicos se han rendido y que se ha impuesto por valor y personalidad a los dos matadores que tuvieron el mando de la fiesta antes de la guerra: Marcial Lalanda y Domingo Ortega, que habían cedido en ardor y competencia.

Domingo consumirá sus años alrededor de las vidas taurinas de sus tres hijos, erigiendo con tenacidad y gran profesionalidad un sólido prestigio empresarial y un notable poder, gracias también a la relevancia que alcanzará su hijo Luis Miguel, que no le defraudará y que pronto se convertirá en un torero molesto para los poderosos.

Cuando Domingo ve que a su hijo se le cierran las puertas de los carteles, en poder de *Manolete* primero y de este y Arruza después, desplegará todo su ingenio y sabiduría para romper ese bloqueo de las posibilidades de Luis Miguel.

Muerto *Manolete,* Luis Miguel se convierte en la máxima figura del toreo español. Quedaba por cumplir el viejo sueño de Domingo *Dominguín:* el triunfo de su hijo en México, objetivo que centrará la campaña de 1952 y que concluirá con el éxito rotundo de Luis Miguel en la Monumental mexicana. Ese mismo año, el viejo luchador de la lidia y forjador de tantas carreras de toreros encauzará una muy especial, que tendrá peso propio en las vidas de sus hijos y en la historia del toreo: la de Antonio Ordóñez.

No sólo hubo generosidad desinteresada en la actitud de Domingo padre, sino que, buen conocedor de la clase de los toreros, apreció grandes cualidades en el que sería el marido de su hija Carmina.

Don Domingo *Dominguín* en los toros, con sus tres toreros

«Por un capricho muy propio de Domingo viajamos a Colombia vía Amsterdam».
En uno de los canales, muy abrigados, vemos a Pepe, Luis Miguel, Domingo padre,
Antonio Ordóñez y su hermano, Juan de la Palma

Sabio, listo, trabajador y aventurero infatigable, Domingo *Dominguín* ve llegado el momento de que sean sus hijos Domingo y Pepe quienes asuman el protagonismo empresarial y la tutela de los intereses de Luis Miguel, el gran filón familiar. Pepe *Dominguín* recuerda en su evocación familiar alguna de las enseñanzas de su padre: «La valía de los hombres se mide tanto por la categoría de los enemigos como la de los amigos. Ambos dan la medida de su importancia.»

La personal filosofía de Domingo *Dominguín* combinaba audacia y prudencia, adaptándolas a cada circunstancia, tanto en la vida como en el toro, su gran pasión. Por eso creía que «con calma se llega más seguro que yendo deprisa», y fiel a esa máxima se llevó a cabo la planificación de la trayectoria profesional de su hijo Luis Miguel. En el apoyo a su yerno Antonio Ordóñez prevaleció el criterio de que «los toreros se hacen toreando».

Dos episodios se proyectan sobre la trayectoria final de la vida de Domingo *Dominguín*, que ilustran su genio y carácter. Uno de ellos, inédito hasta la fecha, aparece relatado con tanta lucidez como humanidad por el que fuera su compañero de fatigas y leal colaborador, Antonio Suárez *(Chocolate),* en un íntimo y confidencial diario que Luis Miguel guarda como oro en paño en su casa de «La Virgen». Nada mejor que reproducir su testimonio, que se sitúa a finales de la temporada de 1952: «Como la vida nos reserva muchas sorpresas, a la vejez, mi camarada *Dominguín* perdió la cabeza, enamorándose como un colegial de una sirvienta de la casa. Con gran insensatez y abusando de la amistad que nos unía, pretendió instalarla en mi casa, oponiéndome a ser cómplice de su locura, por respeto a su familia. Ante su insistencia tuvimos un incidente muy desagradable, salvando mi dignidad ante su mujer e hijos.»

«El destino —continúa *Chocolate*— nos había unido en la capea de Ciudad Rodrigo en el año 1915 y nos enfrentó de nuevo cuando teníamos la cabeza plateada reflejando los años de lucha. *Dominguín,* con rencor, me hacía la vida imposible, soportando a este insensato por ir de administrador con su hijo Luis Miguel, que me retenía a su lado en contra de la voluntad de su padre.»

Este insólito episodio tuvo un desenlace que el propio *Chocolate* relata algunas páginas más adelante: «Para satisfacción mía, *Pochola* descubrió los amoríos de su padre, poniendo al corriente a su madre y hermanos, quedando yo en el lugar que me correspondía. En uno de los viajes que hice con Luis Miguel a su finca "Villa Paz", la abuela Pilar, que me quería como a un hijo, me reconfortó con un abrazo elogiando mi lealtad ante el trasto de su hijo y dándole gracias a Dios por haberme iluminado.»

Luis Miguel y *Pochola* me confirmaron cuanto *Chocolate* relata en su diario, revelándome que, fruto de esa relación, aquella mujer tuvo un hijo al que Luis Miguel ha costeado sus estudios superiores de abogado y que hoy le visita con frecuencia, mostrándose agradecido y reconfortado por la tutela recibida.

«Hubo un momento, cuando este niño tenía pocos años, que la madre del niño vino a verme —revela Luis Miguel— para contarme que su hijo, al ver que era yo quien me ocupaba de él, creía que yo era su padre. Su madre quería saber qué hacía. Yo le dije que debía contarle la verdad y así lo hizo. El muchacho es estupendo, es abogado y trabaja en una compañía de seguros muy importante.» Fiel a la ironía que le caracteriza, Luis Miguel añadió: «Es el único *Dominguín* que tiene una carrera.»

El otro suceso que caracteriza la personalidad de Domingo padre en los años finales de su vida fue su empeño en que sus hijos se reconciliaran con su yerno Antonio Ordóñez, que había abandonado la tutela de los *Dominguín* pocos años después de que estos se ocuparan de lanzarle bajo el manto protector de Luis Miguel.

En octubre de 1957, y mientras Luis Miguel actuaba en la plaza de toros de Hellín, su padre se sintió enfermo, sufriendo una gran hemorragia que preocupó a todos. Consultado el doctor Jaime Merchán, hijo de su gran amigo don Román Merchán, boticario y alcalde de Quismondo, le diagnosticaron un cáncer de recto, aconsejándole que viajara a Heidelberg para ser operado en la clínica Ludwig Rudolf por el doctor López Varela, discípulo del doctor Carlos Jiménez Díaz, que anunció a la familia que sólo le quedaban seis o siete meses de vida, como efectivamente ocurrió.

Chocolate vuelve a darnos un testimonio de su último encuentro con el «camarada», como le llamó siempre, con estas palabras: «Por mandato de Dios, nada es eterno en la vida, redimiéndonos en la desgracia. *Dominguín* cayó enfermo de gravedad. Aunque llevábamos cuatro años sin hablarnos, fui a verle a su casa. Me acogió con remordimiento y yo le reconforté con mis visitas, recordando nuestras andanzas por el mundo y viviendo con los suyos sus últimos días.»

El 23 de agosto de 1958, en su casa de Madrid en la calle Príncipe, 35, moría Domingo González Mateos *(Dominguín)*, a los sesenta y tres años de edad, después de haber levantado un sólido imperio gracias a su inteligencia y coraje. Días antes, Luis Miguel había resultado herido en Santander, donde ya salió vestido de negro. La noche del entierro en la Sacramental de San Isidro de Madrid, Luis Miguel salió para Cádiz donde, roto y tragándose la tristeza, hizo el paseíllo el 24 de agosto, interpretando así las enseñanzas de su padre.

Para Lucía Bosé, *«Dominguín* era un verdadero patriarca; se le respetaba, se le quería y se le temía. Sus deseos eran leyes. Nadie osaba contradecirle. Pero era justo, cabal, íntegro y honrado. Era el preboste que dirigía y polarizaba todos los intereses familiares a la par que imponía sus preceptos».

Desgraciadamente, según Lucía: «Muerto el genuino califa, aquella familia se transformó en un reino de taifas.»

Para su hijo Pepe, «Domingo era el titán, el hombre rebelde que le partió la cara a la pobreza».

Para su sobrina *Mariví*, «el tío Domingo sembró y los demás recogimos la cosecha», definiéndole como un hombre cabal y generoso.

Luis Miguel ha recordado que para su padre «la clave del éxito no estaba en darse importancia, aunque se tenga, sino en que se la den a uno los demás». Junto a esta lección de sabiduría, y en uno de los muchos momentos de nostalgia compartida en «La Virgen», Luis Miguel me relató con emoción contenida otra de sus recomendaciones: «Nada hay tan útil como aparentar grandeza y poderío mediante el gasto y el despilfarro ordenado.»

Para Javier Pradera, «tanto Domingo como Luis Miguel le tenían pánico a su padre, que era un tío muy cazurro».

Su amigo y biógrafo, Eduardo Pagés, escribió en 1918: «Tiene el torero de Quismondo un envidiable criterio y una visión de las cosas precisa y acertada. Esta admirable condición ha de ayudarle no poco en su carrera», concluyendo con este irónico pronóstico: *«Dominguín* tiene el cerebro despierto de los que llegan. No puede ser una medianía. Si hubiese seguido en la taberna habría llegado a ser el *rey del peleón.»*

Doña Gracia Lucas, esposa de torero, madre de toreros

GRACIA Lucas Lorente no sólo fue la esposa de un joven torero, Domingo *Dominguín,* con el que tuvo cinco hijos, sino que además fue pelotari, es decir, una mujer deportista, y eso en 1918 debía ser todo un signo externo de personalidad y de sentido de la vida. ¿Qué hacía una muchacha nacida en el pueblo almeriense de Tíjola practicando un deporte propio de recias muchachas vascas o navarras? ¿Cómo es que este insólito perfil de su personalidad no se ha considerado determinante de su influencia en la vida de sus hijos?

Doña Gracia fue a jugar unos partidos de pelota a San Sebastián con otras jugadoras de un club deportivo —¿quién sabe si un campeonato de España?— y, llevadas de su espíritu aventurero, decidieron ir a los sanfermines. Hay que situarse en la España de entonces para imaginar a un grupo de mozas solas compartiendo la fiesta viril por excelencia. Lo que hoy es una normal convivencia de sexos, entonces debía ser bastante extraño.

Cuando doña Gracia decide volver a casa en tren, la estación de Alsasua, bullanguera como todas, se convierte en el escenario de su encuentro con un guapo mozo de Toledo, que ya es matador de toros, tocado con gorra y vistiendo un traje muy apañado y al que ha visto torear esa tarde en el ruedo pamplonés. Junto a los humeantes escapes de las máquinas de vapor comparten la entonces habitual demora de los usuarios de Renfe.

Tan claro lo tienen, que su boda se precipita y, establecidos en Madrid, doña Gracia no tiene otra misión durante los siguientes diez años que traer hijos al mundo, con un escaso intervalo. Domingo en 1920; Pepe en 1922; *Pochola* en 1924; Luis Miguel en 1925 y Carmina en 1929. Cinco hijos que conocen poco a su padre en este tiempo, por cuanto viaja constantemente, primero como torero y después como empresario y apoderado.

Durante los años treinta, Gracia siguió al inquieto Domingo allá donde fuera y su papel fue siempre el de velar por la salud de las criaturas, su enseñanza y su educación; mujer recia y sufrida, asimilará de su marido el gusto por el refrán ilustrativo y, acostumbrada a la prosperidad y también a la ruina, repetirá a quien quiera oírla: «Si quieres decirle a alguien cómo debe fregarse un suelo, friega tú antes cien.» Su compenetración familiar llegó al extremo de convertirse en la principal colaboradora de su marido cuando este regentaba la plaza de toros de Tetuán de las Victorias. Para su hija *Pochola,* «mi madre se complementaba perfectamente con mi padre».

Y si no hay duda de sus virtudes domésticas, tampoco de su temperamento, pues colaboró en «achantar» a los milicianos que venían por su marido, estando dispuesta a empuñar el arma que escondía en su refajo.

El viaje a América en 1937 ya nos ofrece una madre resuelta a todo, capaz de cargar con bultos e hijos a la vez, de dormir tres horas en plena navegación atlántica y de velar a sus chavales que ya empezaban a campar por sus respetos. Dispuesta a abrir casa en México para tres meses y a buscar piso en Veracruz o Bogotá para otros tantos. En Lisboa acredita sus dotes y habilidad con las manos haciendo los patrones y cosiendo las chaquetillas blancas que sus tres niños llevarán en su debut en la plaza de Campo Pequeno.

Atrás ha quedado ya su deseo de que los chicos estudien; a propósito, en una entrevista publicada en 1949, doña Gracia recordaba que un día vio a Luis Miguel salir de casa llevando bajo el brazo cuatro libros de botánica, y le preguntó: «¿Dónde vas con esos libros?», y Luis Miguel contestó: «A venderlos.» «¿Y por qué quieres venderlos?», preguntó doña Gracia. «Porque todos los chicos los venden...»

Y es que, según doña Gracia, Luis Miguel no quería ser nunca menos que los mayores, a los que veía vender libros para comprar cigarrillos o barquillos.

La prosperidad familiar de los primeros años cuarenta se vuelve a interrumpir por el nuevo viaje a Colombia, Venezuela y Perú, países que ella visitará con sus dos hijas, sólo cuando Domingo obtiene recursos para rescatarla del hotel Ritz de La Habana donde vive desde que pisaron tierra americana.

Ocupado su marido a la vuelta de América en el lanzamiento de los chicos, Gracia hace el resto. El primo Amancio recuerda con emoción la llegada de su tía a Quismondo en el coche de línea y cómo la montaba después en un borrico —que le había regalado su marido Domingo— con el que llegaba a «La Companza» para plantar un árbol, recoger una cosecha, pagar unos jornales o, con la ayuda de Teresa Giménez *(la Machaca),* limpiar la casa antes de una cacería que iba a dar Domingo a los chicos.

Doña Gracia condimentaba sola toda la matanza. Nadie le decía lo que tenía que hacer; desde que se casó con Domingo entendió su papel. Ella era la base de un esquema montado en el supuesto único

Doña Gracia con tres de sus hijos: *Pochola*, Carmina y Luis Miguel

Antes de recibir la Primera
Comunión, Luis Miguel ya se había
puesto delante de una becerra

de la dedicación exclusiva y total a los toros. Para su marido, todo era toreo y a él dedicó toda su vida. Domingo, Pepe y Luis Miguel han ido creciendo, ya son profesionales del toreo y el éxito vuelve a Príncipe, 35.

Doña Gracia ha entendido ahora los disgustos y sacrificios vividos por su marido y sus hijos; con su humanidad ha recordado la rabia de su hijo menor por emular a sus hermanos, por decir desde los cinco años que era torero, por pelearse porque le dejaran torear a las becerras y por mostrarse agresivo con quien no le reconociera sus dotes.

Doña Gracia, siempre desde la discreción, fue la mujer que vio a Luis Miguel llorar por su fracaso al debutar en Madrid de becerrista; ella es también la que tuvo que tirar la puerta del cuarto de baño donde se había encerrado Luis Miguel para fumarse un puro, que le produjo un desmayo.

Doña Gracia ve entonces a su hijo triunfador, arrollador de orgullo y de temperamento. No puede olvidar aquella tarde de 1931 cuando, de vuelta de «La Companza», descubre sus primeros moratones causados por una becerra, apenas recibida la primera comunión.

En los años cuarenta, doña Gracia insistía en su teoría: «Las mujeres vivimos la vida de los hombres y su voluntad es la que manda.» Y con realismo admitía: «Yo creo que los chicos quieren un poco más a su padre y me alegro mucho de ello. Porque la gente ha visto triunfar a mi marido, pero yo le he visto luchar... ¡Y luchaba por todo!»

La organización de la casa *Dominguín* llegaba al extremo de que había dos teléfonos: uno que figuraba en la guía y otro, privado, por el que llamaba *Chocolate,* los propios chicos y Domingo padre para tranquilizar a doña Gracia después de una corrida. Nadie podía, cuando toreaba Luis Miguel, llamar por ese teléfono exclusivo, a través del cual doña Gracia oía el tranquilizador «sin novedad».

Con el paso de los años, la dispersión familiar se alternó con los disgustos y las alegrías, y la figura de doña Gracia Lucas estuvo siempre en plano relevante pese al taurino ambiente. Quienes visitaban «La Companza» o «Villa Paz» recuerdan a la madre de Luis Miguel como una mujer de carácter, solícita y volcada en sus hijos. Ricardo Muñoz-Suay, uno de los grandes amigos de Domingo, recuerda que le encantaba retar a los amigos de sus hijos a jugar a la pelota en el frontón, y cómo estos, pese a su juventud y fuerza, acababan cayendo derrotados por la habilidad de doña Gracia, que se movía sobre el cemento con una especial agilidad pese a su gruesa apariencia. Viuda desde 1958, doña Gracia dejó para el recuerdo una fortaleza disfrazada de la sigilosa y sumisa actitud de las mujeres de su tiempo. Fue novia, esposa, madre y abuela de toreros, y jamás vio torear a sus hijos. Murió en Madrid, en su casa de Príncipe, 35, el 18 de abril de 1983, a los ochenta y dos años.

Domingo, el utópico bohemio

SEDUCTOR, bohemio, atractivo y disparatado, Domingo González Lucas fue, además del hermano mayor de Luis Miguel, uno de los pocos hombres que han tenido influencia y ascendente sobre él. Dotado de una gran personalidad, de un ingenio poco común y de un enorme poder de sugestión y encanto, Domingo *Dominguín* fue uno de los tipos humanos más originales de la vida española de la posguerra hasta la muerte de Franco, acontecimiento que, como le sucedió a otro ilustre antifranquista, Dionisio Ridruejo, no llegó a ver, por apenas unos días.

En una de nuestras muchas conversaciones, Luis Miguel me reconoció: «Domingo era una de esas personas que siempre, hiciera lo que hiciera, me daba calor y alegría.» Y es que su debilidad por Domingo fue constante y permanente, hasta que sus vidas se separaron en los años setenta. Precisamente sobre esta última etapa se ha escrito poco, pero se ha comentado mucho; los amigos de Domingo, que tanto le recuerdan con admiración, tienen un reproche histórico contra Luis Miguel: el de haber «abandonado» a su hermano a su suerte. Recriminan a Luis Miguel que le hubiera desvinculado de sus proyectos empresariales en Ecuador, lo que sólo fue un elemento más de los que contribuyeron a la depresión final que le llevó al suicidio.

En este predominio de la afectiva y parcial versión de las cosas no se tiene en cuenta que la bohemia y disparatada vida de Domingo había transcurrido siempre amparada en la productividad de su hermano, que fue una gran figura del toreo y que ganó mucho dinero entre 1944 y 1973 y del que fue apoderado muchos años. Luis Miguel recibió suculentas y espectaculares ofertas económicas para cambiar de apoderado, pero no tuvo otro que su padre, primero, y que su hermano Domingo después. A ellos fue el lógico y merecido porcentaje que corresponde a quien administra, gestiona y organiza la campaña taurina de un torero de la importancia y protagonismo de Luis Miguel *Dominguín*. Durante estos muchos años, la romántica concepción de la vida de Domingo le llevó a malgastar sus ahorros y a destinarlos a empresas e iniciativas comprometidas, tales como la ayuda al Partido Comunista, y a sus realizaciones de índole cultural, como fue la producción de la película *Viridiana*.

Cuando en 1973 Luis Miguel se retiró de los toros y arrendó la plaza de Vista Alegre a los hermanos Martínez Uranga, Domingo ya había decidido abandonar España e instalarse en Ecuador. Hasta allí llevó sus últimas ilusiones y su ya gastada utopía personal, buscando rehacer su vida afectiva y financiera. Y allí le asaltó la gran decepción final, a la que optó por vencer disparándose un tiro en el corazón.

Voluntario en la Guerra Civil

Cuando en 1937 toda la familia *Dominguín* se encuentra en Lisboa viviendo en la calle Alexandro Herculano, cerca de la plaza del Marqués de Pombal, Domingo, atraído por románticos ideales, se alista voluntario en la segunda Bandera de Castilla, que es pronto destinada a El Pingarrón, en el frente del río Jarama, bajo el mando de un falangista de verbo caliente, poblado mostacho y coraje notable: José Antonio Girón de Velasco, con el que en seguida hace muy «buenas migas», convirtiéndose en uno de sus más fieles escuderos.

Un día, en una acción arriesgada y sin gran efectividad militar, Domingo cae herido en un glúteo al ofrecerse voluntario para asaltar una posición enemiga, siendo evacuado a Pinto, donde le operan. Allí le visitan sus padres, que han recibido alarmados la noticia.

Reintegrado a la retaguardia, su espíritu aventurero y su compromiso con los ideales falangistas le llevan a organizar algunos festivales, que ya cuentan con el concurso de sus hermanos, y en San Martín de Valdeiglesias, con el de otros novilleros como *Joselito de la Cal* —que es soldado de aviación— y el legionario mallorquín Quinito Caldentey, años después escritor y crítico de toros.

Diecisiete años tiene Domingo cuando ya ha demostrado su coraje personal y la noble motivación que impulsa los latidos de su generoso corazón. Porque Domingo había nacido en Madrid, el 10 de junio de 1920, en el número 7 de la castiza calle Echegaray, donde entonces vivían sus padres. Fue bautizado en la iglesia de San Sebastián, donde también lo fueron Rafael *el Gallo* y *Cúchares,* y estudió, como sus hermanos, en el colegio de los Maristas de la calle de los Madrazo, donde hoy se erige el Ministerio de Educación y Ciencia.

Su vocación taurina se ejerció en los mismos escenarios que sus hermanos y dio sus primeros lances, con sólo once años, con un capote regalado por Alfredo Corrochano. Se enfrentó a una becerra por primera vez a esa temprana edad y junto con sus padres y hermanos padeció las vicisitudes del primer viaje a América.

Cuando concluyó la Guerra Civil, José Antonio Girón le citó en la desaparecida cafetería La Elipa, en la Gran Vía de Madrid, para ofrecerle un puesto destacado en su entorno político. Son los primeros pasos del nuevo Régimen, en el que Girón tendrá un significado papel. Sin embargo, Domingo, como otros muchos falangistas, se ha sentido decepcionado por la conversión del ideario de José Antonio en el soporte de una dictadura militar. Domingo cree en la justicia social, en la solidaridad y en la camaradería, y como indómito aventurero rechaza los ofrecimientos de asumir un papel burocrático en la revolución «nacional-sindicalista».

Sin tapujos y sentado —con su hermano Pepe de testigo— en la terraza de la cafetería, que con la de Dólar —justo enfrente— acapararía las mejores tertulias de la inmediata posguerra, Domingo dice «no» a Girón y dice «no» a un proyecto de vida probablemente más seguro y confortable. Domingo le dice a Girón que quiere ser torero y que se cree con condiciones para seguir los pasos de su padre y cumplir el compromiso que con este han asumido todos los hermanos en Lisboa.

Cuando el subgobernador del Banco de España, Ramón Artigas, le concede a Luis Miguel un préstamo personal de tres mil pesetas para hacerse ropa de torear, Domingo le encargará a Santiago Pelayo *(Ripollés)* un traje grana y oro, que es —según el saber popular— el color de los valientes; con él empieza su andadura profesional. Su debut en las plazas va decantando una personalidad apasionada y un valor seco, contundente, que le lleva a consagrarse como un consumado estoqueador. El 25 de julio de 1939 debuta en Linares con sus hermanos y su presentación en Madrid no se hace esperar, ya que el 1 de septiembre de 1940 Domingo se encuentra en el patio de cuadrillas de la Monumental de Las Ventas para alternar con su hermano Pepe y Mariano Rodríguez —apodado *el Exquisito*— en la lidia y muerte de seis novillos de Arturo Sánchez Cobaleda. Repite cuatro días después con una novillada de Miura, que pone a prueba sus conocimientos y su valor y el de su hermano Pepe, también presente. Al término de la novillada, Domingo siente los primeros cosquilleos del éxito al compartir con su hermano la invitación de su padre a Villa Rosa, lugar de moda de la noche madrileña.

El viaje que durante 1941 realiza toda la familia por América permite a Domingo fomentar su personalidad inquieta y aventurera y ejercitar sus condiciones de lidiador toreando en las plazas de Perú, Venezuela y Colombia.

Con su proverbial espíritu y finura, Pepe *Dominguín* cuenta en su libro *Mi gente* que al poco tiempo de desembarcar del *Orizaba* en el puerto de Panamá, «Domingo se jugó todo lo que teníamos a los gallos». Era el primer día de 1941 y cuatro días después debutaron en Lima, donde siguieron actuando en las plazas de toros e iniciándose en la sana actividad de la conquista femenina, hasta el extremo de que Domingo se hizo novio de Pilar Múgica, prima de Manuel Múgica *(Monongo),* que era un gran amigo de Picasso y que, con su hermano Miguel, tanta relación mantendrían con toda la familia *Dominguín.*

De España vino Luis Gómez *(el Estudiante)* para darle la alternativa, ceremonia que en la Península no tendría validez.

Domingo, gran estoqueador

El 7 de junio de 1942, pocos meses después de su regreso de América, Domingo toma la alternativa en Barcelona de manos de un antiguo y buen amigo de la «casa», Joaquín Rodríguez *(Cagancho),* que le cedió los trastos para hacer frente al toro *Discípulo,* de la ganadería de otro amigo entrañable, Domingo Ortega. Y sólo tres semanas después, el 25 de junio, Nicanor Villalta le ratificó el doctorado en Madrid, con el mismo testigo en ambas ceremonias: Emiliano de la Casa *(Morenito de Talavera).*

En ambas tardes demostró valor y facilidad estoqueadora, aunque pronto vivirá Domingo en sus carnes la dureza de esta difícil profesión. El 10 de abril de 1944, al dar una gaonera, cae herido de gravedad en Barcelona por un toro de Pablo Romero; el 29 de junio resulta corneado en el muslo izquierdo, alternando con Juan Mari Pérez-Tabernero y Manolo Escudero. Y ese mismo año sufre un nuevo percance en Talavera. No le quitan el valor las cornadas, pese a ser tan seguidas, pero sí el sitio al no poder explotar sus éxitos. Domingo se ha ganado la fama de un supremo y contundente estoqueador, que es la mejor manera de culminar las buenas faenas. Pero ya por su mente fluyen otros ideales y nuevas utopías, que ha alimentado en lecturas de intenso contenido y clandestino origen, con las que ha paliado las largas horas de la convalecencia hospitalaria, entre cornada y cornada.

En 1945, Domingo aceptó la invitación de su hermano Pepe para torear algunas corridas en Portugal. En una de ellas, fiado de sus facultades —ya mermadas—, no consiguió clavar el par de banderillas ofrecido por su hermano. Por la noche, con parte de las ganancias decidió probar fortuna en el casino de Figueira de Foz, rogándole a Pepe que si volvía a buscar más dinero no se lo diera. Como era de prever, una mala racha le dejó sin «blanca» y como Pepe suponía, a media noche fue despertado por su hermano que le exigía la entrega del resto de sus ganancias. Como Pepe le recordara sus palabras, Domingo las rebatió diciéndole a su hermano menor que quién era él para administrar su dinero y que él era ya «mayorcito» para saber lo que tenía que hacer. Pepe cedió y Domingo se fue con otros dos mil escudos en el bolsillo, regresando a altas horas de la madrugada. Su hermano Pepe describe su regreso con estas tiernas y fraternales palabras: «No sé el tiempo que pasaría que, desde luego, a mí me pareció brevísimo. Cuando Domingo abrió la puerta, esta vez con desenfado y estridencia, encendió las luces a tope mientras yo trataba de salir con esfuerzos del letargo y entender lo que pasaba. Situado a los pies de la cama, con un cigarro a medio consumir, chulescamente sostenido en la comisura de la boca, fue sacando de los bolsillos de la chaqueta primero y después de los de los pantalones puñados de billetes, que al desgaire arrojó sobre la cama y sobre mi cabeza: "¡Toma, hombre de poca fe, haz dos partes! Ahí tienes más dinero que si te pagasen cien pares de tus famosas banderillas... y sin correr tanto, esclavo." Sin más se metió en la cama y en un rato se quedó dormido, según acostumbraba, como un niño chico lleno de ternura y de paz.»

Los pocos contratos y su reiterada vulnerabilidad le obligaron a prácticamente dejar el toreo activo en 1948 después de alternar en una sola corrida con sus hermanos, el 16 de septiembre en Lorca, donde, tras ímprobos esfuerzos, pudo embutirse en el traje de luces, pues ya había engordado mucho. A su amigo Ricardo Muñoz-Suay le reconocería años después: «Dejé de torear una tarde que me sentí ridículo con unas medias rosas y unas manoletinas.»

Sus primeros esfuerzos como empresario le llevan a crear la empresa OTESA (Organización Taurina de Espectáculos, Sociedad Anónima) compartiendo la plaza de toros de Castellón de la Plana con Cristóbal Peris. Sin embargo, su principal actividad se centrará en colaborar con su padre en la gestión de sus múltiples negocios taurinos.

Nace «Dominguito», comunista y productor de «Viridiana»

Con veintiocho años de edad, el mayor de los hijos de Domingo *Dominguín* acuñará el apodo cariñoso de *Dominguito,* diminutivo que no sólo le distinguirá de su padre, sino que además denotará el sentimiento de afecto que inspira en los demás. Pepe relata en su libro que Domingo, cuando ya había empezado a dejar el toreo activo, se dirigía a sus hermanos con estas irónicas palabras: «Vosotros a torear. No servís para otra cosa, esclavos. A vestirse de colorines y de medio maricones con las medias rosas y ese ridículo gorrito en la cabeza. ¡Hala!, a divertir al público como Pompoff y Teddy, que para eso os pago. ¡Jornaleros!»

Su espíritu romántico no estaba reñido con su competencia profesional, que le permitió apoderar, además de a su hermano Luis Miguel, a su cuñado Antonio Ordóñez en dos etapas; a Rafael Ortega, el gran torero de San Fernando al que integró en la casa *Dominguín* en sus primeros años de alternativa; a *Miguelín* y a Curro Romero; como empresario administró la plaza de toros de Granada, donde por cierto protagonizó una memorable anécdota al soltar un cabestro como sobrero del toro de rejones, previa introducción en uno de sus orificios naturales de unas mágicas gotitas de aguarrás. Apoderó en 1953 a Domingo Ortega en su último retorno a los ruedos y fue él quien le convenció para que toreara la corrida de Miura en la feria de Sevilla.

Pero con su equipo, integrado por un administrador, Antonio Martorell —ahijado de Pagés—; el periodista republicano Alfredo Portolés —autor de un libro sobre Luis Miguel titulado *Luis Miguel*

Domingo fue un excelente estoqueador que no tuvo suerte con los toros

«Domingo me dio siempre
calor y alegría»

Dominguín. Anécdota, arte y triunfo del extraordinario torero madrileño— y crítico de *Informaciones*, y Juan López Martínez, como veedor y responsable de los toros, *Dominguito* se hará un lugar en el firmamento taurino, por el que circuló durante casi treinta años con una mentalidad reflejada en estas palabras: «Lo que más me divierte es dar toros y sería algo injusto que, encima de hacer lo que te guste, ganara dinero.»

«*Dominguito* notaba la importancia del dinero cuando no lo tenía y nunca creyó que la valía de un hombre se debiera medir por su riqueza», me contó uno de sus viejos amigos. Con esos principios causaba admiración entre el medio taurino por el estoicismo con el que encajaba las pérdidas que le ocasionaba el negocio. Sus amigos, que son legión, recuerdan su prodigalidad y son constantes las alusiones en la evocación de su carácter desprendido y altruista. Javier Pradera, que tanto le quiso, me contó: «Domingo siempre pagaba, no sé cómo se las apañaba, pero cuando ibas a pagar o a compartir, él se había adelantado o no te dejaba pagar.»

Para Javier Pradera la conexión de Domingo con el Partido Comunista se produjo en México, a través de los exiliados, y en concreto de uno llamado Diéguez. Desde entonces, su activismo fue intenso y desbordado, como correspondía a su personalidad, que en opinión de Pradera era «genial y devoraba la vida. Domingo no podía estar solo un momento».

Sus contactos con los miembros del PCE se canalizaron a través de Jorge Semprún, que era el liberado del partido en España y que usaba los seudónimos de *Federico Sánchez* y *Agustín Larrea*. Fue a través de *Federico Sánchez* como Javier Pradera conoció a Domingo: se citaron en El Retiro, sitio adecuado —según el partido— para un encuentro clandestino y, aunque Domingo era casi catorce años mayor, se hicieron inseparables. Pradera y el novelista Ignacio Aldecoa se convirtieron en su séquito cotidiano.

Pradera recuerda la veneración que Domingo sentía por Luis Miguel, «con el que —en su opinión— mantenía una relación edípica, hasta el extremo de que no toleraba que nadie pusiera en duda su valía».

«Durante la competencia con Antonio Ordóñez, muchos de los amigos de Domingo —evoca Pradera— éramos partidarios de Antonio y Domingo se enfurecía reprochándonos nuestro gusto.»

Pradera recuerda también que una noche se fueron a cenar Domingo, Jorge Semprún, Alberto Machimbarrena y él con Luis

Miguel, que estaba en pleno éxito, y que este les dijo: «¡Cuánto os envidio!, sois felices conspirando, viviendo una aventura. Yo tengo doscientos millones y alterno con gente que tiene barcos, villas, y no soy feliz...»

El fervor y el cariño por Domingo le llevan a Javier Pradera a comentar que «Luis Miguel era una pálida sombra de su hermano» y que en aquellos años «la imagen de Luis Miguel estaba claramente marcada por su amistad con Franco, el marqués de Villaverde y otros personajes del Régimen». De la misma opinión es el editor Pepe Esteban, que me relató con precisión la iracundia que le provocaba a Domingo que alguien hablara mal de su hermano en su presencia.

Ricardo Muñoz-Suay fue otro de los más entrañables amigos que tuvo Domingo y juntos vivieron la aventura de la clandestinidad política en su máxima expresión, al ser Muñoz-Suay el responsable de las actividades culturales del PCE. Ricardo recuerda que «ni Jorge Semprún ni Javier Pradera querían que nos conociéramos porque sabían que íbamos a hacernos íntimos amigos y creían que no había que mezclar el partido y la amistad, pero nos conocimos en una clínica donde yo estuve internado después de un accidente de coche que tuve en el sur de Francia, donde yo rodaba una película con Abbe Lane. Domingo fue —añade Muñoz-Suay— la amistad más grande que he tenido y, durante el tiempo que nos tratamos, estábamos todo el día juntos en su casa de Ferraz, 12. Tanta era nuestra intimidad y afecto que un día —evoca Ricardo— dijo Domingo: "¡Qué pena que los hombres no nos acostemos!"»

Para Muñoz-Suay, Domingo es el hombre más generoso que ha conocido. «Lo daba todo. Yo tengo aún una trinchera suya. Además, —continúa— era muy inteligente y muy ingenioso y como algunas personas llamaban a Semprún *Pajarito,* Domingo se empeñó en llamarle *Pajarraco.*»

La seguridad y franqueza con la que asumía su militancia clandestina le llevaban a no importarle saludar a quien se encontrara por la calle, aunque fuera un significado militar del Régimen, como ocurrió en cierta ocasión, ante el azoramiento de Muñoz-Suay.

Domingo puso el piso de Ferraz a disposición del PCE, después de haber ofrecido una oficina de la calle de Marqués de Urquijo.

En Ferraz vivió escondido Jorge Semprún. Domingo llegó a instalar un armario con un falso espejo para ocultar a su entrañable amigo quien, en su último libro, *Federico Sánchez se despide de ustedes,* evoca con tristeza la ausencia de Domingo de los escenarios habituales de entonces, a su retorno a España como ministro de Cultura: «En La Ancha, una vida más tarde, varias muertes más tarde, alguien murmuró que sólo nos faltaba Domingo. Nos miramos y era verdad. Había sido nuestro amigo, a veces incluso el vínculo entre nosotros, la amistosa conciencia de nuestra amistad. Nos faltaba, sin duda.»

Unas páginas antes, Semprún evoca una cena en el Mesón de Fuencarral, en los años cincuenta, con estas palabras: «Cenábamos los tres, Domingo, Juan Benet y yo. *Larrea,* mejor dicho, *Agustín Larrea.* Era verano, también, por la noche, en un mesón de Fuencarral. Comíamos chuletas de cordero y bebíamos vino tinto. Mucho vino tinto. Algún tiempo antes, Domingo y yo habíamos explorado en las cercanías un descampado en el que quedaban algunos rastros que perpetuaban la memoria de un cementerio abandonado.»

Domingo llevaba su activo proselitismo a sus muchas tertulias, porque hay que decir aquí que su personalidad se hacía evidente en la conversación colectiva, ya fuera en la Cervecería Alemana o en Lhardy, donde se reunían a media tarde, con frecuencia irregular, a disfrutar de su caldo y de sus croquetas personalidades de la talla de Julio Camba, del filósofo Paulino Garagorri, del escultor Juan Cristóbal —autor de la estatua de *el Cid* en Burgos—, Pepín Bello —testigo privilegiado del ambiente y la época de la Residencia de Estudiantes— o del pintor Juan Manuel Díaz Caneja; no fallaban tampoco el cronista municipal Juan Sampelayo, el escritor Miguel Pérez Ferrero o los arquitectos Carlos Arniches, Alfonso Buñuel y Fernando Chueca Goitia. Miguel Utrillo compartía esta tertulia con la de los amigos de Julio Camba en Casa Ciriaco; también acudían al reclamo de la tertulia los doctores Sacristán y Luque y el escritor e ingeniero Juan Benet.

«Otro de los lugares de encuentro habitual —me apunta el editor Pepe Esteban— era el café Pelayo, que estaba en Menéndez Pelayo, esquina a Alcalá. Allí nos reuníamos con Domingo y *Federico Sánchez,* Gabriel Celaya y su mujer Amparito, Armando López Salinas, Jesús López Pacheco y Alfonso Sastre. Domingo era todo entusiasmo y vitalidad y acogía las propuestas de acción con un inmediato: "Yo puedo llamar a Fulanito y a Zutanito para que firmen".»

«No era —continúa Pepe— un dirigente activo, sino un militante cualificado que servía de enlace con otros sectores profesionales.»

Fernando Chueca Goitia, al que Pepe *Dominguín* llamaba *Palomo* por su ahuecada voz, trató a Domingo en esos escenarios mundanos del Madrid de finales de los años cuarenta y recuerda su vehemencia y encanto personal, así como su generosidad que le llevaba a organizar siempre eventos como el festival benéfico de Calanda, donde Domingo Ortega y sus hermanos fueron recibidos con una enorme pancarta que rezaba: «Bienvenidos a Calanda.»

Fernando Chueca conoció a Domingo *Dominguín* en una cena organizada por el escritor y académico José María de Cossío en el restaurante La Criolla en la calle Fuencarral de Madrid. Recuerda que se comportaba en público siempre con generosidad; con él frecuentaba el restaurante Aroca, próximo a la Puerta de Toledo, en cenas a las que asistía también Antonio Díaz-Cañabate y años después Jorge Semprún. En opinión de Fernando Chueca Goitia, Domingo cambió mucho cuando asumió su compromiso político comunista, y fue precisamente Semprún quien más le influyó; su compromiso clandestino le varió el carácter, tornándose más serio y muy impuesto en su papel de conspirador. A Chueca le decía: «Fernando, convéncete, el mundo va por ahí.»

Quien también frecuentaba este grupo de amigos era Juan Benet, primo de Fernando Chueca, que ironizaba —fiel a su carácter— las convicciones de Domingo *Dominguín*, proponiéndole organizar la feria de Moscú con toros de Crimea.

La relación de Fernando Chueca Goitia con Domingo y este grupo se enfrió, no sin que su nombre figurara unido para siempre a la casa *Dominguín* por tantos afectos y porque él fue quien, con Alfonso Buñuel, construyó la plaza de toros de piedra de «La Companza», con una insólita decoración externa y un soberbio artesanado interior en madera que fabricó Amancio Peinado, primo de Luis Miguel.

Por su parte, Pepe Esteban recuerda el ardor con el que Domingo utilizaba a su hermano Luis Miguel para gestiones de su acción política. «Eso se lo pediré a Luis Miguel», acostumbraba a decir Domingo.

«Muchas de las reuniones —continúa Esteban— se celebraban en su casa de Ferraz y, a veces, en plena discusión o en el momento de diseñar una acción cultural, entraba Luis Miguel, que parecía un aristócrata, y se disculpaba: "Perdón, Domingo, ¿puedes salir un momento?" Con su habitual mordacidad y al corriente de los trasiegos políticos de su hermano, Luis Miguel exclamaba al ver tantos reunidos y tanto humo: "Qué, peces gordos, ¿no?"»

Una de las primeras iniciativas que asumió Domingo en la clandestinidad fue la creación de una productora de cine, UNINCI, entre cuyos accionistas figuraban su hermano Pepe y Juan Antonio Bardem, que había sido el co-guionista de *Bienvenido Mr. Marshall*, la película española más significativa de este período y una de las más importantes de la historia del cine español.

Juan Antonio Bardem, militante del PCE desde 1943, recuerda el entusiasmo y la pasión que Domingo ponía en sus actividades «partidarias» y la ilusión que sentía por todos los proyectos de UNINCI.

Una noche, ya con el proyecto *Viridiana* sobre la mesa, cuando cenaban en el castizo Callejón de la Ternera, Ricardo Muñoz-Suay propuso a Domingo como gerente de UNINCI, lo que en opinión de Bardem «era un disparate, porque si había alguien caótico entre todos nosotros era él, ya que, cuando ponía en marcha una idea, lo primero que hacía era gastarse un dineral en papelería».

«Domingo era —en palabras de Bardem— un tipo extraordinario, generoso, alocado y genial que cada día hacía un esfuerzo por ser organizado; pero no era el hombre idóneo para coordinar a unas gentes como nosotros.» No obstante, su participación en *Viridiana* fue constante como productor ejecutivo junto al productor mexicano Gustavo Alatriste, gran amigo de Luis Buñuel.

Las vicisitudes por las que pasó la película no son el objeto de este libro, pero cierto es que Domingo, como todos los que intervinieron en su financiación, sufrió un grave quebranto económico, que tuvo además repercusiones políticas, al ser destituido el director general de Cinematografía, José Muñoz Fontán, y personales, al enfadarse Bardem y Muñoz-Suay, situación que se ha mantenido hasta hoy. Ricardo abandonó el PCE y se desvinculó totalmente de UNINCI, vendiendo sus acciones en doscientas mil pesetas.

Seleccionada *Viridiana* para su pase en la sesión oficial del Festival de Cannes, en representación de España, y proyectada en la pequeña ciudad francesa, se prohibió su distribución en España pese a las gestiones que hicieron en su favor tantas personas. Una de ellas fue realizada por Luis Miguel, que intercedió para satisfacer, una vez más, a su hermano y para tratar de evitarle un descalabro económico tan importante.

Domingo se suicida en Guayaquil

Mientras duró la ausencia de Luis Miguel de los toros —entre 1961 y 1970—, Domingo administró con su hermano Pepe la plaza de toros de Vista Alegre. En ella lanzaron «La Oportunidad», proyecto ingenioso que contará con el respaldo de Televisión Española y de *Pueblo* y del que saldrán tres toreros importantes. Rafael Muñoz Lorente recuerda que Palomo *Linares* fue el primer maletilla en llegar y que Domingo le trató en seguida como un hijo, llevándoselo incluso a su propia casa y ocupándose de su lanzamiento. «Visto el éxito —me cuenta Muñoz Lorente—, los *Dominguín* recurrieron a los hermanos Lozano, ofreciéndoles una participación, y a Guillermo Martín y Antonio Checa como veedores de los aspirantes a maletillas.»

Es de nuevo Muñoz Lorente quien sirve de testigo para recordar que era él, como colaborador de la casa *Dominguín,* quien hacía las entrevistas en el callejón en las novilladas retransmitidas por televisión y él también quien —en los viajes— dormía con Palomo, al que compraba tebeos. Por él también sabemos que a Palomo le llamaban *el Rata.*

Otro torero surgido de ese vivero espontáneo fue Ángel Teruel, que se vinculará a Domingo y Pepe profesionalmente y, además, familiarmente, al casarse con Lidia, una de las hijas de *Pochola Dominguín.* Y por último, *Curro* Vázquez que, como Teruel, se unirá a la casa *Dominguín* por los dos motivos, ya que Domingo le apoderará en 1970 y 1971 y además se casará con su hija Carmen.

Algunos testimonios confirman que ante la desorganización con la que Domingo llevó «La Oportunidad», los Lozano vieron la ídem de hacerse con los mandos del asunto y de paso con el aprovechamiento de Palomo *Linares.*

José Luis Lozano, socarrón siempre, confirma que «quien está en el molino muele» y que «nuestra vinculación a Vista Alegre se produjo cuando organizamos una corrida en Manzanares con mi hermano Pablo, *Pedrés* y *el Cordobés,* en 1963, y Domingo les comentó: "Oye, qué bien habéis hecho esto." Entonces —insiste José Luis— Domingo estaba apartado de los toros, como nosotros, y juntos decidimos ir a por Vista Alegre, que entonces llevaban *Maravilla* y *Jumillano,* y por cuya gestión Luis Miguel, que era su propietario, pedía cuatro millones y medio de pesetas ¡de 1963! Hicimos —y sonríe al evocarlo— una sociedad con Domingo y

Pepe *Dominguín* —que acababa de volver de Colombia—, don Ramón, el dueño de la Cervecería Alemana, y Miguel Zuazo, que estaba casado con una hija del conde de Montarco y que había sido un hombre de confianza de López Rodó. Fíjate cómo sería la cosa que el propio Luis Miguel —insiste con apasionamiento José Luis— fue quien salió fiador nuestro.» Domingo y Pepe presentaron como aval «La Companza». Aquel año se ganó dinero con «La Oportunidad», pero después la relación entre los socios se agrió, cansándose ellos del proyecto y quedándose los Lozano con Palomo *Linares*.

Pero afectado por la muerte de su amigo del alma el novelista Ignacio Aldecoa, que sufrió un infarto fatal un sábado en la casa de Ferraz, Domingo entra en crisis. «Aunque viviera cien años —recordará Domingo— no lo olvidaría. En el momento de morir se agarró con tal fuerza a mi brazo, que fueron necesarios muchos esfuerzos para desasirme después de aquel último apretón a la vida...»

Domingo sacaba a relucir su ingenio definiendo así a algunos toreros: de Juan Belmonte decía que era «la Revolución con mayúscula». De *Cagancho* dijo que simbolizaba «la España que se moría alrededor de los años de la Dictadura. Se veía la pandereta, la españolada y la Andalucía con gitanas de ojos verdes». En cuanto a Domingo Ortega, su identificación es meridiana: «La Institución Libre de Enseñanza.» Y por último, para Domingo, *Manolete* simbolizaba «el viva la muerte».

Luis Miguel reaparece en 1971, y Domingo, que ya administra las plazas de Bogotá y Quito, propiedad de su hermano Luis Miguel, se dedica a él de nuevo, compartiendo otra vez y como siempre la aventura de recorrer España con más de cincuenta años. Llama a Rafael Muñoz Lorente y a Tico Medina para que lleven los asuntos de prensa, pero su falta de seriedad en los pagos comprometidos hará que Medina abandone a los tres meses y Muñoz Lorente al año y medio cuando, harto ya de que no le paguen, se presenta en la plaza de toros de Quintanar de la Orden, donde Luis Miguel —ignorante de lo sucedido— le recibirá de mala manera. Cuenta Muñoz Lorente: «Domingo era imprevisible, porque nos prometió veinticinco mil pesetas al mes y cuando se las reclamabas te decía: "Toma cinco mil y pídeme más cuando lo necesites."»

En 1973 Domingo está cansado de luchar y busca nuevos horizontes; lo natural es que los encontrara en los países del otro lado del mundo, lejos de la asfixiante vida española, ya que en Bogotá, Cartagena de Indias, Lima o Quito se siente a sus anchas. Sus pulmones recobran la dilatación necesaria y todavía cree en una última posibilidad de futuro.

En los últimos años sesenta, Pepe *Dominguín* había convencido a Luis Miguel para que adquiriera la opción de compra que sobre la plaza de toros de Quito tenía su gerente Fausto Rojas. Y Luis Miguel puso al frente de la sociedad anónima a su hermano Domingo, que se estableció en Quito con su hijo Domingo, con el que montó una librería a la que bautizaron El Toro Rojo. En la vida de Domingo había entrado una nueva mujer, colombiana de nacionalidad, que había conocido en Quito. Se llama Aura Lucía Mera, separada de Rodrigo Lloreda, gobernador del Valle de Cauca, en Colombia, con el que había tenido cuatro hijos.

Con sus últimos ahorros compró una pequeña finca en el pueblo de Cayambe, al noreste de Quito, al pie de la cordillera oriental y a casi cinco mil metros de altura, y la bautizó «Macondo» en homenaje al mítico villorrio que hiciera famoso Gabriel García Márquez en su novela *Cien años de soledad.*

A toro pasado, toda una serie de indicios parecen tener una aplastante lógica y parecen no ser sino actitudes previas a un acto premeditado. Ricardo Muñoz-Suay recuerda cómo en cierta ocasión, en los años cincuenta, Domingo le había dicho: «Ricardo, Guayaquil es el sitio más bonito para un suicidio.» Por otra parte, el propio Luis Miguel me contó en una de nuestras conversaciones en «La Virgen» que tres o cuatro años antes de su muerte, el doctor Ricci, un médico italiano amigo suyo, le advirtió de las depresiones que podría sufrir Domingo, pero que nunca creyó que llegara a suicidarse.

Juan Antonio Bardem, emocionado por la evocación del amigo, me relató una cinematográfica secuencia de la vida de Domingo. Una tarde este llegaba a su casa de Ferraz, 12, corriendo, sudoroso y demacrado. Desde su anónima visión, Bardem pensó: «Caramba, este sufre como todos.» Y es que Domingo parecía imbatible, tal era su espíritu y dinamismo.

Así lo reconoce a Javier Pradera en la última vez que estuvieron juntos. Un año antes de su muerte, Domingo le animó a irse con él a Ecuador. Pradera le vio «preocupado y ansioso», hasta el extremo de que después de pasar todo el día juntos, Domingo le rogó que no le dejara solo.

Sin duda, mucho le había afectado el hecho de que a principios de 1973 su hermano optara por la exclusiva que le ofrecía el empresario Pedro Balañá y que fueran los hermanos José Antonio y Javier Martínez Uranga quienes pasaran a gestionar la plaza de toros de Vista Alegre, propiedad de Luis Miguel, y que, además, fueran los hermanos Lozano los arrendatarios de la plaza de toros de Bogotá por cinco años. Y que, todavía más, poco tiempo después, fueran estos últimos quienes también se hicieran cargo de la gestión de la plaza de toros de Quito.

José Luis Lozano me desmiente este extremo: «El propio Domingo nos animó a quedarnos con la plaza y fue Luis Miguel quien nos lo ofreció en diciembre de 1974. Claro que nos interesaba, pero en las primeras conversaciones no hubo acuerdo. En enero de 1975 Domingo nos insistió: "Tenéis que quedaros con Quito." Nos vimos en Bogotá y sí noté que había bebido algo más de lo que solía hacer. En febrero, Luis Miguel viajó a Quito y volvimos a vernos, sin que llegáramos a un acuerdo. Y así estuvimos —continúa José Luis Lozano— hasta que el verano de aquel año, Luis Miguel me llamó a Almuñécar y me dijo que tenía una oferta por la plaza de Quito. "Miguel Laguna me dice que *Chopera* está interesado. Como ha sido con vosotros con quienes hemos hablado hasta ahora, os pregunto primero." Le dije que sí, me fui a Madrid y me reuní con Luis Miguel en la casa de Darro, pagándole con un talón los 250.000 dólares que me pedía.»

«En el otoño —me explica José Luis— viajé a Quito. En la oficina de Domingo había unos panfletos publicitarios. Le pregunté de qué corrida se trataba y me contestó que iba a organizar una feria en Guayaquil con su amigo *el Negro* Rosero, como le llamábamos a César Rosero.»

Domingo había arrendado una plaza portátil para dar una feria en Guayaquil. En la organización le ayudaba su primo Domingo Peinado y un hijo de este, de igual nombre, animados por hacer «las Américas». Este sobrino iniciará una relación afectiva, al poco de llegar, con Aura Lucía. A este grave contratiempo sentimental se unió la sospecha que, día a día, le va corroyendo sus entrañas y atormentada mente: desde hacía cierto tiempo sangraba por el recto, presentando los mismos síntomas aparentes de la enfermedad fatal de su padre.

Su yerno, *Curro* Vázquez, estuvo hablando con él toda la víspera, encontrándole «muy deprimido». En esa última noche, Domingo le abrió su corazón, aduciendo todas las circunstancias ya relatadas y que tanto le obsesionaban, pese a lo cual no pensó *Curro* que fuera a tomar tan drástica decisión.

Al día siguiente, 11 de octubre, *Curro* Vázquez toreaba en Guayaquil con el mexicano Jesús Solórzano y el ecuatoriano Fabián Mena, registrando el coso una muy floja entrada. Domingo ya no conoció este último revés porque, alegando no encontrarse bien, decidió no ir a la plaza, dándole a un empleado de la misma, Luis Larrea, una nota en la que decía que se iba a recoger unos papeles al hotel. Otro de sus leales, *el Negro* Rosero, tampoco pudo impedir su determinación.

Nadie sabe lo que hizo en esas postreras horas de su vida, pero sin duda revivió situaciones, recreó ilusiones juveniles y evocó las perdidas utopías. En la penumbra de la habitación de su hotel recordó la gigantesca voluntad de su padre para salir de Quismondo y en un desesperado intento de aferrarse al mundo, especuló sobre sus posibilidades de salir con éxito de este trance, en el que se sentía decepcionado y desengañado en lo sentimental, asustado en lo físico y harto de tanta lucha inútil.

Las horas debieron pasar lentamente, sin que ningún argumento consiguiera aplacar la soledad íntima y sin que ninguna luz iluminara su corazón. Hombre de acción, aventurero y enérgico, Domingo se había adaptado al medio y a la permanente incógnita vital de aquellas repúblicas comprándose una pistola. Con ella mantuvo un último diálogo visual y en ella vio la definitiva liberación de la angustia que, poco a poco, había destrozado su aparente indestructible fuerza.

Domingo, con la velocidad de la evocación final, recordó por último los sinsabores del desengaño y de la traición, tan próximos, tan inesperados, y que le habían dejado ya tan huérfano del calor de sus semejantes, por los que se había partido el pecho y jugado el tipo. Ahí, por esa íntima herida, fluía el resquemor, la dolorosa sensación de engaño. Domingo no pensó en que pudo tenerlo todo —poder y dinero—, sino que entre todos habían matado los principales valores de su vida: el amor, la amistad, la generosidad con el conocido y la solidaridad con el anónimo ciudadano del mundo.

Llanto por Domingo

Al atardecer, cuando la luz otoñal de Guayaquil se batía en retirada por las rendijas de la entreabierta ventana de su habitación, Domingo se sometió a un último juicio final y se consideró culpable de todo negándose el perdón en un acto final de soberbia. Consciente de su propia enajenación, Domingo rechazó su absolución y se negó a convertirse en víctima —forma idónea para seguir viviendo—, se rodeó de rencor y se llenó de animosidad contra los que más había querido. Como jugador que era, optó por concluir la página del libro de su vida con un órdago a la grande, demostrándose a sí mismo las agallas y el coraje suficientes para seleccionar su propio final.

Bastó un tiro en el corazón para que Domingo dejara el mundo de los vivos. Quienes le conocieron bien elogian su última opción porque prefirió matar lo que le dolía —el corazón— en lugar de la cabeza: no quiso que el tiro apuntara a la sien ni a la boca, como Hemingway y otros muchos. Domingo apuntó la pistola del calibre veintidós al órgano que simboliza nuestra espiritualidad, donde localizamos nuestra alma de enamorado y el sufrimiento del desamor, donde recibimos los impactos del fracaso y donde metafóricamente están refugiados nuestros más personales e íntimos sentimientos.

Él sabía muy bien dónde estaba su mal porque, desde hacía unos años, era su corazón el que sangraba, aunque fuera por el recto por donde creyó ver la amenaza del maligno tumor y de la decrépita decadencia. Algunos testigos de su suicidio hablan de que su agonía debió ser terrible, ya que la muerte no fue instantánea, pues no es fácil atinar con el lugar exacto donde se encuentra el corazón. Otros pretenden introducir novelescos factores, imputando a una mano ajena a la de Domingo la intención y el tino final del disparo, inspirándose estos rumores en la visita que cuatro personas hicieron a su hotel la misma tarde de la corrida.

En Madrid, a miles de kilómetros de distancia, Javier Pradera había trabajado normalmente en su despacho de Alianza Editorial revisando originales y supervisando la línea de producción de la colección Alianza de Bolsillo. Desde la calle Milán se dirigió a su casa y después de cambiarse y descansar un rato salió a cenar con unos amigos en La Ancha, su restaurante favorito. Allí especularon con las últimas noticias de la enfermedad de Franco, recogieron el rumor más fúnebre y vivieron la zozobra institucional y personal que rodea a los grandes momentos de la Historia. Al regresar a casa se tomó un último whisky y repasó las líneas generales de un nuevo periódico que iba a ver la luz en la primavera de 1976 y en torno al cual se iban a aglutinar cualificadas personalidades que veían con preocupación el futuro de España. Al día siguiente leyó en *Informaciones* la noticia de que Domingo *Dominguín* se había suicidado. Y lloró, con el desconsuelo de la admiración, con la rabia del abandono, con la melancolía de los grandes momentos vividos juntos. También, con la tristeza que produce ver la soledad final del amigo. En París, Jorge Semprún paseó en silencio la noticia de la muerte de Domingo. Con él se había muerto el amigo de *Federico Sánchez,* el intrépido colaborador, el osado cómplice que tantas veces le había ocultado en su casa de Ferraz, 12.

Semprún evocaría así, años después, la ausencia definitiva de Domingo en su vuelta a Madrid: «Pero en 1988, cuando me nombraron ministro, Hemingway había muerto. Domingo también. Se habían suicidado los dos. Ambos se habían pegado un tiro. Me había asombrado. Hablo de Domingo, claro está: me había asombrado de Domingo que era el ser más vital que jamás haya conocido. Inventivo como la vida misma. Imprevisible como la vida misma. Pero tal vez, ¿cómo saberlo?, tal vez descubriera la querencia de la muerte precisamente por esa misma vitalidad. ¿Un día de soledad? ¿Cómo saberlo?»

Y para rodear aún más de misterio y un halo de magia la muerte de su amigo, Semprún relataba este encuentro: «Años más tarde, me encontré con la mujer con la que Domingo compartía su vida en aquel momento. Si es que realmente puede compartirse la vida con una mujer. O con quien sea. Si es que puede compartirse la vida con algo que no sea la muerte. Sea como sea, aquella mujer que había creído compartir la vida de Domingo, me enseñó la carta que este le había escrito justo antes de dispararse una bala mortal. Me tembló el cuerpo al leerla. Domingo *Dominguín* citaba una frase que yo había escrito en la primera página de una de mis novelas. Deliberadamente recordaba aquella dedicatoria en que se aludía a la felicidad. Porque vivir, a veces, puede parecerse a ser feliz. No es impensable. Había transcrito la frase que yo escribí en la dedicatoria de *La segunda muerte de Ramón Mercader:* "Por los soles compartidos." Después se había disparado una bala en el corazón. En Guayaquil, en el otro extremo del mundo. Si es que el mundo empieza por nuestro extremo. Me tembló todo el cuerpo al leer la carta de Domingo a la mujer que ya sólo podía compartir su muerte. Miré a aquella mujer, y me tembló el cuerpo: ya sólo podíamos compartir la muerte de Domingo.»

En Barcelona, la mujer de Ricardo Muñoz-Suay, Nieves, le despedía cuando salía para trabajar en Seix Barral. Quedaron para comer juntos. Minutos después sonaba el teléfono. «¡Qué raro! —pensó—. ¡Tan pronto! ¿Quién será?»

—Sí, dígame.

—Nieves, soy Eduardo Haro. ¿Cómo estáis?

—Bien, Ricardo se acaba de marchar. ¿Quieres llamarle luego a la oficina?

—No, oye, Nieves, os llamo para deciros que Domingo *Dominguín* ha muerto.

—Pero ¡qué dices! ¿Cómo ha sido?

—Se ha suicidado. Lo sé por Javier Pradera y lo publica *Informaciones*. Es tremendo, ya sabes que desde hacía unos meses estaba muy inquieto. Se ha pegado un tiro.

—¡Qué disgusto va a tener Ricardo! No sé si decírselo.

Nieves no se atrevió a revelarle a su marido que el amigo del alma, el amigo al que no veía desde 1962, el amigo del que se distanció entonces por problemas ideológicos y de dinero, se había suicidado. Durante cuarenta y ocho horas, que se hicieron eternas, Nieves esperó a verle más tranquilo, a que la confianza y la intimidad de tantos años no le traicionara y, al cabo de las mismas, le reveló entre sollozos que Domingo se había suicidado. Y Ricardo lloró como Javier Pradera, como Jorge Semprún, como Eduardo Haro Tecglen, como Juan Antonio Bardem, hombres todos curtidos en la lucha por las convicciones, capaces de soportar en sus carnes la represión ambiental del franquismo y de tolerar sin pestañear la amenaza de la delación o la tragedia de un interrogatorio en la Dirección General de Seguridad.

Por su parte, el escritor y crítico taurino del diario *Pueblo,* Gonzalo *Carvajal,* sacó a relucir en sus páginas toda su gran pluma, inmortalizando la figura de Domingo en un soberbio artículo titulado: «No sirve el llanto, Domingo», del que reproduzco párrafos tan emotiva y bellamente escritos:

«Lo dicen los telegramas —Domingo *Dominguín* se mató en Guayaquil— y yo no me lo creo. Como no se lo creen Rafael Alberti en Roma, ni Pepe Bergamín en Madrid, ni el "sordo" Buñuel en París, ni Hernando Santos en Bogotá, ni *el Cholo* Guayasamín en Quito, ni Luis Suárez en México, y no cito más nombres por no hacer interminable la lista de muchos amigos que tuviste, Domingo.

»¿Cómo puede estallar en muerte un prodigio de corazón, gracia y teoría imaginativa? Se mueren los hombres que caminan la vida con tranco al uso, pero no los que la vuelan con el genio en la cabeza y en el espíritu...

»Que no me lo creo. Que Domingo *Dominguín* no ha muerto. Se habrá ido a montar corridas de toros en otro planeta, donde la amistad a marchamartillo sea moneda de curso legal. O estará volando hacia alguna distante galaxia para producir una nueva *Viridiana* —él ya produjo la que se hizo en la Tierra—, donde haya que echarle todo el ingenio del universo para convencer a Buñuel de que la dirija y ganar un premio.»

Y terminaba Gonzalo de Bethancourt —*Carvajal* era su seudónimo— contando que acababa de estar con él apenas hacía un mes y que de allí se había traído una fotografía dedicada con una alusión a lo que la derecha y la izquierda representan en la violencia de la muerte del toro. Con estas hermosas palabras, fruto de la admiración y la amistad, terminaba su artículo: «Porque dicen que te has muerto —y sin quererlo creer sigo— me he puesto a escribir estas líneas, pero tengo la certeza plena —la misma que comparten Rafael, Pepe, los Luises, Hernando, Oswaldo y muchos de tus amigos— de que todos los días no se entierran hombres como tú, Domingo.»

Con indisimulada emoción, Luis Miguel evoca la llamada que a altas horas de la madrugada le hizo Mignone Plaza desde Quito. «Miguel, Domingo está mal, cógete el primer avión y vente para aquí.» Luis Miguel insiste en que desde que descolgó el teléfono sabía que Domingo había muerto y así se lo preguntó, sin decirle nada ni a Pepe ni a sus hermanas. Llamó a José Luis Lozano, que llegó a su casa de Darro a las cinco de la mañana: «Ahí estaba ya don Servando, el administrador de Luis Miguel, que me recibió con esta frase: "Domingo ya la ha formado."»

Luis Miguel preparó su maleta y se dirigió al aeropuerto de Barajas, para tomar el primer avión a Sudamérica, llegando a Quito, vía Caracas, en una avioneta particular.

Al llegar todavía estaba el cuerpo de Domingo expuesto en casa del pintor Oswaldo Viteri; todo el mundo esperaba que fuera Luis Miguel quien tomara las últimas decisiones y así fue, respetándose la última voluntad de Domingo manifestada en un testamento en el que pedía que se le enterrase en el pueblo de Cayambe, junto a la finca que compró en Ecuador para hacerse con una ganadería brava.

Domingo había solicitado la nacionalidad ecuatoriana porque

entendía que daba lo mismo ser de Ecuador, Colombia o Burgos, ya que —decía— «en todos sitios hay toros».

Luis Miguel me ha revelado que consiguió reparar algunas decisiones tomadas por su hermano, como la titularidad de las acciones de la plaza de toros de Quito, traspasadas —al parecer— a su nueva compañera y que él rescató.

Domingo estaba separado de su primera mujer, Carmela Aparicio, con la que tuvo tres hijos, Domingo —al que todos conocen como *Pas-pas*—, Carmen *(Patata)* —casada con *Curro* Vázquez— y Marta, unida en matrimonio con el también matador de toros Paco Alcalde.

Según el crítico taurino Federico Sánchez Aguilar, que escribió de él una bella nota necrológica: «En las postrimerías de su vida insistía en que lo único importante era la amistad.»

Domingo tuvo una permanente inquietud que le llevó a devorar libros, a conocer a cuanta personalidad tuviera un interés cultural y sintió en muchas ocasiones la tentación literaria, sin duda producto de su mente imaginativa y de sus buenas dosis de observador de la realidad.

Pepe, el más entrañable y atractivo *Dominguín*

SITUADO por edad entre la arrolladora personalidad de su hermano Domingo y la no menos rutilante de su hermano menor Luis Miguel, Pepe *Dominguín* —nacido José González Lucas— ha debido soportar la permanente comparación con ellos como torero, como profesional y como personalidad. En el ámbito puramente taurino, Pepe *Dominguín* destacó como excelente y seguro matador de toros, cuya especialidad fueron las banderillas, en las que está reputado como uno de los más importantes de todos los tiempos.

Su estilo seco, irónico —como el de todos los *Dominguín*— se ha ajustado más a la reflexión y a la búsqueda de la razón de ser de las cosas de la vida a través de la pluma, ejerciendo con espléndida madurez e inteligencia el artículo periodístico y el cuento, y fraguando toda su personalidad en la edición de su libro *Mi gente,* soberbio retrato de los *Dominguín* y de su tiempo. Es Pepe un tipo con encanto, ese que tienen los que no han sentido la enfermiza necesidad de ser el más destacado y el mismo que se deriva de que los «inconvenientes» antes citados hayan facilitado su estilo depor-

«Pepe fue extraordinario con las banderillas»

tivo y enérgico a la vez, manteniendo la bohemia, el espíritu aventurero, la raza y el carácter de todos los *Dominguín*.

Con idéntica vocación que sus hermanos, Pepe ha tenido dos circunstancias que han marcado su vida: su atractivo físico, producto de un espléndido cuerpo de atleta, y su accidentada vida sentimental, que tantos disgustos y sobresaltos le ha producido.

Amigo de «Manolete» y rey con las banderillas

Pepe nace el 19 de marzo de 1922, cuando la familia vive en el número 7 de la calle Echegaray; fue bautizado —como Domingo— en la cercana iglesia de San Sebastián y su vida transcurrió paralela a la de su hermano mayor, al que estuvo muy unido, frecuentando con aplicación los Maristas de la calle de los Madrazo, hasta que, cuando su padre decidió viajar a Perú durante la Guerra Civil española, acreditó ya su independencia y atractivo al hacerse novio de la cantante *Chabuca Granda,* intérprete de canciones como *Fina estampa* y *La flor de la canela.*

Él es también el directo protagonista de la sorprendente historia de un misterioso hombre que toda la familia encontró en la isla de Ellis cuando llegaron a Estados Unidos y que no hablaba ningún idioma inteligible y que, sólo al despedirse catorce días después, acertó a balbucear: «Adiós, Pepe.»

En México siguió los pasos de *el Soldado,* que fue quien le animó a perder su virginidad después de una corrida en Tampico en la que Luis Castro cortó las dos orejas y el rabo, apéndice que le tiró «por si le hacía falta por la noche». Entre todos los amigotes le dieron cincuenta pesos para que se los ofreciera a una bella profesional y espléndida mujer que, fiel a la leyenda humana y literaria, demostró su generosidad, no cobrándole un solo peso.

Ya de regreso a España, Pepe aprobó quinto curso de bachillerato y, como sus hermanos, se inició en las artes taurinas, debutando en San Martín de Valdeiglesias en una serie de festivales patrióticos.

Pepe, como sus hermanos, va conociendo el oficio y, entre entrenamiento y cacería, disfrutaba de la tertulia, de la conversación y del singular mundillo del toro, frecuentando las charlas que su padre tenía en El Gato Negro, café situado en la calle Príncipe, junto al Teatro de la Comedia. Jardiel Poncela y Benavente —don Enrique y don Jacinto, respectivamente— eran asiduos, como *Camará* y su poderdante *Manolete*, con el que Pepe labró una sólida relación amistosa.

Aunque cinco años menor que él, Pepe se daba muy buena «maña» para conocer «chavalas» y por eso *Manolete*, tímido y apocado, pero deseoso de diversión, se acercaba por la tertulia de la Cervecería Alemana o por el hotel Victoria para animar a Pepe a ir a bailar a Casablanca donde, bajo su consejo, se atrevía a sacar a bailar a alguna chica de la época, con sus moños, sus faldas, sus jerséis ceñidos y sus altos zapatos de tacón, tan ávidas como él de un poco de cariño con el que olvidar el miedo de la temporada y la tristeza de la posguerra.

Otras veces iban al cine y, en la oscuridad del Callao o el Avenida, se enamoraban como colegiales de la dulzura y picardía de Myrna Loy y también de la insinuante y rotunda figura de Mae West.

Como su hermano Domingo, debutó como novillero en Barcelona a principios de 1940 y en Madrid hizo su presentación el 1 de septiembre del mismo año, repitiendo pocos días después con una fuerte novillada de Miura, y celebrando su éxito en el tablao flamenco Villa Rosa, por invitación de su padre, al que acompañaba el escritor Gregorio Corrochano. Tras la ida y vuelta a América, tomó la alternativa en Madrid el 16 de mayo de 1944, de manos de Antonio Bienvenida y con *Morenito de Talavera* y el rejoneador Álvaro Domecq de testigos. Los toros fueron de Santa Coloma y el de la alternativa se llamó *Berreón*. El traje de torear era un terno caña y oro. Al poco tiempo de acceder a la categoría de matador de toros cayó enfermo del hígado, tratándole de su afección el doctor Oliver.

Poco toreó en 1945, 1946 y 1947, pero en 1948, el número de contratos ascendió a cincuenta y ocho y, de ellos, cuarenta y seis como primer espada de su hermano, convertido ya en una máxima figura del toreo.

A principios de 1948 —el 16 de enero— se casó en la iglesia de los Jerónimos de Madrid, y de chaqué, con Dolly Lummis Mackennie, una mujer preciosa, alta, rubia, de ojos azules y bella sonrisa, peruana de origen escocés, a la que había conocido en casa de *Manongo* Múgica. Los padrinos fueron los padres del novio y testigos, por parte de él, sus hermanos Domingo y Luis Miguel, el marqués de la Valdavia, Marcial Lalanda, Domingo Ortega, el director de *El Ruedo* y el general De la Cuadra. Por parte de ella firmaron el duque de Pinohermoso, Gabriel Gangoiti, Felipe Sassone y Miguel García-Chávarri, que era el marido de su hermana *Pochola*.

Durante tres temporadas toreó mucho para, finalmente, retirarse al acabar la temporada de 1951, después de torear treinta y cuatro corridas y de sufrir una grave cornada en un muslo en la plaza de toros de Vista Alegre el 17 de julio.

Peor cornada fue la enfermedad de su primera hija, Verónica, detectada a finales de 1952, cuando la criatura tenía sólo dos años de edad. Víctima de la meningitis tuberculosa que le contagió el ex matador de toros Miguel Cirujeda, que trabajaba para los *Dominguín* en la plaza de toros de Vista Alegre, Verónica falleció en 1962, a la edad de doce años.

Pero no acaban aquí sus desgracias, porque a finales de 1952 y estando en Bogotá, sus hermanos y *Chocolate* le anuncian que Dolly ha fallecido al dar a luz a su segunda hija, el día de los Santos Inocentes. La causa de la muerte fue una anestesia blanca. A la nueva niña nacida de ese triste parto la bautizan Bárbara y tampoco viviría mucho, ya que morirá a los dos años. Pepillo, como le llamaba su padre, se quedó viudo con veintiocho años y con una hija afectada de un doloroso y terrible mal.

Pepe, apoderado, empresario... y escritor

Los problemas de índole familiar descritos afectaron sin duda el ánimo y la moral de Pepe, hasta el extremo de decidirle a dejar la profesión en plena juventud para dedicarse a llevar, junto a su hermano Domingo, la carrera de Luis Miguel y los negocios taurinos de la familia, empezando por Vista Alegre, plaza que, según su propio testimonio, compró Domingo con su dinero y su ayuda, sumando entre los dos la cifra de 500.000 pesetas —350.000 Domingo y 150.000 Pepe— a las diez de la mañana, cuando el plazo para presentar la oferta concluía a las dos de la tarde. «Luis Miguel entró en la compra de Vista Alegre —revela Pepe— porque se lo pidió mi padre y nos costó dos millones y medio de pesetas en 1948.»

Con Domingo hermano llevó la carrera de toreros tan importantes como Rafael Ortega, Luis Segura, Antonio *Bienvenida,* Dámaso Gómez, *Miguelín* y Ángel Teruel, pero sobre todos ellos, la de Antonio Ordóñez, al que apoderó en sus primeros años y de nuevo en 1959, cuando se produjo la reconciliación. Los negocios taurinos le llevaron a gestionar plazas en toda América, por donde viajó sin parar, teniendo grandes amigos en Colombia y Ecuador. Al año y medio de quedarse viudo conoció a la bellísima actriz española María Rosa Salgado, con la que se casó en México en 1953, y con la que tuvo tres hijos: *Peloncho*, el mayor, que fue novillero, está casado y tiene dos hijos; Jimena es la que más nietos le ha dado, tres; su último hijo se llama Alejandro y desde hace unos años trabaja en una fábrica y vive en Quismondo, el pueblo natal de los *Dominguín*.

Se divorció de María Rosa Salgado diez años después, casándose en 1965 con una mexicana, María José Suárez Macía, que a su vez estaba divorciada de uno de los principales accionistas del Banco de Comercio de México (Bancomer) y que ya tenía una hija, Diana, que hoy tiene veintiún años; pero tampoco duró mucho el matrimonio con la que aquí se llamó Mae *Dominguín,* ya que a los diez años se separó, uniéndose con una muchacha francesa, Danielle, que es filóloga y con la que tuvo su último retoño, una niña de nombre Gabriela. En la actualidad está separado, o como él dice, «semisoltero».

Esta agitada vida afectiva, que inspira la ironía de su hermano Luis Miguel, no le ha alejado del mundo taurino, y a él se debió también que Luis Miguel comprara la plaza de Quito, ya que estando en Ecuador como apoderado de Ángel Teruel se enteró de que el coso de la capital estaba en venta, sin que el arrendatario pudiera hacerse cargo de ella. Pepe le invitó a viajar a Caracas, donde Domingo y Luis Miguel le hicieron una oferta para que cediera el negocio y permitiera la compra, que él debía trasladar al municipio. Así fue como se hicieron con la plaza de Quito.

Fue empresario durante tres años de una plaza de toros portátil en Colombia y uno de los creadores e impulsores de la recordada «La Oportunidad» de Vista Alegre.

En 1976 se empieza a publicar el periódico madrileño *Diario 16,* en el que, casi olvidados sus años de profesional del toreo, empezó a colaborar. Su pluma rica, inteligente y elegante empezó a ser habitual en las páginas taurinas del periódico y pronto se convirtió en una voz ilustrada, culta y grata de leer. En 1979 publicó su gran libro *Mi gente,* que es un colosal relato de aventuras inspirado en la vivencia personal y real de la familia *Dominguín,* desde su modesto origen toledano hasta el fulgor y brillo del éxito taurino y empresarial. Pocos escritores taurinos pueden presumir de haber escrito un testimonio tan veraz y seductor como este, que merecería una reedición.

Pocos años después publicó una serie de relatos cortos bajo el título de *Carasucia,* dedicado a personajes del mundo de los toros y a pintorescos paisanos de Quismondo, como el propio tonto del pueblo.

Con setenta y dos años y dedicado a escribir, ya sean guiones o libros, Pepe *Dominguín* es una respetada voz en cualquier foro; su figura esbelta y aún seductora es frecuente en los aledaños de la plaza de Santa Ana, donde suele ejercitar el arte de la tertulia, el aperitivo o la partidita con sus amigos, el pintor Pepe Puente y el querido por todos crítico taurino Gonzalo Ángel Luque *(Curro Fetén).*

Sus hermanas: el carácter de *Pochola* y la dulzura de Carmina

A pesar de estar rodeadas de todo un espíritu masculino en cuanto a la concepción de la familia y al papel de la mujer en la sociedad, *Pochola* y Carmina consiguieron, gracias a su personalidad, ocupar un lugar destacado entre las atractivas figuras de sus hermanos.

Gracia González Lucas *(Pochola)* nació en Madrid en octubre de 1924 y, según todos los testimonios, a lo largo de su vida ha sido la versión femenina de su hermano Luis Miguel, manifestándose una mujer con gran personalidad que ha llevado una activa vida social. Casada con un abogado, Miguel García-Chávarri (su familia era la propietaria de las aguas de Carabaña), se quedó viuda al sufrir este un grave accidente de automóvil en las cercanías de «Villa Paz». La tía Ana María —madre de *Mariví*— tuvo que identificar el cadáver. Lidia, la mayor de sus hijas, está casada con el matador de toros retirado Ángel Teruel, y *Chiqui,* la menor, lo estuvo con el diplomático y escritor Eduardo Garrigues y hoy lo está con un alto ejecutivo de la agencia de noticias Reuter, de nacionalidad inglesa.

Durante muchos años, *Pochola* estuvo unida sentimentalmente al abogado Luis Zarraluqui, con el que se casó civilmente en Las Vegas, y, desde hace un tiempo, padece una grave enfermedad hepática que la tiene postrada en una clínica de Madrid. *Pochola* adora a Luis Miguel, con quien habla todos los días y a quien venera por su generosidad y espíritu familiar. Con hablar decidido y excelente memoria, *Pochola* evocó en una larga conversación mantenida en el otoño de 1994 muchas y variadas anécdotas del ambiente de su casa, de la figura de su madre y de la rica personalidad de su padre y sus hermanos, a los que con tono irónico bautizó como «nuestros hombres». Especial cariño puso al recordar cuando Luis Miguel se presentó en su casa de casada para vengarla de una agresión producida por su iracundo marido.

Pochola, mujer de gran personalidad y activa vida social, ha sido la versión femenina de Luis Miguel

Carmina *Dominguín* se casó en 1954 con Antonio Ordóñez en «Villa Paz». Luis Miguel fue el padrino

Fue su padre quien la definió con una ingeniosa frase: «A *Pochola*, con un hilito de seda atado al corazón la llevas a donde quieras, pero con una argolla de hierro atada al cuello no le haces andar ni diez metros.» Isabel Berdegué, la viuda del *Gordo* Berdegué, también me evocó la fuerza y carácter de *Pochola*, con la que ha tenido una larga amistad.

Por su parte, Carmina González Lucas nació en 1929 y todos quienes la conocieron elogian su inteligencia, su belleza y su dulzura. Por ser la menor recibió todo el cariño de sus hermanos, que la adoraban.

Casada en el otoño de 1954 con Antonio Ordóñez, llevó la dualidad de ser esposa de Ordóñez y hermana de Luis Miguel con gran tacto e inteligencia; pero cuando surgió la incompatibilidad, se mantuvo junto a su marido. La recuperación de su afecto fue uno de los argumentos decisivos que llevaron a su padre, en el lecho de muerte, a instar a Luis Miguel y sus hermanos a recuperar la armonía perdida.

Elogiada sin disimulos por quienes conocían bien a Antonio Ordóñez, del que fue una gran compañera y un gran apoyo, Carmina cayó enferma de cáncer. Hizo frente a la enfermedad con una enorme fortaleza y falleció en septiembre de 1982. Tuvo dos hijas: Belén, que también se casó con dos toreros: primero con Juan Carlos Beca Belmonte y años después con el ecuatoriano José Luis Cobos, y Carmen, que fue la primera mujer de Francisco Rivera *(Paquirri)*, muerto por un toro en Pozoblanco el 26 de septiembre de 1984. Uno de sus dos hijos, Francisco Rivera Ordóñez, ha seguido el camino de su padre, de su abuelo materno y de su tío abuelo Luis Miguel, y se encuentra en vísperas de tomar la alternativa en la Maestranza, el Domingo de Resurrección de 1995, que deseamos triunfal.

Los hijos de Luis Miguel

Miguel Bosé: otro número uno

MIGUEL Bosé es hijo de Luis Miguel *Dominguín*, pero su popularidad y su polifacética personalidad son tales, que no sería extraño que con los años se dijera que «Luis Miguel *Dominguín* fue el padre de Miguel Bosé».

Una serie de circunstancias vitales han separado y unido, distanciado y acercado al padre de sus hijos y, entre ellos, se ha producido la secuencia lógica de quienes encuentran en el tiempo y en la distancia la dimensión real de sus afectos.

Miguel, Lucía y Paola han lamentado durante muchos años que un día, en un momento clave de su vida afectiva, su padre desapareciera de su mundo para seguir representando su personaje fuera del ambiente familiar. Los tres, por razones distintas, tienen mucho que reprocharle a un padre que se distanció de ellos, porque «prefería» vivir su vida, lamento común en los hijos del que, además de la responsabilidad paterna, debe hacer frente a su propia realización personal, como héroe y como artista.

La cálida cercanía materna suplió con afecto, inteligencia y tenacidad la ausencia del padre y Lucía fue las dos cosas y, sin duda, es una gran madre, porque inculcó a sus hijos valores útiles y reconfortantes para el desarrollo de su propia personalidad.

El tiempo ha permitido que los tres hijos entendieran a su padre con la comprensión del adulto y le quisieran con la ternura que en un momento determinado de la vida inspiran nuestros padres. Hoy, tanto Miguel como Lucía o Paola buscan a su padre en su retiro y le consultan sus decisiones profesionales, económicas o personales. Han comprendido su verdadera entraña humana.

Ya no es tiempo de que Miguel haga declaraciones presumiendo de su distancia respecto a su padre, ni de que manifieste su desinterés por el símbolo. Tampoco de reprocharle su inevitable vanidad histórica. Sí lo es de que admita, como hizo en el verano de 1994 a una revista: «Supongo que los roces que hubo entre nosotros en el pasado eran, obviamente, la confirmación de que somos muy iguales. Estoy muy orgulloso de parecerme a mi padre porque creo que es un gran tipo y con una gran personalidad.»

¿Alguien lo duda? Ambos sienten el vertiginoso atractivo por la provocación; ambos gustan de vivir en el escenario, uno lidiando toros enfrentado al público como estímulo y Miguel parece también disfrutar con la potenciación de su equívoca personalidad. Los dos han triunfado en lo suyo más por su personalidad que por sus intrínsecos valores artísticos: ni Luis Miguel era el que mejor toreaba ni su hijo es el que mejor canta. Ni el uno era un exquisito ni el otro tiene una depurada voz. El padre, además de torear, viajaba, enamoraba a mujeres bellas y famosas y era amigo de artistas de la pintura y políticos en el poder; el hijo, además de cantar, baila, hace cine y hasta dirige teatro.

Si Luis Miguel se reconocía altivo, soberbio y odioso, su hijo Miguel admite y reconoce: «Tengo muy mal carácter. Soy bastante insoportable»[3].

De su padre, Miguel ha heredado todas sus virtudes de puesta en escena: osadía, audacia, teatralidad, altivez, brillantez y dominio de la seducción: Probablemente de su madre, además del apellido, ha recibido su delicadeza y todas las demás cualidades artísticas. Miguel ha «entendido» y «comprendido» a su padre en cuanto ha sido «él mismo» y ha vencido el peso histórico de su antecedente paterno. El día que Miguel se liberó de la obligación de ser como su padre quería, empezó a quererle y a entenderle como ser humano.

Hubo un tiempo en el que las cosas entre ambos no fueron fáciles y en el que, como todos los padres, Luis Miguel quería encauzar profesionalmente la vida de su hijo y se inquietaba por la falta de afinidad con su mundo: los toros, el campo, la caza.

Así hablaba Miguel Bosé de su padre con el escritor José Luis de Vilallonga[4]: «Mi padre ejercía siempre de hombre español. En casa fue siempre muy estricto con nosotros, muy a la antigua usanza, creyendo a pies juntillas que a los niños hay que educarlos con mucha severidad.»

Sobre su padre como hombre, Miguel reconocía en el mismo libro: «Yo creo que nadie se tomó el trabajo de comprenderle cuando era niño. Mi padre sólo quiso hacer de su hijo único lo que otros habían hecho con él. Un hombre a caballo, un cazador. Un hombre duro, poco dado a sensiblerías y a sentimentalismos, un hombre de esos que nunca exteriorizan, que se lo tragan todo, que no parecen tener corazón, ni nervios. Eso que se llama un macho.»

Pero Miguel admitía en la misma conversación con Vilallonga que su padre nunca quiso hacer de él un torero. «Al contrario —insiste—, nunca ha habido en esta casa nada que recordara el mundo del toro. Ni cabezas disecadas, ni astas, ni capotes. Yo creo que mi padre sabía muy bien que eso del toreo lo llevas en la sangre o no lo llevas.»

Miguel recuerda que para él la figura de su padre llegó a ser extraña y ajena a la paz de su casa. Hay que entender la psicología de un niño educado por una madre italiana, en el Liceo Francés y cuyo padre se enfrentaba a un toro, para comprender el rechazo de

---

[3]   *Lecturas,* agosto de 1994.
[4]   José Luis de Vilallonga, *La imprudente memoria,* Versal, 1985.

Miguel y Lucía besan a su padre

Brindándole un toro a su hijo
Miguel en Barcelona. Julio de 1971

su figura: «Por muy padre nuestro que fuera el famoso Luis Miguel *Dominguín* a nosotros nos parecía un intruso y estábamos deseando que se fuera otra vez.»

Miguel no oculta al escritor Vilallonga los fuertes ingredientes edípicos de su personalidad: «Mi madre, italiana, curiosa por todo, abierta a todo, receptiva, libre de prejuicios, es dura cuando conviene serlo, tierna cuando se tercia y, por lo general, bondadosa. Por eso a mí lo que me gusta es mi casa con mi madre dentro. Con mi madre siempre nos reíamos. Con mi padre casi nunca. Era un hombre adusto, poco cariñoso y casi siempre de mal humor. Mi madre, en cambio, nos enseñaba a escribir, a pintar, a cantar, a bailar.»

No ocultaba tampoco Miguel que «el día que mi padre me explicó que se iba a separar de mi madre y que teníamos que decidir con quién nos queríamos quedar a vivir, me entró la alegría más grande de toda mi vida».

El testimonio de Miguel sobre cómo reaccionó Luis Miguel es tan tremendo como esclarecedor: «Cuando le dijimos a mi padre que nos quedábamos con nuestra madre, se quedó de piedra. Creo que fue entonces cuando comprendió que algo muy importante había fallado. Se fue solo. Y a partir de aquel momento empezamos a conocerle mejor. Venía a comer a casa un par de veces por semana y actuaba de otra manera. Ya no daba órdenes. Ya no era aquel personaje antipático y autoritario que nos daba tanto miedo. Hacía grandes esfuerzos por parecer un ser humano.»

Vilallonga le preguntaba a Miguel si él se daba cuenta de lo que significaba su padre en España y en el mundo, y Miguel, con idéntica sinceridad admitía: «Muy vagamente. A mí me impresionaba mucho más ser hijo de Lucía Bosé. Yo sabía lo que era una película, pero no tenía ni idea de lo que era una corrida.»

Miguel venció las reticencias paternas y dio rienda suelta a todas sus inclinaciones y aficiones, que le han convertido en un auténtico ídolo de los jóvenes españoles, en un sólido cantante, en un sobrio bailarín y en un cada vez más experimentado actor de cine.

Él mismo recuerda que fue Picasso quien le descubrió sus habilidades para el baile: «Un día, Pablo entró en la habitación donde estábamos jugando con unas mallas de baile en la mano y me las dio. Yo le pregunté que por qué me regalaba aquellas mallas. Picasso me contestó muy serio: "Porque tú serás bailarín. Te he estado observando y hay mucha música en cada uno de tus movimientos. Tú tienes que bailar. Tienes un cuerpo hecho para bailar."»

Con ironía recuerda Miguel que, cuando sus padres volvieron de la gira por Sudamérica a recogerle a casa de Picasso y su padre le vio bailar, se puso hecho una fiera pidiéndole que se quitara las mallas de baile.

Años después —en 1982—, Miguel Bosé y su padre concedieron una entrevista exclusiva conjunta a *La Gaceta Ilustrada* en la que Miguel admitía: «Mi padre es el único *pasota* que he conocido en mi vida.» En la conversación entre padre e hijo, Luis Miguel justificaba que su hijo no le viera como un amigo «porque él ha sido siempre un hombre muy independiente», a lo que Miguel replicaba con este lamento: «Llegará un día en el que me daré cuenta de cómo has sido y espero que sea antes de que tú no estés, porque entonces me diría: "¡Santo cielo!, yo no he conocido a este señor."»

Miguel nació en la ciudad de Panamá, el 3 de abril de 1956. Su padrino de bautismo fue el gran director de cine italiano Luchino Visconti, que adoraba a su madre, y su madrina, Margherita Varzi. Al bautizo fue invitada Sofía Loren, que rodaba en España la película *Orgullo y pasión*.

Estudió en el Liceo Francés y, después de un duro aprendizaje, se dedicó a la canción y al baile, alcanzando un notable éxito. Como actor ha interpretado varias películas tanto en España como Italia o Francia, y en los primeros años noventa alcanzó un gran triunfo en la película del director Pedro Almodóvar *Tacones lejanos*. En el verano de 1994 debutó como director de teatro, poniendo en el escenario del teatro romano de Mérida la obra *Los bosques de Nyx;* con ese motivo, su nombre apareció en todos los periódicos y revistas y precisamente en una de ellas declaró algo que sólo podía decir un hijo de Luis Miguel *Dominguín:* «No tiene por qué exigírseme nada porque me exijo yo muchísimo más de lo que pueden hacer los demás.»

Y es que hay que ser muy *Dominguín* para luchar como lo ha hecho Miguel Bosé y muy Luis Miguel para saber mantenerse en candelero, rozando el morbo, el escándalo y la provocación como estímulo propio y como atractivo de su personalidad. Con razón, Miguel reconoce que «cada vez me parezco más a mi padre».

La influencia de su madre ha sido absoluta en cuanto a su determinación, confianza y solidez interior; decisiva en la libre manifestación de su personalidad y fundamental en la inclinación artística de sus gustos y estética. Unidos no sólo por el apellido, Lucía quiere a su hijo Miguel y se siente orgullosa de haberle transmitido su tenacidad; también es su amigo y el mejor apoyo en los duros momentos de la soledad. Para Miguel, su madre ha sido y es su mejor amiga y un modelo de entender la convivencia, la educación, la relación con la sociedad. Ella fue la que siempre supo que Miguel sería un gran artista; ella la que le regaló lápices de colores, tubos de pintura, acuarelas y una paleta para que fuera pintor; Lucía fue también la que le interesó por la literatura, la poesía y el baile. «Ella supo —reconoce Miguel— que yo sería como ella: un marginado entre eso que se llama gente normal.»

Lucía «Dominguín» Bosé, toda una madraza

Lucía González Bosé nació el 19 de agosto de 1957 en la clínica Ruber de Madrid. Fue su padrino el doctor Manuel Tamames, el mismo médico que la trajo al mundo. Cuando Lucía Bosé sintió los primeros síntomas del parto hubo que avisar a Luis Miguel, que toreaba en Tarragona.

Como su hermano Miguel, disfrutó de una prolongada estancia en casa de Picasso, cuando sólo tenía tres años de edad. Tanto el genial pintor como su mujer Jacqueline la adoraban, tratándola como si fuera su propia hija. Lucía recuerda que Picasso se pasaba las horas con ella y su hermano Miguel. «Nos metía —recuerda— en su estudio, nos daba papel y lápiz y nos ponía a dibujar. Cuando ya habíamos terminado, Picasso nos cambiaba nuestros dibujos por los suyos y eso no me gustaba nada, porque me parecían horribles. Me ha contado Reme que hacía con ellos una pelota y los tiraba.» Miguel ha contado en cierta ocasión que un día, que estaba muy enfadada, le dijo a Pablo Picasso: «Tú no sabes dibujar.»

Otro día, Picasso le regaló una muñeca, que había recortado en cartón, de tamaño natural, y pintada por completo. Ante su sorpresa, Lucía rompió a llorar. «Yo quería una muñeca de plástico, de las que dicen "papá y mamá" y no aquella porquería de cartón. Creo —porque me lo han contado— que estuve varios días sin hablarle a Picasso, que no sabía dónde meterse.»

Alta, extremadamente alta, es Lucía González Bosé y tiene este signo de identidad algo de premonitorio, como si quisiera demostrar su afán de ser vista y distinguida entre los que la rodean. Porque, situada entre la indudable personalidad de su hermano mayor,

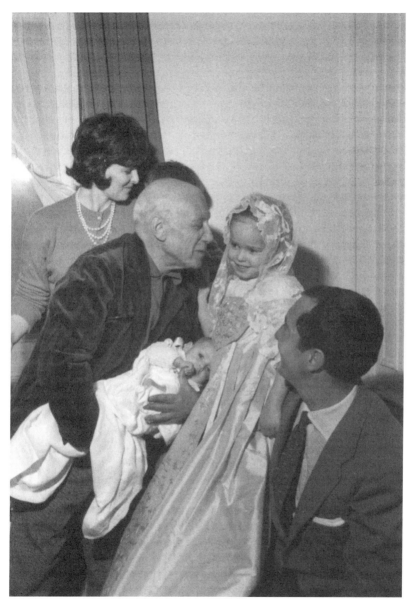

Picasso adoraba a la pequeña Paola, de la que fue padrino de bautismo.
En la foto, Picasso, con Paola en brazos, le da un beso a Lucía

Miguel, y la femenina condición de la pequeña Paola, Lucía ha debido luchar por destacar entre los demás integrantes de una familia volcada hacia la realización pública.

En los años sesenta compartió un pequeño apartamento en Londres con su hermano Miguel. Su madre les visitaba frecuentemente. Estudiaba inglés en una academia y allí fue donde, junto a sus compañeras de *basement*, Andrea Bronston y Rose Lagarrigue —que luego sería *manager* de Miguel—, fue encontrando las claves de su personalidad y los secretos de su vocación.

La consecuencia de ese inevitable debate interior ha sido que a Lucía le han pasado muchas de las cosas que son comunes a las chicas de su generación. Llevada de un espíritu inquieto y rebelde viajó por su cuenta y en uno de sus periplos encontró un primer compañero, un italiano llamado Sandro, con el que se casó y tuvo dos hijos: Bimba y Rudy. La mayor, Bimba, apunta ya las claves de una proyección personal, también en un mundo artístico, y ha heredado la belleza de su abuela.

Frustrada esta primera experiencia matrimonial, Lucía —y Paola sollozó al evocarlo— perdió la tutela de sus dos hijos y durante dos años no pudo verlos. De semejante trauma no es fácil recuperarse, pero Lucía encontró en su familia el apoyo y el empuje necesarios, recurriendo a su padre para que este hallara solución a tan dramática situación. Fiel a su estilo, eficaz y directo, Luis Miguel apeló a la influencia de sus amigos y fue su cuñado Juan Manuel Sainz de Vicuña quien encontró el despacho de abogados americanos capaz de desmontar los fundamentos de la sentencia anterior. Luis Miguel se instaló con Rosario y Lucía hija en Mac Allen, ciudad norteamericana del estado de Texas, consiguiendo que un nuevo juicio devolviera a Lucía la perdida tutela de sus hijos. Lucía es una auténtica madraza, que hoy comparte su vida con el actor Carlos Tristancho, con el que ha tenido un nuevo hijo, y juntos participan en la creación de un complejo turístico en un pequeño pueblo de la provincia de Badajoz.

Paola, el eterno femenino

Para Lucía Bosé, Paola tiene el secreto de la feminidad. Casi tan alta y delgada como su hermana, Paola ha heredado de su madre el color marmóreo de su piel, la palidez de los labios carnosos y siem-

Paola abraza a su padre, con el que está muy unida

«Gracias por haberme transmitido el honor y el deseo de superación. Te quiero.
Tu hija y amiga: Paola.» Diciembre de 1984

pre húmedos y la angulosa redondez de los pómulos. Su sonrisa es jovial, delicada y a la vez apasionada, y muestra en público síntomas externos de confianza en sí misma. Es emprendedora, sincera y leal, y si sufre, lucha.

Paola adora a su padre, al que visita con frecuencia en «La Virgen», porque sabe quién es y siente lo que significa en su vida. Con frecuencia, se acurruca en sus brazos buscando el mimo, la ternura y el calor de aquel padre que un día en 1969, cuando ella tenía sólo ocho años, desapareció de la casa de Somosaguas, a la que sólo volvía de visita, a comer, o cuando se planteaba una reunión familiar.

En sus propias palabras, Paola fue concebida en Moscú con motivo de la visita que sus padres hicieron al festival de cine de la capital rusa, y fue esperada con expectación por Pablo Picasso y su mujer Jacqueline, ya que por propia voluntad de Luis Miguel y Lucía decidieron que, en homenaje a Picasso, se llamaría Paola o Pablo, según fuera niña o niño. Ellos fueron sus padrinos. Nació en Madrid, el 5 de noviembre de 1960, en el sanatorio Covesa y, como sus hermanos, estudió en el Liceo Francés de Madrid, situado entonces en la calle Marqués de la Ensenada, junto a la plaza de Colón.

En 1978, terminado su *baccalauréat,* escribió una carta a sus padres diciéndoles que como ya era mayor de edad quería vivir su vida, anunciándoles que se iba a Estados Unidos para aprender la profesión de modelo y a hacer un curso de mimo con el escenógrafo Lindsay Kemp. A esta experiencia siguió otra temporada en Roma y en Milán, donde conoció los secretos de la pasarela, la alta costura y el *prêt-à-porter,* para después viajar a París, donde durante tres años fue alumna del gran mimo francés Marcel Marceau.

En 1985 demostró su inquieto espíritu participando en el *rally* automovilístico París-Dakar, a bordo de un camión Pegaso.

En todo este tiempo tuvo interés por saber quién era su padre, por buscarle en su refugio cinegético y rural, y por encontrar en los brazos de su madre y en los amplios sofás de la casa de Somosaguas el calor entrañable de la raíz y el descanso. Fue en los años ochenta cuando se dio cuenta de que en Madrid «estaba pasando algo y decidí instalarme aquí. Hice la obra de teatro *El público,* de Federico García Lorca, en el teatro María Guerrero y conocí "al padre de Nicolás"», como llama al actor José Coronado. Su hijo Nicolás nació en 1988 y ya es cómplice de los secretos de la naturaleza en los fines de semana que visita «La Virgen» en compañía de su madre.

«Yo admiro mucho a mi hijo Miguel porque sé que quiere ser más que nadie.
Como yo a su edad...»

«Lucía las ha pasado moradas y es una madraza»

Desde hace unos meses, Paola se ha ido a vivir a Brieva, un pequeño pueblo de la provincia de Segovia, y allí comparte su vida con su nuevo amor, el músico y arreglista Manolo Villalta (colaborador habitual de su hermano Miguel), y con su pequeño Nicolás.

En diciembre de 1984 felicitó a su padre con una fotografía suya, en la que se la ve haciendo ballet, vestida de torero goyesco. El texto dice: «Quisiera que mi duende se despertara para demostrarte la grandeza de mi sangre. Gracias por haberme transmitido el honor y el deseo de superación. Te quiero...», y firma: «Tu hija y amiga Paola.»

Luis Miguel, orgulloso de sus hijos

«Estoy muy orgulloso de mis tres hijos. Ellos son maravillosos, tienen salud, belleza interna y externa, son inteligentes y afectivos. Los tres han salido adelante, con su esfuerzo, ellos solos.»

Sé que los añora, que le gustaría verlos más y que vinieran con mayor frecuencia a «La Virgen» o a Sotogrande. También sé que siente en su más profundo ser que Miguel no haya heredado sus mismas pasiones, para haberle transmitido su mundo, su experiencia, para luego compartirlas. Es ese quizá uno de los grandes secretos de Luis Miguel *Dominguín* y, sin llegar a traumatizarle, siente pena por ese hueco, esa ausencia. Él no ha podido emular a su padre, que volcó en sus hijos toda su personalidad.

Luis Miguel perdió a sus hijos cuando se separó de Lucía, pero los ha ido recuperando, año a año, mes a mes, día a día, poco a poco. Tanto porque el reposo de los sentimientos ha permitido una mayor tolerancia como porque la búsqueda de la identidad les ha hecho buscar la huella de la otra mitad de sus orígenes. Y así, como en una lenta procesión, los tres, Miguel, Lucía y Paola, han peregrinado a «La Virgen», casi emulando a los romeros que de Andújar suben hasta el santuario de Santa María de la Cabeza para venerarla. Cada cual ha ido llegando a su ritmo; cada cual por un motivo distinto. Uno, buscando soledad, aislamiento y paz; otro, para presentar al primer nieto; alguno, hasta para contar la última peripecia vital. También ha habido quien ha buscado en algún momento respaldo económico para un proyecto y quien, simplemente ayuda para superar un momento difícil.

«Lucía —reconoce— es una chica encantadora. Se casó a los dieciséis años y se dedicó a aprender a guisar, a ser ama de casa y a cuidar a sus niños. Es lógico que sea más conflictiva porque las ha pasado "moradas" y porque no es fácil ser la hermana menos conocida.»

«Paola es la que menos me preocupa de todos mis hijos. Sé que siempre sale adelante. Es muy generosa y, de todos ellos, la que más viene a verme, aunque luego se pase el día durmiendo.»

«Y Miguel, ¿qué voy a decir de Miguel que no haya dicho? Es muy trabajador y una figura en lo suyo, porque es un profesional como la copa de un pino. Tiene una dedicación absoluta a su profesión y no es cierto que yo quisiera que fuera torero, porque al nacer mandé sacar de las paredes de mi casa todas las cabezas de toro y las fotografías taurinas que allí había.»

Luis Miguel admite que ve poco a sus hijos, «pero estamos en comunicación constante y ellos saben perfectamente dónde estoy. Cuando me necesitan, vienen a mí. En cuanto a mi relación con Miguel se han dicho muchas cosas, pero, después de una etapa en la que yo traté de influirle para que le gustaran las cosas del campo, la caza, los negocios..., nuestra relación se ha normalizado. Yo le admiro mucho, porque sé que él quiere ser más que nadie. Como yo a su edad, yo también quería ser el mejor. Miguel quiere superarme a mí, ser más famoso que yo.»

—¿Más que tú, también? —le pregunto, queriendo que me ratifique lo que acaba de decir. Y Luis Miguel, con su aplomo de siempre, me contesta:

—Sí, Miguel quiere ser mejor que yo y el día que yo me muera, si Miguel se detiene a pensarlo, se dará cuenta.

Un momento de serena pesadumbre ha quedado como eco de esta breve conversación sobre sentimientos, intimidades, y el difícil equilibrio entre la memoria de la propia vida, con todos sus errores, y la feliz resolución de lo que parecía imposible: «Mis hijos tienen un gran tesón y mucho amor propio, y esas son virtudes que yo reconozco como mías, y que yo tuve en algún momento de mi vida.»

En 1990 y después de meditarlo durante muchos años, Luis Miguel inició los trámites para que su apodo *Dominguín* pasara a ser su apellido. Para ello, se entrevistó con el ministro de Justicia, Enrique Múgica, gran aficionado a los toros y amigo de su hermano Domingo, y como resultado de su petición, el 16 de febrero de 1990, el *BOE* publicó un Real Decreto por el que el nombre del hasta entonces llamado Luis Miguel González Lucas pasaba a ser Luis Miguel *Dominguín* y González-Lucas.

Para que surtiera efecto este Real Decreto con fecha de 9 de marzo, el Registro Civil de Madrid hacía oficial la inscripción del nuevo nombre.

Tanto Lucía como Paola siguieron los pasos de su padre, adoptando el *Dominguín* como apellido.

4

el valor de la amistad

Pablo Picasso

EL nombre mítico del más soberbio artista plástico del siglo XX está íntimamente unido al de Luis Miguel *Dominguín.* De su mutuo atractivo surgirá una sincera relación de afecto, admiración y respeto. El número uno del toreo y el número uno del arte establecieron un escenario de entendimiento humano y artístico. Juntos colaborarían en el libro *Toros y toreros,* edición de lujo con los grabados, dibujos y apuntes de Picasso y prólogo de Luis Miguel *Dominguín,* escrito con una claridad de conceptos y riqueza literaria notables.

¿Cuántos ciudadanos del mundo pueden presumir de haber publicado un libro con Picasso? ¿Cuántos otros pueden contar que sus hijos pasaban largas temporadas en casa de Picasso, como Miguel, Lucía y Paola? ¿Qué pareja del mundo tiene una hija cuyo padrino fue Pablo Picasso y cuyo nombre es un homenaje al pintor?

Los celos de Jean Cocteau

Luis Miguel habla de Pablo Picasso con profundo respeto, porque «Picasso es uno de los grandes amigos que he tenido y en la vida se es amigo o no se es amigo. O se admira del todo o no se admira. Yo he querido y he admirado profundamente a Pablo Picasso, por su tremenda personalidad, por el calor y pasión que puso en nuestra amistad, el cariño que sintió por Lucía y por los niños y porque, y en eso era como Franco, era un gran español que amaba a España a su manera, a su leal manera.»

Estamos en Sotogrande, en la casa que Rosario Primo de Rivera y Luis Miguel han construido con gusto y mimo tradicionales. Casa de verano, de colores cálidos, fresca, donde sentir el alivio umbrío del calor a la orilla del mar. Las paredes de la casa están pintadas de color siena; las puertas y ventanas, de un intenso verde botella. El suelo es de gres y dos habitaciones de huéspedes rodean el salón inferior, presidido por una generosa chimenea y dos puertas que permiten salir a los cobertizos orientados al norte y sur, respectivamente. Encima del hogar hay un gran cuadro de Pablo Picasso que lleva esta dedicatoria: «A Lucía y Luis Miguel *Dominguín*. Pablo Picasso.» Es sábado. Al pie de la escalera que lleva al piso superior hay una litografía firmada de Picasso y dedicada a la memoria de Frédéric Joliot-Curie, físico nuclear, ganador del premio Nobel de Química de 1935 y fallecido en 1956.

—Luis Miguel, ¿cómo conociste a Pablo Picasso?

—Le conocí a través de Jean Cocteau, que nos presentó en Arles, después de una corrida que yo no había toreado. Cocteau ya me conocía y se había empeñado en que Picasso y yo nos hiciéramos amigos, hasta tal punto que en esa cena nos sentaron juntos. Nos saludamos cortésmente, sin dirigirnos apenas la palabra. Los dos nos observábamos, como el toro antes de embestir, y él recelaba porque sabía que yo era amigo de Franco y creía que yo tenía algo contra los comunistas.

—¿Era su mirada —le interrumpo— tan potente y oscura como se ha descrito?

—Pablo tenía unos ojos de un color negro como yo no he visto a nadie y, como Franco, podía desnudar con su mirada. Picasso miraba como miran los toros, porque tenía ojos de bovino. Yo le llamaba «el torito»... Y cuando se me quedaba mirando, sin parpadear, le ponía la mano delante, como si se tratase de una muleta, y le citaba: «¡Ah... toro!», y se reía inmediatamente, a borbotones. Picasso miraba y reía de una manera diferente a los demás seres humanos.

—¿Y cuándo empezasteis a haceros amigos?

—Después de la cena que te contaba, al día siguiente toreaba en

Arles y en vez de brindarle un toro a Picasso, que fue a verme, se lo brindé a Cocteau. Cuando volví por la montera, Cocteau se levantó y me regaló un reloj que, por cierto, resultó ser de oro falso. El caso es que, después de la corrida, fuimos a cenar otra vez juntos y ya la conversación con Picasso fue abierta, incesante. Desde entonces, nos hicimos amigos y a la corrida siguiente ya le brindé un toro a él. Creo que fue en septiembre de 1958... Míralo en los datos que tienes.

—Sí, fue después de la muerte de tu padre... ¿Y qué pasó?

—Pues que me agradeció el brindis y me prometió hacerme un cuadro. Me dijo: «Cuando termine la temporada te vienes a mi casa, que te voy a pintar.»

—¿Y cuánto tardaste en ir?

—Al año siguiente, cuando volví a torear a Francia me dijo: «Oye, Luis Miguel, cuando yo le digo a alguien que le voy a pintar viene corriendo...» Y yo le contesté que sí, que me apetecía mucho, pero que a mi edad me divertían más otras cosas, y que muchas no podía hacerlas en casi todo el año.

—¿Qué le dijiste cuando le brindaste el toro?

—No me acuerdo, pero sí tuvo repercusión, porque Jean Cocteau, que tanto interés puso en presentarnos, se puso celoso y le escribió una carta a su amigo Luis Escobar, que ya te enseñaré, porque Luis me la envió a mí. Espera, a ver si Rosario nos la encuentra porque creo que está aquí, en Sotogrande.

Y con su acostumbrada decisión, a través de su *walkie-talkie* reclama en la cocina que avisen a la señora. Dicho y hecho. Al poco aparece Rosario, con su cigarrillo en la mano, vestida con sus vaqueros y una blusa. Tan pronto Luis Miguel le dice lo que quiere, se dirige hacia una de las librerías del salón y de la segunda estantería extrae un álbum con cartas y fotografías.

—¡Aquí está! —exclama Rosario. La escribió hace unos años y parte de su contenido lo reprodujo en un artículo, en el que hablaba de Luis Miguel y su familia.

—Déjasela leer a Carlos.

Rosario me acerca una carta escrita con pluma y letra del genial Escobar, en la que reconoce no ser aficionado a los toros, pese a ser muy amigo de la familia *Dominguín*. Al concluir la carta, Escobar contaba que en septiembre de 1958 Jean Cocteau le había escrito estas líneas: «Te ruego que me excuses con Luis Miguel, que ha debido sorprenderse de no verme en su hotel después de la corrida de Arles. Pero como nunca respondió a nuestras señales de amistad —como su mirada pasaba sobre nosotros con indiferencia—, he pensado, confieso que con tristeza, que yo no le importaba y que sólo Picasso le interesaba en Arles...»

—¿Qué te parece? —me pregunta entre pícaro y orgulloso.

—Pues que les volvías locos. Pero volvamos a Picasso. ¿Cuándo os volvisteis a ver?

—Creo que antes de vernos hablamos por teléfono varias veces. Por ejemplo, cuando tuve la cornada de Valencia, en julio de 1959, Picasso llamó al sanatorio inmediatamente y no pudo hablar conmigo porque estaba dormido. Cuando desperté le llamé y me preguntó: «¿Qué te pasa?, ¿cómo estás?, ¿quieres que vaya a verte?» Estaba decidido a venir. Quince días después reaparecí en Málaga, «mano a mano» con Antonio Ordóñez, y tres o cuatro corridas después, también toreando con Antonio, me cogió un toro de Palha en Bilbao.

—¿Por qué dos cornadas tan seguidas? —le interrumpo.

—Porque estaba muy débil y no debía haber reaparecido. Ten en cuenta que la cornada de Valencia fue en la ingle y me llegó al peritoneo y en Bilbao me resentí de la picrna y me falló. Pero bueno, hablábamos de esto por Pablo, porque cuando me coge el toro en Bilbao, Picasso volvió a llamar para decirme: «Deja de torear, Luis Miguel, y vente a descansar a casa. Te voy a pintar y haz el favor de no morirte, porque no podré hacer el retrato.» Hablé con Lucía y le propuse ir a pasar unos días a casa de Picasso con los niños. Nos instalamos en su casa de Cannes y nos divertíamos como niños, pero no pudo pintarme porque en cuanto empezaba exclamaba: «¡Coño! No puedo... me pongo nervioso. Delante de ti no puedo pintar ni un toro.»

—¿Cuál era vuestra relación? ¿Qué crees tú que admiraba o apreciaba en ti?

—No sé. Pablo era un tipo muy sencillo, rústico casi; muy bruto hablando y muy español. Yo creo que, como yo en él, vio en mí la esencia española, la audacia para ser famoso en España y en el mundo entero, al mismo tiempo que me importaba muy poco el qué dirán. Yo le traté siempre con rudeza y eso le gustaba. Recuerdo que cuando se publicó el libro *Toros y toreros* me llamó para decirme que estaba teniendo un gran éxito y que se iba a traducir a cinco idiomas. Yo le dije: «Lo ves, animal, lo que interesa es mi texto. Tus dibujos, aun en cinco idiomas son siempre los mismos», y me contestó: «¡Coño!, tienes razón, tienes razón.» También recuerdo que cuando le di los folios escritos para el prólogo —que para mí fue como un parto— los leyó y me besó la mano, diciéndome: «¡Eso es pintar!»

Luis Miguel habla con Franco de Picasso

—¿Hablaste con Picasso de Franco? ¿Él ya sabía que tú ibas a monterías y cacerías con él?

—Sí, claro. Picasso me habló sólo ocasionalmente de Franco. Lo que siempre me decía es que no le gustaba que hubiera habido una guerra y que le consideraba culpable de ella. Desde luego, soy el único, por lo menos uno de los pocos seres privilegiados, que puede hablar con igual conocimiento de causa de dos españoles fantásticos. A Picasso le interesaba el toro y el hombre que se enfrentaba con él.

—Y con Franco, ¿hablaste de Picasso?

—Sí, por supuesto. Yo quería hablar de él, pero no era nada fácil encontrar el momento oportuno, pese a que en muchas ocasiones fui testigo de conversaciones entre Franco y sus ministros que podían servirme de cauce. Un día fue Franco el que me preguntó: «¿Y su amigo Picasso?»

—¿Y qué le dijiste?

—«Excelencia, Picasso no es un hombre como la gente le dice ni como han dicho. A Picasso le han maltratado y este Régimen especialmente...» Y me dijo: «Pero yo no puedo estar en todo.» Yo le contesté: «Yo no digo que su excelencia tenga la culpa, pero él es una persona muy sensible y está dolido. Tiene ganas de viajar a España.» Franco —continúa Luis Miguel— se acercó a una ventana y me siguió escuchando: «Sabe su excelencia lo necesario que sería para él volver y también para España. Porque, como usted sabe, cuando la mayor parte de los nombres ilustres de esta época se hayan borrado de la historia de España, el de Picasso seguirá presente.» Fue entonces cuando Franco se volvió hacia su escritorio, cogió el teléfono y le dijo a Camilo Alonso Vega, el ministro de la Gobernación: «Camilo, da orden para que cualquier persona que venga con Luis Miguel pueda entrar sin documentación, por cualquier frontera española.»

—¿Y por qué no vino?

—Picasso estaba siempre trabajando en mil proyectos y fue una lástima que cuando tres o cuatro semanas después le invité a tomarse unos chanquetes en Málaga, me contestó que entonces no era el momento porque estaba pintando su versión de *Las Meninas* de Velázquez. Pero Pablo, en el fondo, estaba siempre pensando en regresar a España. Y yo le decía: «Si deseas volver, ¿por qué no vuelves?»

—¿Y qué te dijo?

—«Mira, Luis Miguel..., yo no tengo nada contra Franco, ni en mí influye tanto la gente como se piensa. Lo que pasa es que los comunistas han sido más cariñosos conmigo que los franquistas. Por eso son amigos míos.»

—¿Le contaste lo que habías hablado con Franco, y lo que este había ordenado?

—No, no se lo dije, pero como era muy inteligente suponía que si venía a España conmigo no habría problema alguno.

—¿Qué otros proyectos hiciste con Picasso?

—Le propuse diseñar una plaza de toros en la Feria del Campo de la Casa de Campo de Madrid, que llevaría su nombre. Hablamos de instalar en los pisos inferiores un museo donde se guardase y exhibiese toda su obra taurina.

—¿Y qué pasó? ¿Por qué no se hizo?

—¡Ah!, además le hablé de una idea que le entusiasmó. Diseñó un aparato de relojería que a la hora del comienzo de la corrida proyectaría el perfil de Picasso en la arena, según la dirección del sol. Pero todo se frustró por culpa de un alcalde que dijo que en la Casa de Campo no se podía construir, porque era patrimonio del pueblo madrileño. En el tema del *Guernica* tampoco se hizo nada, pese a que Picasso me dijo: «Te doy mi autorización y lo llevas a España, pero con una sola condición: que se exponga en el Museo del Prado». Hablé con los más altos estamentos y unos decían que sí y otros que no. Me empezaron a dar largas y me comunicaron la negativa del Consejo de Ministros, aunque luego me enteré que de la vuelta del *Guernica* no se había hablado nunca.

—¿No planeaste también exponer *Las Meninas* de Picasso?

—Sí, eso fue cuando se preparaba la Feria Mundial de Nueva York, en la que España iba a tener una participación muy destacada. Le pregunté a Miguel García de Sáez, que era el comisario del pabellón español, si pensaba llevar algo de toros y me dijo que sí, y que además quería llevar lienzos de los mejores pintores españoles, Velázquez, Goya, *el Greco,* Murillo. Como hacía unos días Picasso me había dado los *affiches* y bocetos de *Las Meninas,* le dije: «¿A ti

«Jean Cocteau me presentó a Pablo Picasso en Arles»

Picasso cumple ochenta años. Luis Miguel, entre María Teresa León y el pintor Antonio Saura, aplaude al bailarín Antonio. Detrás, con gafas, el director de cine Pedro Portabella, el galerista Gaspar y el pintor Antonio Clavé

te gustaría exponer *Las Meninas* de Velázquez con *Las Meninas* de Picasso?» Puedes imaginar la emoción que le produjo. Me dijo: «Eso sería grandioso, pero ¿tú crees que Picasso accederá?» Me fui a ver a Pablo y hablé con él seriamente del proyecto. Al principio me confesó que si accedía iban a pensar que estaba colaborando con el Régimen, y no fue fácil convencerle. «Mira, Pablo —insistí—, tú no estás colaborando con ningún régimen. Tú estás colaborando con España, y tú eres español, ¿no?»

—¿Qué te decía Picasso? ¿Se quejaba?

—Sí, recuerdo que un día en su estudio, mientras se probaba una chaquetilla de torear mía me dijo: «¿Te has dado cuenta, Luis Miguel, como yo tenía razón? Esa gente me tiene mucha manía. ¿Has visto como no se puede confiar en ellos?» Y tenía razón porque, pese a que la actitud de Franco era favorable, sus adláteres no entendían esa postura.

—¿Le gustaban los toros a Picasso?

—Le encantaban. Ten en cuenta que gracias a las corridas en Béziers, Arles, Nimes o Frejus, Pablo vivía el ambiente español. No sabes cómo disfrutaba con todos los detalles de la corrida; le encantaban los banderilleros y picadores, los mozos de espadas, porque para él eran genuinos españoles, duros, sencillos, honrados. Recuerdo que le regalé un traje de luces —el negro y oro de la temporada de la rivalidad con Antonio— y se probó inmediatamente la chaquetilla, que no se la quitó en todo el día, mientras toreaba por los salones. Y me decía: «Pero, Luis Miguel, si yo nunca he querido ser matador. Lo mío es ser picador. Siempre he querido ser picador...»

—Pese a su larga ausencia de España, ¿Picasso seguía teniendo nostalgia?

—Mucha. Yo creo que Picasso nunca dejó de ser español, y un español desde el alma hasta la tripa. El más español que yo haya encontrado jamás. Si era español, que un día le llevé un jamón, y cuando lo terminó, me llamó por teléfono y me dijo: «Te estoy esperando para enterrar el hueso, porque el hueso del jamón serrano no se puede tirar en tierra francesa.» ¿No te parece genial?

—¿Y lo hicisteis?

—Claro. Nos fuimos al Consulado español en Marsella y enterramos el hueso del jamón en el jardín, en una ceremonia de gran solemnidad. Con la satisfacción del deber cumplido lo celebramos tomando una *bouillabaisse*.

—¿Para ti Picasso era comunista?

—No, en absoluto. Lo que sí era es antifranquista, pero comunista no. Si te acuerdas, Dalí se tomó a coña la militancia comunista de Picasso cuando dijo aquello de: «Si Picasso es comunista... yo tampoco.» A Picasso, como a muchos artistas e intelectuales de entonces, le bailaban el agua los comunistas porque así hacían propaganda de sus ideas. Y sé de lo que hablo porque mi hermano Domingo sí era comunista y su especialidad y misión era justamente esa: la de rodear y atraerse a los grandes artistas. Lo que sí han sido Picasso y su obra es un símbolo de la resistencia y de la paz, y ahí están el *Guernica* y su paloma de la paz. Por cierto, en su homenaje bautizó así a su hija Paloma.

—¿Puedes recordar un poco el ambiente que vivisteis en aquellos días de 1959? ¿Cómo vivía Picasso las corridas?

—Cuando fuimos Lucía y yo a pasar aquellas semanas, se acababa de comprar el *château* de Vauvenargues y en seguida quiso que lo conociéramos. Estaba cerca de Aix-en-Provence y, a medida que nos acercábamos todo el grupo de amigos, empecé a reconocer el paisaje. Al llegar a la puerta del *château,* le dije: «Ya lo conozco. A la derecha del salón hay un gran comedor alargado, enfrente está la escalera, y el dormitorio principal está arriba, en el ala norte de la casa. Tiene seis habitaciones...» Se quedó helado. Yo sabía que el *château* había pertenecido a un mafioso de Marsella, a cuya novia conocí en el casino de Montecarlo y que me invitó a él, donde pasé unos días estupendos hasta que tuve que salir por pies, ya que, casi por sorpresa, apareció el *gangster.* Allí pintó Picasso unos años, pero donde le gustaba vivir era en Nôtre-Dame-de-Vie, en Mougins. A Picasso —continúa Luis Miguel— le gustaba ir a las corridas a Arles y Nimes, y le encantaba que le brindaran toros. Mientras el torero se jugaba la vida, tocaba el capote de paseo que normalmente le habían ofrecido los matadores al acabar el paseíllo, así como los bordados en seda, con un tacto tan ilusionado como orgulloso. «Toca —le decía a Jacqueline o a Cocteau—. Así somos los españoles.» Lo mismo hacía con la montera: la acariciaba, se fijaba en el trabajo de artesanía, en el forro y en las etiquetas de los sastres. Un día, en la plaza de Arles, le dejó la montera a Douglas Cooper, uno de sus grandes coleccionistas, y le dijo: «Mira lo que somos capaces de hacer en mi país.» Cuando fuimos a los toros en Arles, en septiembre de 1959, toreaban, creo recordar, Antonio Ordóñez, Julio Aparicio y *Chamaco* y fue Ordóñez quien le ofreció su capote de paseo, con la imagen de la Macarena grabada. Pablo se pasó la corrida rozando con sus dedos la imagen, casi estrujándola. Cuando las cuadrillas se lo retiraron poco antes de terminar la corrida, me miró y sin decirme nada noté como si le hubieran quitado un trozo de España.

—¿Cuándo rodasteis *El testamento de Orfeo?*

—En aquella visita que hicimos en septiembre de 1959, Cocteau estaba haciendo una película y nos invitó a presenciar su rodaje. Cocteau vivía en Baux-en-Provence, un pueblecito pequeño, cerca de Arles. En la película, Picasso y Jacqueline tienen una breve aparición.

—¿A qué restaurantes solíais ir?

—A Picasso le encantaba ir a Chez Félix, en Niza, y a La Colombe d'Or, en Vence, donde siempre tenía reservada una mesa y donde siempre nos encontrábamos con gente conocida; ten en cuenta que entonces —no sé si ahora sigue siendo así— la Costa Azul estaba llena de pintores, actores famosos, escritores y aristócratas de todo el mundo. En La Colombe d'Or recuerdo haber saludado a Leopoldo, el rey de los belgas, y a un pintor que hoy es muy famoso...

—... ¿no te acuerdas? —le digo, mientras él se pasa la mano por la frente.

—He perdido tanta memoria... —confiesa sin abrumarse—. Ya me acordaré. Pero también recuerdo que allí estaba un crítico de arte inglés, que era el asesor artístico o algo parecido de la reina de Inglaterra y que años después se supo que era espía ruso. ¿Cómo se llamaba? —y vuelve a preocuparse por sus olvidos.

—Blunt. ¿Era Anthony Blunt?

—¡Ese!, justo, ese era.

Hablamos de la memoria, de la capacidad para conservar en la mente caras y nombres de personas, y admite otra vez que en estos últimos años ha perdido mucha memoria y que recuerda mejor cosas de su infancia que lo que ha ocurrido ayer.

—Mira, lo que ahora puedo contarte es que si tendría morriña Picasso, que una vez le traje agua de Madrid en un botijo. Estábamos en el callejón de la plaza de toros de Arles; yo vestido de luces le acerqué el botijo con agua del Lozoya y antes de empinar el codo me preguntó: «¿De verdad es agua del Lozoya?» «Sí, hombre —le contesté—. La he traído en el avión especial hasta el aeropuerto de Montpellier, para que bebas algo de España.» Estaba emocionado y le decía a todos los que le rodeaban: «¡Agua de Madrid!» Todo le asombraba; se dejaba sorprender por todo. Cualquier mínima cosa le hacía feliz. Creo que en esa ingenuidad y en esa infantil capacidad de sorpresa radicaba no solamente su genio, sino su juventud. Luis Miguel llama a su hermana *Pochola*. Con gestos enérgicos y decididos coge el teléfono portátil, pero antes de marcar el número me pregunta si quiero tomar un consomé frío. Acepto y tras ordenar a la cocina que traigan dos vasos, me dice: «Verás cómo sienta de bien.» Me levanto cuando oigo que dice al teléfono: *«Pocho*, ¿cómo estás?»

Al poco de traernos de la cocina los consomés, Rosario aparece y con voz tenue pregunta si no quiero otra cosa. Mi negativa es tan convincente como el elogio del consomé, porque —muy frío— resulta un perfecto estimulante y nos permite recuperar el tono vital, algo cansado desde que nos hemos puesto a hablar muy pronto por la mañana.

Luis Miguel ha terminado de hablar con *Pochola*, su hermana mayor, que le adora y le mima como si aún fuera el Miguel de la calle San Bernardo, el orgulloso niño que en «La Companza» trataba siempre de competir con sus hermanos mayores y que no se dejaba ganar la partida por nadie.

De común acuerdo, quedamos en recordar a Picasso otro día y Luis Miguel me cuenta detalles entrañables de la personalidad de *Pochola*, según él «vigorosa y enérgica», a la que cariñosamente llama «Don No», y que según Rosario «es como Luis Miguel, pero en mujer».

Luis Miguel en el ochenta cumpleaños de Pablo Picasso

Estamos en «La Virgen». *Santo*, el fiel pastor alemán, se incorpora tan pronto ve que Luis Miguel se pone en pie y corretea a nuestro alrededor mientras salimos a la terraza donde, una vez que nos hemos sentado, Rosario anuncia que a las dos traerá el aperitivo.

«Luis Miguel, he preparado unos caracoles.» Y mirándome, añade: «A los dos nos encantan y como la última semana ha llovido tanto, me he animado a prepararlos cuando el viernes me dijiste que te gustaban. Bueno, ya os dejo.»

Tenemos una hora. Luis Miguel me mira y acariciando con experiencia y tacto a *Santo*, bromea: «Vamos a recordar a Picasso, justo cuando me acabo de acordar cómo se llamaba el pintor del que te hablé el otro día en Sotogrande.»

—¿Cómo? —pregunto curioso.

—Hockney, David Hockney. ¿Ves como siempre me acabo acordando de los nombres? Lo que pasa es que no lo hago cuando estoy hablando, sino más tarde.

Y con su gesto de malicia y complicidad me pide que dispare, que le pregunte.

—Quiero que me cuentes cómo organizasteis el ochenta aniversario de Picasso.

—Fue en 1961 y hubo tres celebraciones. La primera, en la intimidad de su casa, el día de su aniversario. Sólo estuvimos su mujer Jacqueline, su hija Catherine, que vivía con ellos, el hijo mayor de Picasso, Paul, con su última mujer (cambiaba con la misma facilidad de mujeres y de coches). También estaban los Alberti con su hija Aitana, Antonio D. Olano, que llevaba una pequeña cámara fotográfica, Lucía y yo. Al día siguiente se organizó la gran «fiesta mayor» en el Palacio de los Deportes de Niza y allí estuvieron artistas de todo el mundo. Picasso se sentó en las primeras filas y aguantó hasta el final, ya de madrugada. El tercer acto fue la corrida en la que, pese a no estar autorizado, maté un toro, porque Picasso lo permitió. Picasso invitó a los artistas españoles a que visitasen su casa y su estudio, y luego a un almuerzo. Estuvieron... —y vuelve a dudar de su memoria—, recuerdo a Antonio el bailarín, Nati Mistral, Paco Rabal...

—... Fernando Chueca —le ayudo.

—¿Y tú cómo lo sabes? —pregunta intrigado.

—Luis Miguel, mi obligación es conocer tu vida y saber todo lo que se relaciona contigo.

—Sí, ¡pero no tanto! —protesta divertido.

—Pero si no tiene ningún secreto. Me lo contó el propio Fernando Chueca.

—Lo que no sabrás es que Picasso se arrancó a bailar unas rumbitas con Lucía...

—Y con Nati Mistral —le interrumpo.

—Sí, es verdad. A Nati Mistral le dijo: «¡Si yo tuviera treinta años menos!...»

—¿Y cómo fue lo de la corrida de toros?

—Pues la organizamos en Vallauris, pueblo en el que era un dios y al que había regalado su célebre cabra, en bronce. Ya sabes que Vallauris es hoy la meca de la cerámica y de la alfarería francesa, y eso se lo debe a Picasso. Bueno pues la corrida la celebramos en una plaza portátil; trajimos los toros de España e invité a Domingo Ortega para que alternara conmigo. Las cuadrillas llegaron en taxi, se llenó la plaza y también los graderíos naturales que la rodeaban...

—Pero ¿teníais autorización para celebrar la corrida? —le insisto.

—Nos habían autorizado, pero con la seria advertencia de que no se podía matar al toro; sin embargo, Picasso estaba dispuesto a correr el riesgo de ir a la cárcel y en el coche, camino de la plaza, me dijo: «En mi aniversario quiero que la corrida sea tal y como es en España», y acordamos que si el público pedía la muerte del toro, los toreros nos deberíamos acercar a él y, como los Césares de Roma, si señalaba con el dedo hacia arriba significaría que no se matara al toro, pero si señalaba hacia abajo, entonces el toro tendría que morir.

—¿Y así fue?

—Sí, claro. Yo le brindé mi toro a Picasso y le dije, más o menos: «César, eres tú el que debe decir si lo debo matar o no.» Y con todo su enorme poder de sugestión y su pasión por la escenificación teatral, hizo la señal de que se ejecutase a la víctima.

—Creo que Domingo Ortega también le brindó su toro, invitándole a visitar España. ¿No es así?

—Sí. Domingo se había instalado en el hotel Negresco de Niza, y allí se vistió de corto.

—¡Pero entonces fue un festival! —exclamo.

—Sí, he estado diciendo corrida todo el tiempo, pero, claro, fue un festival. No nos hubieran dejado organizar una corrida. Recuerdo que al llegar a casa de Picasso, este se emocionó al ver a Domingo Ortega, tan imponente, tan señor, con el pelo ya totalmente blanco.

—Me han contado que «el partido» [1] tuvo una destacada participación en el homenaje y que para ellos fue un acontecimiento de la máxima rentabilidad.

—Sí, en los actos de homenaje estuvieron algunas personas que eran comunistas, como Paco Rabal, Rafael Alberti —por supuesto—, mi hermano Domingo, el director de cine Pedro Portabella y aquel señor que me has dicho fuiste a ver a Valencia.

---

[1] Coloquial alusión de la época al PCE (Partido Comunista de España).

—Ricardo Muñoz-Suay.

—Sí, ese, pero también estuvieron otros, como Nati Mistral, los pintores Antonio Clavé y Antonio Saura, la actriz Aurora Bautista y la mujer de Rabal, Asunción Balaguer. Me acuerdo que Saura estaba a mi lado cuando Antonio salió a bailar en honor de Picasso. Cuando terminó, Picasso se levantó a besarle entusiasmado y empezó a bailar...

—¿Es verdad que Picasso no quería que te retirases?

—Sí. Me parece que estábamos en la habitación del hotel poco antes de torear una corrida en Nimes y con nosotros estaban Pablo y Jacqueline, cuando Lucía dijo: «Quiero que Luis Miguel se retire este año de los toros, pero sé que no puedo ni debo pedírselo», y entonces Pablo la apoyó y me dijo en broma: «¡Eres ya un viejo! Debes retirarte definitivamente porque no puedes ni con el capote.» Poco rato después —me cuenta Luis Miguel con su habitual complicidad—, Pablo me llevó aparte y me dijo algo que nunca he olvidado porque son las frases más impresionantes que he oído: «No te retires jamás de los toros. El artista no debe retirarse nunca, porque si lo hace renunciaría a la vida.»

—Y tú, ¿qué le dijiste?

—Que eso era muy fácil de decir y que si torear fuese tan fácil como pintar, habría más toreros y menos pintores y que, desde luego, un caballete no te puede dar una cornada.

Luis Miguel se gira al ver que aparece Rosario y con cierta impaciencia pregunta si ya está la comida.

Rosario contesta afirmativamente y dando una nueva calada a su enésimo cigarrillo del día le anuncia:

—Te he preparado un *steak tartare*. ¿Estás contento? Como sé que es tu plato favorito...

Luis Miguel me mira con aire de niño satisfecho y dándome un cordial cachete en la rodilla me invita a incorporarme para entrar a comer. Cuando llegamos al salón me dice: «Yo creo que con Picasso ya hemos terminado, ¿no?»

—No —le contesto—, todavía no me has contado lo de vuestro enfado.

—¡Ah, sí! —contesta con aire distraído—. Fue una tontería.

Nos sentamos a comer. Luis Miguel, inquieto por las noticias, se levanta de la mesa al acabar su *steak tartare* y un poco de tarta de limón y se va a ver la televisión, mientras Rosario y yo nos quedamos de tertulia y hablamos de amigos comunes de Madrid y de la vida en «La Virgen».

«*Toros y toreros*»: *Picasso y Luis Miguel, unidos por el arte*

Dice Georges Boudaille en su comentario del libro *Toros y toreros* que «la tauromaquia ocupa un lugar considerable en la obra de Picasso. Desde 1890 dibujaba escenas de corridas».

El álbum *Toros y toreros* recogió dibujos, aguadas y croquis de Picasso sobre el tema de los toros, realizados en varios cuadernos y tomados de la realidad entre el 13 de junio de 1957 y el 4 de diciembre de 1959.

¿Por qué fue Luis Miguel *Dominguín* quien hizo el texto del prólogo? A esta histórica pregunta contesta en primer lugar el propio Boudaille con esta frase: «Porque es torero y amigo de Picasso.» Y porque, cuando Picasso hablaba de preparar este álbum con su productor Charles Feld, fue Jacqueline quien recordó que *Dominguín* también escribía.

Antes de reflejar algunos aspectos de la histórica contribución literaria de Luis Miguel, hay que referir que los dibujos y croquis reproducen siluetas de picadores, movimientos de la capa del torero, caballos derribados, retratos de personajes del tendido y una insólita visión del paseíllo.

Pero, ¿qué dice Luis Miguel en ese texto?

Ante todo, empieza por contar por qué lo hace: «Ayer me llamó Pablo desde Cannes. Anteriormente me había dicho que le gustaría que escribiese algo para un libro suyo que se iba a publicar.»

Y escribe Luis Miguel: «No conseguí adivinar de qué trataba el libro, ni qué es lo que quería que yo hiciese. Le pregunté si era un prólogo, un texto, un comentario, si tenía que hablar de pintura, de toros o de la estrella polar.» Según Luis Miguel, Picasso le contestó que cualquiera de esos temas podría servir o que «escribiese un rato hasta que me cansara, que lo que hiciera estaría bien hecho: "El libro ya está hecho y sólo esperamos esto"».

Este párrafo y los anteriores nos permiten afirmar que es Picasso quien, cuando ya tiene terminado el libro, le pide a Luis Miguel que le escriba un texto, y que esto se corresponde con la lógica de que quien ideó el libro fue Picasso con su editor Gustavo Gili. Estas primeras palabras del libro son las que mejor desbaratan algunas teorías que se han construido sobre el aprovechamiento y el abuso que Luis Miguel realizaba de la personalidad de Picasso, quien, además, le negó al torero la posibilidad de ver el libro. «Pablo —escribe Luis Miguel—, yo no entiendo de pintura ni sé escribir; por lo menos me gustaría ver el libro para darme una idea...» Y Picasso le contestó: «No tiene nada que ver. El libro es de cosas de las que yo hago y tú lo que tienes que hacer es escribir...»

A lo largo de diez páginas, Luis Miguel compone un sólido texto en el que reflexiona sobre su ignorancia pictórica y relata que Picasso se negó a explicarle la razón de la pintura con este argumento: «Alguna vez, sin que nadie te diga nada, sentirás que lo has aprendido. Mientras tanto, de nada te sirve lo que te pueda decir.»

Y con una prosa hermosa y limpia, Luis Miguel se revela como un escritor profundo y sabio, que enlaza ideas y que demuestra conocimiento y pasión por su país, sus tierras y sus gentes, sacando a flote al verdadero Luis Miguel, íntimo, cálido, con una sensibilidad escueta, muy apegada a lo fundamental, casi endurecida. Dice de sí mismo: «En campos de Castilla, la de Miguel de Unamuno, de Cervantes y de Antonio Machado, andaluz este, pero castellano en definitiva, me hice torero. En campos de esta Castilla, tan árida y pobre para muchos, que sólo tiene como propietarios a filósofos, poetas y soñadores, aprendí a hacerme hombre.»

Más adelante insiste en ese descubrimiento de su intimidad: «En el campo castellano fui puesto en contacto con esa España más profunda, que es la España del campo en donde no cabe el oropel, porque las vestiduras son de cuero, en donde no sirven las panderetas porque su tamborileo sería borrado por la profundidad de su horizonte. En España no tiene la muerte trascendencia; puede conmover, pero el culto a los muertos es familiar.»

Sobre su profesión, Luis Miguel aporta su innata ironía para preguntarse: «¿Por qué toreamos? ¿Por qué nos vestimos de luces y nos ponemos las medias rosas en plena edad del átomo?»

Se responde a sí mismo: «Más de una vez he pensado en la razón, y la encuentro en que la mujer está presente en las barreras. De no existir la mujer como espectadora de la fiesta, no existiríamos tampoco los toreros. Por lo menos yo. Luchamos —continúa argumentando— un poco por la dama y el honor como aquellos caballeros medievales que en espectaculares torneos dirimían la posesión de la mujer amada», que es en su opinión «la imagen simbólica del deseo de felicidad de todo hombre».

Luis Miguel, sin ser un escritor profesional, sí lo es vocacional y varias han sido las oportunidades de ejercer su sentimiento a través de la pluma. Yo conozco otras dos. Una, en 1972, cuando en conmemoración del veinticinco aniversario de la muerte de *Manolete*, Luis Miguel escribió un notable artículo dedicado a evocar con gravedad y trascendencia la personalidad de su gran rival. Y recientemente, y en uno de nuestros encuentros durante el invierno y primavera de 1994, Luis Miguel me enseñó las líneas que había escrito para el maravilloso libro del fotógrafo Peter Müller sobre el traje de luces, en colaboración con el sastre de toreros y buen amigo de muchos de ellos Fermín López. Luis Miguel me insistía con orgullo en lo difícil que le resultaba concentrarse y escribir.

Para culminar su aportación al libro *Toros y toreros,* Luis Miguel habla de su amistad con Picasso «que ha llegado a la intimidad, a esa humanización que la gente se empeña en desterrar de los personajes conocidos». Y entonces hace una pública confesión llena de sinceridad: «Solamente cuando dejamos de exhibirnos en el tremendo escaparate que es nuestra profesión, podemos encontrarnos realmente cómodos.» Y da la clave de su amistad: «Quizá porque el uno y el otro huimos de las luces de la lamparilla de la popularidad que cada uno de los dos tenemos encendida, nos hicimos amigos», recordando que «yo he sido, tal vez, el único torero que, toreando en Francia, se resistió a brindar un toro a Picasso. Hoy soy también el hombre que ocupa algunas horas, menos de las que yo quisiera, en charlar con él, en gozar de una amistad que se ha resistido a posar para él, ante sus lienzos. Me parece que si yo toreara para él y él pintara para mí perderíamos la intimidad y caeríamos en el plano profesional.»

Próximo el fin del prólogo, Luis Miguel reproduce la pregunta —sin respuesta— que un día le hizo Picasso: «¿Por qué toreas, Luis Miguel?» «Es una pregunta —aduce Luis Miguel— que he tratado de contestar muchas veces y que siempre estará sin respuesta. En aquel momento no supe qué responder. Le pregunté: "¿Por qué pintas, Pablo?"»

«Creo —escribe Luis Miguel— que la esencia, los cimientos de una amistad, están siempre en no averiguar los porqués. De la misma manera que la esencia de una profesión reside en la ignorancia de las razones que nos empujan a ejercerla. Se es lo que se es porque hay que ser algo. Cada uno lleva la vida por los caminos que en principio nos fueron más propicios. Ahora sé por qué me visto de luces: quizá por conseguir algo trascendental. Si el torero al vestirse de luces consigue inspirar a un Goya o a un Picasso, puede darse por satisfecho con la importante misión cumplida.»

Este limpio, profundo y maduro texto literario, al que con toda intención he dedicado varias hojas, concluye con una premonición: «... cuando todos los humanos nos hagamos más comprensivos, la cabra que Pablo embarazó en bronce, la que espera un parto de bronce desde 1950, estoy seguro que parirá, y de sus entrañas solamente saldrán blancas palomas de paz».

Este texto, del que he ofrecido sus más notables pasajes, lo escribió Luis Miguel a los treinta y seis años.

El porqué de la ruptura con Picasso

«El toro —me dice Luis Miguel— me hizo amigo de Picasso», pero yo le pregunto: «¿Y quién o qué os separó? ¿Qué pasó para que esa amistad se concluyera? ¿Quién decepcionó a quién?»

Le hago a Luis Miguel todas estas preguntas y me mira con gesto perezoso mientras juguetea con un cigarrillo en su mano izquierda, al que da unas caladas tremendas, casi hasta hundir sus carrillos. La experiencia que me dan las horas que hemos vivido juntos me dice que actúa de esta manera cuando no quiere recordar o no quiere hablar de una situación ya olvidada, que no le es grata.

Se incorpora para buscar una postura más cómoda y apaga el cigarrillo en un cenicero. Me dice al fin: «Mira, Pablo era un tío muy difícil y no le gustó nada que Lucía y yo nos separásemos. Yo creo que en nuestra ruptura influyó su mujer, Jacqueline, que era muy celosa y que acabó creyendo que Pablo estaba locamente enamorado de Lucía porque unas revistas italianas habían publicado unas fotos de ellos cuando estábamos pasando unos días en su casa.»

¿Qué pasó para que las dos familias que tanto habían convivido se distanciaran? Pensemos que Miguelito y Lucía —los dos primeros hijos de Luis Miguel y Lucía— pasaron varias temporadas en casa de Picasso bajo el cuidado de la tata Reme y el constante mimo de Jacqueline y Picasso, mientras que durante varios veranos, Cathy, la hija de Jacqueline, viajó a España para seguir cursos de español en alguna universidad de verano, viviendo en casa de los *Dominguín*.

Los celos de Jacqueline eran notorios y, al parecer, nunca consiguió superar que Picasso hubiera conocido a Lucía Bosé antes que a ella, en Roma, en casa de Luchino Visconti. También se comenta entre algunos viejos amigos del torero que otra razón de la ruptura entre Luis Miguel y Picasso pudo estar en una breve aventura que el torero tuvo con la hija de Jacqueline. Hay que conocer la atracción que Luis Miguel producía en las chicas jóvenes y con ganas de vivir para adivinar que tal *flirt* pudo existir y molestar a su madre.

Más profunda es la razón que atribuye a Jacqueline una súbita aversión por Luis Miguel, por el que se sintió atraída, pero que debió rechazar su insinuación. Otra razón que sin duda influyó en la distancia entre el genio de la pintura y el número uno de los toreros fue el apasionado y visceral carácter de Pablo Picasso, para quien Luis Miguel era su prolongación en el ruedo y la imagen viva de su vocación taurina, el torero que todos llevamos dentro.

El escritor y poeta peruano Manuel Múgica Gallo, amigo de los *Dominguín* y hermano del propietario de la famosa colección del «Oro del Perú», escribió un libro titulado *¿Fue Goya figura del toreo?*, estableciendo este paralelismo entre Goya y Picasso: «Creo que los dos, por su amor a lo taurino, tienen una gran afinidad. Es total la identificación de Goya y Pedro Romero, como lo es ahora la suya con Luis Miguel. La historia vuelve a repetirse.»

Cuentan quienes trataron a Picasso que a este le molestaba la infidelidad en los matrimonios amigos, pese a ser él hombre de constantes aventuras.

Miguel Bosé también ha confirmado la versión de los celos de Jacqueline como motivo de la ruptura: «Ella quiso aislarle de todos sus amigos. No sé por qué razones. En el caso de mis padres la excusa fue una fotografía publicada en un periódico en el que se veía a Picasso abrazando cariñosamente a mi madre. Le dijo a Picasso que los *Dominguín* se estaban aprovechando de él para hacerse publicidad.»

Es de nuevo el orgullo el que probablemente impidió que Luis Miguel y Picasso se reconciliaran; el mismo sentimiento, las mismas cualidades que atrajeron al uno y al otro, fueron los que no hicieron posible el reencuentro. Apasionados, geniales y vanidosos, conscientes de su imán y atractivo, tanto Luis Miguel *Dominguín* como Pablo Picasso no trataron de encontrar el perdido y cálido clima de amistad. Algún tiempo después Luis Miguel colaboró en la realización de una película titulada *Buscando a Picasso,* en la que se pretendía pedir al pintor que dibujara una paloma de la paz sobre la arena de la playa de Cannes. Según otros testimonios, Picasso conocía el proyecto, que consideraba disparatado y pensaba que su antiguo amigo pretendía utilizarle. Con todo el equipo, Luis Miguel viajó a Francia y desde su hotel llamó a Picasso varias veces. Al parecer, el artista dio órdenes para que se le dijera que no estaba. Entonces Luis Miguel resolvió ir a casa de Picasso, en Mougins, y llamar a su puerta, negándosele la entrada bajo el pretexto de que el pintor no se encontraba en casa.

Quienes conocen bien esta etapa final de la vida de Picasso opinan que Jacqueline controlaba ya la voluntad del más grande genio de la pintura del siglo XX.

El 8 de abril de 1973 Pablo Picasso fallecía, a los noventa y dos años, y Jacqueline heredaría buena parte del patrimonio artístico del pintor. Tras haber mantenido una relación afectiva con Aurelio Torrente, funcionario español del Ministerio de Cultura, el 15 de octubre de 1986 se suicidaba en su casa de Nôtre-Dame-de-Vie, en Mougins. En la misma casa en que un día Miguel Bosé, con apenas cuatro años, irrumpía en el estudio del pintor y se ponía a garabatear unas líneas sobre un lienzo en el que había unos rasgos de mujer, recibiendo la reprimenda de su padre. «Déjalo —le atajó Picasso—, cualquier raya da una idea nueva.» «Y Picasso convirtió la mujer en un gallo», recuerda Luis Miguel.

Juan Antonio Vallejo-Nágera: una entrañable amistad

L UIS Miguel se emociona al oír hablar de su amigo Juan Antonio Vallejo-Nágera y todavía más cuando habla de él; entonces la fina aguja de la sensible emotividad atraviesa la gruesa capa que le impermeabiliza de los sentimientos del mundo exterior. Cuantas veces hemos hablado del amigo desaparecido, un halo de contenida emoción se ha hecho presente porque, como dice Luis Miguel, «hay muertes y muertes y la de Juan Antonio la vivimos».

Luis Miguel y Juan Antonio Vallejo-Nágera se conocieron cuando ambos tenían veinte años. El propio Juan Antonio quiso dejar testimonio de su amistad en el libro *La puerta de la esperanza*, que constituye su testamento personal e íntimo, escrito por José Luis Olaizola [2], privilegiado testigo de las revelaciones finales de un hombre que quiso «dictar» su propia agonía vital. Según Juan Antonio Vallejo: «No recuerdo exactamente cómo nos conocimos, pero sí que estuvimos juntos en el festival de Cannes. Andaba yo en 1952 de medicucho ganándome la vida haciendo guardias en las casas de socorro, cuando Luis Miguel me invitó al festival de Cannes. ¡En la Costa Azul!, y nada menos que a compartir con él una de las mejo-

---

[2] José Luis Olaizola, *La puerta de la esperanza*, Planeta, 1990.

res *suites* del hotel Carlton de Cannes. Miguel estaba convaleciente de una cornada y salía, día sí y otro también, en todas las revistas y periódicos del mundo, fotografiado con Ava Gardner, o Rita Hayworth, con Hemingway y con presidentes de Gobierno. En el aeropuerto de Niza nos esperaba una nube de fotógrafos, que nos acompañó durante el viaje.»

Luis Miguel recuerda que en aquel festival de Cannes triunfaron de forma arrolladora, porque formaban una pandilla muy entretenida, ya que además de Juan Antonio estuvieron don Marcelino y *la China* Machado, una mestiza de chino y mulata, peruana, y que tenía un impresionante mechón blanco. «Aquel año —me cuenta Luis Miguel— estaban en el festival Gary Cooper y Errol Flynn, pero llegamos nosotros y arrasamos.»

Sentado frente a la foto que les muestra a caballo en la última visita a «La Virgen» pocos meses antes de su muerte, Luis Miguel da rienda suelta a la evocación de la personalidad del amigo y me cuenta que «después de Cannes, nos fuimos a París. Juan Antonio quería a toda costa ir a un tablao flamenco. Fíjate si estaba por hacer —me mira—. ¿Cómo se puede ir a París a un flamenco? Recuerdo que en París tenía una cita con una amiga mía catalana y le dejé con *la China* y con don Marcelino».

Con su amenidad habitual, Luis Miguel cuenta anécdotas de su amistad con Juan Antonio, de cuando venía a «La Virgen». Luis Miguel sonríe al recordar que cuando la misa se celebraba en «La Virgen» procuraban que los cuernos de algún ciervo quedaran detrás de la cabeza del cura. Pero también hubo una época en la que a Juan Antonio no le gustaba cazar. «Le invité —cuenta Luis Miguel— a pasarse aquí una semana y se apasionó por ella, porque era un hombre con una enorme curiosidad y todo lo desconocido le interesaba. Mi invitación fue como consecuencia de un trato: a cambio, le ofrecí pasarme una semana en una clínica para desintoxicarme de la bebida. Yo seguí bebiendo —ironiza Luis Miguel— y él llegó a ser un buen tirador. Siempre vino a las cacerías que organicé.»

«Ser amigo de Luis Miguel, un privilegio»

Luis Miguel despertaba admiración e inspiraba un cierto instinto de protección, lo que explica los sucesivos intentos de «salvación» de su alma y de su cuerpo por parte de varios amigos. En su libro *La puerta de la esperanza,* José Luis Olaizola se hace eco de este pensamiento de Vallejo: «Luis Miguel todo lo hacía bien. Si se ponía a torear, lo hacía el que mejor; como cazador era una de las mejores escopetas de España; elegante como pocos, se ponía un *foulard* al cuello, cosa que yo nunca he sabido hacer, y le sentaba de maravilla. Bailaba flamenco que parecía que no había hecho otra cosa en la vida. Como conversador resultaba infatigable y divertido. Era el único que se atrevía a contar a Franco, en las cacerías, los chistes que corrían sobre él, y el Caudillo se mondaba de risa. ¡Ah! y con los naipes en la mano te podía desplumar.»

Tal generosidad de elogios tuvo el prólogo de toda una declaración de principios cuando Juan Antonio le reconoce a Olaizola: «Ser amigo de Luis Miguel ha sido un privilegio. Es la generosidad en persona. La gente sólo tiene de él la imagen frívola que dan las revistas del corazón, pero los que hemos tenido la suerte de ser sus amigos sabemos de su calidad humana. En mi vida, además, ha representado la parte lúdica.»

Todas estas revelaciones sobre su sólida amistad con Luis Miguel integran buena parte de las que durante los últimos meses de su vida le hizo el psiquiatra, el pintor y el autor de éxito al escritor amigo. Y en este documento único se encuentra también el relato de la que fue su última visita al amigo, sabiendo los dos que iba a ser su despedida.

Antes de que recoja el emocionante testimonio de lo que fue esa emotiva despedida quiero decir que Juan Antonio Vallejo-Nágera, por su capacidad intelectual y por su especialidad médica, fue uno de los amigos de Luis Miguel que mejor le conoció y que con mayor criterio acertó a interpretar las claves de su vida y de su retirada a su finca de Andújar «cuando había llevado una vida de vértigo». En relación con su pronta vinculación con los toros, Juan Antonio Vallejo sostenía que a Luis Miguel se le había hurtado su infancia, vinculándole a tan temprana edad a una profesión tan dura y sacrificada.

Con humor, Luis Miguel me contó que aunque nunca tuvieron una relación profesional, en cierta ocasión Vallejo le pidió que le visitara en el «manicomio» del que era director en Leganés «porque me dijo que había un loco que decía que era Luis Miguel. Juan Antonio quería que me presentara a él a ver cómo reaccionaba. Fui y saludé al paciente. Juan Antonio hizo las presentaciones y dijo: Fulanito, este es el famoso matador de toros Luis Miguel *Domin-*

guín. El loco me dio la mano, sin hacer ningún comentario y se marchó; Juan Antonio estaba muy intrigado por aquella reacción y mandó a uno de sus ayudantes para que sondeara la impresión que le había producido al loco conocerme. El ayudante volvió contándonos que el loco había dicho: "Mira que el doctor es tonto. Me presenta a uno diciendo que es Luis Miguel cuando sabe, perfectamente, que Luis Miguel soy yo."»

En otra ocasión, y sin que sea la última anécdota que de su amistad puede escribirse, Juan Antonio Vallejo-Nágera y Luis Miguel *Dominguín* dieron en julio de 1989 una conferencia juntos en La Línea de la Concepción. «Fue Juan Antonio quien me llamó para proponérmelo, diciéndome que podíamos pasar dos días en Sotogrande, donde los dos teníamos casa; pero yo le insistí en que en las conferencias no hay que ser muy pesado y lo que hay que hacer es dejar hablar al público; que pregunten, para que luego, durante todo el año, puedan decir en el bar: "Yo le dije al doctor Vallejo-Nágera."»

«Fue un éxito —me dice Luis Miguel con su ironía locuaz— porque yo empecé preguntándole a Juan Antonio: "¿Qué diferencia hay entre un loco y un torero? Porque para ser torero hay que estar loco." Y la gente en seguida se relajó y empezó a preguntar. Por eso fue un éxito, porque todo el mundo pudo hablar. Fíjate si fue éxito que a los pocos días me pusieron el teléfono en mi casa de Sotogrande, ¡con lo difícil que es y lo que tardan!»

En cuanto a su despedida en «La Virgen» es obligado recuperar la voz del propio Vallejo-Nágera en sus revelaciones póstumas, y que son coincidentes, al cien por cien, con el relato que de la misma situación me hizo Luis Miguel, embargado por la emoción y la tristeza. Vallejo-Nágera le cuenta a Olaizola que cuando le diagnosticaron el cáncer, el único rayo de esperanza que tuvo fue el de un cirujano que le dijo que se podía intentar la operación siempre que la biopsia no diera determinado resultado. «La biopsia me la hacían un viernes y el resultado lo sabían el sábado por la mañana. Si era operable, me intervenían el mismo sábado, tan urgente era el caso. Ese sábado tenía yo una montería en la finca de Luis Miguel. Le llamé por teléfono y le conté lo que me pasaba: "Mira, Miguel, si no me pueden operar y, por tanto, me toca morir, me gustaría asistir a mi última montería y poder darte un abrazo. Pero si me operan, claro, te fastidio un puesto."»

Y continúa Vallejo-Nágera con su relato: «Luego me enteré que

Luis Miguel estaba dispuesto a suspenderla si yo no hubiese podido ir. Esa es la máxima prueba de amistad que puede dar un montero. Pero no hubo problema. La biopsia estaba tan clara que no necesitaron esperar al sábado para darme el resultado. A los quince minutos me dijeron que era inoperable... Despejada la incógnita me fui en coche para la montería. Yo ya había decidido hacer todo el bien que pudiera durante el tiempo que Dios me concediera de vida, y la postura de Luis Miguel con la religión siempre me había preocupado. Sus hermanas eran creyentes, pero su hermano Domingo y él tenían una postura casi antirreligiosa.»

Vallejo-Nágera se despide de Luis Miguel

Aquel viernes de noviembre de 1989, Juan Antonio Vallejo-Nágera preparó una pequeña bolsa de viaje para pasar el fin de semana en «La Virgen». No olvidó la ropa más adecuada para la montería, el jersey marrón de cuello redondo, la camisa de viyella color crema con botones y una corbata de lana en tonos rojizos. Había empezado a adelgazar y por eso prefirió llevarse el pantalón color tostado, que le quedaba un poco pequeño y ahora le venía mejor. Metió un sombrero también marrón —oscuro— por el que sentía cariño especial y lo acarició recordando cuándo y dónde lo compró. Pensaba en la tristeza de irse despidiendo cada día de las cosas de la vida, de los objetos por los que había sentido capricho. Sabía que todas esas cosas que forman la personalidad quedarían pronto como objetos inservibles, como reliquias de su paso por la vida, y que en todo caso pasarían a estar en casa de uno de sus hermanos. Recordó a su hermano Alejandro, tan alocado, tan ingenuo y tan maravilloso. A José Ignacio, con el que estaba tan unido y con el que acababa de hacer un fantástico viaje por Japón, invitado para dar una serie de conferencias. Pensó también en Marola y en Paloma. Cerró el pequeño bolso de viaje y mirando a su cuarto —como si fuera la última vez— se despidió de Vicky, su mujer —ya enferma— y de Alejandra, que ya estaba en casa. De su despacho cogió una pequeña colección de *compact disc* y bajó al garaje.

Había comprado un Mercedes 500 azul metalizado hacía unos años, aconsejado por su hermano José Ignacio y, aunque siempre conducía su mecánico Jesús Jorge, a él le gustaba llevarlo en carre-

En palabras de Vallejo-Nágera: «Ser amigo de Luis Miguel ha sido un privilegio, porque es la generosidad en persona»

tera; le relajaba escuchar ópera mientras el tráfico de salida de Madrid de un viernes se hacía menos intenso.

Enfiló la nacional V, Madrid-Cádiz, y los kilómetros se fueron sucediendo mientras la música de Mozart invadía el coche y le ayudaba a compartir sus pensamientos con la terrible verdad. Con su celeridad y brillantez habituales, escenificó situaciones, despedidas, personas y amigos a los que quería dejar un último testimonio. Pensaba que si le había ocurrido a él este destino, lucharía —mientras estuviese en condiciones— por sus amigos y por todos aquellos que pudiesen necesitar su ayuda. Y él creía que Luis Miguel era uno de los que necesitaban el empujón de la fe, el testimonio valiente y encorajinado de quien no le teme a la muerte prematura. Creía también que Luis Miguel era así por las duras circunstancias de su vida y por su permanente estímulo para competir; su exigencia de siempre le había producido un vacío que trataba de llenar. También sabía que Rosario, con tacto y toda su inteligencia, estaba tratando de recuperar al descreído y al hombre al borde del abismo que había sido desde hacía unos años. Comprendía lo difícil que le resultaba a Luis Miguel adaptarse a una vida «normal» después de haber vivido como un «Napoleón».

Ya había anochecido cuando pasó Manzanares y esperó a Valdepeñas para poner gasolina y beber una botella de agua con un café solo. Cambió luego de cinta y la voz de María Callas en su maravillosa *Norma* le pareció menos triste y desgarrada que otras veces, menos dramática. Quizá porque en esta ocasión el drama era suyo y su tristeza no era inducida por un acorde, un gemido o un suave roce del *cello*. Pasado Despeñaperros, ya noche vencida, prefirió que fueran las noticias del día las que le evacuaran sus pensamientos y, al llegar a Andújar, se paró en el hotel Del Val, desde donde llamó a Luis Miguel para anunciarle su llegada. Como todavía no había llovido, y el camino estaba seco, Luis Miguel le dijo que Fernando le abriría la cancela de abajo. Conforme con ello, Juan Antonio condujo su automóvil por las suaves pendientes de la serranía de Andújar, que conduce hasta el santuario de Santa María de la Cabeza y al pasar el puente del río Jándula giró a la derecha y se adentró en el camino de tierra que recorre la margen izquierda del pantano del Encinarejo. Las sombras de la noche no le impidieron recordar la belleza del escenario natural y en apenas media hora llegó a la cancela donde Fernando le esperaba con el práctico *jeep*. De allí a la casa de Luis Miguel y Rosario apenas si había diez minutos, eso sí, de empinada cuesta. Pensó en la grandeza espiritual de su amigo que, en pleno éxito y disfrutando del clamor de la popularidad, buscó este rincón donde esconderse de la hoguera de las vanidades en la que él era una de las principales llamaradas. Aparcó el coche junto al Volvo de Luis Miguel y pronto vio la silueta de su amigo, al que abrazó con calor. Rosario le preguntó por el viaje y tras unas cuantas frases de curiosidad social y familiar, se reunieron con los otros invitados y pasaron a cenar. Al acabar y sin que lo oyera Luis Miguel, le dijo Rosario: «Ya sé que vienes a hacerle el último favor a tu amigo.»

Esa noche, en el *bungalow* azul, Juan Antonio Vallejo-Nágera se convenció de lo que debía hacer y pasó buena parte de la noche pensando cómo abordarlo. Cuando se levantó, se enteró de que Luis Miguel, al saber que finalmente venía, había cambiado toda la disposición de la montería, reservándole el mejor puesto, en una cresta, entre dos valles, de manera que ellos dos quedaban apartados del resto de los monteros.

Con el rifle a cuestas, los dos subieron a sus caballos y se dirigieron hacia el puesto, mientras Luis Miguel, buscando sin duda normalizar la conversación, le decía: «Juan Antonio, te vas a hinchar a disparar, porque por esa ladera nos va a entrar de todo...»

Luis Miguel no sabía que ese día, para poder pasar un día normal, Juan Antonio había duplicado el tratamiento que le había recomendado el doctor y que le aliviaba las molestias que ya sentía; gracias a ello pudo montar a caballo y se sintió aún fuerte para pasar un día al aire libre. Poco después de soltar los perreros las rehalas, empezaron a cruzar perros delante de ellos y al poco, un ciervo. Olaizola recrea en su libro esta inolvidable conversación:

«—¡Mira ese venado, qué bueno, tíralo! —le dijo Luis Miguel.

Pero Juan Antonio dudó y, sin querer prolongar más esa situación, le contestó:

—Luis Miguel, no tengo ganas de matar a nadie.

—Pero hombre —replicó Luis Miguel—, pues lo tiro yo.

Pero Luis Miguel apuntó sin disparar; Vallejo le preguntó:

—¿Por qué no has tirado?

—Me ha dado pena —contestó Luis Miguel.

Juntos siguieron por la cresta, a caballo, con los rifles en bandolera y, después de sentir un poco de brisa en los altos, Juan Antonio se paró y le dijo a su amigo:

—Para un momento, Miguel, que tengo que hablar...

—Ya sé de qué me vas a hablar —le interrumpió Luis Miguel—. Me vas a dar el sermón de siempre. Pero hoy no lo aguanto.

—Pues sí —le dijo Vallejo—. Te lo voy a echar. Mira, Miguel, en tu vida has hecho un montón de disparates y, encima, te has dedicado a blasfemar.

—Yo no blasfemo —se defendió Luis Miguel—. Sólo digo hostia, pero con otra intención.

—No, Miguel —le cortó Vallejo—. Te he oído decir cosas más gordas; recuerdo que me hirió profundamente cuando tu hijo Miguelito comenzaba a hablar y tu hermano Domingo y tú os reíais porque el niño repetía blasfemias. O sea que no digas que no has blasfemado. Pero como eso es una anormalidad y yo, como psiquiatra, me doy cuenta de los traumas de infancia que te han podido llevar a esa aberración, creo que Dios, que es mucho más listo que yo, no te lo va a tener en cuenta. Y con tus muchos disparates será benévolo, porque sabe que eres un disparatado. Te ha hecho con este vigor y vitalidad que no se encauzó bien; has aprendido a leer entre los cuernos de los toros porque te tuvieron desde los catorce años explotándote para torear. Cuando estaba prohibido en España te llevaron a América y tus hermanos te vendieron a una americana cuando tenías quince años... Con esa educación infantil, tan traumática y deformada, es lógico que Dios sea más comprensivo contigo, que pueda serlo conmigo.»

Luis Miguel, emocionado, recuerda que en ese momento vio la grandeza de Juan Antonio. «Él se iba a morir y lo único que quería era pedirme que tratara de recuperar el optimismo y la fe.» Con atenuada voz, Luis Miguel me contó lo que le pidió Juan Antonio:

—Mira, Miguel, sé que me voy a morir muy pronto, pero Dios me ha devuelto la fe que tuve de niño, la misma que tuviste tú, porque tu madre y tus hermanas también la tenían. No te voy a pedir que vayas a ejercicios espirituales ni que cambies de vida. Tampoco que dejes de beber, aunque estás hecho un desastre. Sí quiero que le pidas a la Virgen: «Virgen mía, ayúdame a entrar. Dios mío, perdóname.»

Juan Antonio recordaba que en este punto de la conversación, estando los dos solos, en pleno monte, montados a caballo, en un día maravilloso de invierno, vio a Luis Miguel muy conmovido y continuó su argumento. Luis Miguel lo resume así: «Me pidió que rezase con él media avemaría, insistiendo que le jurase que iba a rezarla todas las noches, sobre todo, la segunda parte del avemaría, la que habla de los pecadores.» Y concluye Luis Miguel: «Yo le contesté que no juraba, pero que le prometía rezarle a la Virgen cada vez que me acordara de él.»

«En ese momento —me cuenta Luis Miguel— nos dimos un abrazo impresionante, pero como estábamos a caballo, en vez de abrazarme a mí, se abrazó al cuello de mi caballo y entre que yo le quise sujetar y él que no se quería caer, acabamos los dos en el suelo abrazados.»

Luis Miguel me relata cómo sintió lágrimas por el cuello y que el instante de azoramiento se rompió porque los guardas de «La Virgen», a través del *walkie-talkie,* advertían: «Don Miguel, que le entra un cochino...»

En una de nuestras primeras conversaciones Luis Miguel recordó que no pegaron ni un tiro y que acabaron dejando los rifles y dando un paseo por el valle. «Volvimos a la casa —me dijo— a caballo y tardamos un montón de tiempo, unas cinco horas.»

—Bueno —continúa Luis Miguel—, en el camino, debió ser por la solana de las Charcas o por los Barranquillos, le dije a Juan Antonio que le dijera a su Dios que yo le ofrecía mi vida por la suya y que ese es el primer favor que le pedía.

—¿Y qué dijo?

—Que si Dios me tomaba la palabra, tenía la esperanza de ir al Paraíso, que es como yo le llamo al cielo, porque yo no creía haber hecho mal a nadie, conscientemente, y que siempre había procurado ayudar a los demás.

—¿Y eso es cierto?

—Bueno, tú sabrás. Investiga mi vida y te contarán si he ayudado a los demás.

Asomó por un momento el Luis Miguel pudoroso y tímido, que prefiere actuar en silencio, sin concesiones a la galería y que, orgulloso de su conducta, quiere que sean los demás quienes descubran los efectos de su generosidad. Busco el testimonio escrito de Juan Antonio Vallejo-Nágera y descubro: «Luis Miguel se ha preocupado de ayudar a familias de toreros, banderilleros... le han explotado siempre. Ha sido generosísimo. O sea que, como es un anormal, Dios no le va a tener en cuenta las burradas que ha hecho y en cambio le tendrá en cuenta la parte positiva.»

Para Luis Miguel, aquel fin de semana fue el más feliz de su vida y me reconoció que al día siguiente llamó a Juan Antonio para decirle que había rezado por él. Meses después, cuando el 13 de marzo de 1990 moría Juan Antonio, Luis Miguel preparó un funeral en el santuario de Santa María de la Cabeza al que invitó a cuantos habían conocido a Juan Antonio en las cacerías, los batidores, los dueños de la rehala y los monteros. Y como le reconoció a Olaizola: «Es la primera vez que se me ha hecho corta una misa. Allí no había presión social para asistir, como ocurre en otros funerales.»

Para Juan Antonio Vallejo-Nágera, la amistad con Luis Miguel *Dominguín* ha estado siempre unida al disfrute de la vida, al brillo y la luz del triunfo social, de forma que cuando ya empezaba a orientar su vida profesional como médico, Luis Miguel le invitaba a fiestas que terminaban a las cinco de la mañana, a cacerías en la finca de Andújar y a cenas de gala con *smoking*.

Gregorio López-Bravo: el *Dominguín* de los ministros

UNO de los atractivos más notables de Luis Miguel es que su personalidad le ha permitido conocer y tratar en profundidad a los más insólitos y variados personajes de la vida de España. Evocar su vida es recuperar la memoria de unos años con sus protagonistas, su música o su voz, y es hablar tanto del pintor más famoso o del más extravagante como del banderillero de ingenio, del genio del baile o del ministro de Franco más prestigioso.

Unidos también por esa diversidad que permite captar matices y ópticas de personalidad, un día le pregunté por Gregorio López-Bravo, contestándome en seguida: «No es exagerado si digo que de todos los amigos que he tenido quizá sea Gregorio el que yo más he querido.» No me sorprendió saberlo, sí, el intenso grado de amistad que inmediatamente me confirmó: «Discutíamos siempre —me dijo— porque teníamos una filosofía o una teoría de la vida distintas. Yo respetaba la suya, y él, en cierto modo, trataba de encauzar la mía. A pesar de estas discusiones, o quizá por ellas, nos queríamos mucho.»

Como todo lo que pertenece a su mundo, la amistad en Luis Miguel tiene grandeza y la sola evocación de quienes ganaron su corazón despierta en él el estímulo suficiente para que cualquiera se deje seducir por aquella personalidad a la que él ha admirado. Es el caso del ex ministro Gregorio López-Bravo, al que admite considerar «no simplemente como un amigo, sino como un hermano».

Una distancia generacional y de vida cotidiana me separa de esta atractiva personalidad del último franquismo; pero la historia y los años han permitido que se hable tanto de López-Bravo como leyenda como de amigo fraternal de Luis Miguel que, con extrema rotundidad, rechaza mi primera pregunta de si hizo negocios con él o si, como se comentaba entonces, él era uno de los amigos beneficiados por sus actividades industriales, comerciales o diplomáticas. «Gregorio López-Bravo era una de las personas más honestas que he conocido», afirma con rotundidad Luis Miguel.

—¿Cómo os conocisteis?

—Cuando le conocí, él era simplemente ingeniero naval. Nos hicimos amigos de forma muy curiosa, por una ocurrencia suya que en seguida me demostró su ingenio. Toreaba yo en Vitoria y Gregorio fue a la corrida —en la que, por cierto, yo estuve mal— acompañado de un amigo mío, Emilio Benítez. Cuando cenábamos, Emilio hizo una referencia a la corrida y dijo para disculparme: «Mal *ganao.*» Y Gregorio saltó con rapidez y dijo: «¿Mal *ganao?* Yo creo que mal *ganao* lo que se ha llevado este hoy.» Congeniamos inmediatamente.

—¿Os veíais mucho?

—Al principio nos veíamos en Madrid los cuatro, porque Lucía también hizo amistad con su mujer, Marian, pero luego ya empezaron a venir aquí con los chicos, a los que conozco desde niños y les tengo un gran cariño. En «La Virgen», Gregorio se hizo un gran aficionado a la caza y era muy impresionante verle patearse los cerros con esa enorme tenacidad, pese a su defecto en el pie. Tenía un gran amor propio, porque él era un hombre de ciudad, de despacho, y sin embargo no conseguían cansarle ni los guardas.

—¿Y se aficionó a la caza?

—Sí, hasta el punto de que llegó a ser una de sus grandes pasiones. Solía andar horas y horas y entonces —hace más de treinta años— para andar conmigo hacía falta tener dos piernas muy bien puestas. No había forma de verle derrumbado, porque exteriormente caminaba muy derecho. Tenía un gran amor propio.

—¿Qué admirabas en él?

—Gregorio tenía tres cosas que yo he admirado siempre: la fuerza de voluntad, la disciplina y la memoria, aparte, por supuesto, de su gran inteligencia, que le hizo triunfar en todo lo que se propuso.

—¿Sus amigos pensabais que llegaría a ser ministro?

—Un día, cuando todavía era ingeniero naval, le dije que tenía espíritu político y que sería ministro de Asuntos Exteriores «que es lo que a ti te divierte: así que empieza a aprender idiomas».

—Pero él era un hombre muy católico, y tú más bien no...

—Sí, discutíamos y nos peleábamos constantemente, como amigos, claro, pero nos decíamos: «No estoy de acuerdo contigo y tú tampoco conmigo y como tú no me vas a convencer a mí ni yo tampoco a ti, pues se ha acabado. Tú te quedas con tus teorías y yo con las mías.» Un día —recuerda Luis Miguel— le dije: «Tu gran problema es que eres un hombre muy católico para ser lo que realmente te gustaría ser: presidente de la República Española, porque el Generalísimo no va a ser eterno. Y esa república va a tener problemas con las creencias religiosas y no sé cómo vas a compaginar tu fe con ser presidente.» Años después, cuando me operé en Londres del brazo —que creo fue en 1963—, le nombraron ministro de Industria y recibí un telegrama suyo: «Se cumplió tu primera profecía, espero que no se cumplan todas.»

—Dices que era muy obstinado. ¿Trató de influirte o de modificar tu posición religiosa?

—Sí, como siempre estábamos discutiendo, se empeñó en que hiciera un retiro. El retiro —continúa Luis Miguel haciendo una mueca de grato recuerdo— era en La Pililla. Gregorio me dijo que a partir de la cena había que guardar silencio y yo protesté, así que me fui a ver al cura y le expuse que, desgraciadamente, yo no era creyente, resolviendo que yo pudiera hablar con todo el mundo. Gregorio me miraba con una cara diciéndome: «¡Qué poca vergüenza tienes!»

—Es que a ti los curas se te han dado siempre muy bien.

—Claro, porque me ven como un pobre hombre al que hay que tratar de convencer y les divierte escuchar mis batallitas.

—Sentiste mucho su muerte, ¿verdad?

—Fue tremendo por la forma tan brutal de desaparecer. No como Juan Antonio, que se fue poco a poco; y eso que habíamos tenido momentos de ruptura.

—¿Por qué? —le interrumpo.

—Cuando me separé de Lucía, quiso intervenir y de hecho se metió, aunque yo le pedí que no lo hiciera. Por ese motivo estuvimos sin hablarnos, peleados, pero creo que no ha habido día que no me haya acordado de él.

—¿Y os volvisteis a ver?

—Sí. Cuando era ministro venía a almorzar a casa con frecuencia e incluso los días que tenía Consejo de Ministros comía, descansaba un rato y volvía a El Pardo a proseguir el Consejo, que duraba todo el día.

—Pero, te pregunto, ¿os volvisteis a ver?

—¡Ah!, te había entendido que si nos veíamos mucho. Bueno, un día, después de no hablarnos durante algún tiempo, nos encontramos y me confesó que a él le había pasado igual y que se había acordado mucho de mí. El caso es que empezó a venir mucho por aquí —yo ya estaba en «La Virgen»— y salíamos a cenar cuando iba a Madrid. Pocos días hay que no me acuerde de él. Era un gran tipo y me ha dejado una gran herencia.

—¿Cuál? —le vuelvo a cortar.

—La de pensar que uno no es nadie —contesta para callar a continuación.

Luis Miguel recupera un poco el resuello, quizá emocionado por el recuerdo de esta evocación, y me pide que descansemos un rato. Nos levantamos y al mismo tiempo lo hace *Santo;* es el atardecer en «La Virgen», único e incomparable. Caminamos juntos hasta que divisamos los horizontes. Como un épico colono de la conquista del Oeste, Luis Miguel mira al infinito del paisaje y sin dejar de acariciar el cuello del perro con calor, me dice: «Gregorio tuvo la suerte de tropezarse con una mujer tan excepcional como Marian, una vasca que parece un sargento de la Guardia Civil. Él me decía cuando me veía entrar con una y con otra, que si para arriba que si para abajo: "Mira, Miguel, esto no puede ser; comprenderás que también me gustan a mí y no lo hago", a lo que yo le respondía: "Porque te corroe la envidia y no tienes valor para hacerlo."»

—¿Cómo recibiste la noticia de su muerte?

—Estaba aquí en «La Virgen» y me enteré del accidente. Fuimos a ver a Marian, que tiene una ternura y una calidad humana muy notables, y me dijo algo que me dejó frío: «Miguel, yo lo único que puedo hacer es dar gracias a Dios por el tiempo que me ha permitido vivir con este hombre. Gregorio está en mejor vida.» Fuerte, ¿verdad?

—Sí, claro —contesto. La gente que tiene esa fe es impresionante, casi parecen inhumanos.

—Sí. Fíjate que cuando murió el niño que tuvimos Lucía y yo con diez días, Gregorio nos dijo: «Cómo te envidio, tú ya has colocado uno, yo tengo todavía ocho por colocar.»

Dios: una veterana y difícil amistad

EN la vida pública de Luis Miguel *Dominguín*, las alusiones a Dios son tan frecuentes que reflejan una inquietante preocupación. Si todos los humanos hacemos de ella objeto de nuestra íntima meditación, él ha tenido audacia y valor para manifestar en público su duda religiosa. Por eso Luis Miguel considera a Dios como uno de sus amigos más veteranos y con el que mantiene una relación ya antigua, sólida en la incertidumbre y sujeta a la permanente búsqueda.

En la histórica tarea de recuperar algunos de los cientos de entrevistas que ha concedido durante toda su vida, se aprecia que siempre hubo en ellas una búsqueda del lado humano del personaje, incluso en los medios taurinos, y que en muchas de sus respuestas Luis Miguel se pronuncia de forma irónica respecto a la religión, la fe y la figura de Dios y la Iglesia. Pero existe un hilo conductor de todas ellas, un mínimo común denominador vital que resalta una inquietud intelectual activa respecto al problema de la creencia religiosa y una notable crítica de sus evidencias terrenales.

Qué duda cabe que esta pública evidencia de su falta de fe le ha granjeado sentimientos contrapuestos; para unos, Luis Miguel se situaría entre los pocos personajes populares que en los últimos cincuenta años han osado manifestar públicamente su falta de fe, pero que al mismo tiempo han presentado esa carencia con nobleza y con la agria ironía que permite situarle en los perfiles más nítidos del anticlericalismo español.

La primera consecuencia que ha originado su público agnosticismo es que le ha permitido compensar otros aspectos de su personalidad, que le hacían poco atractivo a sectores más progresistas de la sociedad española.

Pero como toda cara tiene su cruz, su actitud anticlerical le ha causado también notorios problemas con sectores conservadores de la sociedad española, entre los que se ha desarrollado parte de su vida. Este aspecto y su inestable, irregular y a veces anómala vida amorosa han sido elementos que le han situado en la heterodoxia permitida por ser el niño mimado de una época, el *enfant terrible* de una sociedad que contemplaba con cierta indulgencia los desvíos de sus mejores hombres, confiando en su pronto regreso a la senda predeterminada.

No es el caso de Luis Miguel, que durante muchos años de su

vida ha mantenido su actitud anticlerical y su incredulidad, hasta el extremo de hacer públicos y notorios —y en este libro se habla de ellos— los esfuerzos de algunos de sus mejores amigos por «rescatar» su alma. En los últimos años, la compañía afectiva y sentimental de su mujer, Rosario Primo de Rivera, y el inevitable paso del tiempo, han templado algo su inquietud y, en cualquier caso, su reconversión personal y espiritual es tan evidente que su talante se ha hecho todavía más «humano», más notorio.

Pero ahí está Luis Miguel llevando a cuestas el peso de su escepticismo, contestando en más de una ocasión a la pregunta «¿Usted no es creyente?» con esta *boutade:* «¿Yo? Yo no soy creyente. Por eso soy católico. Yo no creo en Dios, pero me encantan los curas. Me encantan porque llevan faldas. Esa es una afición que he tenido desde niño»[3].

Fiel a su estilo, la respuesta de Luis Miguel buscaba la paradoja, la apariencia frívola y el tono burlón.

Similar fue la opinión expresada en un libro que varios amigos dedicaron a recordar la figura de Gregorio López-Bravo y en el que admitía: «Yo, desgraciadamente, no soy creyente, lo cual creo que es una desgracia porque, aunque fuera mentira, me gustaría creer y pensar que uno se va a morir y va a tener otra vida. Pero por mi psicología, por mi educación, por las circunstancias, no lo soy.»

En ese mismo libro, Luis Miguel reflexiona: «A mí me da envidia la gente que tiene fe. Yo daría el brazo derecho por creer, aunque no fuese cierto. No es por el premio, sino por la seguridad de la gente que realmente tiene fe, no la que va por si acaso.»

Como buen dialéctico, a Luis Miguel le ha gustado poner a prueba los valores de la gente creyente, su convicción y firmeza, hasta tal punto que cuando Lucía iba a dar a luz a ese cuarto hijo, Luis Miguel propuso que le bautizaran Judas, causando el lógico revuelo entre todos los que le rodeaban, uno de los cuales era el propio López-Bravo, que le reprochó que haría muy desgraciado al pobre niño, a lo que Luis Miguel replicó: «¡Cómo sois! Pero, ¿San Judas no es un santo? Oye, tú eres muy poco católico, porque en seguida piensas en el otro Judas.» Cuando evoqué este episodio de su vida y le pregunté por qué había querido que se llamara Judas, me contestó con un rotundo: «¡Por fastidiar!» El niño murió a los

---

[3] Entrevista de Rosa Montero a Luis Miguel *Dominguín* en *El País,* abril 1978.

pocos días de nacer y está enterrado en la Sacramental de San Isidro, donde también están los padres de Luis Miguel y su hermana Carmina.

«... *me asusta el más acá*»

En línea con esa rotunda dialéctica respecto a los temas religiosos o metafísicos, el gran periodista barcelonés Manuel del Arco entrevistó a Luis Miguel para *La Vanguardia* en 1971, en vísperas de su reaparición en la Monumental de Barcelona. Entre otras cuestiones le preguntó: «¿Te asusta el más allá, después de lo que has hecho en el más acá?» Y contestó Luis Miguel: «Para asustarme del más allá tendría que conocerlo; de momento, lo que me asusta es el más acá.»

Sobre la idea de la muerte y de la desaparición física de este mundo, también se ha pronunciado Luis Miguel en otras ocasiones. En la misma entrevista antes citada, Del Arco le preguntaba si le daba miedo irse de este mundo y Luis Miguel contestaba: «Irse es algo que hacemos, a lo que nos entrenamos todas las noches.» Con su mejor tono burlón, Luis Miguel duda de que morirse sea, como dicen, «pasar a mejor vida, porque los curas, que son los que nos prometen otra vida mejor, llaman a un médico en cuanto están enfermos. ¡Si es que nadie quiere morirse!», concluye Luis Miguel.

En 1975, Natalia Figueroa le hizo una larga entrevista para el periódico *ABC* y le preguntó: «Morir, ¿te importa?», a lo que respondió Luis Miguel: «La verdad es que como nunca lo he hecho, no puedo contestarte. No tengo costumbre. El día en que me muera, si quieres, hacemos una entrevista, y entonces pues te lo podré explicar. ¡Porque a lo mejor es muy divertido, no sabemos...!»

La respuesta es muy típica de Luis Miguel, que utiliza siempre el sentido del humor para abordar las más trascendentes cuestiones. No satisfizo del todo a la nieta del conde de Romanones, que insistió hasta conseguir que Luis Miguel hablara seriamente sobre la muerte: «No me da miedo la muerte. Lo que sí me da miedo —admitía— es sufrir. Si tú me dices ahora que voy a morirme, en este instante, de un infarto, creo que el problema es para los demás, para los que quedan aquí... pero, en cambio, la idea de sufrir...» Y cuando la escritora le preguntó qué es lo que le producía tristeza, él respondió: «Me pone triste pensar que no sé dónde vamos.»

Sobre el sentido de la vida y de la muerte se manifestó también

Luis Miguel en la entrevista que le hizo Rosa Montero al afirmar: «Perder el tiempo es concentrarte, pensar, y llegar a la conclusión —para mí muy importante— de que, pase lo que pase, en la vida nunca pasa nada, porque sólo hay dos cosas importantes: que naces y que te mueres. Y lo demás son tiquismiquis.» Reflexión que lleva a la periodista a la conclusión de que Luis Miguel está perdiendo el tiempo hacia la muerte, a lo que él responde: «Estoy simplemente esperando. Y no me asusta nada. La muerte llegará un día, pero mientras llega, ¿para qué voy a esperar de pie? Sería una tontería. Figúrate que me muero de pie, me caigo y me hago daño...»[4].

«En realidad —me reconoció Luis Miguel—, como la muerte es indiferente, yo le respondo encogiéndome de hombros. Ten en cuenta, Carlos, que cada vez que he toreado me he enfrentado a ella y que hasta hoy he ganado, pero sé que es más fuerte que yo y que cualquiera.»

Más recientemente y con motivo de las noticias sobre su delicado estado de salud, varias publicaciones se hicieron eco de ello. En una de las entrevistas que le realizaron, Luis Miguel respondía así a la pregunta sobre si tenía miedo a la muerte: «No tengo miedo a morir, si no fuese por mi mujer y mis hijos. Tampoco tengo prisa. Además sé que el destino le marca a uno una fecha que es inalterable.»

En cuanto a su devoción religiosa, en cierta ocasión la revista *El Ruedo* hizo un reportaje sobre las imágenes y estampas a las que se encomendaban los toreros antes de salir a la plaza. Luis Miguel reconoció que sólo llevaba al cuello la medalla de la Virgen del Carmen, pero se negó a contestar el porqué de esa devoción, que alegó era íntima. En cuanto a imágenes admitió tener «unas cuarenta». «Todas las imágenes de la Virgen que existen creo que están allí, muchas estampas de Jesús y varios santos. A todos les rezo antes de ir a la plaza.» Pero este reconocimiento correspondía a 1950, porque un cuarto de siglo después, Luis Miguel admitió que «el ritual de rezar antes de salir a torear lo cumplí hasta que se murió mi padre. Él no era hombre clerical, beato, de iglesia, pero sí muy creyente. Por respeto a él, que me acompañaba a las corridas, desplegaba mi altarcillo de estampitas, esas estampas que llevamos con nosotros los toreros. Y rezaba. Rezar, para mí, era como un hábito. Después de muerto mi padre, ale-

---

4   Durante toda la entrevista con Rosa Montero, Luis Miguel permaneció en la cama.

jé las estampas de vírgenes y santos diversos. Me acompañaba —concluía Luis Miguel— siempre solamente un Cristo. Tenía su porqué...»
«¡Dios! —me reconoce—, he ahí el gran tema que ha ocupado y ocupa gran parte de mis pensamientos. Quisiera encontrar la clave que me condujese a Dios. Sólo puedo llegar a la conclusión de que si Dios es el gran responsable de todo y no me ha dado la inteligencia suficiente para entender su misterio, es que no quiere que le corresponda. Y si Él no quiere, yo me aparto.»

Una de las veces que Gregorio López-Bravo trató de acercarle a la fe, le hizo ver que confiaba en ir al cielo: «Mira —le decía—, con todo lo que tú rezas y con todas esas cosas que te ves obligado a hacer políticamente que no debieras hacer, y que tú sabes, pero que tienes que hacer por hache o por be, te digo, Gregorio, que, si hay cielo, yo voy a ir antes que tú.» Y según cuenta Luis Miguel, el *Dominguín* de los ministros —como le llamaban a López-Bravo— le contestó: «A lo mejor tienes razón.»

Con su tono habitual, lleno de ironía y escepticismo, Luis Miguel presumió en uno de nuestros primeros encuentros: «Mira, Carlos, ¡cómo no voy a ir al cielo si estoy casado con una mujer que se llama Rosario, tengo un perro que se llama *Santo* y vivo en una casa que se llama "La Virgen"!»

La última voluntad de Luis Miguel

De su última conversación con Juan Antonio Vallejo ya nos ha quedado el compromiso con el amigo de rezar un avemaría todas las noches y la certeza de que su encuentro final fue el día más feliz de su vida. Vallejo-Nágera conoció bien la fe infantil que tuvo Luis Miguel y que, por circunstancias de la vida, había perdido. Opinaba —como psiquiatra— que Luis Miguel tenía traumas de infancia provocados por una equivocada educación y porque le tuvieron desde los catorce años explotándole para torear.

Inquieto por la falta de fe de su amigo, ya cuando era muy joven, Vallejo quiso que Luis Miguel hablase con el padre Laburu, un jesuita de prestigio que tenía fama por sus sermones. Luis Miguel me contó que el padre demostró poca mano izquierda al empezar por quererle suprimir el tic que Luis Miguel tiene en el cuello y que contribuye a darle su aire de suficiencia.

«Me sentó mal —me confiesa Luis Miguel— y, además, el

padre se puso a presumir de que entendía mucho de toros y de que había escrito un libro titulado *La psicología del toro bravo;* el caso es —continúa Luis Miguel— que perdí los estribos y le dije que como empezáramos a decirnos lo que no nos gustaba del otro y a quitarnos vicios, yo le iba a dejar en pelotas...»

—¿Eso le dijiste? —le pregunto.

—Así he sido —reconoce—. Me comía el mundo y a quien se me pusiera delante. Pero ahora sé que si hay un responsable de mis dudas es Dios, porque no me ha dado la claridad necesaria para asumirlo y comprenderlo. He conocido —insiste— a muchos hombres inteligentes que creían y a otros, tan inteligentes como ellos, que no creían. Por eso no lo entiendo. No sé si algún día saldré de estas dudas.

Mientras ese momento llega, Luis Miguel me revela su último deseo. Paseábamos por Sotogrande una mañana cálida del mes de mayo, camino del puerto. Con el primer hervor de la atmósfera, hablamos de «La Virgen» —su casa— y le dije que admiraba que se hubiera recluido allí hace tantos años, y que ahora entendía el secreto de su fascinación porque era precisamente allí donde yo le veía a sus anchas. Me contestó: «Y allí es donde quiero que me entierren.»

—¿Dónde? —insistí.

—En el cerro Estacahierros, que es el más alto de toda «La Virgen»; está justo enfrente de la casa y encima de la plaza de toros. Allí pensé hacerme la casa, pero quedaba muy lejos del pantano.

—¿Y has pensado en tu epitafio?

—Sí: «Aquí yace un hombre que no quiso morir.»

Peter Viertel, el «anti-Hemingway» de Luis Miguel

PETER Viertel vive en Los Monteros (Marbella), en una discreta casa de campo andaluza llena de sabor inglés. Desde 1960 está casado con la maravillosa actriz Deborah Kerr. Su relación con Luis Miguel se remonta a años antes, cuando un día Viertel llegó a su casa de París y se encontró con una carta de su amigo Ernest Hemingway, fechada el 18 de marzo de 1954 y escrita a bordo de un barco, el *SS África.* En ella, Hemingway le citaba en Chantaco, junto a San Juan de Luz, para desde allí viajar a Madrid con su chófer Adamo. En uno de los quince enloquecidos días que Viertel vivió en Madrid, Hemingway y él fueron a visitar a Ava Gardner que, víctima de un doloroso cólico nefrítico, guardaba cama en un hospital de Madrid. A su cabecera estaba Luis Miguel *Dominguín,* que entonces estaba retirado. Con él se fue Peter Viertel esa tarde a los toros, en lugar de Ava, a la que ya conocía de Hollywood, cuando estuvo casada con Artie Shaw.

A la salida de los toros, Peter Viertel recuerda haber visto por primera vez a Antonio Ordóñez, que iba acompañado de Carmina, su mujer. Según Peter, Luis Miguel y Ava hacían una maravillosa pareja. Recuerda que Luis Miguel llevaba en el coche a un mecánico llamado Mariano, por si pinchaban una rueda, y hablaba francés, por su largo romance con Annabelle Power.

Al día siguiente, Luis Miguel le invitó a un tentadero en El Escorial y le preguntó cómo se habían hecho amigos él y Hemingway. «Me sorprendió la pregunta —me reconoce Viertel—, pero pronto entendí el porqué. Me contó que le caía bien Hemingway pero que no se fiaba de él. "¿Por qué?", le pregunté, y me contestó: "Sí, ya sé que es un gran escritor pero tiene un ojo bueno y otro mal." Yo insistí en saber la razón de sus dudas y entonces me reveló que cuando me conoció, le preguntó a *Papa* por mí y la respuesta de Ernesto le decepcionó: "Peter tiene talento, pero probablemente nunca escribirá nada importante", le dijo Hemingway.»

«Esa noche —recuerda Peter— cenamos Ava, Luis Miguel y yo. Ellos trataron de combatir la contrariedad que me habían producido esas palabras de Ernesto. Luis Miguel llegó a decirme que, aunque los toreros consagrados también hacían comentarios despectivos sobre los más jóvenes, le había desilusionado que Hemingway hablara así de mí.»

Encuentro en la meca del cine

Peter permaneció en Madrid unos días más y acompañó a Luis Miguel a todas partes.

Con un espléndido castellano, lengua que domina y habla desde hace más de treinta años, Peter Viertel evoca en frases rápidas y precisas los encuentros y coincidencias con Luis Miguel, que les han llevado a ambos a mantener su amistad hasta hoy.

«Un día íbamos camino de su finca en Cuenca y me señaló las torres de las iglesias de cada pueblo, diciéndome: "Esto es lo que es nefasto en este país: la Iglesia. En España hay más curas que soldados y moscas."»

El escritor Peter Viertel conoce a Luis Miguel desde 1954. Vive en Marbella con su mujer, la delicada actriz inglesa Deborah Kerr (ambos, a la izquierda de la imagen)

En Hollywood, Peter Viertel le presentó a los actores y actrices de moda, como Joan Crawford —en la foto—, Jean Simmons, Stewart Granger, Liz Taylor y Merle Oberon

También recuerda Peter que en «Villa Paz» le oyó decir a Tamames una frase que le impresionó mucho: «No hay finca suficientemente pequeña en España para arruinar a su dueño.»

Pese a que su relación con Hemingway se había deteriorado, Peter regresó a San Juan de Luz con él, notándole tremendamente ilusionado por los toros y especialmente con Antonio Ordóñez.

Meses después, el teléfono del pequeño apartamento de Peter en Los Ángeles no cesó de sonar en todo el día; sus amigos le llamaban divertidos porque en el *New York Post* aparecía un artículo de Jane Falkenberg, columnista amiga de Luis Miguel, en el que Luis Miguel decía: «Peter Viertel está pensando dedicarse al toreo, para lo cual ha demostrado un gran talento durante su viaje a España.»

«Bromas aparte —sonríe Viertel—, el siguiente domingo, sobre las seis de la mañana, sonó mi teléfono y, al descolgar, oí caer varias monedas. La voz era inconfundible: Luis Miguel me llamaba desde Reno para pedirme que fuera a recogerlo al aeropuerto de Los Ángeles en dos horas.»

«Llegó —continúa Peter— pálido y exhausto, porque había ido a visitar a Ava a Reno, a casa de Howard Hughes, y habían discutido, poniendo fin a su romance. Bettina le preparó un reconfortante desayuno y como nuestro apartamento era muy pequeño, le alquilé uno para él en el mismo edificio.»

«El Canto» es una casa centenaria, situada encima de un hoyo del golf Río Real, a tres kilómetros escasos de Marbella y a apenas uno de la clínica Incosol. A sus setenta años, Peter juega al tenis todos los días, al golf todas las semanas (de vez en cuando con Sean Connery) y sale al mar a navegar en su barco. Cuando le visito, en agosto de 1994, no está Deborah Kerr porque no soporta el calor y se ha refugiado en su casa de Klosters, en los Alpes suizos. Pero Peter, amablemente, me deja tomar en mis manos el Oscar que la Academia de Hollywood le concedió a su mujer en 1994 por su brillante trayectoria. Pesa. Junto a él, una deliciosa acuarela reproduce el abrazo que Deborah y Burt Lancaster se dieron en el suave oleaje de una playa en *De aquí a la eternidad*. Peter me ofrece un whisky y continúa relatándome la estancia de Luis Miguel en Los Ángeles en 1954.

«Aquella noche cenamos en Chasen's con Robert Parrish y, nada más sentarnos, apareció Frank Sinatra. Luis Miguel, con su humor de siempre, dijo: "El mundo es un pañuelo."»

«La verdad es que Luis Miguel lo pasó en grande esas semanas que estuvo en Los Ángeles, porque cada día salíamos con actores conocidos y amigos nuestros. Conoció a Stewart Granger y a Jean Simmons, su mujer. Liz Taylor y Michael Wilding, su esposo, le llevaban a la playa, a bañarse, y le paseaban por los sitios más atractivos de Hollywood, aprovechando que no rodaban ninguna película. También conoció a Joan Crawford y a Merle Oberon. A esta última la invitó a comer y creo yo que tuvieron un breve *love affaire*.»

—¿Y cómo se desenvolvía Luis Miguel?

—Con mucha naturalidad y... ¿cómo se dice? Ah, sí, desparpajo. Recuerdo que alquiló un coche porque sin él en Los Ángeles no puedes hacer nada y un policía le arrestó por conducción peligrosa. También fuimos juntos a Tijuana a ver una corrida de toros donde los tres toreros —no sé quiénes eran— le brindaron un toro. Al volver a Estados Unidos no le dejaron pasar porque no tenía visado. Le metieron en la cárcel pero sólo estuvo unas horas, porque Luis Miguel pidió hablar con el presidente de la República, Miguel Alemán, y este dio orden de que le pusieran en libertad.

—¿Y no hizo cine?

—Creo recordar que hizo una prueba para una película. Sí... —duda—. Fue el director Bud Boetticher el que hizo toda una secuencia.

—¿Fue entonces cuando conoció a Miroslava, ¿verdad?

—Sí, claro. Esta chica estaba tratando de abrirse camino en Hollywood y se conocieron en casa de unos amigos nuestros; ella se enamoró de él.

Viertel, testigo del «verano sangriento»

—¿Cuándo os volvisteis a encontrar?

—De Los Ángeles, Luis Miguel se fue a Nueva York y de allí a La Habana a visitar a Hemingway. Meses después, Bettina y yo le visitamos en Madrid. Ya se había casado con Lucía Bosé y parecían muy enamorados: siempre estaban abrazados. Vivimos en su casa en la calle Nervión. Pocos días después vinieron a Madrid otros amigos míos que él había conocido en Hollywood: entre ellos, Irving Lazar, Lenard Hayward y Truman Capote, que se quedó muy sorprendido cuando se enteró de lo que significaba su apellido[5]. Lazar me contó que Lucía le reconoció que ella era comunista: «En el norte de Italia, todo el que es pobre es comunista», le dijo Lucía. Por cierto que Capote toreó una becerra en un tentadero que organizó Luis Miguel y lo hizo con quietud y valor.

—¿Pero tú viviste con él el «verano sangriento»?

—Sí, claro. Ya estuve con él en 1958 y le seguí en algunas corridas. Fue cuando su padre estaba muy enfermo. En esos días, le seguía una mujer maravillosa, creo que era venezolana y se llamaba... ¿Winkelmann? Sí... sí... Elena Winkelmann, pero él la llamaba *Nena*. Un día, yendo en su coche, después de torear me dijo: «He sido durante unos años un padre y un marido ejemplar, pero ahora soy un hijo de puta; no lo puedo evitar.»

—¿Cómo vivía Luis Miguel la tensión de las corridas?

—¡Ah!, muy relajado, sobre todo cuando la corrida había terminado. Antes prefería no estar solo. En el coche, mientras Teodoro conducía, Luis Miguel se dormía con las piernas sobre las rodillas de Domingo o con la cabeza sobre sus hombros. Domingo era su debilidad. A pesar de su aparente calma, Luis Miguel me contó en uno de esos viajes que, cuando se retiró, le tuvo que pedir a Teodoro que cada noche le sacara de paseo porque no podía dormir en su propia casa.

—¿Cómo era Domingo?

—Hacía todo por su hermano y era muy apasionado y brillante. Él me contó que cuando vino *Che* Guevara a Madrid le escondió en su casa.

—¿Notaste mucho cambio en Luis Miguel a raíz de la muerte de su padre?

—Sí. Cuando volví a verle en aquel verano, le noté decepcionado y preocupado; su padre, antes de morir, le había pedido que olvidara las cosas que Antonio Ordóñez había dicho de él y de los *Dominguín*. Antonio dijo que Domingo padre le había *cheated,* que es una palabra que en términos amables quiere decir «engañado» y en términos menos amables «timado o estafado». Creo que era otro Luis Miguel, más triste o sin alegría. Como decía su doctor, Manuel Tamames, «un hombre al que habían desprovisto de su juventud».

—Tu novela *Love lies bleeding* («El amor yace sangrando»), ¿se inspiró en Luis Miguel?

—Sí, claro. Además la escribí cuando se produjo la competencia entre Luis Miguel y Ordóñez, que yo seguí casi entera durante los meses de julio y agosto de 1959. En Granada nos encontramos a Lauren Bacall y cuando salieron Luis Miguel y ella a dar un paseo, al volver él, me dijo que «*Pato Donald* —como también llamábamos a la actriz— era una mujer encantadora». El problema de Lauren era, como te habrá contado Luis Miguel, cuando bebía.

—¿Tú te convertiste en el escritor de Luis Miguel y Hemingway en el de Ordóñez?

—Ernesto estaba enloquecido con Antonio y yo me hice muy amigo de Luis Miguel. Sí, es probable que así fuera, pero lo cierto es que las relaciones entre *Papa* y yo se enfriaron mucho. Nos encontramos un día en el hotel Reina Cristina de Algeciras, y quiso exagerar su relación con Antonio diciéndome que eran socios y que iban a medias en los beneficios de *Life*.

—¿Estaba celoso de vuestra amistad?

—Creo que sí; bueno, Luis Miguel lo creía y lo sigue creyendo. Me sorprendió leer en su reportaje de *Life* que Luis Miguel le había brindado un toro a Hemingway diciéndole: «Por nuestra amistad, que permanecerá siempre», porque no fue cierto. *Papa* era muy posesivo y ya estaba muy enfermo; además, cuando escribió sus últimas notas sobre *El verano sangriento* ya se había arrepentido del trato que le dio a Luis Miguel.

—¿Puedo preguntarte por la relación posterior que tuviste con Luis Miguel, ya una vez casado con Deborah Kerr?

—Sí, por supuesto. Nada más casarme con Deborah quise que esta viniera a España a conocer a Luis Miguel. Fue cuando nos brindó un toro en Bayona; nos hicimos muy buenos amigos y cada vez que podíamos íbamos a verle. Estuvimos en Alicante, también cuando reapareció, en 1971, cuando la alternativa de José María *Manzanares,* y como nos quedamos a vivir en Marbella, pues nos vemos y hablamos por teléfono a menudo.

—Sé que él ayudó a una hija tuya a resolver un problema. ¿Te importa contarlo?

—¿Te lo ha contado Luis Miguel?

—No; ha sido otra persona.

—Bueno, mi hija tuvo problemas con drogas, fue detenida en Colombia y la metieron en la cárcel. Le expliqué a Luis Miguel la situación y me dijo que no me preocupara. No sé muy bien cómo lo resolvió y con qué personalidades de Colombia habló, pero mi hija pudo «escaparse» en el traslado de una cárcel a otra. En una calle próxima la estaban esperando unos agentes que la llevaron directamente al aeropuerto y la subieron al primer avión para Europa. Le estaré siempre agradecido.

«Hemingway fue el premio Nobel del Plan Marshall»

A Luis Miguel no le cuesta nada evocar la figura y la personalidad de Ernest Hemingway porque su relación con el premio Nobel de Literatura que tanto contribuyó a la difusión internacional de España y de los toros —sus dos grandes pasiones— es relativamente reciente.

La inicial admiración mutua se convirtió en una difícil convivencia, ya que el «vedettismo» de ambos se impuso a otros factores. Cuando se conocieron, Luis Miguel era ya mucho ídolo y el escritor se equivocó al creer que este le iba a adular y a tratar con reverencial actitud.

Tras la pelea de Luis Miguel con Ava Gardner en la casa que Howard Hughes tenía en Lake Tahoe, Peter Viertel organizó para Luis Miguel una visita a Hemingway, que vivía en La Habana.

«Los primeros días juntos —recuerda Luis Miguel— transcurrieron en aparente calma; salíamos a navegar por el Caribe en su pequeño velero. Presumía Hemingway de haber hecho espionaje para los americanos durante la Segunda Guerra Mundial, informando de los buques y de la frecuencia con la que surcaban los mares. Hablábamos de España y de los toros. Ernesto seguía los acontecimientos taurinos a través de la revista *El Ruedo,* a la que estaba suscrito.»

Pero pronto empezaron los problemas: «Se pasaba el día hablando de sí mismo —continúa Luis Miguel—. No le importaba tu vida y tus inquietudes; sólo le interesaba si él era el protagonista. Era infantil y quería que todos le llamáramos *Papa.*»

Según Peter Viertel, «la visita de Luis Miguel a La Habana no se produjo en el mejor momento. Hemingway estaba acabando una novela y ya se sabe lo impertinentes que nos ponemos los escritores en ese caso. Además, Ernesto era un hombre vencido por el alcohol, del que abusaba desde por la mañana».

Luis Miguel me ha reconocido que se sintió incómodo desde el momento en que llegó a La Habana y que la estancia llegó a serle insoportable. «Su relación con la literatura —se queja Luis Miguel— parecía limitarse a hablar de cuánto ganaba: "Hoy he escrito 4.500 palabras, o sea, que he ganado tantos dólares."»

Pese a que la común pasión por la caza fue una útil complicidad inicial, la fantasiosa personalidad del escritor acabó por generar la incredulidad del torero, quien en una de nuestras conversaciones me reconoció: «Hemingway insistía en que yo me creyera su habilidad para matar búfalos con una lanza, metiéndose debajo de ellos para abrirles en canal. Algo prácticamente imposible. El colmo de mi asombro fue —y sonríe al evocarlo— cuando de vuelta a España, vía Nueva York, leí una entrevista a Hemingway en la que decía que yo había ido a Cuba a consultarle si debía volver a los toros. ¡Aquella fanfarronada fue demasiado!»

Esta difícil relación tuvo su colofón cuando Hemingway vino a España en 1959 con el encargo de la revista americana *Life* de relatar la competencia que, por expresa voluntad póstuma, organizó Domingo *Dominguín* entre su hijo Luis Miguel y su yerno Antonio Ordóñez. Cuenta Luis Miguel: «Hemingway se pasaba el día presumiendo de la intensidad de sus goces amorosos y, mirando a Mary, su mujer, nos contaba cuántas veces habían hecho sonar el colchón la noche anterior. ¡Y es que creía que todas las mujeres se morían por él! Mira, Carlos —insiste Luis Miguel queriendo zanjar el asunto—, Hemingway fue el premio Nobel del Plan Marshall y escribía de toros para americanas gordas. En fin, ¡que no habíamos nacido el uno para el otro!»

En su libro *El verano sangriento,* Hemingway define a Luis Miguel con estas palabras: «Luis Miguel resultó ser encantador, alto, moreno, sin caderas, con un cuello demasiado largo para un torero y con una cara seria y burlona que reflejaba desde el desdén profesional hasta la risa fácil. Antonio Ordóñez estaba allí con Carmen, la hermana menor de Luis Miguel. Era una mujer morena y bella, de lindo rostro y cuerpo estupendo. Estaban comprometidos para casarse ese otoño y en cuanto hacían y decían podía notarse lo mucho que se querían. Luis Miguel había salido listo y talentoso en todo, era un banderillero estupendo y lo que los españoles llaman un torero muy largo, es decir, que tenía un amplio repertorio de pases y de trucos elegantes; podía hacer cualquier cosa con un toro y matar bien.»

Sobre la estancia en Cuba de Luis Miguel, Hemingway hace en *El verano sangriento* una breve cita al hablar de su personalidad: «Tiene un carácter burlón y sarcástico, y mucho aprendí de él sobre infinidad de cosas cuando tuvimos la suerte de que se quedara un tiempo con nosotros en la finca, en Cuba. Es brillante, de palabra fácil, talentoso en muchos aspectos que no tienen ninguna relación con el toreo, y pertenece a una de las familias más inteligentes que me haya tocado en suerte conocer. Miguel —como le llamaba en confianza— era un compañero maravilloso y un anfitrión perfecto y me contó las cosas más tremendas que he oído tanto sobre la vida como sobre el toreo. Nunca las repetí y seguimos siendo buenos amigos.»

De su segundo encuentro en Madrid, en la primavera de 1954, Hemingway recuerda que Luis Miguel apareció en el hotel Palace con un aspecto horrible, ojeroso y cansado, porque había estado cuidando de Ava Gardner. «Fui a la clínica a verla y ella me contó lo bien que se había portado con ella», confesaba.

Pero la publicación en España de los escritos del premio Nobel de la competencia taurina y personal entre Luis Miguel y Antonio Ordóñez —por el que tomó decidido partido— causaría un lógico disgusto en Luis Miguel. El escritor murciano José Luis Castillo Puche ha relatado en un interesante libro los pasos de Hemingway en aquel verano de 1959 (el «verano sangriento») recordando que «Hemingway —ya enfermo y alcoholizado— inventó, fabuló y novelló toda una épica taurina, recreando una gigantesca gesta con el dramatismo y la barroca ambientación tan de su gusto. Sólo mucho más tarde —recuerda Castillo Puche— se daría cuenta de que todo había sido un montaje más publicitario que otra cosa; que él, su nombre, su fama, habían sido en realidad utilizados, pero tampoco es que a Ernesto le engañara nadie, sino que él mismo quiso autoengañarse, quiso vivir intensamente, ficticiamente, una gran tragedia…»

Es interesante revelar aquí que, según Castillo Puche y otros testimonios, el esfuerzo realizado por Ernest Hemingway siguiendo a los dos toreros por toda España y Francia en aquel verano fue la puntilla para su salud, para su estabilidad mental. En la primavera de 1960, Hemingway volvió a España para ultimar el reportaje y seleccionar las fotografías que le había reservado Emilio Cuevas, el fotógrafo cuya inicial dedicación a la fotografía taurina se debía a la generosidad de Luis Miguel. El pequeño y vivaracho *Cuevitas,* como le llamaba todo el mundo, me contó en una comida en el Café Gijón de Madrid: «Le regalé cien de las mil fotos que se quedó, cobrando por todas ellas 400 dólares en 1960, ¡un dineral! Lo encontré mucho peor desde la última vez que nos habíamos visto. Yo venía a verle al hotel Suecia y muchos días me daba plantón porque

Hemingway alimentaba con la sangre de Luis Miguel y de Antonio Ordóñez sus crónicas para la revista *Life*. Bayona, 15 de agosto de 1959

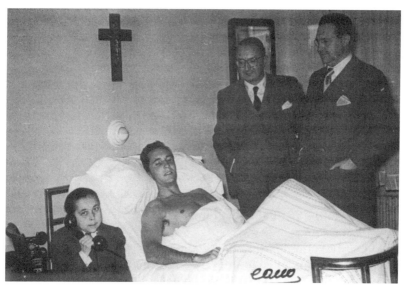

Don Marcelino atiende las llamadas que se interesan por el herido

no salía de la habitación.» «Cuando empezó a publicarse el reportaje en *Life* —recuerda Castillo Puche— su locura se precipitó. Se irritaba con un simple pie de foto y se agravó su sensación de haber sido utilizado, engañado; se acentuó su complejo de culpa por haber sido injusto con *Dominguín*.»

Hemingway se dio cuenta de que su publicación había servido únicamente para acabar de destruir su prestigio en España, ya que fue atacado por la ligereza y precipitación con la que juzgaba a *Manolete* y por haber dado crédito al montaje que los *Dominguín* habían hecho para llevar más gente a los toros y hacer ganar más dinero a los dos toreros. «Asustado —relata Castillo Puche—, exigió regresar a Nueva York en un vuelo nocturno para no ser reconocido y creía que el fantasma de *Manolete* le perseguía. Cuando salió de Madrid, Ernesto era un hombre destruido y vencido.»

A su regreso a los Estados Unidos, el 21 de octubre de 1960 envió un telegrama a la revista *Life* desde su casa de Idaho en el que decía: «Completamente injusto terminar relato sin mencionar grandes esfuerzos de *Dominguín* por rehabilitarse. En septiembre y en octubre lidió grandes toros en mayoría de actuaciones, con récords de público en Madrid, Barcelona, etcétera.»

Dos meses después de enviar este telegrama, el épico narrador americano ingresó en la clínica Mayo de Minnesota para ser tratado de sus trastornos mentales. El 2 de julio de 1961 se quitó la vida con una de sus escopetas favoritas: padecía diabetes, cirrosis, cáncer de piel y, sobre todo, crisis nerviosa, manía persecutoria y *delirium tremens*.

Peter Viertel me contó cómo recibió la noticia de su muerte: «Estaba en el hotel Du Palais de Biarritz cuando me llamó Art Buchald para decirme que Hemingway había tenido un accidente de caza. Salí de mi habitación para contárselo a Antonio Ordóñez, que se acababa de enterar, y me dijo: "*Papa* se ha ido. Mejor para él."»

Don Marcelino, pequeño gran hombre

DON Marcelino murió una tarde de invierno en Chicote, junto a los amigos de su tertulia. Fue una muerte dulce, que le sorprendió cuando removía con sus pequeñas manos un café. «Sufrió un derrame cerebral —me dice Agustín Arroyo, *barman* del histórico bar que tantos secretos galantes conserva—. Llamé a un taxi para que lo llevara a un hospital, pero ya ingresó cadáver.» Don Marcelino, como todo el mundo le llamó siempre, no hubiera diseñado para sí un final tan próximo a lo que había sido su vida, porque para un hombre como él —limitado físicamente, pero rico en inteligencia e ingenio— la compañía de una cotidiana tertulia compensaba tantas ensoñaciones imposibles y tantas pequeñas frustraciones.

Porque don Marcelino era un hombre pequeño, «normal pero a escala»; ningún signo externo evidenciaba malformación o deformación. Su cuerpo y extremidades eran solamente más pequeñas de lo normal. También su voz había sufrido los embates de algún tratamiento hormonal que le había dejado un tono algo aflautado y atiplado, como de pito.

Pero esta física descripción inicial del personaje exige ya la inmediata manifestación de su admiración y cercanía al Luis Miguel de los primeros años triunfales de su carrera. Tan afín era su personalidad y vivencia al mundo de Luis Miguel que su presencia ya está inmortalizada en la fotografía tomada en la habitación del hotel donde Luis Miguel se está vistiendo de torero la tarde del 2 de agosto de 1944. Allí están Domingo *Dominguín* y sus hijos; Domingo Ortega, Marcial Lalanda y delante, con su traje de pantalón corto, don Marcelino, que tiene en su mano izquierda un cigarrillo y al que don Domingo pasa su mano derecha por el hombro. Detrás se ve a José María de Cossío, el académico y escritor.

Don Marcelino fue el más fiel seguidor de Luis Miguel y uno de los más curiosos personajes que este ha conocido en su vida. No se vestía de adulto, sino que prefería disimular su escasa talla pareciendo un niño y de ahí que optara por el pantalón corto y calcetines de media caña, como si fuera un colegial. Pero don Marcelino no era enano; a los ocho años una enfermedad de la hipófisis detuvo su crecimiento. En su familia todos tenían una estatura normal.

Marcelino Cano había nacido en el pueblo toledano de Madridejos en una casa acomodada, en la primera decena del siglo, de modo que cuando seguía a Luis Miguel por todas las plazas, tendría unos cuarenta años. Según Pepe *Dominguín,* «don Marcelino tenía superado cualquier complejo que pudiera derivarse de su pequeña estatura y de su aspecto extrañamente aniñado».

Se vestía —según me contó Luis Miguel— con trajes del mejor

paño y por supuesto «a medida» y si no se fijaba uno bien pasaba por un espabilado muchacho.

Prueba de su capacidad intelectual es que había ganado plaza como funcionario del Ministerio de Comercio, donde cuidaba de la biblioteca el tiempo libre que le dejaba su pasión por ver torear a Luis Miguel en todas las plazas; hasta tal extremo llevaba esta obsesión que, según cuentan, la llegada de un nuevo ministro de Comercio —al parecer Alberto Ullastres— impuso severas medidas de control de asistencia y horarios, y esto le animó a pedirle a Luis Miguel que llamara al ministro para que le eximiera del rígido celo laboral. «¡Qué se habrá creído este!», gruñía don Marcelino en su cotidiana partida de póquer en el Círculo de Bellas Artes.

Fumador de puros de generosas dimensiones, noctámbulo, jugador y juerguista, don Marcelino viajaba siempre en el coche de Luis Miguel junto con Teodoro, el chófer, aprovechándose de sus pocas dimensiones y de la ligereza de su equipaje. Pero también porque conocía la debilidad que el torero sentía por él. Como hecho curioso, que se mantuvo muchos años, sólo Luis Miguel y su hermano Pepe le tuteaban, mientras que Domingo, padre e hijo, seguían tratándole de usted.

Las anécdotas que ilustran su relación con Luis Miguel y sus hermanos son numerosas y todas presididas por un cierto morbo. Se cuenta que Luis Miguel le utilizaba con generosidad en su juergas invitándole a compartirlas porque, además, le encantaban las mujeres.

En otra ocasión, Luis Miguel toreó una becerra en la finca que en Zamora tenía —y sigue teniendo— el marqués de Villagodio con don Marcelino en los hombros y, cuando este más confiado estaba en las alturas, Luis Miguel se arrodilló, provocando el pánico y la indignación del pequeño hombre que, con su voz aflautada y chillona, insultaba a su ídolo. Era muy mal hablado y —según Luis Miguel— «tenía muy mala leche».

Una tarde, paseando por la Gran Vía de Madrid, el ruido del tráfico impedía que Luis Miguel oyera las palabras de don Marcelino, por lo que —ni corto ni perezoso— optó por cogerle en brazos y decirle: «Venga, ¿qué me estabas contando?», a lo que don Marcelino replicaba, intentando zafarse: «¡Oye, tú, que van a pensar que somos maricones!»

Pese a las apariencias y conociendo la ironía y el sarcasmo del que Luis Miguel y su familia han presumido, don Marcelino no era el bufón de Luis Miguel pero aguantaba con humor y estoicismo muchas de las bromas de que era objeto. Un día, paseando por la calle, con su pantalón corto y fumando un gran habano, dos niños se cruzaron con él y le gritaron: «Niño, que no se fuma.» Esta anécdota le encantaba a Picasso, que obligaba a sus amigos españoles a contarla una y otra vez.

Pepe *Dominguín* cuenta con ingenio que al final de la Guerra Civil fue designado por los vecinos de su pueblo miembro del jurado encargado de la depuración de los habitantes del lugar que, procedentes de la zona roja, volvían a su hogar.

A Domingo hijo le encantaba contar que don Marcelino siempre preguntaba a los que estaban en edad militar: «¿Y tú dónde estabas el 28 de julio de 1936?», fecha en la que en el pueblo se habían producido algunos desmanes por parte de las fuerzas milicianas. Y con extraña unanimidad, todos los mozos —avisados— respondían al requerimiento con esta ingenuidad: «¿Yo? Segando en Tembleque.»

Cuenta Domingo que, cuando hubo terminado de interrogar al último de los mozos, don Marcelino se puso en pie y golpeando la mesa exclamó: «Joder, ¡qué buena cosecha hubo ese año en Tembleque!» Y sin dudarlo decretó: «Todos los segadores de Tembleque, a la cárcel.»

Cuando Domingo le reprochaba su colaboración en la represión de la posguerra, don Marcelino replicaba: «Por mi favor y decisión no se fusiló a nadie en mi pueblo; además, ¡qué coño! Usted ha matado más rojos que yo. ¿O es que ya no se acuerda de que fue voluntario en la segunda Bandera de Castilla?» Y el alegato terminaba con esta curiosa invectiva: «¡Falangista fracasado!»

A don Marcelino no había quien le callara cuando se enfadaba y tomaba siempre a Domingo como objeto de las contradicciones de la vida: «Valiente comunista es usted —le decía—. Para en los mejores hoteles, viste como un príncipe y come de lo más caro, caviar, champaña, coñac francés y se fuma unos habanos que Dios tirita.» Pepe relata que la réplica de Domingo no se hacía esperar: «¿Pero quién le ha dicho a usted que el estómago de los marxistas y el paladar del pueblo sean diferentes al de ustedes los fachas? ¿O es que esa forma de vida está reservada únicamente para las clases capitalistas y privilegiadas? No joda, don Marcelino.»

Como muchos de los amigos de Luis Miguel, también conoció a Picasso, que le ofreció pintarle un retrato. Claro que, después de ver la anarquía de su método de trabajo, renunció a quedarse en su casa, «ya que —dijo— un día me pintaría un ojo, al otro un brazo, y yo era un funcionario y como mucho podía solicitar un mes de permiso». Don Marcelino quiso convencer al pintor de que viniera a España, pero Picasso le dijo que sólo iría si permitían entrar a su peluquero, que tenía algunos viejos delitos que no le iban a facilitar su estancia.

Como compañero de Luis Miguel, don Marcelino fue testigo de muchos de sus amoríos y noviazgos y en más de una ocasión fue él quien disuadió a las mujeres de seguir con el torero, aunque nunca fue su confidente.

Y tantos amigos...

PERO la vida de Luis Miguel, con todo su azar y su brillantez externa, no hubiera sido igual sin la amistad, que él tanto valora, de Gabriel Aguirre y su mujer, María Natividad Fernández Cobaleda, hija del ganadero Atanasio Fernández, en cuya finca salmantina de «Campocerrado» Luis Miguel pasó largas temporadas de invierno. La amistad, casi fraternal, con Gabriel está repleta de encuentros, de coincidencias y de complicidades, que ambos evocan hoy con complacencia.

Otro gran amigo de la intimidad de Luis Miguel es Juan Antonio Gamazo, conde de Gamazo —*Toñales* para los amigos—, que sigue fiel a su cita anual en «La Virgen» o en Sotogrande.

Alfonso Zurita ha heredado el cariño que Luis Miguel sintió por su tío Domingo Calderón y aún hoy fomenta su adormecida pasión cazadora.

Amigas entrañables son desde muy jóvenes Blanca y Victoria Velayos; como lo son también Eduardo *(Teddy)* y Juan Manuel *(Johnny)* Sainz de Vicuña —este además es su cuñado, pues está casado con Fernanda Primo de Rivera—. La vida ha puesto a prueba el valor de esa amistad.

Miguel Primo de Rivera y Luis Miguel se conocen desde jóvenes y el gusto compartido por la vida galante y cazadora les ha unido siempre pese a la diferencia de edad —ocho años—. El torero siempre vio en el duque de Primo de Rivera más un afín que un rival.

Amigos son Javier Letamendía, Alberto Elzaburu y su mujer

Tentadero en «La Companza»: un joven Andrés Fagalde se dispone a torear.
Atentos, Luis Miguel, su padre y el doctor Tamames

Con sus amigos Miriam Figueroa y *Toñales* Gamazo, conde de Gamazo

Lula Marroquín, y Andrés Fagalde, cuyo hijo, Nacho, lo es también de Miguel Bosé. Por él siente Luis Miguel una muy especial y sincera admiración. Sagrario Parrilla ha estado a su lado en casi todos los momentos difíciles de su vida y la quiere con sincera amistad. En América tiene también grandes amigos: Hernando Santos, propietario del periódico *El Tiempo* de Bogotá, y Gustavo Molina, hijo de Carlos Molina y editor de *Segunda Mano* en Medellín. Y los Eleta en Panamá: Fernando, que fue ministro de Asuntos Exteriores, y Carlos, compositor ocasional de una de las canciones más tristes y románticas —«Es la historia de un amor, como no hubo otro igual…»—, dedicada al gran amor que su hermano sintió por su mujer, que murió al dar a luz a su primer hijo. De México permanece la gran amistad con la familia del ex presidente Miguel Alemán y con Emilio Azcárraga, principal accionista de Televisa.

Y, por supuesto, Amancio, su primo querido, que fue su primer mozo de estoques y al que siempre ha estado tan unido por su afición a los galgos, al campo y a la caza. El 16 de octubre de 1946 es la fecha clave que sella una lealtad: ese día ardía el taller de carros que Amancio había montado con su padre en Quismondo. «Esa misma tarde —recuerda Amancio—, nada más terminar su corrida en Zaragoza, Luis Miguel me llamó para decirme: "Amancio, ya sé lo que os ha pasado al tío Mariano y a ti. El viernes estoy en Madrid." Y vino, nos vimos en "La Companza" y me dijo: "Haz una lista con lo que necesites. Aquí tienes un talón del Banco Zaragozano de la calle Alcalá. Compra lo que tengas que comprar y a trabajar, y si quieres más, dímelo." Nos dio 225.000 pesetas y gracias a él —se emociona Amancio— salimos adelante.»

Con Amancio también iba Luis Miguel al cine —juntos vieron en el Capitol *Robín de los bosques*— y cuando hacía fiestas en «La Companza» para homenajear a sus invitados y Amancio —por discreción— no aparecía, Luis Miguel le reprochaba su ausencia diciéndole: «Yo no sabía que tú fueras un invitado.»

Y no puedo olvidarme de Teodoro, su chófer, muerto hace pocos meses en su casa de Quismondo, edificada gracias a los millones de kilómetros compartidos con Luis Miguel al volante de aquellos Hispano Suiza, Cadillac, Buick, Chevrolet y Mercedes con los que vivió los crispados momentos previos a las corridas, la euforia posterior y las largas noches en vela por aquellas carreteras de la España de los años cuarenta, cincuenta y sesenta. A Teodoro, como a Epifanio Rubio *(el Mozo)* —su picador de confianza—, fue a verlos Luis

Miguel en julio de 1994, cuando pasó unos días en Madrid. *Mozo,* como le ha llamado todo el toreo, entró de «guarrero» en «La Companza». Un día le preguntó Luis Miguel que si sabía montar a caballo porque le ofrecía ir con él de picador. Desde ese día, más de dos mil toros picados en los ruedos de España, Francia y América. Hoy, *Mozo* se recupera de un contratiempo vascular sufrido hace tiempo.

Y está también el ya fallecido don Servando, administrador personal de Luis Miguel y que conocía todos los secretos de su economía, hasta el extremo de que a su costa, su amigo Juan Benet hará la broma de decir: «Luis Miguel no tiene un duro. Todo lo que tiene es de don Servando, pero como don Servando es de su propiedad...»

Del mundo de los toros, la amistad con Antonio *Bienvenida* tuvo los mejores matices y duró hasta su absurda muerte. Por Rafael Vega de los Reyes *(Gitanillo de Triana)* sintió debilidad, y admiración por Domingo Ortega. Entre los ganaderos, Luis Miguel no olvida el afecto y respeto que sintió por tres ilustres criadores del campo charro: Atanasio Fernández, Antonio Pérez y Juan Martín —«el de Carreros»—, en cuyas fincas se hizo torero y hombre. Con Samuel Romano Flores tiene Luis Miguel una especial amistad, y con Álvaro Domecq ha compartido toda una vida de pasión por el toreo y el toro.

La amistad con Antonio *Bienvenida* selló la que siempre hubo entre las dos históricas dinastías. En la imagen, con Antonio *Bienvenida, el Papa Negro,* Rodolfo Gaona y su hermano Domingo

De los toreros posteriores a su ciclo taurino, Palomo *Linares* ha sido uno de sus principales admiradores y en el espejo de su casta se ha mirado para ser una figura en el mundo de los toros. José María *Manzanares* le respeta con sincera admiración, lo que no impide que le imite a la perfección, para regocijo del propio Luis Miguel. Juan Antonio Ruiz *(Espartaco)* le considera «el maestro» y siempre ha buscado su orientación y apoyo. En su honor, el hermano menor del torero fue bautizado con el nombre de Luis Miguel. También Vicente Ruiz *(el Soro)* ha buscado su sabiduría y, en agradecimiento a su consejo, una de sus hijas fue apadrinada por Luis Miguel y Rosario, que visitaron Foyos, el pueblo natal de *el Soro,* entre la curiosidad y admiración de sus paisanos. También es Luis Miguel padrino de uno de los hijos de Palomo *Linares* y su mujer, Marina Danko.

Su última espada la usa *Espartaco.*

5

un hombre de mundo

Luis Miguel y Franco

EL jueves 19 de septiembre de 1946 la plaza de toros de Las Ventas presentaba un lleno hasta la bandera. Se celebraba la Corrida de la Beneficencia y en el cartel figuraban *Manolete* y Luis Miguel *Dominguín,* a los que acompañaban el rejoneador Álvaro Domecq y los matadores *Gitanillo de Triana* y Antonio *Bienvenida.* Corrida de lujo y de enorme expectación.

En el palco real presenció la corrida el jefe de Estado, Francisco Franco, al que todos los toreros brindaron un toro con elogiosas palabras.

Luis Miguel *Dominguín* tenía veintiún años cuando, con el estoque y la muleta en la mano izquierda y el paso decidido y elegante, se dirigió al palco real, donde se detuvo. Con la mano derecha se quitó la montera y elevándola hacia el palco, donde se encontraba Franco, su esposa Carmen Polo y los jefes de la Casa Civil y Militar, dijo: «Hoy todo el mundo está aquí pendiente por saber cuál es la mejor muleta de España y la mejor muleta de España la tiene su excelencia...»

De montería con Franco

Sólo la distancia y la peculiaridad del régimen que España tuvo entre 1939 y 1975 permiten ejercer la comprensión de las conductas y de las connivencias entre los ciudadanos y Franco. Pero para quienes durante años sintieron en su carne el rencor al dictador, bien por ideología o porque sufrieran en sí mismos la dureza de la represión, los españoles se dividieron en franquistas y antifranquistas, identificándose los primeros como quienes justificaban, apoyaban y comprendían la actuación del Régimen y de su cabeza visible. En este sentido, Luis Miguel fue considerado un «franquista» y como tal le han calificado muchos contemporáneos suyos y especialmente quienes más trataban a su hermano Domingo, que era comunista y colaboraba activamente con las iniciativas del entonces clandestino y repudiado Partido Comunista de España.

Luis Miguel es, en los finales de los años cuarenta y durante toda la década siguiente, la máxima figura del toreo. Su nombre y su personalidad superan cuantas pruebas ha de pasar quien quiera ascender en la escala social. Su compañía se la disputan aristócratas y militares, terratenientes y damas ilustres y elegantes de la mejor sociedad. Es el hombre de moda cuya fama crece a medida que se conocen sus cualidades, su inteligencia y brillantez en la conversación, su osadía desafiante en los ruedos y su éxito con las mujeres. Pertenece a una familia ya conocida del mundo de los toros y tiene esa vitola añadida de ser un torero de dinastía.

La España de los años cuarenta no daba muchas opciones y Luis Miguel no tuvo duda alguna respecto a dónde estaba su conveniencia. En casa hay un hermano, Domingo, que después de haber sido falangista y seguidor de José Antonio Girón ha encontrado en el comunismo la utopía y el idealismo que todos llevamos dentro.

Además de estar muy a bien con el Régimen, Luis Miguel tenía una cualidad —o defecto, según se vea— que le hacía especialmente atractivo y que le ha salvado a los ojos de muchos: su cinismo. Porque —y esto se ha destacado poco en su biografía— la impertinente, cínica y atractiva personalidad de Luis Miguel lo mismo seducía a Franco con sus chistes y su compañía brillante en monterías, que a Picasso, Hemingway o al propio Jorge Semprún, que no eran personas adictas al Régimen, precisamente.

Como con otros personajes de la época, Luis Miguel cazó con Franco, brindó toros a ministros y, en nombre de la España «oficial», trató de seducir a todas las actrices de cine que pisaban nuestra tierra. Pero, al mismo tiempo, «protegió» la clandestinidad de su hermano comunista, ayudó a Jorge Semprún a volver a España, trató a Picasso íntimamente y quiso que su obra y él mismo volvieran a España, presionando al Régimen para la recuperación de uno de los más grandes artistas españoles de todos los tiempos.

Hoy sé que Luis Miguel «arreglaba» cualquier problema o situación causada por Domingo; también, que cuando en 1956 detuvieron a los estudiantes envueltos en la rebelión contra el Régimen, sus reiteradas llamadas al ministro del Interior evitaron alguna paliza a los encerrados en la Puerta del Sol, entre ellos a Ramón Tamames, hijo de su médico, Manuel Tamames, al que él ya había protegido en los años cuarenta, convirtiéndolo en su inseparable médico personal y borrando así su «pasado» republicano, por el que había estado un año en la cárcel. «Luis Miguel —me cuenta Carmen Prieto Castro, mujer de Ramón Tamames— consiguió visitar a Ramón en la Dirección General de Seguridad (DGS) después de nueve días de incomunicación y se portó siempre muy bien con él. También recuerdo —añade— que cuando tuvo que pedir un certificado de penales, Luis Miguel llamó a Camilo Alonso Vega para que no hubiera problemas.»

Probablemente fue en la Corrida de la Beneficencia de 1946 cuando Franco conoció o trató al menos —por primera vez— a Luis Miguel y, desde entonces y con cierta regularidad, solía invitarle a cazar, porque Luis Miguel era ya una reputada escopeta. Según me ha contado él mismo, las cacerías solían ser en la finca que los hermanos Calderón tenían en Torrijos, en la provincia de Toledo. Allí se reunían los más afines a Franco, como su hija Carmen y su yerno, el marqués de Villaverde; su médico personal, Vicente Gil, y el general Agustín Muñoz Grandes.

Después de las cacerías, ya en los salones, era cuando Luis Miguel desplegaba todo su encanto, controlando perfectamente su entonces notable insolencia y atrevimiento, contándole a Franco todo aquello que quienes le rodeaban no osaban siquiera insinuar. A Franco este trato le encantaba, pulsando así —a través de Luis Miguel— por dónde circulaba la ironía y la realidad del país.

Pero sobre la política, sobre Franco y la oposición antifranquista, y en general sobre el poder, Luis Miguel ha hablado varias veces, ha escrito algunas cosas y ha comentado conmigo sus impresiones que son, sin duda, testimonios de su inteligencia, de su claridad de ideas y de su cinismo, que a fin de cuentas es una atractiva versión de la inteligencia.

—Siempre he creído —me dice— que lo peor de la política son los políticos y a mí, particularmente a mí, no me interesan ni ellos ni la política. En relación con esto recuerdo que en cierta ocasión y en mi presencia, Franco aconsejó a uno de sus ministros: «Fulano, haga lo que yo, no se meta usted en política.»

—Pero esa es una declaración cínica y difícilmente defendible en un hombre que fue jefe de Estado durante casi cuarenta años y que dejó el poder por muerte natural.

—Es probable, pero yo quizá soy un anarquista convencido y si estos respetasen a sus semejantes serían perfectos. También es probable que yo sea un frívolo y que eso me haya permitido ser amigo de dos de las personas que yo más he respetado: Franco y Picasso. Y para mí no hay graduaciones en la amistad, en la admiración o en el amor. Yo —y lo digo hoy, en 1994— admiré, respeté, fui amigo y, en consecuencia, quise a Franco y a Picasso.

—Y tu hermano Domingo, ¿qué pensaba de esta relación?

—Un día me llevé a Domingo a una cacería con Franco. Me costó, pero al final le convencí y vino, y al volver a Madrid, me dijo: «Pues es un hombre normal.» Pero en general —rectifica— Domingo y yo nunca hablábamos de política.

—Pero tú conocías su implicación con los comunistas, su amistad y protección de Jorge Semprún, Ricardo Muñoz-Suay, Javier Pradera, Enrique Múgica... ¿Te causó eso incomodidad personal o política?

—Ninguna. Sí me pudo afectar personalmente en cuanto que Domingo era muy generoso y disparatado, lo cual produjo que, a veces, parte de mis honorarios se destinaran a financiar actividades culturales o benéficas propiciadas por él. Sin embargo, a mí la militancia de Domingo no me perjudicó, entre otras cosas porque yo no lo hubiera tolerado.

—¿Es cierta la anécdota que se cuenta según la cual Camilo Alonso Vega te preguntó cuál era de los tres hermanos *Dominguín* el comunista y que tú contestaste: «Los tres», lo que, dicen, provocó la carcajada de Franco?

—No, no es cierta, totalmente. Yo sé que se ha contado así y que la frase es brillante, pero fue Pepe Sanchiz, que era tío de Cristóbal Martínez-Bordíu, quien, después de una montería, me preguntó: «¿Cuál de los tres *Dominguín* es el comunista?» Y lo que yo le contesté fue: «Domingo es el comunista, Pepe es el moderador y yo el franquista; pero, si todos los franquistas fueran como tú y todos los comunistas como mi hermano, yo sería comunista.»

—Me gusta más la otra versión, pero esta es muy fuerte para el tal Sanchiz.

—Sí, era uno que estaba siempre junto a Franco y uno de los que se beneficiaron del Régimen. Franco, que estaba delante, le dijo: «Pepe, ya te he dicho que andes con cuidado con Luis Miguel, que tiene una boca...»

Los chistes de Luis Miguel

—¿Y tú le contabas los chistes a Franco?

—Sí, claro. La gente se cree que los personajes importantes son distintos y que no ríen, ni lloran y esto no es verdad; son como todos. A Franco le divertía que le contara chistes sobre su persona.

—¿Y le contaste aquel que le regalan un elefante o una tortuga y lo rechaza porque dice que viven muchos años y se les coge cariño?

—No me acuerdo, pero supongo que sí. Serían los chistes que se contaban entonces. Sí recuerdo que cuando lo hacía, los generales y los ministros que le acompañaban enmudecían, estaban violentísimos. A medida que el chiste avanzaba, podía masticarse el pesado silencio. Al final sólo se oía una risita apagada. Era la de él. Entonces comenzaban a reír los temerosos acompañantes. Franco, como buen gallego, tenía un gran sentido del humor, como el de Wenceslao Fernández Flórez, Valle-Inclán o Julio Camba.

—¿Y hablaste con Franco del Régimen y de su evolución?

—No. Yo no me metía en esas cosas; lo que sí hacía era proponerle asuntos que eran buenos para España y su imagen.

—Pero, ¿qué te hizo amigo de Franco?

—La caza.

—¿Y te sentías cómodo con él?

—Por supuesto. Franco tenía una mirada de águila, ponía cara de póquer. Observaba cómo comía y me sorprendía que aun en esos momentos moviese sólo los músculos estrictamente necesarios para comer. Sólo sus ojos se movían continuamente, de un lado a otro.

—¿Y él contigo? ¿Crees que estaba cómodo?

—Yo creo que sí, porque me veía como a un joven sano, extrovertido, que decía todo lo que se le ocurría. Me veía espontáneo, sin ánimo de especulación. Yo era en sus reuniones un ejemplar raro, una excepción.

—¿Y tú recuerdas alguna frase, alguna opinión suya?

—Franco jamás emitía una opinión en público, como no fuese de cosas de caza o pesca. Franco era el silencio. Bueno —duda—, en cierta ocasión, estando en una cacería en casa de Domingo Calderón, ocurrió una curiosa anécdota. Al volver de cazar, Franco, como era su costumbre, se retiró a cambiarse para cenar. Yo hice lo mismo y cuando llegamos al lugar donde se iba a servir la cena, le encontré hablando con Camilo Alonso Vega, entonces ministro de la Gobernación. Les pedí perdón y, cuando me retiraba, Franco dijo: «Pasa, pasa, Luis Miguel, ven aquí.» La conversación entre ellos continuó con toda naturalidad y Franco le dijo: «Olvídate, Camilo, de eso... de tiros y de fusilar. ¡Eso se ha terminado! Al enemigo hay que traerlo y sentarlo aquí en las rodillas, si fuese preciso. Es decir, quiero tenerlo cerca de mí.»

—¿Era tan frío como dicen?

—Sí, pero porque le obligaba su cargo. En realidad era cariñoso, simpático, silencioso y con su genio.

—¿Y alguna vez disparaste junto a él?

—Sí. Franco había comenzado a tirar tarde y llegó a ser una escopeta magnífica, hasta el punto de codearse con los grandes: Teba, Villabrágima, Pepe Ramón Mora-Figueroa, Pepito Manzanedo... Un día, me tocó colocarme en un puesto al lado suyo y tiré muy mal. Yo era buen tirador pero desigual. Iba y venía, pasaba alguna noche sin dormir y eso repercutía en la puntería, así que un poco para justificarme le dije: «Excelencia, no sé qué me pasa. Pero hace tres días que no mato una perdiz...» Y me respondió con calma: «Porque tiras a darles. Estás obsesionado y tiras a matarlas. Tú dispara tiros sin intención de matarlas y verás el resultado. Despreocúpate y ten la seguridad de que aciertas...»

—¿Es verdad que Lucía estuvo a punto de pegarle un tiro?

—Sí, creo que fue en una cacería en casa de los «Calderones», que les dieron el puesto de retranca a ella y a Marita Blasco; tiraban a todo lo que se movía y cuando se dieron cuenta, habían cobrado tres o cuatro perdices y habían estado a punto de pegarle un tiro a Franco. Cuando terminó la cacería, Franco les dijo: «No os preocupéis. Ya sabía que estabais ahí, pero aunque nos cayeron algunos

Con Franco en la finca «Al Cubillete». 2 de enero de 1949

El presidente de Ecuador, Galo Plaza, recibe a Luis Miguel en Quito, en 1950

perdigones cerca, sois las dos tan malas que me consta que ni aposta me ibais a pegar.»

—¿Y le gustaban los toros?

—No era aficionado pero sí le distraía ir a la Corrida de la Beneficencia y verlos por televisión. Lo que tiene gracia es lo que me contestó una vez —creo que fue la primera vez que fui invitado a una cacería— cuando le dije: «Excelencia, usted sabe que todos los españoles —menos usted— han querido ser toreros en algún momento de su vida.» ¿Y sabes lo que me contestó?

—No.

—«Te equivocas, Luis Miguel. Yo también quise serlo.»

—¿Te trataba de usted o de tú?

—Al principio me hablaba de usted, pero en seguida me tuteó.

—¿Y fuiste alguna vez a El Pardo a ver cine? Porque se decía que le encantaba el cine. Bueno, si dicen que llegó a hacer el guión de *Raza*...

—Sí, un domingo, al acabar la cacería me dijo: «Luis Miguel, a lo mejor te gustaría venir al cine mañana. Me han traído una película muy interesante.» Estuve, claro, y además estaban Carmen y Cristóbal, y el tío de este, Sanchiz.

—¿Y recuerdas la película que viste?

—No esperaba conocerte —contesta sonriendo, en una ágil respuesta de las suyas, y relacionada con mi buena memoria y con mi interés por esos detalles históricos.

—Luis Miguel, ya sé que tú has contestado a todo sin problema alguno, pero ¿te importa decirme, para concluir con Franco, cuál es tu opinión sobre él?

—No me importa. Para mí fue un gran hombre, un gran político. El más inteligente de toda una generación de españoles. Quizá su gran error fue que el franquismo debía haber durado diez años menos.

—Y por último: ¿el régimen de Franco te ha condecorado?

—Sí. Tengo la Gran Cruz de Isabel la Católica por haber organizado y participado desinteresadamente en la corrida de toros a beneficio de los damnificados por el terremoto de Quito. Fue en 1950 y conseguí que se lidiaran toros españoles, de Juan Pedro Domecq, Atanasio Fernández, Pedro Gandarias y algunos más, donados por Franco y el Gobierno español. Fue un éxito tal que el presidente de la República del Ecuador, que era amigo mío, Galo Plaza, también nos condecoró a Pepe y a mí con la Orden Nacional al Mérito.

Luis Miguel y el poder

Pertenece Luis Miguel *Dominguín* a ese género de ciudadanos del mundo que ellos mismos simbolizan el poder; y para ejercerlo, les ha bastado demostrar su personalidad en cuantas actividades han brillado, ya sea en su profesión o en su conducta pública. Hijo de un hombre que desde muy abajo alcanzó influencia y poder en la fiesta durante la República y que lo consolidó después de la Guerra Civil, Luis Miguel surge a la popularidad en pleno idilio de las masas con *Manolete* y en el momento en el que el Régimen de Franco empieza a sembrar las bases de su identificación con España y con un proyecto de reconstrucción nacional. Los *Dominguín* son un clan en el que, todos para uno y uno para todos, cada pieza juega un papel fundamental. Y son un clan porque este concepto implica poder, y es en esto en lo que se diferencian de otras dinastías, en las que la unión sanguínea no ha ido acompañada de poder real.

Uno de los hermanos de Luis Miguel, el mayor —Domingo—, fue comunista en una época en la que serlo tenía sus riesgos y graves inconvenientes. Su casa familiar de Príncipe, 35, era el refugio del historial y de la tradición taurina, pero con el tiempo, la casa de Domingo, en Ferraz, 12, se convertiría en la tierra de asilo para quienes no olvidaban la derrota en la Guerra Civil y creían en un proyecto global y solidario para el hombre, de inspiración internacionalista. En Ferraz «vivió» muchos años Jorge Semprún, enviado por el Partido Comunista de España en el exilio, para —bajo la distinta personalidad de *Federico Sánchez, Agustín Larrea* o *Jacques Mornard*— coordinar toda la política de oposición al franquismo en los ambientes culturales y universitarios.

Pero el toreo es —en general— un mundo de valores conservadores y para quienes están integrados en él —empresarios, ganaderos, toreros y subalternos— la conveniencia pasa por un buen entendimiento con quien detente el poder político, económico y social. Durante sus primeros años de alternativa, Luis Miguel se convirtió en el torero favorito del Régimen, y si *Manolete* fue un ídolo popular, símbolo de la España triste de la posguerra, Luis Miguel pronto se erigió en el representante de las «castas» que ganaron la contienda. Fue entonces un mito popular o, como ha escrito Rosa Montero, «el maldito mimado de la *jet* de entonces... el *play-boy* soberbio del Régimen, la oveja negra prohijada por la aristocracia y los ministrables franquistas, la amoralidad controlada, la fantasía cínica dentro de un orden».

Todo lo que en *Manolete* sugería la sordidez famélica de la España hambrienta, en Luis Miguel era el del lujo y la brillantez de la España privilegiada. Y si el triunfo del *Monstruo de Córdoba* era el de la España de Franco, el de Luis Miguel era el de la España de siempre, la del latifundio, el saber vivir, la caza y los placeres. Las diferencias entre ambos poderes llegaron hasta el mundo de las mujeres, porque si el pobre *Manolete* acabó enamorado de una oscura muchacha de Madrid, que frecuentaba los ambientes galantes de la Gran Vía madrileña, Luis Miguel pronto encontraría entre las mejores bellezas de la clase alta su particular ambiente y se convertiría en un codiciado y apuesto galán, aunque él se encargara pronto de simultanear ese gusto y ese atractivo con la heterodoxia de las actrices y las mujeres de mundo, que es lo que a él siempre le ha gustado. Por eso, Rosa Montero se permite describirle en una interesante entrevista publicada en *El País* en 1978 como «un juguete, un adorno social: un producto de lujo necesario».

¿Qué opina Luis Miguel de la política? ¿Qué de la posición de su hermano y de sus amigos? Jorge Semprún nos da la respuesta en su *Autobiografía de Federico Sánchez:* «No os gusta el poder —les dice Luis Miguel a Domingo y sus amigos— pero lo único importante es el poder. Sois visceralmente hombres de la oposición, de la lucha contra el poder, no de la lucha por el poder. Hoy estáis contra Franco, mañana estaréis contra Carrillo, si este encarna el poder. Yo en cambio, no. Yo siempre con el poder. Pero no os preocupéis: igual que ahora intervendría en vuestro favor frente a mi amigo Camilo Alonso Vega, intervendré mañana en vuestra defensa cuando Carrillo sea amigo mío y vosotros seáis perseguidos.»

Como el cínico coronel Renault (Claude Rains) de la película *Casablanca* y como el escéptico Ricky (Humphrey Bogart) de la misma película, el discurso de Luis Miguel utiliza el cinismo y la falta de compromiso personal y político para defenderse y para no dejar traslucir su verdadera «alma» generosa y solidaria, que él cree ofrece debilidad. Pero su pronóstico sobre Semprún, Muñoz-Suay, Pradera y su hermano Domingo sí se cumplió y tan sólo unos años después se enfrentaron a Santiago Carrillo, que hizo del Partido Comunista su personal dictadura. Pero no acertó en cuanto a su permanente adhesión al poder, pues la llegada al mismo de Adolfo Suárez y de Felipe González, o lo que es lo mismo, de la extinta

UCD y del PSOE, le llevaron a la oposición testimonial. Sus «amigos» políticos habían perdido y los López-Bravo, Fraga y otros pasaron a un segundo plano, muy alejado de las alfombras de palacio. Y tampoco adivinó que justamente la evolución de las personas y de las ideas llevaría a Jorge Semprún al Consejo de Ministros como titular de Cultura y a Javier Pradera a la más comprometida y cotidiana parcela de poder en una democracia recién nacida: la prensa.

A Rosa Montero le interesa esta relación de aprecio y rechazo entre Luis Miguel y el poder y, por eso, con su malicia habitual, insiste en preguntarle: «De modo que usted siempre con el poder», permitiendo que Luis Miguel luzca, una vez más, su ironía, al responder: «Lo que pasa es que soy un admirador de la inteligencia. Todo el mundo quiere mandar. Y entonces yo, como no tengo medios, porque ni mi preparación intelectual ni mi inteligencia me dan de sí, creo que el que manda es el más inteligente y, por tanto, yo estoy al lado del más inteligente.» Respuesta esta que provocó que la periodista dedujera que, según él, Franco había sido el más inteligente de toda una generación de españoles, a lo que Luis Miguel replicó: «Indudablemente, estoy absolutamente seguro de que ha sido así. Yo he tenido una gran admiración por él y la mantengo.»

«Jorge Semprún es un tipo de primer orden»

LUIS Miguel ha conocido a muchos políticos y, sobre todo, a muchos hombres de poder. En varias de nuestras conversaciones ha citado el nombre de Bernard M. Barouk, personaje misterioso por el que sentía admiración y que en los años cincuenta fue el asesor económico y político de varios presidentes de los Estados Unidos. «Tenía casi ochenta años —reconoce Luis Miguel— pero aparentaba cuarenta. Él es quien me dijo que Hemingway se pegaría un tiro el día que el negro que le escribía los libros se muriera.»

Volviendo a su opinión sobre el idealismo juvenil de su hermano Domingo y de Jorge Semprún, Luis Miguel le dice a Rosa Montero en 1978: «Son jóvenes, simplemente jóvenes. Jorge es mayor que yo, pero lo que pasa es que es joven. Y yo creo que no es cinismo lo que hay en esa frase. Lo que pasa es que yo he vivido antes que él, y aunque sea mayor que yo, lleva un tipo de vida distinto, porque él es un tipo de primer orden, ¿eh? Yo a Jorge le tengo un gran cariño. Estos jóvenes han vivido una vida en la que creían que meterse aquí en España, cuando venían clandestinamente, era muy arriesgado porque eso les podía llevar a la cárcel. Como yo estaba acostumbrado a pensar que cada día me podía morir, todo eso me parece una ridiculez; vamos, que no tiene la menor importancia.»

Cuantos testimonios he recogido me confirman que Luis Miguel admite que conoció con exactitud la verdadera identidad de Jorge Semprún cuando este se convirtió en el hombre del PCE en el interior y vivía en casa de su hermano Domingo bajo nombre supuesto.

Carta a Camilo Alonso Vega

Luis Miguel ayudó a Jorge Semprún en momentos en los que tuvo dificultades. Me reconoce Luis Miguel: «Jorge creía que yo me había tragado lo de que venía a hacer una tesis para una cátedra o alguna historia de estas. A mí me daba igual; sólo le ayudé en lo que pude porque consideraba que tenía gran calidad humana. Escribí una carta a Camilo Alonso Vega pidiéndole el pasaporte para Semprún siempre que al entrar en España le garantizara su seguridad.»

Jorge Semprún, en su libro *Autobiografía de Federico Sánchez,* lo cuenta así: «A comienzos de 1967, y después de casi dos años de vanas gestiones en el Consulado de España, me dirigí a Luis Miguel. Este, sin vacilar un solo minuto, escribió una carta, el 6 de marzo, al general Camilo Alonso Vega, por entonces ministro de la Gobernación.» El 16 de marzo de 1967, Camilo Alonso Vega le contestó a Luis Miguel en estos términos:

«Sr. D. Luis Miguel González Lucas
Segre, 8
Madrid

Mi querido amigo:

He recibido tu carta de 6 del corriente en la que tanto te interesas por don Jorge Semprún Maura que, residente en París, desea volver a España solicitando en nuestro Consulado de aquella capital regularizar su situación como español.

Siento mucho no poder darte buenas noticias sobre el caso, ya que por su comportamiento durante los últimos veinticinco años y especialmente por sus actividades en el extranjero, es posible que se le plantee una querella por la Autoridad Judicial.
Con un fuerte abrazo de tu buen amigo.

Firmado:
Camilo Alonso Vega»

Con la carta, el ministro de Gobernación más duro del franquismo le envió un informe de la Dirección General de Seguridad sobre las actividades políticas de Semprún. La historia no acabó aquí, ya que Luis Miguel no le remitió la carta y el citado informe o ficha policial hasta el 28 de abril, a su regreso de un viaje por América. Cuando llegó a poder de Semprún, este acababa de ser citado por el vicecónsul de España en París, quien le informó que acababa de recibir la autorización de expedirle un pasaporte, pero que en el caso de utilizarlo para viajar a España, «lo haría por su cuenta y riesgo».

No recuerda Luis Miguel si la misma gestión con Camilo Alonso Vega se realizó ante otras instancias, pero hay que deducir que así fue porque, analizada la situación y el riesgo posible, en julio de 1967 Jorge Semprún pisó tierra española con su nuevo pasaporte, camino de La Habana, donde había sido invitado junto a un numeroso grupo de artistas y escritores europeos.

Y escribe Semprún: «En Barajas, inquietos por lo que pudiera pasar, fieles a nuestra larga amistad, me esperaban Luis Miguel y Domingo. Se habían traído también, por si acaso, a un primo mío, un Gamazo que trabajaba entonces, si no recuerdo mal, en Presidencia, y que luego fue efímero ministro de Franco. Pero no fue necesaria su intervención».

Rafael Muñoz Lorente, periodista amigo de Luis Miguel, me contó que fue «Domingo *Dominguín* quien conoció a José María Gamazo Manglano, cuando era director general de Presidencia y hombre de confianza de Carrero Blanco, a través de Miguel Zuazo». Cabe suponer que Carrero Blanco conociera la brevedad de paso de Semprún y que «tutelara» su estancia en el aeropuerto de Barajas.

Años después del episodio del pasaporte, Domingo *Dominguín* organizó unas corridas de toros en Belgrado, en las que toreó Luis Miguel. Allí aparecieron Jorge Semprún y su mujer, Colette. «Fue —cuenta Semprún— en 1971. Colette y yo habíamos estado invitados por Luis Miguel *Dominguín* para asistir a un acontecimiento totalmente absurdo: unas corridas de toros en Belgrado. Fue una idea fantástica de Domingo, sin duda. Estuvimos con él y con Luis Miguel unos pocos días divertidísimos.» Por cierto que Semprún y su mujer se vieron sorprendidos en el aeropuerto de la capital yugoslava por el encuentro con la recia y jovial Dolores Ibárruri *(Pasionaria)*, que les saludó como si nada hubiera pasado en el seno del entonces monolítico Partido Comunista de España.

Estas peripecias y otras de idéntico sentido amistoso y entrañable son las que inspiran que años después, cuando Semprún vuelve a Madrid para aceptar el cargo de ministro de Cultura, trate de buscar la memoria histórica del Madrid de su clandestinidad, visitando el bar del hotel Palace donde el viejo Ernest Hemingway le esperaba a él y a Domingo «solo, triste y barbudo». Cuando abandonó el Ministerio de Cultura, enriquecido por la experiencia, Semprún recuperó la ilusión por la literatura y escribió su obra *Federico Sánchez se despide de ustedes,* en la que evoca su reencuentro con Luis Miguel en el programa televisivo de Mercedes Milá un 8 de mayo de 1990: «... no había vuelto a ver a Luis Miguel desde hacía muchísimos años, desde la muerte de Domingo *Dominguín.* Nos abrazamos; encontramos en seguida el calor de antaño, el tono impertinente y apasionado de nuestras conversaciones de siempre; Luis Miguel había envejecido, yo había envejecido; Miguel, el hijo de Lucía Bosé, el niño que yo había visto crecer cuando era un clandestino que respondía al nombre de *Agustín Larrea,* nos miraba con una sonrisa en la que se mezclaban la ternura y la irritación; cerramos...»

Con su excelente apreciación y criterio, Semprún nos da la clave, unas páginas más adelante, de la diferencia que había entre ambos hermanos: «Pero si Domingo —escribe— era menos célebre que Luis Miguel, el hermano que tanto quería, era más popular. Se le quería más. Tal vez, en parte, porque era menos célebre, porque no era tan buen torero. No solía gustar en Luis Miguel la arrogancia de su éxito, el aura encantadora de ángel de la vida que le acompañaba a su lucha con la muerte.» En la casa de Luis Miguel y Rosario en Sotogrande se conserva una carta manuscrita de Jorge Semprún, como prueba reciente de su amistad y de las gestiones que como ministro de Cultura hizo para averiguar el paradero de un retrato de José Antonio Primo de Rivera, realizado por el pintor Pancho Cossío.

Concluyamos. Le pregunta Rosa Montero: «¿No cree usted que ahora (1978) se está usando quizá demasiado el nombre de Domingo, que todo el mundo parece saber qué es lo que diría él de estar aquí, que todos parecen querer hablar por su boca?» Y Luis Miguel, escéptico siempre, le contestó: «Mi hermano Domingo se mató, se pegó un tiro, creo que hizo muy bien, porque no le interesaba saber qué pasaría con Carrillo, y en cambio Jorge Semprún no se ha matado pero, desde luego, ya es enemigo de Carrillo.» En cuanto a lo que diría Domingo, Luis Miguel replicó: «Domingo no diría nada. Domingo ha sido siempre de la oposición, como Semprún. Mi padre fue siempre socialista y, sin embargo, nos tuvimos que ir de nuestra casa cuando la revolución española, casi nos matan porque cogieron en casa una serie de sellos de Falange: Domingo era entonces falangista. Cuando ya triunfó la Falange, o el Movimiento, con Franco, entonces Domingo se hizo comunista. Y si hoy estuviera Domingo aquí sería cualquier cosa menos de cualquiera de los cuarenta y tantos partidos políticos que hay. Domingo era un hombre honesto, era un idealista, y por eso se mató. Porque trató durante muchos años de buscar el ideal y un día no lo había encontrado, y como no lo encontró...»

De su relación con *Don Camulo,* como se llamaba a Camilo Alonso Vega, hay que añadir que, de vez en cuando, era invitado a comer en Somosaguas, al igual que Gregorio López-Bravo, en los intermedios de aquellos Consejos de Ministros interminables que empezaban el viernes por la mañana y que se acababan cuando ya el sol se había puesto —en verano—, y en los que nos contaban la capacidad —insólita— de Franco de no levantarse ni siquiera para ir al cuarto de baño. Luis Miguel ha reconocido la condición humana de Camilo Alonso Vega en estos términos: «Hombre estupendo, a pesar de lo que la gente pueda creer.»

Otra anécdota ilustra las relaciones de Luis Miguel con el Régimen y en concreto con su más enérgico ministro de la Gobernación. Según me relató, en los años sesenta, Luis Miguel consiguió la representación para España de la exhibición de películas rusas, circunstancia que de nuevo acredita su independencia y facilidad de movimientos en el mundo de los negocios, en un tiempo y en un país en el que todavía todo lo que «sonara» a la Unión Soviética parecía sospechoso y fruto de los más veteranos rencores. La proyección de una película rusa en el festival de San Sebastián llevaba aparejada la colocación en el mástil del palacio Victoria Eugenia de la bandera de la Unión de Repúblicas Socialistas Soviéticas (URSS), como ampulosamente decían los locutores deportivos de la época. Y por ahí la policía franquista no transigía, de forma que, con todos los permisos en regla, con toda la delegación rusa ilusionada por visitar San Sebastián, sus playas, y con degustar platos de la suculenta cocina vasca, el gobernador civil prohibió que la enseña rusa ondeara al viento. Y Luis Miguel *Dominguín* tuvo que recurrir a su buen amigo Camilo Alonso Vega para doblegar la intolerancia de un Régimen ante los símbolos y en concreto ante uno, identificado con la potencia que por entonces —decían— era, ¡qué ironía!, la amenaza del mundo occidental. Y le justificaba don Camilo a Luis Miguel, antes de autorizar su propósito: «¡Luis Miguel, es que es la hoz y el martillo...!» El duro, blando.

Luis Miguel y Manuel Fraga

CON Manuel Fraga también tuvo relación Luis Miguel cuando este trató de normalizar las relaciones entre Pablo Picasso y las autoridades de su país, y que se concretaron en la frustrada repatriación del *Guernica* y en la igualmente frustrada exhibición conjunta, en la Exposición Mundial de Nueva York, de *Las Meninas* de Velázquez y las de Picasso. También, cuando trataron de la construcción en la Casa de Campo de Madrid de una plaza de toros diseñada por el pintor. Dos testimonios ofrece Fraga en sus meticulosas memorias de sus encuentros y actividades. En uno, el que fuera ministro de Información y Turismo relata: «Miércoles 18 de diciembre de 1963. Numerosas audiencias. Luis Miguel *Dominguín* viene a hablarme de un proyecto interesante: una plaza de toros decorada por Picasso en la Casa de Campo. Unos días después le hablé del proyecto a Franco: "Haga lo que quiera pero no me meta en el asunto." Nunca se pudo materializar.»

La otra cita tiene todo el sabor de la ironía de Luis Miguel y se sitúa en los más críticos momentos de la transición política española. Pocos meses antes de la celebración de las primeras elecciones democráticas, Manuel Fraga se va a enfrentar a su primera confrontación electoral con el pueblo español como aglutinador de una serie de políticos procedentes del franquismo y como herederos de su obra. Su rival es Adolfo Suárez y los renovadores del mismo origen. Escribe Fraga: «Martes 19 de abril de 1977. Almuerzo en la Embajada de Suecia. Cena con amigos del mundo de los toros; Luis Miguel me dice que ahora el torero soy yo.» Muy de Luis Miguel.

Rafael Alberti vuelve a los ruedos por Luis Miguel

L A distancia del propio país, el amargo sabor del exilio y la nostalgia del olor y el color de su tierra, explican parte de la amistad y excelente relación que durante años mantuvieron el poeta lírico Rafael Alberti y Luis Miguel *Dominguín*. Un círculo de coincidencias, una serie de felices e inolvidables encuentros hicieron que dos personalidades tan dispares se inspiraran mutuamente.

Luis Miguel y Rafael Alberti se conocieron en América durante el largo exilio que el poeta vivió en Colombia. Fue después de una corrida de toros en Medellín cuando los Alberti hicieron de anfitriones perfectos del más famoso matador de toros español de la época. A Luis Miguel le encantó su ingenua forma de pintar y le compró parte de su obra gráfica, que hoy cuelga de las paredes de su casa de Sotogrande. Con ello, Luis Miguel «ayudaba» al poeta y pintor a sobrellevar la vida de quienes dependen de los escuálidos derechos de autor o de la poesía. Por su parte, Rafael Alberti inmortalizó la figura de Luis Miguel *Dominguín* incorporándola a una página más de la literatura poética taurina, como *Joselito* figura en la de Gerardo Diego, Belmonte en la de Pérez de Ayala y Sánchez Mejías en la de García Lorca.

Los versos dedicados a Luis Miguel cobran hoy, en vida aún de los dos personajes, especial riqueza, y hablan de su amistad, que si no llegó a ser íntima sí tuvo la cordialidad del respeto —pese a sus diferencias—, de la admiración —a pesar de la discrepancia teórica—. Bastaría que Luis Miguel hubiese inspirado estos versos al poeta de El Puerto de Santa María para justificar su personalidad, la fuerza de su encanto y la diversidad de su atractivo.

La primera mujer de Alberti, María Teresa León, en su bello libro *Memoria de la melancolía* alude a su encuentro con Luis Miguel, en Vallauris, con motivo del ochenta aniversario de Picasso, al que también estuvieron invitados.

En estos actos celebrados en octubre de 1961, Rafael Alberti y María Teresa León —testimonio viviente de lo que fue la lucha de los intelectuales por su República— compartieron la mesa y el mantel con los artistas españoles invitados: Nati Mistral, Aurora Bautista, el bailarín Antonio, Francisco Rabal y su mujer, Asunción Balaguer; el arquitecto Fernando Chueca y Domingo Ortega. Con el matrimonio Alberti estaba su hija Aitana.

Luis Miguel conserva en su casa imágenes de esos días y junto a las pinturas casi chinescas de Alberti, una reproducción de los versos titulados «Un solo toro para Luis Miguel *Dominguín»*, que rezan así:

> Luis Miguel.
> Vuelvo a los toros por ti,
> yo, Rafael.
> Por ti, al ruedo,
> al redondel
> —¡ay, con más años que miedo!—,
> Luis Miguel.
>
> ¡Oh gran torero de España!
> ¡Qué cartel,
> qué imposible gran corrida
> —la más grande de tu vida—
> te propongo, Luis Miguel!
> Tú, el único matador,
> rosa picassiano y oro,
> Pablo Ruiz Picasso, el toro,
> y yo, el picador.
>
> Toro negro, toro fuerte,
> grises los ojos y fiero.
> ¡Luis Miguel!
> Quiero verte
> frente a él.
> Y burla burlando quiero
> mirar cómo se divierte
> del picador, del torero
> y hasta de la misma muerte.
>
> Ya se arranca con sigilo,
> riguroso,
> peligroso,
> poderoso,
> y al picador alza en vilo,
> quebrada en cuatro la pica:
> que es el toro de Guernica,
> todo rayo, todo filo.

¡Pronto el quite,
Luis Miguel!
Pero no hay quite que valga
ni torero que no salga
de su envite
con un dibujo en la piel.

¡Oh qué aliento,
qué empuje
de pleamar sin orillas!
¡Qué mortal sacudimiento!
El ruedo de España cruje.
Mientras que tú, de puntillas,
Luis Miguel, clavas al viento,
no al toro, las banderillas.

Lidiador, llegó la hora,
la imposible y gran faena.

Ya en el centro de la arena,
tu luz ensordecedora, tu perfil,
tu línea pura
y el toro que se apresura
a volver vivo al toril.

¿Qué sucede?
¿Qué helada lumbre secreta
a tan alto espada puede
paralizar la muleta?
¿Qué sucede, que no hay nada
contra ese toro andaluz
ni nadie que hasta la cruz
pueda enterrarle la espada?

¡Oh qué gloria, Luis Miguel!
¡Qué inmortal corrida extraña!
El negro toro de España
libre al sol del redondel.
Que nada puede doblarlo,
que nadie puede matarlo,
porque toda España es él,
¡oh gran torero de España,
Luis Miguel!

Esta consagración literaria, que tanto satisface a Luis Miguel, le permite evocar que en una de las paredes de su casa tiene enmarcado otro poema de Alberti, datado en Roma en 1970 y que reza así:

Alza el ruedo un zumbido
de asombro y maravilla
girando en la cuadrilla
un cometa encendido.

Ciego se arranca el toro
prendiendo en su candela
al caballo que vuela
en espiral de oro.

El torero acompasa
con el capote al viento
el raudo movimiento
del toro fiel que pasa.

Clavan las banderillas
al sol de los montones
naranjos y limones,
pólvora y campanillas.

El pase de muleta
es el arco glorioso
que al final rinde el acoso
que la muerte sujeta.
Y cuando atravesada
siente el toro su vida
piensa que la corrida
vale bien un espada.

Hemos leído juntos el poema, enmarcado con gusto y situado junto a una de las puertas que desde el gran salón llevan al sobrio y luminoso comedor. Junto a este cuadro, otros de la producción pictórica de Alberti nos invitan a hablar del retorno del poeta, de su separación de María Teresa León, de su decadencia física y de su envidiable longevidad. «Le encantaba —evoca Luis Miguel— que Domingo y yo le lleváramos de juerga, pero la mayoría de las veces María Teresa León no le dejaba.»

Ortega y Gasset, la seducción de llevar la contraria

OTRO de los grandes personajes de la España de la posguerra al que Luis Miguel trató con frecuencia es don José Ortega y Gasset. «Me lo presentó don Marcelino, un día que fuimos al cine. En el descanso nos salimos a fumar un pitillo y en el *hall* estaba Ortega y Gasset. Don Marcelino —recuerda Luis Miguel— le conocía del Círculo de Bellas Artes y me dijo: "Mira, Luis Miguel, te presento a don José Ortega y Gasset." Y a continuación dijo: "Don José, bueno, a Luis Miguel *Dominguín* no hace falta que se lo presente."»

—¿Y qué dijo Ortega? —le pregunto.

—Le hizo gracia y me dijo algo así como: «Por supuesto que sé quién es usted. Le he visto muchas veces en la plaza.»

—¿Era tan aficionado como dicen?

—Una tarde estábamos en el Círculo de Bellas Artes tomando café y Ortega dijo: «Luis Miguel es más filósofo que yo... pero yo sé más de toros que él.» Y es que —me confirma Luis Miguel— Ortega y Gasset sabía de toros y hablaba como un gran aficionado. Conocerle ha sido uno de los privilegios de mi vida. Además era muy amigo de Cossío, Zuloaga y de muchos intelectuales aficionados.

—¿Y de qué hablaba Luis Miguel con José Ortega y Gasset?

—Pues de todo un poco. Recuerdo que después de ese primer encuentro hubo otros muchos y de vez en cuando me llamaba a mi casa de la calle Príncipe y nos íbamos a comer juntos al restaurante Guría que, como sabes, está en la calle Huertas. Hablábamos de España, de los españoles, de nuestros vicios y manías; era un hombre con mucha labia, hablaba con profundidad de todo y me decía: «*Dominguín*, eres el único que me lleva la contraria de todos los que conozco y con lo que me contestas encuentro otro argumento para responderte. Me he dado cuenta de que cuando estoy hablando nadie se atreve a contradecirme y tú, en cambio, lo haces constantemente. Eso a mí me alegra, porque me sirve...»

Pochola Dominguín recuerda otro gesto de humildad de Ortega y Gasset, con motivo de una visita a «La Companza» para presenciar un tentadero: «Después de que Luis Miguel y Pepe torearan, nos metimos en la casa, donde habría música y baile. Al rato, me preguntó si quería salir al porche a ver la noche. Le acompañé y cuando estábamos comentando la grandeza del cielo en el campo apareció Pío, el pastor —el mismo que se enfrentó a los milicianos en 1936—, y durante más de una hora don José escuchó lo que el modesto pastor le explicaba de las estrellas, los vientos y el firmamento; y cuando Pío se despidió, Ortega y Gasset me dijo: *"Pochola, cada día se aprende algo."»*

Camba, Foxá, Dalí...

Y a Julio Camba ¿le trataste?
—Muchísimo. Era un tipo fantástico, muy ocurrente, como todos los gallegos, y muy fino. Le solía ver en su restaurante favorito, que era Casa Ciriaco, en la calle Mayor. Allí estaba siempre. Camba era más del círculo de amigos de mi hermano Domingo; sin embargo, cuando los toros me lo permitían, yo disfrutaba con su ingenio. Con él estaba casi siempre Antonio Díaz-Cañabate, al que traté mucho y con el que creo que nos unía una buena amistad, aunque él fuera partidiario de otros toreros. Cuando le hicieron crítico de toros le traté menos, y también se metía más conmigo.
—Pero creo que tenías debilidad por Agustín de Foxá...
—¡Ah! Ese sí que ha sido un hombre fuera de serie y desde luego el hombre más inteligente y brillante que yo he conocido. Además —y sonríe— era partidario mío. Juntos hemos pasado momentos memorables, fantásticos; se le ocurrían las cosas más ingeniosas y las frases más agudas que recuerdo. Con su hermano Jaime también tuve mucho trato, porque fue un gran cazador y un hombre de campo. Con Agustín me unió una gran amistad. Una vez, estando en La Habana, le llamé para ir a tomar una copa. Accedió a la cita, aunque me dijo que después tenía que ir a una recepción. Yo vivía en casa de Hemingway y él era consejero de la Embajada de España. El resultado fue que estuvimos hablando dos días sin salir del Gaviria, un bar muy famoso que también estaba en Madrid, en una calle detrás de la Gran Vía. Agustín era tan inteligente como sucio comiendo, pese a ser un hombre tan educado que debía, por su profesión, moverse en escenarios elegantes. Un día estábamos comienco en Aroca y él pidió pisto. Al acabar, le dijo al camarero que quería un poco más. ¡Yo le dije que recogiera primero con la cuchara el que le había caído en las solapas!
—¿Conociste también a Dalí?

Cuando la transición política está en su apogeo —abril de 1977—, Luis Miguel
le dice a Fraga en una cena en la Embajada de Suecia: «Ahora el torero eres tú.»
En la imagen, en una cacería

—Sí. Dalí estuvo en «Villa Paz» varias veces; recuerdo una visita que me hizo poco después de retirarme, en 1953, porque los empleados de la finca estaban muy impresionados. Y eso que por «Villa Paz» habían pasado Rainiero, Humberto de Saboya, Yul Brynner, Sofía Loren, Claudia Cardinale, Truman Capote, Audrey Hepburn y su marido, ¿cómo se llamaba?...

—Mel Ferrer.

—Sí. ¡Qué memoria tienes! Pues toda esa gente, y sin embargo la visita de Dalí con Gala y el Cadillac tuvo mucho eco. Coincidió con el rey Humberto de Saboya y yo hice una exhibición de acoso y derribo. Dalí era un hombre muy listo, que le gustaba ir a los toros en Barcelona y que le brindaran alguno. Era muy estrafalario y como había conquistado el mundo se permitía «pasar» de la opinión pública española. Con Dalí ya había coincidido una vez en Valentín, aquel restaurante de Madrid que estaba junto a la plaza del Carmen. Con él estaban Miguel Utrillo, Edgar Neville, Jean Cocteau y mi hermana *Pochola.*

—Y con lo «tremendistas» que erais los dos, ¿no se os ocurrió organizar alguna cosa juntos?

—Sí, hablamos muchas veces de hacer algo; él pensaba en una corrida daliniana, con nuevas reglas y una indumentaria distinta; una mezcla de ideas, geniales unas y no tanto otras. Pero mi amistad con Picasso impidió que lo hiciéramos juntos.

—Pero yo he visto fotos tuyas con Dalí en tu última reaparición...

—¡Ah, sí!... Cuando reaparecí, toreé en Barcelona; por cierto que ese día estaban conmigo mis hijos Lucía y Miguel al que brindé un toro. También estaba su primo *Peloncho,* y al terminar la corrida cenamos en el barco de mi amigo Ricardo Sicre, un catalán que hizo fortuna en América. Fuimos costeando hasta Port Lligat, donde fondeamos a ver a Dalí. Comimos a bordo y estuvimos en su casa; allí estaba aquella amiga suya, Amanda. Se llamaba así, ¿no?

—Sí. Amanda Lear.

—Por cierto, pregúntale a mi hijo qué pasó, porque yo creo que la tal Amanda le quiso violar [1]. Después de estar todo el día en Cada-

---

[1] En una entrevista conjunta de padre e hijo, publicada en *La Gaceta Ilustrada,* en 1982, Miguel Bosé reconoció que Amanda Lear «se lo llevó al huerto», y en sus recientemente publicadas memorias, Amanda Lear alude a su amistad con Miguel y a sus encuentros posteriores en Londres, cuando Miguel estuvo allí para aprender a bailar.

Dionisio Ridruejo, Dalí, Luis Miguel, Jean Cocteau y Miguel Utrillo en el viejo
restaurante Valentín, de la calle San Alberto de Madrid

Con los marqueses de Villaverde, Annabella Power y unos amigos

qués navegamos hasta Marsella, donde atracamos. Yo toreaba el 14 de julio en Arles, donde conocí a Romy Schneider, que casi me arruina la reaparición.

De todos es conocida su relación con Cristóbal Martínez-Bordíu y su mujer, Carmen Franco, amistad que estuvo muy vinculada a su matrimonio con Lucía Bosé como consecuencia de la buena cordialidad y afecto que hubo siempre entre las dos mujeres. Con Cristóbal había, además, una notoria rivalidad masculina y no hay que ser muy perspicaz para entender que los dos eran gallos en el mismo corral. Alguna anécdota recuerda Luis Miguel de lo «enamoradizo» que era Cristóbal. «No puedes decirles a todas que son la mujer de tu vida», bromeaba Luis Miguel, cenando una noche en Jockey. «No es verdad», contestaba el marqués que, llevado de su convicción, le preguntó a Lucía: «¿A ti te lo he dicho alguna vez?» Lucía, muy seria pero divertida, le replicó: «Sí, anoche.»

Luis Miguel me contó que en cierta ocasión el hijo mayor de los marqueses de Villaverde, Francis Franco, fue invitado a cazar a «La Virgen» y no hizo caso de las recomendaciones de Luis Miguel sobre dónde debía cazar. Francis se empeñó en cazar por la noche con un foco —lo que estaba prohibido— y fue detenido por la Guardia Civil, con quien se puso muy «chulo». «Y es que —me comenta Luis Miguel— Francis abusó de mi invitación y hubo que darle una lección, tratándole como a un furtivo.»

Luis Miguel, hombre de negocios

LA inquieta y mundana personalidad de Luis Miguel le ha permitido dedicarse con frecuencia a los negocios. No sólo a los taurinos. En determinadas épocas de su vida y especialmente cuando no estaba en activo, sus contactos sociales, empresariales y políticos le llevaron a ejercer actividades mercantiles lucrativas.

La evocación de estos negocios es simultánea a la cita del comercio de Estado, muy típico de aquellos años cincuenta y sesenta y de hombres muy en boga en el Régimen. Luis Miguel está orgulloso de su labor de intermediación con determinados gobiernos de repúblicas americanas, por cuyos palacios presidenciales se movía con enorme desenvoltura fruto de su atractivo e inteligencia, que le permitieron siempre superar su profesión de matador de toros.

Recuerda la operación de la compra de petróleo en Colombia,

reto que asumió al escuchar en su casa de Somosaguas una conversación en la que ciertos personajes del Régimen aludían a la dificultad que había para adquirir esa materia prima, vital para la economía española, y a la de introducirse en el mercado colombiano. «Comían en casa —recuerda Luis Miguel— Gregorio López-Bravo, Alberto Ullastres y Enrique Sendagorta, y al oírles les pedí quince días para conseguirlo. Aquello me costó unos treinta mil dólares en "gratificaciones". Entonces estaba de embajador en Colombia Alfredo Sánchez Bella, y como yo era —y soy— muy amigo de Hernando Santos, le pedí, al llegar a Bogotá, que me organizara una comida con los más importantes representantes de los tres ejércitos y con los que llevaban el comercio del Estado. Como es normal, al principio pusieron pegas, pero les "convencí" aunque para ello tuviera que amenazarles con revelar al propio periódico de Hernando, *El Tiempo,* cosas que yo sabía. Le vendí dos barcos a la Armada, compré el dichoso petróleo a 1,95 centavos de dólar el barril y al que hacía los fletes le di una comisión para que acelerara los trámites. En ningún caso creía estar haciendo otra cosa que una actividad comercial, beneficiosa para mi país y por la que yo percibía una compensación —reconoce Luis Miguel—, y en contra de lo que se ha dicho por ahí, no hice un solo negocio con Gregorio López-Bravo, aunque le advertí: "En cuanto nos vean juntos tres veces creerán que nos hemos forrado." ¿Sabes lo que gané? —me pregunta retador—. Una estatua. Ullastres, que era muy escéptico sobre el éxito de la operación, me dijo en mi casa que si conseguía el petróleo me harían una estatua. Cuando todo el asunto estuvo resuelto, le mandé un telegrama que decía: "Objetivo conseguido. Id buscando emplazamiento para estatua." Te preguntarás que cuál fue mi comisión, ¿no? Mi comisión me la dio la otra parte y jamás, pese a lo que me han preguntado muchas veces, he contado quiénes fueron. La operación del petróleo con Colombia la empecé con Manolo Prado y Colón de Carvajal, pero este al final se echó para atrás, ya que suponía muchos millones de pesetas.»

Asimismo, Luis Miguel se dedicó a la actividad de la importación y exportación de productos y maquinaria, a través de Ibertrade, sociedad en la que tenían también participación Ramón Tamames, el duque de Calabria y el ya citado Manolo Prado y Colón de Carvajal.

«Por las oficinas de la calle Segre —recuerda Luis Miguel— venía de vez en cuando don Juan Carlos, entonces príncipe de Asturias, que iba a visitar a su primo. A veces entraba en mi despacho a hablar conmigo. Un día me preguntó: "Miguel, ¿tú qué crees que va a pasar en España?" Yo le contesté: "Señor, cuando muera Franco, el señor será Rey, pero no le envidio."»

«Desde aquellas oficinas exportábamos —continúa Luis Miguel— maquinaria pesada para toda América del Sur y teníamos la representación de las piezas de repuesto de los primeros aviones *jet* comerciales. Fue precisamente Ramón Tamames —recuerda divertido— el que bautizó una de las empresas con las que operábamos. Se llamaba Espaco, que era la abreviatura de España Company.»

Con Rusia también tuvo tratos comerciales en un tiempo difícil y en el que la mera mención de la gran potencia despertaba el recelo de todo el mundo. «Me concedieron la representación del cine ruso y también hicimos alguna operación triangular de aceite de soja con Italia, pero —concluye— llegó un momento en que me aburría y lo dejé todo, repartiendo mis representaciones entre los empleados.»

Durante algún tiempo se encargó de sus finanzas José María Camiña, hombre de confianza de Luis Valls y Taberner, hoy copresidente actual del Banco Popular y entonces un alto ejecutivo. Camiña era además amigo suyo y quien le ayudaba a encauzar sus intereses por la senda correcta. Ambos crearon una empresa en 1981 para el concurso de la adjudicación de la plaza de toros de Madrid. Él fue también el encargado de hacer llegar a sus hijos alguna ayuda o asignación periódica.

Otro de los negocios en el que intervino Luis Miguel como promotor fue la construcción del primer motocine (sistema de ver cine desde el coche que entonces estaba de moda en los Estados Unidos). Entre sus socios figuraban Antonio Garrigues Díez-Cañabate y su hijo Antonio Garrigues Walker, Pepín Bello y el doctor Enrique Escardó. Precisamente, un sobrino de este —el abogado Fernando Escardó— y Antonio Garrigues Walker debían visitar Italia para estudiar este mismo procedimiento que se había organizado a las afueras de Roma por unos promotores italianos. Un problema personal hizo que Pepín Bello sustituyera a Fernando Escardó en el viaje de negocios.

Lo cierto es que el negocio del motocine en Madrid fue un fracaso porque el emplazamiento que se eligió no fue el adecuado: en la autopista de Barajas, justo en la intersección entre la carretera de Barcelona y el desvío del aeropuerto en dirección Madrid.

6

sus pasiones

La caza

CON una firme complacencia, Luis Miguel *Dominguín* ha reconocido que en su vida ha tenido tres pasiones: la caza, las mujeres y los toros. Lo dijo cuando tenía veinte años, estaba soltero, en activo como matador de toros y cazaba con una frenética actividad; pero ahora, con su penúltima vanidad, afirma que ya sólo ha perdido pasión por los toros y la caza. Su distancia de los toros se la reprochan con frecuencia los aficionados y algún crítico. De su perdida ilusión por la caza me ha revelado la causa: «Me da pena. Me ha encantado tirar y me ha gustado mucho cazar porque ha sido una forma de estar en contacto con la naturaleza y esa —ya lo sabes— es otra de mis debilidades, pero ahora me apena matar a los animales.»

No añade como corolario de este sentimiento una reflexión que insinúe su reconocimiento del peso de la edad o de la ternura de sus motivaciones humanas. No. Fiel a su personalidad, Luis Miguel enuncia sus conclusiones y principios con una frase que es un breve apunte sólo de su pensamiento, buscando quizá en ese laconismo un refugio más de su timidez. Hay que intuir siempre qué habrá detrás de esa rotundidad, y yo adivino que su amor por los animales es ya superior a su pasión por cazarlos.

De caza por «La Virgen»

En «La Virgen» y desde la propia soberbia terraza natural que domina la inmensa finca, Luis Miguel puede tirar a los cientos de cabezas de ciervos, gamos, liebres y perdices que la recorren en engañosa libertad y que tanto entusiasman al visitante primerizo e incluso al ya más veterano. No olvidaré la extraordinaria impresión que me produjo la aparición de una manada de ciervos y ciervas que, con grácil y crispado tranco, cruzaron la difícil carretera asfaltada que lleva a la casa, desde el desvío de la comarcal de Andújar al santuario.

Para quien no puede presumir siquiera de haber apuntado con el inefable mosquetón y que no debe su inútil tímpano derecho al impacto ensordecedor de los disparos y sí a una más prosaica infección infantil, ha resultado enriquecedor y apasionante descubrir esa faceta de la personalidad humana de Luis Miguel.

Parte de la selección final de mi memoria vital guardará la excursión que una mañana primorosa de invierno compartí con él en busca de un viejo gamo al que Luis Miguel quería cazar. Protegidos del sol por sombreros y gorras camperas, nos encaramamos al imprescindible *jeep;* al volante, Fernando, siempre tan sigiloso como eficaz. A su derecha, Luis Miguel apoya la pierna del mismo lado casi en el exterior, haciendo reposar el arma en su muslo; las gafas de sol nos filtran los rayos y permiten que el paisaje verdoso cobre un tono amarillento. ¡Vamos a cazar!

Paola, ligera y divertida siempre, se sitúa junto a mí con su hijo Nicolás; procuro agarrarme fuerte al techo del *jeep* para no perder el equilibrio en el escarpado terreno. Son caminos de tierra, en los que las lluvias desencadenan roderas de peligrosa inclinación para cualquier vehículo no adaptado a tan intrincado territorio.

A cada poco, Luis Miguel comenta en voz alta el lugar por donde pasamos, su peculiaridad o pequeña historia, haciendo hincapié en su virtualidad cinegética. Cada rincón tiene su hora del día para la caza; cada animal tiene —como el toro en el ruedo— su querencia, y su instinto le impulsa a vadear el río a una hora de la tarde y a trepar monte arriba a otra. Según el terreno sea más tupido o menos, la caza se expone con más libertad a nuestro recorrido y algunos varetos no se inmutaron siquiera con el brusco ronquido de la reductora que Fernando maneja con singular pericia. En las cercanías de la destruida fábrica de uranio, y después de

casi dos horas de camino, Luis Miguel descubre una manada y
todos contenemos el aliento, como empujando al éxito del disparo;
un pequeño gamo impide que el cazador tire porque hay que respetar a los jóvenes, pero en cuanto se retira unos metros, devuelve
el ángulo y la certeza de tiro a quien no falla su primera oportunidad.

Resulta interesante confirmar el ritual de recogida de las piezas
cobradas y la razón, casi exclusivamente demográfica, que anima a
su eliminación. Como en todo orden natural, el hombre colabora
con su afán depredador y brinda al equilibrio de las especies su fac-
tor de mediación e influencia.

El olor a pólvora despierta en el pequeño Nicolás la natural excitación, que se traduce en brincos y algaraza; en mí, descubro una
inexplorada adicción por esta sigilosa batalla en la que no sé si
admirar más la rotundidad de la naturaleza, la respetuosa y codifi-
cada persecución o el romántico escenario, tan identificado con el
mejor cine de aventuras desde *La Reina de África* a *Mogambo,* en
la que precisamente Ava Gardner se imponía por categoría, belleza
y sabiduría vital a una siempre temblorosa y seductora Grace
Kelly.

Con la vista esforzada y siempre puesta en el horizonte, seguimos identificando caminos con recuerdos y aromáticos parajes con
instantes felices y lejanos de la vida de Luis Miguel, que a cada paso
nos descubre el brote temprano y enérgico del romero, la fragancia
delicada de la lavanda o la veloz y zigzagueante carrera de una espa-
bilada liebre.

En nuestro aventurero recorrido por la finca y después de tres
horas y pico de ascender valles y de descubrir infinitas vistas del
mismo dueño —donde casi se puede decir que no se pone el sol—
llegamos al santuario de Santa María de la Cabeza, habiéndonos cruzado con otros cazadores que a bordo de potentes vehículos todo
terreno dejan sus dentadas ruedas en los caminos, rastreando la pis-
ta de unos gamos. La ceremonia del encuentro requiere habilidad y
destreza dado lo angosto del terreno. Familiar y cómplice resulta el
intercambio de información. «¿Habéis visto algo?» «Sí, en la solana de las Charcas hemos visto unos gamos jóvenes, pero no hemos
tirado.» «¿Y ustedes?», replican, haciendo uso de ese respetuoso
pero a la vez confianzudo uso del usted. Con indisimulado interés
de experto cazador, Luis Miguel pregunta a todos por el gamo viejo. «Sí, yo lo vi en el cerro de los Venados», dijo uno. Otro le expli-

có: «Hoy no, pero ayer, en los Barranquillos bajaba una manada de ciervos y gamos y había uno con unas magníficas palmas. Debe de ser ese.» Por último, ya en la umbría de La Ermita, Juan Jurado le revela dónde le ha visto esa misma mañana, mientras da vueltas a un arroz con pollo con una gran cuchara de madera. «Miguel —le sugiere—, tienes que venir antes porque ese gamo baja a la vaguada antes de que el sol suba, supongo que por el calor.»

Uno de los guardas, que en mangas de camisa está echando trozos de carne en un fuego cercano, le cuenta a Luis Miguel: «Ya le dije a don José Luis lo de la leña; vinieron a por ella pero sólo se llevaron la mitad porque el camión estaba en el taller y trajeron un Panda Terra.» Luis Miguel, junto al *jeep,* escucha los partes de incidencias de la gente buena que trabaja en «La Virgen» mientras Fernando recoge del bien surtido y umbrío colmado cuatro grandes bolsas de pan recién salido del horno. Con la cordialidad que trata a esta gente, Luis Miguel evidencia su calor y señorío.

De regreso a «La Virgen» atravesamos grandes veredas y aprovechamos mejor los caminos que atraviesan la finca, mientras Luis Miguel explica los orígenes de la traída del agua y la dificultad que tuvo para abrirse paso en la maleza cuando compró la finca, con unas máquinas imponentes que siguieron al pie de la letra sus instrucciones. Recorrió toda la finca a caballo antes de decidir dónde instalar la casa. Con su habitual laconismo justifica los restos de manguera negra como los primitivos conductos que de un pozo cercano llevaban agua a donde hacía falta. Nicolás, cansado, ya no da tantos brincos, y Paola, que confiesa tener hambre, apoya la cabeza de su niño en su regazo. Entre todos hemos estimulado la pedagogía del cazador con nuestra curiosidad. *Santo,* el joven pastor alemán que sigue a Luis Miguel a todas partes, ha compartido el safari con inquieta y a la vez dócil conducta, respondiendo a su domesticada voluntad y a su natural instinto.

Al llegar a «La Virgen», su eficaz administrador, José Luis Muñoz, le espera para darle cuenta de sus gestiones y de la administración de sus bienes. También, mientras le hincamos el diente a un rico chorizo, le pone al corriente de cuanto pasa por ahí, de quién compra o vende fincas y de cómo están las cosas por Andújar y la provincia.

Por la tarde, después de una siesta que le devuelve el tono vital y le estimula, Luis Miguel me invita a conocer las armas y los animales disecados que son legión en el interior de la casa.

Fue en «La Companza» y en las fincas limítrofes donde Luis Miguel empezó
a practicar la caza y a disfrutar del campo

Con Rosario, posando con una buena res cobrada en «La Virgen»

Memorias de África en «La Companza»

Fue en «La Companza» y en sus fincas limítrofes donde Luis Miguel y sus hermanos se curtieron en la práctica de la caza. Es en esa tierra toledana, buena en liebres y en plumas como torcaces y perdices, donde el torero abatía con especial habilidad todo lo que volaba con la colaboración de su primo Amancio Peinado que, con todo detalle, recuerda aún las cacerías de perdices en las que Luis Miguel invitaba a sus amigos.

«Como siempre ha sido muy competitivo —me cuenta Amancio, recorriendo "La Companza"— le encantaba hacer el ojeo desde un árbol desde el que era muy difícil tirar porque tenía muy poca visibilidad y las perdices se le venían por sorpresa.» Para ilustrarlo me muestra un árbol solitario en una ligera loma.

La cañada que lleva de Quismondo a Escalona es un inagotable vivero de recuerdos cinegéticos que Amancio evoca con una nitidez asombrosa. Me explica las ventajas y razones de cada rincón. «A Luis Miguel le encantaba la Cruz del Pajarillo, que era uno de los mejores puestos y también una referencia para sus entrenamientos. También —continúa mientras avanzamos por la polvorienta carretera de Quismondo, tras dejar atrás el cementerio— le gustaba mucho el cerro de la Casa Vieja, que es aquella loma con un pozo que se ve allí arriba.»

Con seguridad, Amancio conduce su avejentado vehículo mostrándome la extensión de la finca de «La Guadamilla», a la derecha del camino hacia Escalona, y la de «El Mocho», a la izquierda, donde el padre de Domingo González figuraba como guarda. «Y a la derecha, más allá —indica Amancio—, está "El Alamín", que es una de las mejores fincas de España, propiedad del conde de Ruiseñada.»

Llegamos al cercado de «La Guadamilla» y Mariano Peinado, que nos acompaña, recuerda: «Aquí fue donde Miguel —así le llaman todos sus familiares— se torció el tobillo. Ese día Cecilia Albéniz estaba con él. Su madre tuvo que ponerle linimento porque toreaba al día siguiente en Toledo y, aunque no podía andar, fue a la plaza y mató los dos toros. Entre uno y otro hubo que inyectarle.»

También en estos pagos cazaron Pepe y Luis Miguel un viejo jabalí, siendo toda esa experiencia clave para, ya en los años cincuenta, poder rivalizar en las grandes cacerías del más esplendoro-

so momento del Régimen en las que, además de cazar, se hacía
—dicen— «tráfico de influencias» y en las que Franco se relajaba en su poder, dejando que se le acercaran personajes del mundo
—toreros, artistas, financieros, médicos— y alternaran con sus
ministros.

La primera noticia pública de la actividad como cazador de
Luis Miguel se produjo en noviembre de 1946, cuando participó
en una montería en Andújar. Sin embargo, ya en los años cincuenta
su espigada y altiva figura era habitual en las cacerías y monterías
más prestigiosas en las que rivalizaban las mejores escopetas del
país.

«Los mejores cazadores que he conocido —me cuenta Luis
Miguel— son Pepe Ramón Mora-Figueroa y el conde de Teba. Pepe
Ramón era quizá más selectivo y el conde de Teba —al que todos
llaman *Bunting*— era tremendo, cambiaba de escopeta con una facilidad, rapidez y seguridad asombrosas. Lo temían en las cacerías.
Un día se presentó en "La Companza", donde estaba prevista una
cacería, y se enfadó mucho porque había caído una enorme tempestad y hubo que aplazarla sin que me diera tiempo de avisarle.»

Con idéntica aparente indolencia que habla de toros, de la vida y
de su pasado, Luis Miguel evoca el nombre y la virtudes de las escopetas con las que ha alternado, como el conde de Caralt, un gran
catalán, viajero, seductor y bohemio; Eduardo Aznar, los hermanos
Carlos y Juan March, Juan Abelló y Miguel Primo de Rivera, y otros
muchos. Con la erudición del gran conocedor me explica cómo
cazaba águilas con búho en «Villa Paz» o cómo es el vuelo rasante
de la bala de un rifle 270.

La caza le permitió conocer todavía más el mundo y por ella
recorrió Europa en busca del faisán, la perdiz y el gran jabalí, invitado por los aristócratas y las grandes fortunas de las distintas coronas y repúblicas: los Saboya, Balkany, Biaggi, Niarchos, Roussel,
Beaumont, etc. También conoció en África los grandes safaris por
Kenia, Uganda, Tanzania, Mozambique y Gabón, guiados por el
cazador blanco, guía de los europeos y occidentales en general que,
ávidos de aventura y amantes de la caza, llegaban al centro del corazón negro de África para vibrar con la caza del elefante y su
preciado marfil, del rinoceronte y de otros grandes animales de la
sabana y la selva africanas.

Para Luis Miguel la caza del búfalo es especialmente impresionante, «porque hay que seleccionar primero a cuál vas a tirar

de entre la manada». Y, complacido, me cuenta el que abatió en un safari al que le acompañó su hijo Miguel, que tenía sólo diez años.

«Con Miguel nos colocamos detrás de unas piedras, por donde el cazador blanco dijo que pasaría la manada de búfalos, y así fue; le tiré a uno hiriéndole en el codillo, que es donde hay que darle, pero sin tocar el corazón. Seguimos los charcos de sangre, pero cuando creíamos que ya le teníamos, el búfalo nos tendió una trampa y nos atacó por detrás. Y fue Miguel —recuerda con orgullo— el que vio al búfalo y quien gritó: "Papá, míralo." Afortunadamente —concluye— le di en la frente, pero a cuatro o cinco metros.»

«Y es que —razona Luis Miguel— nunca hay que dejar a un animal herido porque es entonces cuando te puede atacar. En esto el toro se comporta igual porque tampoco ataca en el campo, salvo que invadas su querencia.»

Luis Miguel sabe tanto de animales como de personas, conoce sus códigos de conducta, sus instintos y me confiesa que muchas veces ha recordado como cierta la frase atribuida a Oscar Wilde: «Cuantos más hombres conozco, más me gusta mi perro.» Ha conocido su instinto de salvación, su habilidad para escabullirse y en ocasiones su audacia y valor para hacer frente a la muerte. «Por ejemplo —me cuenta, contemplando los enormes colmillos de un gran elefante que coronan un rincón de la casa—, ¿ves estos colmillos? Pues el elefante es el que más ataca de frente y con él tienes que tener más sangre fría porque en carrera, aunque crees que está lejos, es muy veloz y en seguida lo tienes encima. A este le di justo entre los dos ojos, que es donde hay que darle.»

Adivino que detrás de esta explicación hay un código ético, una conducta obligada por una anónima ley de la selva, similar a la que existe en el toreo, y por la que los buenos aficionados reprochan al torero que mate de un bajonazo, que se afeiten los pitones o simplemente que le hagan prácticas en la lidia destinadas a menguar su fortaleza, y me responde:

—Justo, es el mismo sentimiento: tú no eres un asesino por cazar animales, sino por hacerlo sin respetar esa norma. Por ejemplo, disparar a un elefante en la columna se considera innoble; hay que tener las agallas y el temple de dispararle de frente.

—¿Jugándotela como en los toros? —le sugiero.

—Sí. No te ve nadie porque no hay público, pero...

—Oye, Luis Miguel, ¿Franco era buen cazador?

—Estuve con Franco en varias cacerías y monterías y era un cazador lento pero seguro; cuando apuntaba ya podía la perdiz empezar a rezar.

—¿Es comparable la tensión de los toros con la de un safari? El momento de disparar, ¿equivale al cite a portagayola rodilla en tierra o a la emoción de pasarte un toro por la faja?

—Sin duda, para mí —y enfatiza con solemnidad— es más emocionante esperar a tirar un elefante a diez o veinte metros que irse a recibir un toro a la puerta de toriles.

—«Más emocionante», ¿quieres decir que pasas más miedo?

—Sí, pasas más miedo en ese momento. Para mí, que he sido torero —insiste—, es distinto, pero cuando te vas a chiqueros a recibir a un toro lo haces por responsabilidad, por agallas, porque en el otro toro no has tenido suerte, porque tu rival ha estado bien en el anterior o sencillamente porque forma parte de tu repertorio. Pero en la selva todo eso no existe. Estás más solo frente al animal y tu prestigio como tirador.

—¿En algún momento te has sentido en peligro de muerte?

—Sí, claro, cuando tuve que matar a aquel búfalo herido. Es un animal —cuya cornamenta, por cierto, está colgada encima de la chimenea— que si no le matas tú, te mata él a ti. Otra vez —y vuelve a aspirar el humo del cigarrillo con gran delectación— no fue miedo, sino el susto que me llevé al comprobar que una pitón que creíamos muerta no lo estaba. Me dio un coletazo tan grande y tan de improviso que me echó del *jeep*.

—Ya sé qué es lo más grande que has cazado, pero ¿cuál el animal más pequeño?

—Este —me señala.

—¿Y eso qué es?

—Un oribi, un antílope diminuto; del tamaño de un conejo.

El oribi disecado —en realidad hay dos— está encima de la puerta que une el salón con la chimenea y el comedor, en cuya mesa —circular y de madera— se sirve la comida y la cena, y que tiene a su espalda un gran hogar, en invierno permanentemente encendido.

Mientras nos preparan allí la cena, Luis Miguel me habla de Carlos Perdomo, uno de sus grandes amigos de cacería, al que hace tiempo que no ve y con el que recorrió África cazando: «Era un gran tipo y juntos hemos hecho safaris para cazar el elefante o el rinoceronte; salíamos de Londres en avión hasta Nairobi y de ahí al lugar donde fuera el safari. Un hombre básico en aquel tiempo era Simoes, que era el cazador blanco que dominaba la zona portuguesa. Con él cazamos Perdomo y yo el *baboom,* que es un mono muy parecido al hombre. Fue Perdomo precisamente quien me recomendó un arquitecto argentino para hacer esta casa.»

—¿Y la pesca te ha apasionado tanto?

—Sí. La más excitante captura es la del *marling,* que hay que pescar en Panamá, en Bahía de Piñas. El *marling* es un pez muy fuerte, muy corpulento que, si se resiste mucho, puede volar por encima de la cabeza de su pescador y del barco. Es un gran espectáculo y muy difícil de atrapar; se necesitan hasta cuatro cañas y puedes estar varias horas atado a un sillón para reducirlo. Tienes que protegerte del sol porque en aquel mar te quemas. También es fascinante la pesca del pez vela.

—¿Y ahora, Luis Miguel?

—Como tantas cosas de la vida, ahora disfruto recordando y sigo ofreciendo monterías a los amigos, porque me gusta estar con ellos y porque disfruto de «La Virgen» en su compañía. Y aunque te cueste, créeme: cada vez tiro menos y sólo lo hago para hacer ejercicio y para cumplir con las leyes de la naturaleza, eliminando los animales con malformaciones, enfermos o viejos. Ya te dije que cada vez me da más pena cazar. También lo hago cuando Rosario me dice que ya no hay comida.

Salimos otra vez al pórtico. El día languidece y una maravillosa bocanada de olor a romero y a monte nos rodea: «¿Ves por qué quiero estar aquí?», me dice, inspirando este prodigioso embrujo natural. Con su mano derecha me va explicando: «Ahí está el cerro del Cornicabrón y un poco más allá el del Calvario. En el Escondido y en Valquejigoso hemos estado esta mañana. Y aquella cresta de aquí enfrente es Estacahierros, que es donde quiero que esparzan mis cenizas.»

Las mujeres

¿HA habido un hombre español con mayor éxito entre las mujeres de la cotidiana vida de España desde 1940 hasta prácticamente la última década del siglo? ¿Ha habido otro galán de la brillantez de Luis Miguel *Dominguín?*

¿Conocemos otro protagonista de la vida social de nuestro país que en el ejercicio de su vida profesional haya gozado de tanto prestigio como conquistador? ¿Quién puede presumir de haber seducido o de haberse dejado seducir —ya lo veremos— por mujeres de la belleza y el talento de Lucía Bosé, Ava Gardner o Romy Schneider?

Con rotundidad hay que admitir la práctica imposibilidad de encontrar otro hombre de esas características. Y eso que sólo he citado tres de las que le amaron —con una de las cuales se casó— porque pertenecen al mundo de las estrellas de cine y son, por tanto, personajes al alcance de nuestra última ensoñación.

Pero hay más: hay más mujeres en un estricto y obligado sentido cuantitativo y también cualitativo, aunque pertenezcan al ámbito privado y por tanto escapen a un público conocimiento, lo que no impidió que la repercusión de muchos de estos amores tuviera un notorio impacto social. Porque en la vida sentimental de Luis Miguel *Dominguín* se cumple una de las principales condiciones de un buen conquistador: la diversidad social y profesional de las mujeres con las que ha compartido su vida durante algunos momentos, días, semanas, meses o años. No ha tenido Luis Miguel una inclinación muy definida y lo mismo ha tenido amores con mujeres del mundo del cine —teóricamente más libres o «liberadas», como se decía en los años sesenta— que con mujeres provenientes de las clases sociales españolas más acomodadas, donde ha tenido legión de admiradoras.

Sí se observa, con la generosa perspectiva del paso del tiempo, que hay en su conducta una notable influencia de valores estéticos clásicos, condición que no se da siempre en todo el que tiene gran éxito entre las mujeres. Amante de la transgresión y, como todos los *Dominguín,* dotado de una cierta atracción por la perversión y por su afán de provocación, Luis Miguel ha evidenciado un fino y apreciable gusto por un tipo de mujer de formas delicadas, con «clase», alejada de las que la sabiduría popular califica de «tías buenas».

Junto a una finura y apariencia estética agradables, Luis Miguel ha buscado, creo que intencionadamente, que tuvieran una aparente fragilidad, y quizá sólo Ava Gardner se aleje de ese común denominador.

Luis Miguel, ¿un conquistador?

En cuanto a Luis Miguel *Dominguín* se da un controvertido debate entre los que, con criterios más simples y primitivos, le encasillarían en el grupo de los machistas —rechazados desde hace años por los cada vez más dominantes criterios feministas— y los que, con mayor rigor, estimarían el secreto de su seducción en algo más que la pura conquista a través de la atracción física.

Su inestabilidad afectiva y su promiscuidad despertaban el deseo de las mujeres, aunque asimismo engendraba el rechazo de otras que ya entonces buscaban en el hombre un rol de mayor igualdad y respeto.

Pero como en tantos asuntos de su vida, no han sido las mujeres los enemigos de Luis Miguel, sino los hombres. En un país, como España, de frustrados varones que alimentan en su interior complejos sexuales y que viven la conquista elemental y fortuita como la sublimación de su ego infantil, Luis Miguel, por su éxito y por —digámoslo ya— su atractivo físico, combinado con su aire altivo y chulesco, ha provocado la excitación del peor defecto nacional: la envidia. Y así, durante los mismos años que duró su protagonismo público y social, se mantuvo latente y viva la llama del celo del varón que se sentía agredido en su poder de seducción.

No fueron sólo los aficionados a los toros quienes evidenciaron con mayor virulencia su resquemor y complejos frente a la altiva y provocativa actitud vital del más famoso *latin lover* de nuestra cultura. Porque es cierto que Luis Miguel ha sido el más famoso, promiscuo y resultón de los ligones, superior en atractivo a un blando y enfermizo Julio Iglesias, y en malicia y morbo a los más elegantes marqueses de la época.

También ha sido Luis Miguel más coqueto que otros muchos ligones del panorama internacional porque, gracias a su acentuado sentido de la propaganda y del valor de su propia imagen, no sólo ha encantado a señoras, sino también a señores, y muy famosos, por cierto. Esa inocente ambigüedad le ha llevado a querer gustar no sólo a las mujeres —objetivo principal—, sino también a querer seducir a personalidades masculinas tan dispares y ajenas como el general Franco y Picasso, el escritor Ernest Hemingway y el pintor Salvador Dalí, el industrial Gregorio López-Bravo y el vividor financiero Carlos Perdomo, el actor Yul Brynner y el escritor, médico y pintor Juan Antonio Vallejo-Nágera. Su poder de seducción es indiscriminado, habiendo mantenido incólume su imagen viril. Pero no hace falta ser un lince para identificar a Luis Miguel con el prototipo del seductor.

Precisamente otro seductor, el escritor José Luis de Vilallonga, mantuvo con su hijo Miguel Bosé esta insólita conversación en su libro *La imprudente memoria:*

—Lo que te voy a decir quizá te parezca brutal. Tu padre personifica un prototipo de hombre muy especial: el macho español. Y para el macho español, muchas cosas de las que a ti y a mí nos gustan son, sencillamente, mariconadas.

—Sí, ya lo sé. El macho español —que gracias a Dios se está extinguiendo como el rinoceronte blanco de Asia— tiene una marcada tendencia a ver mariconadas ahí donde tú y yo vemos refinamiento y sofisticación. En el fondo, eso no es más que una reacción visceral de autodefensa.

Escrita en los primeros años ochenta, la entrevista reproduce un infantil recelo de Miguel Bosé frente a la imagen de su padre, en plena creación de la suya propia. Hoy, a la pregunta de Vilallonga seguramente Miguel respondería de otra manera.

Y sin embargo, aislado de su tiempo y con una perspectiva histórica, no es un disparate pensar que Luis Miguel también ha sido una víctima pasiva e inconsciente de su atractivo con las mujeres, que le trataban más como a una *vedette* que como a un hombre duro obligado al triunfo por un ambiente familiar y por unas circunstancias históricas, pero con una escondida ternura que le impedía afrontar con otra actitud algunas relaciones con las mujeres.

Observando las más duraderas, se aprecia que han minado su fortaleza y que han sido ellas las que —aparentes y proclamadas perjudicadas— han acabado castigándole. Esta revisión se inspira en el impacto que su relación dejó en su ex mujer, Lucía Bosé, que, hoy mismo, se ufana de su estado frente al suyo, según ella «más castigado y escéptico», y también en que fue su prima María la que acabó haciéndole sufrir más de lo que la gente creé. Porque, hombre acostumbrado al éxito fácil, a la conquista fulminante y a la dificultad de mantener ciertas relaciones afectivas por la profesión, los viajes o la diferencia de nacionalidad y residencia, Luis Miguel terminó un largo período de su vida refugiándose en el aislamiento, hasta que tuvo a su lado a Rosario Primo de Rivera, mujer con el coraje y la personalidad suficientes para ayudarle a combatir el paso del tiempo, la mala salud, la falta de ilusión, el tedio vital y la mirada hacia atrás con ira, donde la gratificación por lo que se ha hecho o por las mujeres que se han conocido, amado o deseado se pierde en la bruma de la nostalgia y en la difuminada evocación hasta que alguien viene a recuperarla para reivindicar su brillante y lustrosa pátina vital.

Con esa intención, pero sin que pueda parecer la exhibición habitual del cazador ante las piezas capturadas o, lo que también sería lógico, la del torero ante las cabezas de los toros con los que obtuvo sus mayores éxitos, hay que citar algunos nombres de mujeres que tuvieron mayor o menor importancia en la vida de Luis Miguel, distinguiéndolas —inevitablemente—de aquellas otras con las que se casó o vivió una larga relación.

¿Qué piensa hoy Luis Miguel de las mujeres? ¿Qué revelaciones íntimas puede hacer el hombre que no haya hecho el torero? ¿Cómo ve Luis Miguel *Dominguín* a aquel otro Luis Miguel de los veinte, treinta, cuarenta o cincuenta años? Por lo pronto, con su inmarchitable ingenio y mordacidad, en cuanto nos hemos sentado para hablar de mujeres me ha confesado: «Bueno, Carlos, de las tres pasiones que te dije que tenía, ya sólo practico la caza y muy poco», pretendiendo presumir de desinterés erótico con idéntica convicción con la que en otro tiempo debió hacerlo de su proclividad amatoria.

Con la evocación de los pasajes más notorios y lúcidos de su vida sentimental o sencillamente de su vida más pública, se corre el riesgo de caer en la pura e infantil descripción de un plantel de señoras estupendas, objetivo ajeno a este libro, que no pretende abandonar su rigurosa inspiración, ni quiere tratar de exagerar y exacerbar estos ya casi olvidados pasajes. Ni el biógrafo ni el autor queremos que las páginas que siguen exciten la memoria afectiva ni a estas alturas de su vida tiene mayor sentido ponerse a presumir de ser un «destrozamujeres», como le llamó un día su abuela Pilar, y un «robamujeres», como igualmente le dijo Rafael, el «tonto del pueblo» de Quismondo.

—Yo no he salido nunca a conquistar mujeres —reconoce Luis Miguel—, sino a buscar a «la mujer». En mi recorrido por la vida me ha interesado más encontrar una mujer que conquistarla. Y —sin inmodestia— creo que soy el antidonjuán, aunque Hemingway me preguntaba siempre: «¿Cuál es tu truco?» Creo —argumenta— que con todas he sido honesto y por eso con todas hemos quedado como amigos; bueno —rectifica— menos con una...

—¿Con cuál? —le interrumpo con curiosidad.

—Con María —responde con rotundidad y desdén—. Pero volviendo a mi truco, que decía Hemingway, hace unos años vino a hacerme una entrevista Rosa Montero y me preguntó si la afición de *play-boy* la tenía desde niño y le respondí que si yo fuera un *play-boy* no habría gastado mi vida en el amor. El *play-boy* es un hombre al que envidio porque va con mujeres muy guapas, pero que no tiene profundidad.

Luis Miguel considera que «me han gozado mucho» y a él se atribuye la frase admitiendo: «Yo no me hubiese puesto delante de un toro si la mujer no hubiese estado presente en los tendidos», argumento que redondeó en una de nuestras conversaciones: «Mira, Carlos, únicamente por una mujer se afronta la muerte. Ni por dinero, aunque algunos afirmen lo contrario.»

Y como sublimación de esa romántica búsqueda de una mujer que llenara su vida, Luis Miguel recrea sus sentimientos, evocando cómo en sus viajes a América, «en ciudades desconocidas que sobrevolaba en avión, me decía a mí mismo: quizá ahí abajo, en esa ciudad, está la mujer de tu vida, con la que ser uno para siempre». Y concluye: «Esta es la verdad y no la que otros quieran presentar como tal.»

El amor juvenil por Cecilia Albéniz

Hay que hablar de la maravillosa y desaparecida Cecilia Albéniz, nieta del compositor y por la que Luis Miguel sintió un amor juvenil, con la imperfección e inmadurez de estos años. Cecilia compartió los primeros años de la vida taurina de Luis Miguel, cuando este empezó a gozar de las primeras mieles del triunfo, acompañándole a cazar perdices en «La Companza» y ofreciéndole en ese momento de la vida un primer candor. Su nombre es, en sus recuerdos y en los testimonios de los amigos que han vivido de cerca su vida, una referencia de esa primera mujer que existe en la vida de todo hombre que quizá hubiera podido cambiar muchas cosas. Pero el destino se cruzó fatalmente en su vida y Luis Miguel recuerda las circunstancias de su trágica muerte. Unos días antes de la Navidad de 1949, Cecilia Albéniz viajaba a París en coche con unos amigos que iban a casarse allí cuando, al rozar la barandilla de un puente, perdió el control de su coche a quince kilómetros de Madrid, empotrándose contra un camión que venía de frente. Allí acabó lo que pudo ser..., pero su nombre y su belleza están presentes en la memoria de Luis Miguel y en la de Nicolás Franco Bahamonde, con quien, según varios testimonios, mantuvo una relación sentimental.

El amor imposible de Angelita Pinohermoso

Luis Miguel y Ángela Pérez de Seoane, hija del duque de Pinohermoso, se hicieron novios en la Feria de Abril de Sevilla de 1949. Ya se conocían desde hacía años porque el torero visitaba a menudo «Monasterio», la finca familiar situada entre Guadarrama y El Escorial, para practicar el acoso y derribo con su padre. Él tenía veintitrés años y ella dieciocho; él era el torero de moda y Ángela era una chica muy bella, con el candor de la edad y muchas ganas de vivir. Ángela ayudó a pulir el diamante en bruto que era Luis Miguel, transfiriéndole todo su conocimiento de los buenos modales, corrigiéndole su deficiente base escolar y llevándole al mejor sastre de Madrid de la época. Y fue precisamente de Collado de donde salió uno de los primeros rumores de que Ángela y Luis Miguel se veían. Y lo supo «el todo Madrid», que entonces era «el todo España».

Luis Miguel había visto en ella las condiciones objetivas para formar una familia. Y pese a que un torero como él no tenía mucho tiempo para pensar en el amor, no quiso dejar escapar la oportunidad. Qué duda cabe que, en términos sociales, él hacía una «buena boda» según el convencional esquema social. Y ella podría presumir de haber sido la mujer que consiguió el amor del hombre más atractivo de España.

En aquella feria de Sevilla pasearon a caballo juntos. El duque se había llevado su cuadra, que Luis Miguel tan bien conocía. Allí estaban *Noche y día* y la yegua *Bulería*. Con *Noche y día* Luis Miguel practicaba el salto, sin silla ni bocado, tal era la fortaleza de sus piernas. Por las noches, con Carmina de testigo, iban a Laero, donde Luis Miguel le cogió la mano por primera vez. Unidas estuvieron varias horas con la emoción y la sensación de transgresión pecadora que se apoderó de ambos.

Durante la temporada se veían a escondidas, se llamaban por teléfono y se enviaban recados a través de los inevitables mensajeros. En el verano, él fue a verla a Riofrío, donde estuvo interna.

Cecilia Albéniz compartió los primeros años de triunfo,
pero murió en plena juventud

Ángela Pérez de Seoane, su amor
imposible, montando su yegua
Bulería

La buena amistad entre Luis Miguel y el duque de Pinohermoso se demostraba en que, además de compartir las sanas faenas del campo en las que los dos acreditan su dominio de la garrocha, Luis Miguel lidiaba los toros que en «Monasterio» criaba el duque, que por otra parte actuaba como rejoneador en muchos de los carteles en los que el *número uno* figuraba.

Y un día de otoño, Luis Miguel, convencido de sus sentimientos y del éxito de su iniciativa, cita al duque en una cafetería situada en la esquina de las calles Goya y Claudio Coello de Madrid, muy cerca de la casa de Ángela, una gran casa de la calle Villanueva. «Carlos, hace años que conozco a tu hija Angelita —le dice Luis Miguel— y desde el mes de abril nos hemos dado cuenta de que nos queremos y quiero pedirte su mano. Ya sé que la vida del torero es muy difícil, pero creo que Angelita es la mujer que siempre he buscado y sé que sabré hacerla feliz.»

Pero para su sorpresa, el duque de Pinohermoso se niega y rechaza la petición de mano. Alega las razones conocidas del sacrificio que supone para una mujer estar casada con un torero y que Angelita es muy joven, pero no le dice que él quiere para su hija menor otro tipo de enlace, en una palabra, una boda mejor.

Los condicionamientos sociales pesan tanto que superan la admiración y el afecto que el duque siente por el torero. Este no se resigna y, aunque viaja a América para torear, desde allí le envía flores y la llama. Al llegar la Navidad, regresa a Madrid. Nadie más que *Pochola* le sirve de intermediario y, a través de una amiga común, Regina Chávarri, llama a Angelita, citándola en su casa. Allí está Luis Miguel, que insiste: «Dile a tu padre que nos vamos a casar y que no va a poder con nosotros.»

Al salir de la casa de *Pochola* en Juan de Mena, Angelita está decidida y nada más entrar en su casa dice que ha estado con Luis Miguel, que ha venido a verla y que han decidido seguir viéndose. La reacción de los padres fue brutal, y sobre todo la de su madre, que se ensañó con ella, con su fusta de montar. Angelita, horrorizada, se refugió en su habitación y lloró con rabia y desesperación. Pero acreditando el coraje y la personalidad que hoy son patrimonio de su carácter, se deslizó con una sábana desde el primer piso de su casa al patio interior y, ante el asombro del portero que no hacía más que decirle, alarmado, «¡Señorita Angelita!», llamó a *Pochola* explicándole que se había escapado de casa. Minutos después, la hermana mayor de Luis Miguel la localizaba y, después de

Sobre *Noche y Día,* saltando sin silla ni bocado por una apuesta

Con el duque de Pinohermoso, acosando en pleno campo, en la finca «Monasterio».
Noviembre de 1946

consultar con Domingo Ortega, mandó a recogerla y la llevó a casa de los Cembrano. Allí se unió a ellos Luis Miguel.

En contra de la versión oficiosa que entonces circuló y que ha quedado como leyenda y escándalo, no hubo secuestro ni rapto porque, después de rechazar la presentación de una demanda por malos tratos y de ser consolada por Luis Miguel, Angelita volvió a su casa.

Don Carlos Pérez de Seoane, duque de Pinohermoso, avisado por el portero de la fuga de su hija, salió hecho una furia y presentó una denuncia por rapto en la comisaría de la Puerta del Sol, que retiró al volver a casa su hija, para que esta no tuviera antecedentes penales. Y cuentan que el duque se lamentaba de este contratiempo diciendo: «Con lo bien que estaban ahora mis caballos.» Y también que el hermano de Ángela, Manolo Pérez de Seoane, quiso pegar a Luis Miguel, al que esperó emboscado más de una vez hasta que, según me contó Antonio Jover, marqués de Puerto Rico, Luis Miguel le explicó lo que había pasado y el propio Manolo reconoció que él hubiera hecho lo mismo.

¿Acabó aquí la historia? No. Ambos habían decidido esperar a que ella tuviera la mayoría de edad —veintiún años entonces— y si seguían queriéndose, plantear de nuevo casarse. Y como en otros casos, cuando llegó ese momento, la convicción de Ángela ya no era la misma y Luis Miguel, que ya había tenido otros amores, se quedó sin «la duquesita».

La historia de su supuesto rapto les ha perseguido durante más de cuarenta años. Ángela se casó con el financiero Diego Prado y Colón de Carvajal, con el que tuvo seis hijos. En estos años, Luis Miguel siguió buscando algunas de las muchas virtudes que atesoraba Ángela Pérez de Seoane, que para él eran tan ideales.

La importancia de Annabella Power

Mucha importancia tuvo en la vida de Luis Miguel Annabella Power, ex esposa del actor Tyrone Power, que murió en Madrid de un ataque al corazón mientras rodaba *Salomón y la reina de Saba*. Cuando Luis Miguel conoció a Annabella ya estaba separada de Tyrone Power, aunque, sin embargo, mantenía con él una excelente relación, hasta el punto de que cuando Luis Miguel visitó Hollywood, años después de la separación, cenaron los tres juntos. Annabella era muchos años mayor que Luis Miguel y este admite que fue precisamente esta diferencia de edad la que marcó su relación, al ejercer ella una influencia positiva y didáctica en el hombre que él empezaba a ser.

«Annabella —me reconoció Luis Miguel— fue una persona que supo influir en mi vida y aunque pasemos años sin vernos, cada vez que voy a París, la llamo. Nuestra amistad continúa intacta y hermosa como siempre.»

Luis Miguel me cuenta que cuando publicó sus *Memorias* en *¡Hola!*, dijo que Annabella era una mujer llena de vida y que para él había sido como una hermana mayor. Alguien, amigo de ella, le envió la revista y Annabella le mandó una foto en la que se la veía bella y joven, con una irónica nota en la que le decía: «¿Es esta tu hermana mayor?»

La amistad con Annabella se inició en julio de 1949 cuando juntos visitaron el museo de bebidas de Perico Chicote, en compañía de dos actrices del cine español: Carmen Sevilla y Maruchi Fresno. Su aprecio se evidenció en la frecuencia con la que Annabella comparecía en las barreras de las plazas de toros durante la temporada de 1950, en la que siguió prácticamente a Luis Miguel hasta las corridas de la Feria del Pilar en Zaragoza, donde se la vio aplaudirle a él, a Manolo González y a Julio Aparicio. Dos años más tarde, en septiembre de 1952, Annabella asistió a la fiesta campera que en honor de Henry Ford se organizó en «El Campillo», la finca de la ganadera María Teresa Oliveira y su esposo Remigio Thiebaut y en la que Luis Miguel tentó varias becerras, a las que él mismo picó, haciendo una exhibición de sus facultades y practicando el salto de la garrocha. Su hermano Pepe y el torero Rafael Ortega le acompañaron en la tienta.

Annabella era ya una mujer de mundo, y del mundo del cine, que conocía la vida y los hombres, y que adivinó en el joven Luis Miguel la semilla de un personaje importante. Sin rubor, le convenció de que ya estaba maduro y le animó a buscar su independencia y a liberarse del fuerte ambiente familiar. «Si sigues en este ambiente —le pronosticó— te convertirás en un niño de familia. Aquí en tu casa eres el niño mimado, te hacen lo que más te gusta, te lavan los pañales, pero tú tienes necesidad de opinar por ti mismo, de ser responsable de tus actos. Tienes que elegir: seguir siendo el niño en tu casa o crecer como hombre fuera de ella.»

Estas y otras reflexiones fueron las que inspiraron el amor casi maternal que Annabella sintió por Luis Miguel, que aún hoy recuerda con admiración y respeto la generosidad de esta gran mujer, que reparte su tiempo entre sus casas de París y de las afueras de Biarritz. A esta última la bautizó «Contramundo».

El suicidio de Miroslava

Luis Miguel conoció a Miroslava Stern, una modesta y bellísima actriz mexicana de origen yugoslavo, un par de años antes de casarse con Lucía Bosé; su nombre —casi desconocido en el mundo del cine— figura con caracteres de leyenda junto al de Luis Miguel y Lucía Bosé porque se suicidó al enterarse de la boda entre el torero y la actriz italiana, encontrándose junto a su cuerpo varias fotografías del torero.

Miroslava había tenido un prolongado romance con *Cantinflas,* cuando Luis Miguel llegó a Los Ángeles, después de estar con Ava Gardner en Reno. Su amigo Peter Viertel, casado actualmente con Deborah Kerr, organizó una cena en su casa, con varios actores y actrices de Hollywood, entre ellos David Niven. Luis Miguel sólo fue a tomar una copa, porque ya había quedado con otros amigos, entre los que estaba Miroslava. Con ella inició un romance que se simultaneó con el de Ava Gardner y que se prolongó en España, donde estuvo invitada en «Villa Paz». Todavía se pregunta Luis Miguel: «¿Por qué se suicidó? Hacía tiempo que habíamos quedado como amigos. Se dio la circunstancia de que ella se quedó sin dinero en Madrid y le presté una cantidad. ¿Quieres creer que pocos días después de mi boda, y de que Miroslava se hubiera suicidado, recibí en mi cuenta corriente una transferencia por la cantidad que le había prestado? También me envió un pequeño paquete, con la mitad de una moneda mexicana de oro que le había regalado y de la que yo guardaba la otra mitad.»

Luis Miguel en Hollywood

Luis Miguel viajó a América por primera vez cuando apenas tenía once años de edad, durante la Guerra Civil española. Ya adulto, ha sido uno de los españoles que más poder, influencia y éxito ha tenido en los países de habla hispana, primero como torero y después como hombre de negocios. Y como audacia no le ha faltado,

Luis Miguel no ha rechazado pisar los más difíciles escenarios de
Estados Unidos, donde la magnitud de las estrellas y las dimensiones del éxito triplican cualquier otro. Con Ava Gardner se paseó por
Nueva York y Hollywood y de su mano pisó las moquetas de los
restaurantes más íntimos y cosmopolitas.

Ciudadano del mundo, Luis Miguel voló de aeropuerto en aeropuerto, de costa a costa de América y del continente americano al
europeo con la libertad y la seguridad que dan el éxito económico, la
intriga de lo desconocido y el celo sentimental por la mujer amada.
Pertenece Luis Miguel a una generación de hombres de mundo a los
que reconocen en las aduanas de todos los países y cuyas maletas apa-
recen recubiertas de las ovaladas etiquetas de los mejores hoteles, los
más inaccesibles paraísos del juego y de las ciudades más atractivas y
remotas de un mundo aún desconocido en su totalidad pese a la pujan-
za de la aviación comercial y el progreso de la tecnología aérea.

Pero para alguien como él, que amaba tanto la vida, el barco era
todavía el escenario ideal para combinar la utilidad del gran medio
de transporte casi natural con los beneficios del descanso en alta
mar. De una travesía a bordo del *Île de France* guarda precisamente Luis Miguel un nítido recuerdo porque, decidido a regresar a
Europa desde Nueva York, Ava Gardner fue a despedirle al muelle y,
fiel a su narración, debo relatar que este emotivo adiós despertó la
curiosidad de cuanta dama paseaba por las apacibles cubiertas, de
forma tal que no hubo sobrepasado la mítica estatua de la Libertad
cuando la travesía se convirtió en un frenético abrir y cerrar de
camarotes y en una insólita y rocambolesca peripecia marítima. Dice
Luis Miguel que apenas pudo pisar la cubierta y que cuando lo hizo
ya estaban llegando a Southampton. Eso sí, cuando su apuesta figura sintió el aire cálido de la corriente del Golfo o la brisa del Atlántico, Luis Miguel no desdeñó la oportunidad de ejecutar sus dotes
de pillo porque, después de practicar en la popa del barco el tiro del
pichón, observó que unos americanos apostaban mucho dinero.
Decidió descansar por unos días de su trasiego sentimental y, tras
observar el nivel de los competidores, se hizo el torpe, fallando más
de la cuenta y excitando su confianza. La apuesta no tardó en mate-
rializarse y ante la sorpresa de los tiradores americanos «el torero
español no falló un tiro», sin por ello perder su *nice smile* y su elegante apostura.

¡Cómo podían saber ellos que detrás del *dandy* se escondía un
zagal listo como el hambre que padecieron sus ancestros criados en

los campos de Quismondo! ¡Qué poco podían sospechar que bajo
la delicada apariencia de su cuello flamenco latía la ambición y la
sabiduría de un madrileño nacido en el corazón de la Gran Vía!
En sus andanzas americanas es Peter Viertel su introductor de
embajadores, quien le permite justificar el prestigio propio de ser el
novio español de Ava Gardner con su categoría personal y quien
acredita su capacidad de introducción en todos los ambientes de
Hollywood. Viertel era guionista y las películas basadas en obras de
Hemingway que se llevaban al cine tenían su firma. Por él siente
Luis Miguel un exquisito respeto y una notoria debilidad, sentimientos que comparte por su esposa Deborah Kerr, y que él procla-
ma con estas palabras: «Ambos son más que amigos: son como un
par de hermanos.»

La sonrisa de la Garbo

Durante la época en la que Luis Miguel se alojó en casa de Peter
Viertel en Los Ángeles, huyendo de la personalidad asfixiante y el
sentido de la posesión de Ava Gardner, tuvo la oportunidad de conocer a Greta Garbo. Peter le dijo:
—Luis Miguel, quédate esta noche en casa. ¿Sabes quién viene
a estar con nosotros?
—No, ¿quién?
—Greta Garbo, *La Divina*, y quiere conocerte.
Y así fue. Luis Miguel tenía entonces veintinueve años y probablemente Greta Garbo más de cuarenta. La curiosidad de la actriz
contribuyó a que Luis Miguel guarde de ese fugaz e inocente
encuentro un claro recuerdo. Así me ha recordado el *número uno* su
encuentro con la importante actriz sueca: «De pronto me vi ante *La
Divina*. Era como una aparición. Cuando se ponía seria, su cara
resultaba muy especial y representaba más años de los que en realidad tenía. En cambio, cuando sonreía, parecía una muchacha de
veinte años. Ella me observaba constantemente y no disimulaba su
curiosidad; al fin, con mucha timidez, me preguntó si podía tocar-
me. Y alargando una mano me tocó en el brazo derecho. Después
palpó ambos brazos y las piernas y dijo: "Con este brazo, ¿se puede
matar un toro?" "Sí...", le contesté. "¿No hace falta tener mucha
fuerza?", me replicó. Y yo le dije: "Para torear, como para hacer el
amor, no hace falta tener fuerza, sino habilidad e imaginación."»

«La China» Machado

De Noel Machado habla Luis Miguel con frecuencia, con un semblante que evoca una relación grata y noble. Peruana y azafata de profesión, Luis Miguel tiene su nombre unido a alguna de las peripecias vitales más excitantes de su existencia, y puede decirse que ella es una de las muchas mujeres generosas que han pasado por su vida. La conoció en Lima. «Comía yo con Fernando Graña en un restaurante de Lima y la vi, guapísima. Nos miramos y le dije a Graña: "Vamos al hotel que esa chica me va a llamar." Y así fue.»

Lo cierto es que su figura exótica aparece en la vida de Luis Miguel vinculada al grave percance que sufrió en Caracas, el 4 de enero de 1953, ya que fue ella la que durante una escala de avión en la capital de Venezuela se enteró de la cogida y acudió a visitarle al hospital, de donde se escapó al día siguiente con su complicidad, disfrazado de mujer. «Nos fuimos a un pequeño hotel en La Guaira y allí me curó, poniéndome cada ocho horas un buen número de polvos de sulfatiazol. La China Machado —reconoce Luis Miguel— fue un ángel mandado por la Providencia.»

Días después, pese a no encontrarse en condiciones, regresó a los toros en la Valencia venezolana para no perjudicar a su hermano Domingo, que era el empresario. Volvió a España, donde definitivamente le operaría el doctor Tamames de una extensa herida de tres trayectorias en el muslo derecho. También a Madrid voló Noel Machado para pasar con él una larga temporada, con la «fatalidad» de que a los pocos días de llegar, Luis Miguel fue invitado por Pedro Chicote a ir a su conocido bar de la Gran Vía a tomar una copa, coincidiendo con Lana Turner y Ava Gardner; ella fue la intérprete de las primeras palabras que cruzaron el torero y Ava Gardner, y ella fue también la que, poco después, le reveló al torero que en un momento de su encuentro, las dos actrices comentaban el atractivo de Luis Miguel y se animaban mutuamente para ver cuál de las dos le conquistaba antes.

Con la China Machado viajó al festival de Cannes en compañía de don Marcelino, su inseparable compañero de correrías. Con ellos viajó también uno de los grandes amigos de Luis Miguel, el escritor, psicoanalista y pintor Juan Antonio Vallejo-Nágera.

Vallejo conservaba en su casa una fotografía de esa «excursión», que le abrió las puertas de la mundana vida de Luis Miguel, en la que aparecía Noel Machado muy bella y con el atractivo de las mujeres de sangre mezclada. Cuando se la mostró a su póstumo biógrafo, José Luis de Olaizola, le dijo: «Esta que me coge del brazo es *la China* Machado, una mujer guapísima, hija de un chino y una mulata. Tenía un mechón blanco que le daba un aire espectacular.» Este episodio de la vida sentimental de Luis Miguel *Dominguín* es uno de los más gratos y nítidos en su memoria, y es evocado con frecuencia por el éxito que este pequeño grupo tuvo en el festival de Cannes, donde —según él— «barrieron a todo un Gary Cooper, que era la estrella invitada».

Pero *la China* Machado no tuvo demasiada suerte porque en su camino se cruzó una mujer de enorme belleza y de notoriedad mundial —Ava Gardner—, con la que Luis Miguel inició un intenso romance que les haría una de las más famosas parejas del momento, portada de todas la grandes revistas del mundo.

La atracción fatal de Brigitte Bardot

Sólo en la pobreza ambiental de una España traumatizada aún por su drama bélico es posible que la figura de los españoles que viajaban por el mundo recibieran el trato de nuevos conquistadores que, en nombre de «la situación», convencían a los enemigos de España de las virtudes patrias.

Y si de mujeres hablamos, Luis Miguel era tratado por los medios de comunicación de entonces con las dosis de papanatismo imaginables. Todas sus conquistas femeninas se veían como la reivindicación de la furia española en un sórdido ejercicio de infantil identificación con las víctimas de la gran España. Y es que, como escribió Rosa Montero, «Luis Miguel era el *play-boy* soberbio del Régimen, y también un juguete, un adorno social: un producto de lujo necesario».

Viene esto a cuento al relatar, con la brevedad que merece, las circunstancias que rodearon el encuentro entre Luis Miguel *Dominguín* y Brigitte Bardot, envuelto entonces en la curiosidad que despertaba cualquier paso dado por el torero, tanto en la prensa de nuestro país como en la internacional, donde él era habitual protagonista.

Había concluido el festival de Cannes y Luis Miguel, libre de compromisos taurinos, continuó su viaje a París. «Venía de Cannes —recuerda— en una avioneta y en París me encontré con mi amigo el periodista Carlos Sentís, con su mujer y una amiga catalana.

Cenamos aquella noche en el Elefant Blanche y Roger Vadim tomó una copa con nosotros, pidiéndome que bailase con una chica que le acompañaba y a la que estaba promocionando. Me reconoció que yo les vendría muy bien de cara a esta campaña publicitaria y accedí.»

—¿Y bailasteis? —le pregunto.

—Sí, mientras bailábamos ella me dio las gracias y me dijo que quería ser actriz y que bailar conmigo le ayudaba a darse a conocer.

—¿Y sólo bailasteis? ¿No la volviste a ver?

—Bueno, lo primero que tengo que contarte es que, mientras bailaba, noté que no olía precisamente a perfume francés. Sudaba mucho y eso no es que me estimule precisamente; luego me dijo que deseaba tener una fotografía mía dedicada y como yo no la tenía allí, le dije que si la quería fuera al hotel al día siguiente...

—¿Y fue? —pregunto intrigado.

—Sí, lo que pasa es que se presentó a las nueve de la mañana y yo me había acostado a las ocho. Y claro —me mira buscando mi comprensión—, me acababa de meter en la cama. Me puse una toalla al oír que golpeaban la puerta y al abrir, vi que era ella, la chica con la que había estado bailando. Se la dediqué, se la di y se fue.

Carlos Sentís, uno de los más notables personajes del periodismo español y privilegiado testigo de la vida española de los últimos cincuenta años, recuerda: «Conocí a Luis Miguel en el hotel Ritz de Madrid, aunque no recuerdo el año; pero sí sé que fue Alberto Puig Palau quien me lo presentó y que le volví a saludar en el festival de Cannes acompañado de aquel curioso personaje que era don Marcelino. Cuando vino a París, creo —y cierra los ojos para concentrarse— que era 1953 o 1954 y, desde luego, no estaba casado con Lucía Bosé, porque vino a París con Helena Klein o a encontrarse con ella.»

Me encuentro con Carlos Sentís en el hotel Palace de Madrid, escenario de tantos acontecimientos históricos y habitual refugio de cuantos catalanes viajan a la capital de España. La soberbia rotonda del hotel exhibe su habitual vitalidad y rostros conocidos del vecino Parlamento se acercan a saludarle, reconociendo en él al veterano y experto periodista que, a sus ochenta y dos años, conserva memoria para recrear el encuentro entre Luis Miguel y Brigitte Bardot: «Yo conocía a BB antes de que fuera actriz de cine porque vivía en París al lado de casa, en la calle Victor Hugo; tenía una Velosolex que usaba con gracia y una imagen muy "pizpireta". Sí, Brigitte tenía muy buen tipo y era muy mona.»

«Luis Miguel —continúa Sentís— vino con Helena Klein y nos llamó nada más llegar a París. Yo, que estaba de agregado de prensa de la Embajada española, le organicé dos cócteles con los medios de comunicación franceses. Por cierto, que el embajador era Casas Rojas y estaba en un momento delicado porque el secretario de Prensa del Movimiento, Juan José Pradera, quería "cargárselo", aunque al que acabó "quitando de en medio" fue a mí, que dejé la Embajada y me nombraron corresponsal de *ABC* y del periódico de Buenos Aires *Clarín*. Bueno —perdona por irme a otros recuerdos—, en uno de los días que Luis Miguel estuvo en París le presenté a algunos periodistas de *Paris Match* —quizá fuera Olivier Merlin uno de ellos— que le invitaron a hacer lo que se llamaba *la tournée du Grand Duc,* que así se llamaba a recorrer todas las discotecas y *night-clubs* de moda. Y al llegar a una de ellas, creo que era L'Orangerie, en una esquina, enfrente del hotel Georges V, Roger Vadim se acercó a Luis Miguel y le pidió que bailara un par de piezas con una chica a la que él estaba ayudando a hacer cine. Así fue como se conocieron. Bailaron y como Luis Miguel es muy directo, al terminar me dijo que la chica no olía muy bien y que le sudaban las manos. Eso fue todo.»

En este momento del relato aparece su hija Mireia, tan jovial como siempre. Directora de la revista *El Europeo* y polifacética, ha venido para saludar a su padre que, tras invitarla a acompañarnos, sigue contando: «Años después, estando en "Villa Paz" invitado por él, me contó que el director de cine francés Henri Clouzot —el de *Las Diabólicas, ¿*te acuerdas?— quería hacer una película con él y con Brigitte Bardot. Yo le dije que ya la conocía. "¿Yo?" —me preguntó extrañado—. "Sí, ¿no te acuerdas?, es la chica con la que bailaste aquella noche en París."»

Helena Klein, cuyo bello nombre ha aparecido en relación con este viaje a París, era una mujer de gran distinción y elegancia, que entró en la vida de Luis Miguel poco tiempo después de haber enviudado en circunstancias trágicas, ya que su marido, José Valls i Taberner, fue asesinado por un empleado de la fábrica de la que era propietario, que le pegó un tiro al verse sorprendido robando. Catalana, atractiva, sofisticada y con una notable y sobria personalidad, estuvo unida a Luis Miguel *Dominguín* poco tiempo, pero su presencia en estas páginas confirma el gusto del torero y su inclinación por las mujeres de estilo y clase. Nada me ha revelado Luis Miguel de su amistad, fiel a su discreta vocación.

«*La China* Machado era una peruana mestiza de chino y mulata, que se portó
estupendamente conmigo»

«Romy Schneider tuvo mucha importancia en mi vida: fue una relación intensa
y enriquecedora»

Lauren Bacall

Ya casado con Lucía Bosé, y durante el llamado «verano sangriento», Luis Miguel mantuvo un breve romance con la mítica actriz americana Lauren Bacall, que visitaba España con unos amigos. Viuda ya de Humphrey Bogart desde hacía tres años, Betty —como él la llamaba— se incorporó a la *troupe* de famosos que aquel verano siguió la rivalidad entre Luis Miguel y Antonio Ordóñez.

Me cuenta Luis Miguel que «un toro en Bilbao me abrió la barriga. Al despertarme después de la operación, lo primero que vi fue la cara de Lauren Bacall. Inclinándose sobre mi cama me daba un beso en la boca. Y vi también el relámpago del *flash* de un fotógrafo que había captado el momento culminante del beso».

Corroboran este relato otros testimonios históricos, como el que se refleja en el libro conmemorativo del setenta y cinco aniversario del Club Cocherito de Bilbao en estos términos: «Un toro de Palha infirió una cornada en la región inguinal derecha al diestro Luis Miguel *Dominguín* que, tras importante intervención quirúrgica, hubo de ser hospitalizado en la clínica del doctor San Sebastián. De entonces viene una conocida anécdota. A la cabecera del herido veló sus armas la conocida y perturbadora *star* de Hollywood Lauren Bacall, que tuvo que interrumpir su afectiva vigilancia sobre el torero cuando le avisaron que la también bella estrella del cine europeo y esposa del matador, Lucía Bosé, estaba subiendo las escaleras.»

Pese a ello, Lauren Bacall no cita a Luis Miguel en su libro de memorias, limitándose a relatar muy brevemente su visita a España y su amistad con Ernest Hemingway. Luis Miguel, prudente con su memoria, recordó algún pasaje de esa relación y se limitó a sentenciar: «La Bacall tenía muy mal vino.» Una fotografía de ambos cenando en un restaurante de Biarritz en agosto de 1959 queda como prueba inequívoca de una relación, quizá fugaz, que tuvo su impacto publicitario, como acredita un comentario publicado entonces en el periódico *Paese Sera* de Roma, en el que se decía que «según parece, el popular torero Luis Miguel *Dominguín* se propondría casarse con la actriz norteamericana Lauren Bacall, viuda de Humphrey Bogart. Los rumores corren —continuaba el periódico—, pero el torero declaró que nada amenazaba su matrimonio con Lucía, con la que dice estar en perfecto acuerdo».

Para sublimar el rumor, *Paese Sera* concluía con la insinuación

de que «en efecto, *Dominguín* se habría enamorado de Lauren
Bacall del mismo modo y al mismo tiempo que otro popular torero, Antonio Ordóñez, su cuñado y rival en la lucha por el primer
puesto en la escala mundial de los toreros».

Luis Miguel y «Sissi» Schneider

Mes de mayo. «La Virgen» está en su máximo esplendor. He llegado anoche, viernes, y desde el hotel Del Val he confirmado a
Rosario que ya estaba en Andújar, porque Luis Miguel quería que
llegara a cenar. Los casi treinta kilómetros de curvas por la sierra se
hacen un poco más largos por la noche, pero la proximidad de la
naturaleza invita a bajar la ventanilla del coche y a empezar a oler
a jara y a noche de campo. En el mojón veintisiete aminoré la velocidad para no pasarme la entrada a la finca, a la que se entra abriendo una cancela clásica y sonora. Desde allí a la casa hay tres kilómetros y pico aún de pendientes, curvas y de estrecho pero asfaltado
camino. Noche de primavera, iluminada por una tenebrosa tormenta a lo lejos, que casi roza las cumbres de los cerros serranos, ofreciendo una soberbia sensación de grandeza. Con lentitud corono la
última cuesta que rodea el pico donde está la casa y nada más llegar a la zona donde se dejan los coches, aparece Fernando, tan solí-
cito como siempre, y me ayuda a bajar el pequeño equipaje; al mismo tiempo en la penumbra de la casa aparece la figura atlética de
Luis Miguel, tan abierto y cariñoso. Nos estrechamos las manos con
energía y tras preguntarme por el viaje, me invita a entrar en la casa,
de donde sale Rosario, que me recibe con su atractiva sonrisa, su
confortable franqueza y su cordialidad habituales. Cenamos muy
bien, como siempre; aunque Rosario reconoce su mano inductora,
colma de elogios al cocinero y explica con naturalidad el sistema de
suministros que siguen en «La Virgen», tan alejados de todo y donde es imprescindible conservar en frío los alimentos. Una vez
devueltos a su temperatura natural, la caza, las verduras y los pes-
cados cobran en la cocina su extraordinario vigor energético y Rosario elabora cada día una inteligente y cálida carta, que convierte la
protocolaria y obligada ceremonia en un acontecimiento digno de
admiración.

En la sobremesa hablamos del pasado y del impacto que ha tenido la vida amorosa de Luis Miguel, y Rosario me confirma que,

aunque la gente no lo sepa, «Romy Schneider tuvo más importancia en su vida que otras mujeres cuyos nombres han aparecido vinculados a él. Fue una relación intensa y muy enriquecedora».

Animado por este testimonio, Luis Miguel se sincera: «Romy ingresa en mi vida a la fuerza —me dice Luis Miguel— porque se encapricha de mí y, aunque al principio no le hice mucho caso, ella se empeñó. Tenía un empuje tremendo que le llevaba a conseguir lo que deseaba. Era una mujer muy agresiva y estuvo —continúa— a punto de cargarse mi reaparición y casi me retiró de los toros. Pero me di cuenta a tiempo y me defendí de ella.»

Esta vez sin rubor alguno, Luis Miguel evoca algún detalle de su relación con Romy Schneider, relatando su primer encuentro: «Recuerdo que fui a torear a Barcelona en mi reaparición en 1971. Debió ser en julio y conmigo venía mi hijo Miguel, que me vio salir a hombros porque estuve muy bien. Tres días después toreaba en Arles y un amigo mío, Ricardo Sicre, nos invitó a ir en barco hasta allí. La primera escala la hicimos en Port Lligat, donde comimos con Salvador Dalí. Después fuimos a Arles, donde toreaba —ahora recuerdo— el 14 de julio, que es la fiesta nacional francesa. Por supuesto, me fui directo al hotel Nord Pinus, donde había una habitación a mi nombre, "la *chambre* de Luis Miguel". Y allí encontré a Romy, que estaba en el mismo hotel con su marido y una amiga. Habían venido en avioneta con el exclusivo objeto de ver la corrida y, al terminar, nos invitaron a su casa de Saint-Tropez. Los días siguientes los pasamos navegando por el Mediterráneo.»

—¿Y cuándo os veíais?, porque tú acababas de empezar tu temporada —pregunto.

—Ya te he dicho que Romy estuvo a punto de estropear mi reaparición porque era una persona bellísima y adorable por su sensibilidad y carácter. Pero yo también tenía el mío, muy fuerte, y nuestra relación no podía dar ningún fruto. En seguida tuve la sensación de que aquello no podía ser, de que estábamos condenados a lo efímero. Yo estaba acostumbrado a ser el primero, y ella también...

—¿Le brindaste un toro en Arles?

—Sí. Durante un par de años nos encontrábamos en París o Roma, según las circunstancias. Cuando murió su hijo, diez años después, le llamé para que se viniera a pasar unas semanas a «La Virgen». Su muerte me impresionó mucho. Era una mujer que vivía con una tremenda sensación de angustia, siempre al límite y muy infeliz.

«Rita vino a España en 1952 y le brindé un toro en Guadalajara. Durante un tiempo me llamaron *Gildo* y me cantaban *Amado mío*»

Con Ava Gardner saliendo de los toros

—Y ya que estamos con actrices de cine, cuéntame, ¿por qué te llamaron *Gildo?*

—No me creerás —porque no se lo ha creído nunca nadie— que nunca me apeteció convertirme en eso que llaman «amador de artistas», pero ya sabes que en este país hay un refrán que dice: «Cría fama y échate a dormir.» Eso me pasó con Rita Hayworth. Vino a España en 1952 y en octubre le brindé un toro en Guadalajara. Recuerdo que la acompañaba el conde de Villapadierna y poco más puedo contarte. Después de ese brindis y durante un tiempo, me llamaban *Gildo* y me cantaban «Amado mío».

—Luis Miguel, ¿puedo preguntarte si has estado alguna vez en un burdel?

—¿Como cliente?

—Como lo que quieras, pero en principio sí, como cliente.

—No. Como cliente de pago no he estado nunca en una casa de esas. Como visitante sí he estado dos veces. La primera con Juan Belmonte y el duque de Pinohermoso. La segunda con el escritor Antonio Díaz-Cañabate, que se empeñó no sé por qué y acabó mandando a dos muchachas tísicas al sanatorio.

Las doce. Es hora de descansar y Luis Miguel es metódico y respetuoso de sus horarios; también Rosario le fuerza a mantener una cierta disciplina que le permita recuperarse. Nos levantamos de la mesa y con un extraordinario sentido de la hospitalidad dan las instrucciones convenientes para que me acompañen al *bungalow* y para que el desayuno esté preparado mañana a la hora que yo quiera, e insiste: «Bueno, ya sabes que estás en tu casa.»

En la prodigiosa arquitectura del *bungalow* azul, que es el que está sobre el pantano, recupero mis anotaciones sobre otras relaciones y aventuras poco conocidas y que Luis Miguel no me ha contado, prefiriendo mantener un discreto silencio.

Aunque César González-Ruano reconociera que «el biógrafo debe ser cómplice», mi complicidad pasa por respetar sus íntimos silencios pero también por revelar su apasionada aventura con una modelo extranjera que le visitaba en un hotel de Barcelona y que tenía novio formal hasta que el muchacho descubrió el engaño y decidió acabar con la relación a golpes. O ésa otra peripecia, que de alguna manera se aleja de su estilo y estética, con la bailarina Naima Cherki, de tan rotundas como poderosas formas y capaz de hacer perder el sentido al más impávido galán o al más veloz extremo zurdo de la historia del Real Madrid.

Recuerdos, tantos recuerdos

De Ava no le importa recordar alguno de los episodios vividos, como el que ocurrió cuando, estando en «Villa Paz», le avisaron de que Frank Sinatra, su eterno amor y marido, se había presentado en Madrid. Un «buen amigo» le había dicho al cantante americano que Ava estaba en Toledo en un tentadero del ganadero Pedro Gandarias. Luis Miguel y Ava «volaron» camino del hotel Castellana Hilton, después de pasar por casa del torero, en Nervión, 25, para «arreglar» a la actriz que tenía una notable melopea. Teodoro, su chófer, y el fotógrafo Emilio Cuevas *(Cuevitas)* colaboraron entusiasmados en la tarea de desvestir y vestir a la actriz. Unas horas después de su encuentro, Frank Sinatra y Ava llamaban a la puerta de Nervión, 25, para invitar a Luis Miguel a recorrer la alegre noche de Madrid. Cenaron en Breda —frente al hotel— y después fueron al tablao La Capitana, que doña Pastora Imperio tenía en la calle Jardines. «Serían las cinco de la mañana —me cuenta Luis Miguel— cuando Frankie se retiró agotado y Ava se quedó conmigo. Juntos fuimos a casa de Lola Flores a desayunar.»

Luis Miguel también recuerda con nitidez su encuentro en El Floridita de La Habana con una cantante medio italiana, medio cubana, que cantaba muy bien y tenía una extraña belleza. Se llamaba Coni. Treinta años después de haberla conocido y de haber disfrutado de su compañía y de la de Ernest Hemingway, en cuya casa Luis Miguel vivía invitado, se la volvió a encontrar en Miami. Fue poco después de ser operado, en 1982. Tato Escayola, un amigo suyo, le visitó animándole a salir a la calle. «Miguel —me dijo—, te propongo que vayamos a comer fuera. Cerca de tu hotel hay un restaurante muy simpático en el que actúa una cantante cubana que es una maravilla. Es de origen italiano.» Y Luis Miguel le interrumpió: «No me digas más. ¡Se llama Coni!» Efectivamente, su Coni estaba en el restaurante y se reconocieron a treinta metros de distancia. «Habían pasado treinta años —recuerda Luis Miguel— desde que nos vimos por última vez. Corrimos los dos y nos fundimos en un gran abrazo.»

Otra vez, viajaba a Buenos Aires con su entrañable amigo Alfonso Zurita para participar en una cacería cuando, al presentar los pasaportes, vio a una muchacha guapísima que hacía transbordo a otro avión, con destino a Uruguay. Luis Miguel, ni corto ni perezoso, decidió alterar su ruta, sacando un billete con destino a la capital del pequeño estado americano.

También en América encontró Luis Miguel la ocasión y el privilegio de seducir a una novicia que estaba por profesar. En uno de sus viajes entre repúblicas con toda su familia tuvo que navegar en barco por el río Magdalena. «*El Pichincada*, se llamaba —recuerda Luis Miguel—. Era un vapor muy pequeño e incómodo, lleno de tahúres, que hacía escala constantemente para dejar pasajeros y vituallas. En cada uno había una banda que tocaba "Amor chiquito, acabado de nacer...". En uno de los trayectos viajaban dos monjas mayores y una novicia preciosa, mezcla de india y español. También viajaba un misionero navarro que en seguida se percató de que yo estaba enloquecido con la novicia india, hasta el punto de que quería casarme con ella, proyecto del que me disuadió con estas palabras: "Hijo mío, nunca te metas en profundidades... aprovecha siempre lo que la vida te pueda dar... hay muchas posibilidades..."»

«Pero yo —continúa Luis Miguel— no sabía cómo librar a mi novicia del estrecho "marcaje" de las dos monjas, hasta que mi ocelote decidió ayudarme en mi "conquista" colándose en el camarote donde las dos monjas dormían la siesta y se guarecían del calor húmedo del río. Cuando me cercioré de que la novicia estaba libre de vigilancia me colé en su camarote. Le pedí perdón. "Con este calor no sabe uno dónde se mete. Tú... ¿puedes dormir con este calor?" No obtuve respuesta, pero volví a intentarlo: "¿Tú sabes si hará tanto calor en el infierno?" Aunque no dijo nada, ya suavizó su mirada y embutida en su camisón dejó que me sentara en el extremo de la cama. Ya cerca de sus piernas volví a preguntarle: "Oye, ¿tú crees en el infierno?" Como imaginas —ironiza—, cuando nos dimos cuenta era el amanecer.»

También en América, concretamente en México, conoció Luis Miguel a otro de sus primeros amores. «Se llama —me dice—, porque aún vive, Gloria Librán y fue la novia de mi adolescencia, ya que la conocí en mi primer viaje a México, en 1937, cuando tenía doce años. Todos los niñatos del barrio querían ser su novio y tuve que pegarme para quedarme con ella.» Años después, cuando Luis Miguel volvió a México dispuesto a conquistar a los aficionados mexicanos, cumplió la promesa que le hizo a aquella niña de que volvería como una gran figura del toreo y la llamó por teléfono. Supo que se había casado y de común acuerdo decidieron que lo mejor era que guardaran el recuerdo de cuando se habían conocido. Nunca se volvieron a ver.

El silencio de Luis Miguel ante alguna de mis preguntas sobre la realidad o fantasía de algunos «encuentros» evidencia su propó-

«Ira de Fürstenberg es una
mujer con mucha clase»

Con Yolanda Ríos en
Navacerrada, el 13 de
diciembre de 1947

sito de no aludir a personas cuya vida puede verse afectada por la revelación de una pasada aventura; de modo que, por ejemplo, no pude confirmar lo que algunos me han contado fue una hermosa relación con la princesa Ira de Fürstenberg que, separada ya de Alfonso de Hohenlohe y convertida en una bella actriz del cine europeo de los años setenta, pasó algunos días en «La Virgen» con Luis Miguel, disfrutando de su hospitalidad, del fresco olor de la naturaleza salvaje y apreciando la decoración de los cuatro *bungalows*. Lo que sí me confirmó es que «Ira era una mujer con mucha clase».

Otra historia de la vida sentimental de Luis Miguel me obligó a exigirle un claro pronunciamiento; en juego estaba la revelación histórica de una relación que hubiera podido alterar la consideración histórica de algunos personajes. Porque, en los primeros meses de elaboración de esta biografía, cierta persona de mi total confianza me reveló que Luis Miguel se veía con Lupe Sino en un piso de la calle Alcalde Sainz de Baranda, de Madrid. Conviene precisar para los que no lo recuerden, que Lupe Sino —Antonia Bronchalo, por verdadero nombre— fue la novia de *Manolete,* y la mujer por la que este había empezado a imaginar una vida sin toros, sin público, sin el terrible compromiso cotidiano de luchar contra la muerte. ¡Luis Miguel y Lupe Sino! Consciente de la importancia de esta revelación y del impacto de su público anuncio, esperé ansioso a un próximo encuentro con Luis Miguel para preguntarle directamente: «¿Tú has tenido algo que ver con Lupe Sino?»

La pregunta tenía para él tanto interés como para mí su respuesta, así que opté por revelarle que a finales de los años cuarenta, una persona amiga mía —que aún vive—, vecina de la calle Alcalde Sainz de Baranda, le había visto entrar varias veces en una casa en la que, según creía mi amigo, vivía Lupe Sino. Desvelada la incógnita de la pregunta, con una sonrisa suficiente, Luis Miguel negó que visitara a Lupe Sino en esa casa de Alcalde Sainz de Baranda, revelándome que, efectivamente, él frecuentaba en esa casa próxima al Retiro madrileño a una amiga «mucho más guapa que Ava» que se llamaba Yolanda Ríos, aunque todos la conocían como Yola. «Lo que pasa —aclara Luis Miguel— es que era amiga de Lupe Sino y por eso tu amigo me vio con ella en el portal.»

«A Yola Ríos la conocí en un restaurante de Madrid —evoca Luis Miguel— y me pareció tan impresionante que le mandé un mensaje a través de la señora de los lavabos pidiéndole el teléfono.»

Luego he sabido por boca de quienes recuerdan aquella época que Yola fue «novia» de un ministro del Régimen, de carácter populista y poblado mostacho, y dicen también que, en cierta ocasión, le disparó en su despacho con una pequeña pistola.

Fue con Yola Ríos con quien Luis Miguel estuvo esquiando en el puerto de Navacerrada cuando, fiel a su inquieto temperamento, quiso probar el vértigo del difícil equilibrio sobre las tablas, que entonces eran todavía de madera. Con ellos dos subieron a la Venta Arias Miguel Moraleda *(Miguelillo),* su mozo de espadas, y su primo y peón de confianza Domingo Peinado. Este fue quien me contó que también les acompañó el torero gitano Rafael *Albaicín,* lo que no dejó de causar mi asombro y la incredulidad del propio Luis Miguel, que había olvidado la compañía de aquel extraño y genial artista gitano.

«La Doña», María Félix

También mexicana era la maravillosa María Félix, con la que Luis Miguel mantuvo un tórrido idilio que, curiosamente, se inició con antipatía y recelo mutuos en un par de encuentros, el primero en la casa del dramaturgo Edgar Neville y el siguiente en la del bailarín Antonio. Su romance tuvo por escenario las habitaciones del hotel Velázquez de Madrid, donde la gran actriz mexicana tenía un piso para ella sola, y superó los confines de la península Ibérica llegando hasta París, a donde Luis Miguel fue a verla. Inevitablemente llegó a oídos de los paisanos de ella y, como Luis Miguel no era santo de la devoción de los mexicanos por su rivalidad con *Manolete* y Arruza, *La Doña* —como se conocía a la bellísima María Félix— se vio obligada a hacer estas declaraciones en una revista mexicana: «¡Cómo voy a tener un idilio con un enemigo de mi país!»

De María Félix guarda Luis Miguel un recuerdo de su pasada osadía que le llevó a brindarle un toro en la plaza de toros de México: «Me querían matar. Toda la plaza estaba en mi contra, menos los españoles, y como a mí me encantaba provocar, me fui a brindarle la muerte de mi primer toro. Recuerdo que le dije: "María, por nuestros recuerdos." Me querían matar, pero luego nos fuimos a cenar a la Zona Rosa. Años después nos volvimos a encontrar en Acapulco y aún conservaba su gran belleza y arrogancia. Tengo una gran recuerdo de María.»

Otro de los idilios sonados de Luis Miguel fue con Doris, la mujer del actor americano de origen tártaro Yul Brynner. Según todos los testimonios ella le «tiraba los tejos» de forma tan evidente que el torero no resistió sus ataques, viajando juntos a Francia, donde en Niza quisieron visitar a su amigo Picasso. A su regreso, Yul Brynner la echó de su lado y la mandó a Suiza, después de montar un buen «número».

Otra de las conquistas de Luis Miguel fue la peruana Nena Gómez, «Reina del Sol» y belleza imponente.

Pero también ha tenido Luis Miguel sus pequeños fracasos amorosos, como el que cosechó con la actriz María Asquerino y del que no se acuerda, fiel a la leyenda de que a medida que la vida avanza se recuerda sólo lo positivo... Insistí en referirme otra vez a la actriz española y de nuevo obtuve una notoria negativa, así que transcribo el comentario que sobre él hace la veterana actriz en sus *Memorias:* «Precisamente estaba yo —recuerda María— trabajando con mi padre en *La ciudad alegre y confiada* de Benavente, cuando recibí un enorme ramo de flores. Me intrigó un poco: "¡Qué barbaridad! ¿Quién manda estas flores?" Entonces se acercó un chico, cuyo nombre no recuerdo, un chico encantador por cierto, y aclaró:

—Estoy con Luis Miguel viendo la función. A la salida, cuando termine, vendremos al camerino. ¿Podemos?

—Claro que sí; por supuesto.

—Las flores te las ha mandado Luis Miguel.

Luis Miguel, alto y guapo. Absolutamente seguro de sí mismo. Como yo, sagitario; pero sagitario de diciembre: los sagitarios de noviembre y los de diciembre somos un poco diferentes. Era el triunfador de aquel momento. Después de la representación vino a felicitarme y a invitarme a tomar unas copas. Salí muy poco tiempo. No me llegó a interesar nada.»

Quien sí le interesó fue su hermano Domingo, a quien describe como alguien «mágico y absolutamente de izquierdas».

Ya en los años setenta, Luis Miguel tuvo una relación con la bellísima ecuatoriana *Mignone* Plaza, quien pertenecía a una de las familias más influyentes del país. A ella estuvo unido sentimentalmente tras la separación de *Mariví* y simultáneamente a su relación con Pilía Bravo. *Mignone* es una mujer de gran categoría que, con inteligencia y realismo, supo ver la dificultad de la personalidad de Luis Miguel y aceptó que no todos los elementos estuvieran a su

Brindé el toro de mi confirmación en México a María Félix y le dije:
«Por nuestros recuerdos.» México, 1952

Uno de los grandes
amores de
Luis Miguel en los
años setenta fue la
bellísima
ecuatoriana
Mignone Plaza,
mujer de gran
categoría personal
y social

favor en el momento preciso. Hoy en día son amigos y del afecto pasado les ha quedado una eterna lealtad mutua y la complicidad de tantos momentos que vivieron juntos.

El escándalo de los años setenta

El 28 de diciembre de 1994 moría en Madrid María Gutiérrez, conocida como *Mariví Dominguín*. Tenía apenas cincuenta años y un pasado apasionado y de novela, unido siempre a la historia de amor que vivió con su primo Luis Miguel *Dominguín*. Durante un tiempo fue «la buena» y durante otros «la mala» de la película de la vida de Luis Miguel. Las líneas que siguen son una breve evocación de ese amor.

María ha sido una de las grandes pasiones de Luis Miguel *Dominguín*. Eran primos hermanos, ya que el padre de Luis Miguel y la madre de María eran hermanos, y no tío y sobrina, como durante muchos años se ha creído; lo que ocurre es que la diferencia de edad entre ambos era notable.

Dicho esto, como aclaración histórica, hay que centrar la figura de *Mariví* como la mujer por la que Luis Miguel se separa de Lucía Bosé y con la que convive unos años de su vida hasta su separación en los primeros años setenta. La propia *Mariví* escribió un libro a finales de 1993 en el que relata su relación con su primo Luis Miguel y los avatares de su vida en común, en unos años en los que el torero está retirado prácticamente y en el que juntos se dedican a la caza, a alternar socialmente y a divertirse. Su amor «prohibido» y «condenado» escandalizó a la España de aquel tiempo.

Dos únicas frases he logrado arrancarle a Luis Miguel sobre su relación con la que él llama María. Una de ellas es reflejo de la serenidad con la que Luis Miguel contempla aquella etapa de su vida. «De María puedes decir que me dio lo mejor de su vida.»

El otro pronunciamiento obtenido sobre ella se produjo cuando al plantear su relación con las mujeres y los ingredientes de amor, amistad y pasión, me dijo: «Yo he terminado amigo de todas las mujeres que he amado, menos de una.» Los segundos que siguieron nos permitieron comprobar que la complicidad entre autor y biografiado ya se había producido, al preguntarle yo con certeza casi exacta de su respuesta si la excepción era su prima María. «Sí», contestó.

Mariví conoció a Ava Gardner en «Villa Paz» cuando era tan sólo una niña.
En la foto, de pie a la derecha

En «La Virgen». Al fondo, *Mariví* hablando con Peter Viertel

Otras personas de su entorno me hablaron de María, dividiéndose las opiniones pero coincidiendo en la importancia real de la relación y en el daño que ambos se hicieron. Porque cierto es que Luis Miguel hizo a su prima a su imagen y semejanza, de forma que la convirtió en su cómplice, su amiga y su amante.

También coinciden muchos testimonios en que Luis Miguel sufrió mucho durante la relación con María y especialmente cuando esta llegaba ya a su fin, al reprocharle sus enemigos que la abandonara cuando ya estaba embarazada. Se dice que una tarde —¿o una noche?— cuando María volvía a la casa común se encontró las maletas en la portería y la cerradura cambiada, extremo que él niega, aduciendo que aun embarazada y ya separados permitió que ella siguiera en su casa.

Pero quienes conocen bien a Luis Miguel y quienes han tenido acceso a su intimidad saben que su pareja estaba ya rota cuando María se quedó embarazada. En fin, lo cierto es que la paternidad del hijo de María, sobre el que esta ha mantenido un escrupuloso silencio público, no ha hecho sino aumentar las especulaciones y los interrogantes finales de una relación que la sociedad española vio siempre con morbosa mirada.

Muchos son los que piensan que fue María la que llevó a Luis Miguel a un mundo de añoranza y melancolía. Quienes se sintieron «traicionados» por la pequeña María —como se la conocía en la familia— no se extrañaron del final de su relación.

Luis Miguel ofreció a sus tíos —los padres de María— regentar la finca «Villa Paz» que había comprado en Saelices, en la provincia de Cuenca. Allí creció la niña María y allí vio cómo Luis Miguel disfrutaba de la vida y de sus placeres. Por «Villa Paz» desfilaron las personalidades más significativas de la vida española de los años cincuenta y cuanto extranjero famoso aterrizaba en España. María vio a Sofía Loren y al dictador Trujillo torear una becerra, vio emborracharse a Ava Gardner, escuchó la voz de Frank Sinatra y vio la equina sonrisa de Fernandel. Conoció a Orson Welles, a la periodista más temida de Hollywood, Elsa Maxwell; a Gary Cooper y a Yul Brynner, con el que años después mantendría un romance casi simultáneo al que la mujer del gran actor tenía con Luis Miguel.

María se casó el 18 de junio de 1961 con el hijo del ganadero Celso Cruz del Castillo, José Ramón del Castillo, pero su matrimonio duró muy poco, apenas un par de años. Ella admitió que, cuando se divorció, Luis Miguel la envió a Londres a casa de Deborah Kerr, donde él la visitaba mientras aprendía inglés.

Cuando en 1962 Luis Miguel fue operado de su hombro derecho en Oxford por el doctor Trueta, Lucía Bosé le acompañó. Según revela su ex mujer en las *Memorias* publicadas en *¡Hola!:* «Pocas horas después de que saliera del quirófano, casi todavía bajo los efectos de la anestesia, el torero me pidió que fuera a comprarle una botella de vodka porque le dolía mucho el brazo y no le daban sedantes. Me negué rotundamente —continúa Lucía— y el torero me amenazó, diciendo que él hacía con su cuerpo lo que le daba la gana. Me marché al hotel y al día siguiente, dejándole en el hospital, regresé a Madrid sola.» Y añade Lucía: «Hasta la cabecera de su cama corrió su prima María, a quien siempre hemos denominado "la poupée". ¿Fue entonces —se pregunta Lucía— cuando comenzó a sustituirme...?»

Desde entonces hasta prácticamente 1973, Luis Miguel y María convivieron juntos, cambiando el piso de la calle Quintana de sus primeras citas amorosas por el que el torero compró en la plaza de Cataluña de Madrid. Los padres de María también ocuparon un piso en el mismo edificio, por cuenta de Luis Miguel.

Con María, Luis Miguel construyó una convivencia inspirada en los placeres de la vida, viajes, cacerías, monterías y alternancia social con los grandes de la *jet-set* internacional y nacional, cuyos apellidos evocan la perdida grandeza sajona, títulos de nobleza centroeuropea, coronas sin futuro y fortunas de inspiración griega. En varias ocasiones, Luis Miguel y María visitaron la isla helénica de Psopoulas, donde tenía su casa el multimillonario griego Niarchos.

También disfrutaron de la noche flamenca, y quienes vivían aquel Madrid de los años sesenta con cierta pasión, recordarán los escenarios que ellos visitaban: El Duende, propiedad de Rafael Vega *(Gitanillo de Triana),* amigo íntimo de Luis Miguel; La Pañoleta y, por último, Gitanillos, en las calles próximas a la plaza de la Villa y a Casa Ciriaco. Les acompañaban en estos jolgorios todo un grupo de personajes curiosos, como *el Beni de Cádiz,* maravilloso cantaor y una de las grandes personalidades del cante de los últimos años. No fallaban cuando podían Josefa Cotillo *(La Polaca),* Lola Flores y *el Pescadilla,* capaces de bailar y cantar hasta el amanecer. Otro habitual era Alejandro Vega, bailaor con mucho arte que se metía en muchos líos y al que más de una vez tuvo Luis Miguel que rescatar

de las brigadas antivicio que Camilo Alonso Vega obligaba a patru-
llar por los alrededores de Gitanillos. En El Duende, el *maître*, Fran-
cisco Román, al que todo el mundo conocía por don Paco —y al que
Luis Miguel llama *La Salvadora*—, atendía a la mejor clientela de
Madrid y recuerda muchas de las situaciones vividas por Luis Miguel
y María. Cuenta que una noche, que se hizo famosa, apareció Lucía
Bosé de improviso y le dio una monumental bofetada al torero que,
ebrio y confuso, había salido a su encuentro a la puerta del tablao.
Otra noche, don Paco pudo constatar el poco aprecio que se tenían
Luis Miguel y su cuñado Antonio Ordóñez, cuya coincidencia no fue
precisamente un acto de gentileza y amistad...

Otro de los compañeros de noche era *Picoco* Pantoja, capaz de
organizar la juerga más flamenca, como en cierta ocasión, que en
casa de María se disfrazaron de mujer y a altas horas de la madrugada inmortalizaron el instante en unas fotografías que han circula-
do por los todos tablaos y las tabernas del Madrid castizo.

Luis Miguel y María tuvieron que enfrentarse a una sociedad
que no tenía el margen de tolerancia actual y que, aun practicando
la hipocresía, repudiaba la osadía de quienes decidían saltarse «a la
torera» los convencionalismos. Tampoco la prensa tenía la libertad
de criterio y de agresión de la que hoy disfruta y en lo político vivía
mucho más sujeta a las instrucciones, censuras y consignas.

En cuanto a las fotografías publicadas en *Garbo* en 1970 puedo
relatar lo siguiente. El 28 de octubre de 1970, la revista barcelonesa
Garbo publicó un reportaje en el que se veía a Luis Miguel *Dominguín* y a su prima María —a la que los tribunales llamaban por su
nombre, Ana María Gutiérrez— en la finca «La Virgen», ambos en
traje de baño y en actitud familiar y de confianza íntima. Con ellos
estaban, y no se ha dicho, Antonio *Bienvenida* y su mujer y otro
matrimonio, cuyas imágenes fueron eliminadas en el revelado y
publicación de las fotos. El fiscal que instruyó la causa condenó a
la revista a 250.000 pesetas de sanción y a dos meses de suspensión.

En el banquillo de los acusados se sentaron el periodista Marcial
Montes, de la agencia Radial Press, que fue la que compró el reportaje; el fotógrafo, Gigi Corbetta, y la auxiliar de redacción de *Garbo,* la
combativa periodista Maruja Torres, a la cual el fiscal acusaba de haber
alterado el texto literario realizado por el citado Marcial Montes.

El fiscal acusaba a los tres de haber cometido un delito de aten-
tado contra la moral y buenas costumbres y pedía para cada uno de
ellos una pena de tres meses de arresto mayor, 15.000 pesetas de mul-

Gary Cooper dispuesto a
enfrentarse a una becerra

A la hora de divertirse, Luis Miguel también fue el número uno.
En la foto, con Lola Flores

ta y ¡nueve años! de inhabilitación profesional. A la vista, celebrada en Barcelona, en marzo de 1973, asistieron los propios Luis Miguel y María, y por sentencia del juzgado número seis de la Audiencia los tres autores del reportaje quedaron absueltos del delito de escándalo público, condenándose únicamente a Maruja Torres por una falta de imprenta a 3.000 pesetas de multa «por entender que podía causar desagrado la divulgación de la vida amorosa de una persona casada con otra que no es su esposa». La Audiencia de Barcelona en su absolución entendía que el reportaje «no produjo grave impacto a los lectores por no rebasar la tolerancia media de la sociedad española actual y porque se llega a la citada conclusión comparando el material aquí objeto de proceso con las diversas producciones asequibles a cualquier ciudadano adulto en el campo de los espectáculos, costumbres y diversiones generalmente admitidas, grabadas y reportajes que se publican y captan sin especial rechazo».

El 19 de octubre de 1974, el diario *Ya*, en un comentario firmado por Francisco Gor, recogía el recurso planteado por el fiscal en el Tribunal Supremo en el que reconocía: «Aun cuando ciertos sectores de una nación acepten o sigan una postura de relajación de costumbres, la vivencia de las costumbres ajustadas a claros principios morales, particularmente lo referente a la moral sexual, debe ser objeto de tutela, sancionando cuanto a ellas ofende.» Y es que el celo moralizador de estos últimos años del franquismo había caído sobre el otrora niño maldito del Régimen, en el que sería uno de los últimos actos administrativos del fiscal general del Estado Fernando Herrero Tejedor.

Como curiosidad histórica, en el Tribunal Supremo también se vio, en la citada vista del 18 de octubre de 1974, el recurso planteado por la abogada de Maruja Torres, la muy popular Cristina Almeida, reclamando la total absolución de la periodista. En representación de los otros dos acusados intervinieron los abogados Antonio Vázquez Guillén y Octavio Pérez Victoria.

Un año después, el Juzgado de Instrucción número 13 de Barcelona procesaba a Luis Miguel *Dominguín* y a María Gutiérrez como presuntos autores de un delito de escándalo público. En efecto, el 24 de abril de 1975, el diario *Ya* publicaba que el juez instructor había decretado la libertad provisional de los procesados bajo sendas fianzas de 50.000 pesetas. A este procesamiento, Luis Miguel presentó un recurso de apelación que se vio en la Sección Primera de la Audiencia provincial de Barcelona el 10 de junio de 1975 y por la que se le absolvió el 1 de julio de 1976.

La historia concluyó el 15 de julio de 1977, cuando al recurrir el fiscal general del Estado, la Sala Segunda del Tribunal Supremo dictó sentencia, condenando al ex matador de toros Luis Miguel *Dominguín* por delito de escándalo público. En la ratificación de esta sentencia pesó el argumento, alegado por el fiscal, según el cual «si existió el delito de escándalo público fue precisamente por la participación de los procesados, sin cuya actuación el delito no se habría producido, por lo cual debían ser considerados autores por cooperación».

La condena se hizo firme cuando ya Luis Miguel y María no eran pareja.

Una mujer de transición: Pilía Bravo

Después de la desoladora y traumática ruptura con María y antes de que Rosario entrara en su vida definitivamente, Luis Miguel vivió una relación sentimental estable con Pilía Bravo. Todos sus amigos y testimonios coinciden en valorar sus cualidades y personalidad. En palabras de Luis Miguel: «Pilía es una gran chica que me ayudó mucho, a la que deseo toda la felicidad y de la que tengo un extraordinario recuerdo.»

Pilía Bravo apareció en la vida de Luis Miguel cuando este se fue a vivir a Marbella. Chilena y hermana del pintor Claudio Bravo, su clase y gentileza habían cautivado al retirado financiero italiano Sebastiano Berghese, que vivía en el apartamento contiguo al de Luis Miguel.

A Pilía le tocó vivir una época difícil de Luis Miguel, lo que no impidió que supiera estar a la altura de las circunstancias con categoría y generosidad.

Ava Gardner: Querido Luis Miguel...

«Sr. D. Luis Miguel *Dominguín*.
"La Virgen"
Andújar, Jaén, España.

Querido Luis Miguel:
Como en la Gloria lo sabemos todo, me he enterado de que están escribiendo tu biografía y quiero mandarte unas líneas para

recordar nuestra historia de amor, aquella imposible aventura que tanta envidia provocó en mi querida España y que ni tú ni yo quisimos que fuera otra cosa. ¡Cuánto nos divertimos! Porque España entonces era el país más divertido e imprevisible del mundo, lleno de atractivos sensuales para una sureña como yo, harta de la disciplina americana, de la tiranía de los estudios de Hollywood y ávida de devorar la vida y de gozar de sus mejores pasiones.

En aquellos primeros años de los cincuenta llegué a España para rodar *Pandora y el holandés errante;* entonces conocí la maravillosa Costa Brava y tuve un pequeño *flirt* con el torero Mario Cabré, que era un hombre correcto, educado y gentil, muy enamorado de mí y que me dedicó algunos poemas. La verdad es que no le di demasiada importancia, porque yo estaba muy enamorada de Frank Sinatra, mi marido, aunque nuestro amor no pasaba por su mejor momento.

Me encantó España, que desde ese día se convirtió para mí en una segunda piel, en mi pequeño paraíso terrenal donde me di cuenta que podía hacer casi todo lo que me diera la gana. Estuve en la feria de Sevilla, donde vi mi primera corrida de toros desde un palco de la Maestranza. ¡Qué maravilla! Cuando entré en el ruedo recibí un gran impacto. Iba vestida con el traje de faralaes, de topos negros sobre fondo blanco, y sé que gustaba a todos tus compatriotas; en las miradas de los hombres de tu país me sentí admirada y deseada como nunca, porque en España, querido Miguel, los hombres y mujeres vivís en un constante roce sensual: en las miradas oscuras y duras de los bailaores, en los ojos negros y almendrados de las grandes mujeres, en los roces de los cuerpos de esas mujeres rubias, elegantes, de melena lacia y que bailan sevillanas en las casetas de la feria. No te conocí entonces, pero sí a Manolo González, que por aquí está arrimándose con su gracia a todos los ángeles, y que no me pudo brindar un toro en Sevilla porque fue cogido. Por todas partes había toreros y hombres, ¡tantos hombres! En Sevilla me invitó la familia Bolín y con ellos fui a los toros y luego al ferial, donde me enseñaron a tocar las castañuelas y a bailar sevillanas.

Me habían hablado de ti; bueno, la verdad es que entonces todo el mundo hablaba de Luis Miguel, con admiración y con envidia. Me decían que eras altivo, orgulloso, soberbio, distante y tremendamente atractivo, alto y distinguido.

Con Ava Gardner saliendo de un cabaret en Nueva York

Con David Niven, al que conoció en Hollywood

Por eso cuando nos conocimos dos años después, supe, sin la menor duda, que estabas hecho para mí. Tenías los ojos oscuros, curiosos y atentos y te gustaba moverlos sin girar la cabeza. Tenías también una expresión que parecía decir: "La bella americana sabe que me gusta. Espero que yo también le guste."

Mucho, me gustabas mucho, pero debo decirte que supiste seducirme, porque aunque eras cuatro años más joven que yo, eras el torero más conocido en el mundo entero y el mejor pagado. Además de un atleta soberbio, tenías el arte de convertir un juego tan peligroso como el toreo en un juego de niños. Tu cuerpo era arrogante, como todo tú, y también eras un hombre cultivado que hablaba algún idioma, en un ambiente en el que muchos no sabían ni leer, ni escribir.

Cuando te conocí, en aquella noche madrileña, Frank y yo estábamos a punto de romper y tú acababas de retirarte. Vino Lana Turner a Madrid y con unos amigos fuimos a cenar a Valentín, pero antes estuvimos en Chicote tomando una copa. Me encantaba este sitio: yo ya lo conocía por las descripciones que hizo Hemingway en sus novelas, pero cuantas más veces iba más cosmopolita y atractivo lo encontraba. Allí tenía muchos cómplices que nunca les importó que fuera sola y que, sin decirme nada, sin molestarme, me cuidaban y alguna vez, hasta me llevaron a casa o al hotel en "mal estado". Me acuerdo del barman Antonio Romero, tan sagaz y tan discreto: él me conocía mejor que nadie, y sabía siempre cómo me encontraba y lo que me apetecía beber. Aquella noche fuimos allí también y pedí mi *dry martini,* que Antonio preparaba mejor que el barman del Stork Club de Nueva York.

Poco después de llegar nosotras apareciste tú. ¡Ah!, ya me acuerdo, me contaste que te llamó Pedro Chicote para decirte: "Miguel, vente para acá que tengo a Lana Turner y Ava Gardner en la misma mesa."

No viniste solo; te acompañaba una mujer, muy exótica por cierto, que hablaba muy bien inglés. Mejor que tú. Nos miramos a los ojos y los dos supimos en seguida que la atracción era mutua e irresistible. Eras el ídolo absoluto en España y lo sabías, y por eso te comportabas con el mismo encanto y la misma actitud distante de una estrella. Lana y yo comentamos en privado tu atractivo y bromeamos sobre quién de las dos se quedaría contigo.

Yo te ayudé a recuperarte de tu cornada de Venezuela y tú me hiciste olvidar todas las que Frank me había dado. Bebimos mucho juntos, nos divertimos escuchando flamenco y estábamos siempre en la calle, sin que eso provocara ninguna complicación. Me encantaba la sencillez con que yo me convertí en tu amante y tú en mi hombre. Eras divertido, ameno y me intrigaba el hecho de que no parecías tener necesidad de mí ni que quisieras hacerte publicidad a mi costa, como la mayoría de los europeos. Comprendí tu maravillosa ironía cuando aquella mañana, después de pasar nuestra primera noche juntos, te levantaste de la cama y al preguntarte, con inquieta curiosidad, dónde ibas tan pronto, me contestaste sonriendo: "A contarlo."

Viajamos juntos por España y por Europa y un día, ¿recuerdas?, me llevaste a tu finca, donde toreamos al alimón. ¡Qué emoción! La pequeña becerra me pasaba cerca, resoplando, y tú te movías por la plaza como si fuera un animal doméstico. Yo me puse un pañuelo rojo al cuello y un jersey de angora muy ceñido que me decías te encantaba.

A principios de 1954 decidí aceptar el papel de María Vargas en *La condesa descalza* y nos separamos por primera vez. El rodaje era en Roma, con Humphrey Bogart, y el director era el gran Joseph Mankiewicz. En Roma, en pleno invierno, nos divertimos mucho, disfrutando de sus terrazas, de la alegre noche romana, de una época creativa y jovial. En aquellos días tuve problemas con Bogart porque, entre copa y copa, me reprochaba: "Nunca entenderé a las mujeres. La mitad de las mujeres del mundo se arrojarían a los pies de Frank y aquí estás tú divirtiéndote y tonteando con tipos que usan capa y zapatillas de bailarina." Nunca entendió nuestro romance y nuestra relación no fue buena.

En Roma, ¿recuerdas, Miguel?, tuvimos una pelea; yo creo que empezamos a darnos cuenta de que los dos éramos demasiado fuertes para ceder ante el otro y yo seguía sin entender tu cierta indiferencia. Yo quería salir cada noche contigo por la Via Veneto, cenar en la plaza del Popolo o en la Navona y tú me dijiste que estabas cansado. Discutimos y yo furiosa me descolgué por el balcón, con la mala fortuna de que me quedé enganchada del cinturón en la verja. Tú viniste a rescatarme, cuando te avisaron que una señora colgaba de tu ventana. ¡Qué locuras! Me diste un bofetón con tal energía que se perdió uno de los dos pendientes de diamantes en forma de corazón, ¿te acuerdas? En Roma conocí a Walter Chiari, que se convirtió en mi compañero más asiduo y que estaba muy enamorado de Lucía Bosé, aunque ella no le hacía mucho caso. Cuando estabas con nosotros en Roma, Walter quería que fuéramos a cenar al Trastevere con Lucía, y yo, como era muy celosa, no quise que la conocieras, porque intuía que te iba a gustar demasiado. Una y otra vez trataba Walter de organizar la cena y otras tantas veces le rechazaba.

Cuando terminó el rodaje de *La condesa descalza* en abril de 1954, me pediste que me instalara contigo en tu casa de Madrid y fue allí donde una noche sentí un terrible dolor, tan insoportable que tuvimos que llamar a un doctor, cuyo diagnóstico fue tan rotundo como desolador. "El animal más deseado del mundo", como decía de mí la publicidad de aquella película, tenía una crisis de cólicos nefríticos provocados por un cálculo renal. Por supuesto, me tuvieron que ingresar en un hospital, cuidada por unas monjitas, y en mi habitación instalaron una pequeña cama donde tú dormías y donde permaneciste las veinticuatro horas del día, hasta el extremo de llevarme una noche, en tus brazos, a la sala de radioscopia. Durante dos semanas, estuviste a mi lado y cuando me recuperé, rechacé las ofertas de trabajo que me brindaban desde Hollywood porque cuando estaba enamorada o vivía una aventura, no quería trabajar. Una cosa estaba clara: mi matrimonio con Frank Sinatra estaba terminado, así que opté por divorciarme. Quedamos que vendrías a verme a Estados Unidos pero, al llegar, Howard Hughes, que debía trabajar en la CIA porque sabía todo sobre mí, me estaba esperando para ofrecerme su casa en Lake Tahoe para reponerme. Acepté, porque el declararme residente en el estado de Nevada, me permitía acelerar el divorcio. Una vez allí te invité a visitarme en el mes de julio. Hughes me colmaba de regalos y me ofreció el mundo entero, pero yo no estaba enamorada de él. Sus promesas de hacer el resto de mi vida lo que me diera la gana no eran suficiente argumento para impedir que a mí me apeteciera estar contigo.

Cuando llegaste, volví a reconocer las claves de nuestra atracción y durante unos días fuimos muy felices, hasta que una noche nos enfadamos. Yo subí las escaleras y cerré la puerta de mi habitación. Los detalles de lo que ocurrió luego me los contó Howard Hughes, que había vuelto de uno de sus viajes por el mundo y me había colocado espías por toda la casa. Entre tu orgullo y uno de ellos se fraguó tu desaparición, porque al día siguiente, cuando bajé a desayunar, te habías esfumado. Sé que bastó que insinuaras tu deseo de salir de allí para que el todopoderoso Howard te pusiera su avión privado para volar a Los Ángeles. He de reconocer mi extrañeza de que, por una pequeña tempestad, se oscureciese definitivamente nuestro horizonte. No parecía tu estilo.

Para recordar con nitidez lo que ocurrió después, he vuelto a releer las páginas de mis memorias donde digo: "Una de las ironías de mi decisión de fijar mi residencia en España es que en el momento en el que decidí vivir en el país de Luis Miguel, nuestra relación ya había terminado. Empezamos a distanciarnos con mucha pena y aunque pretendimos que nada había cambiado, ya nada era igual."

Y luego, el destino, tan importante siempre, nos iba a proporcionar una última y divertida peripecia, porque tú encontraste a Lucía Bosé y con ella pudiste realizar tu deseo de casarte, fundar una familia, y yo me tropecé con su antiguo enamorado Walter Chiari. Hiciste bien, Miguel, porque yo nunca he estado dotada para las obligaciones domésticas y como además de amantes éramos amigos y contigo nunca tuve celos, como con Frank, me sentí feliz. Además tuviste el detalle de viajar a Londres, en febrero de 1955, para decirme que te casabas con Lucía.

Luego en Madrid viví muchos años y me hice amiga de Lucía y por ella supe de vuestra vida. En Madrid fui tan feliz y me sentí tan libre que nunca he olvidado aquellos años, ni después en Londres ni aquí en la Gloria, donde llevo ya algunos años y donde todos los días me tomo mi *dry martini* con Ernest Hemingway. Los dos esperamos que tardes mucho en venir por aquí, y yo quiero despedirme evocando tu ironía inteligente, tu belleza viril y tu secreta ternura, de la que a veces aún te avergüenzas. Hasta pronto. Un beso.

Ava»

Los toros

La forja de un rebelde

HIJO de un matador de toros, empresario y apoderado, y hermano menor de otros dos toreros, Luis Miguel consume su infancia en un ambiente totalmente taurino, sin opción a otra distracción más propia de su edad. Por la casa familiar de la calle Atocha desfilaron durante los años treinta los toreros que su padre había ido instruyendo: Ortega, *Cagancho* y *Armillita*.

En 1931, cuando su hermano *Dominguito,* con escasos once años, torea su primera becerra, Luis Miguel vence la resistencia familiar y sale a la arena. Tiene sólo cinco años y con arrojo se pone delante de un animal por primera vez.

A esta primera demostración de coraje seguirán otras que irán curtiendo y forjando la dureza interior de un niño, robándole horas, días y, sobre todo, años a su infancia.

En su mente no hay resquicio para otra cosa que no sea hacerse un hombre, gustar a los demás toreando, impresionar a los mayores por su arrojo y convencerles de su capacidad. A un lado quedan los compañeros del colegio de los Maristas de la calle Madrazo y su poco interés por la historia, la caligrafía y las matemáticas.

En la ruta de la consolidación interior se cruza la torpe insinuación de un maestro que no hizo honor a su sutil y decisiva misión; seducido por el atractivo de Luis Miguel, el maestro confunde los términos de su pedagogía y es rechazado de forma contundente, gracias a un tintero que surca el espacio del aula. El pequeño Luis Miguel ya conoce también el sinsabor del desamor porque Pilar, una pequeña vecina de su misma edad, después de prometerle ser su «novia», le abandona para jugar con sus hermanos Domingo y Pepe. Luis Miguel sufrió su primer desengaño amoroso encerrado en un cuarto de baño de su casa.

Luis Miguel, torero a los once años

En la finca familiar de «La Companza», Luis Miguel recibe la primera enseñanza de la vida en el campo. Estas lecciones dejarán una marcada huella en su sensibilidad y epidermis, aprendiendo a reconocer las aves por su vuelo, la casi imperceptible brisa que anuncia un cambio de clima y a acariciar sin temor las fauces de los grandes perros cazadores.

Un día, ya con once años, su padre confía en sus facultades, en su pericia y en su valor para enfrentarle por primera vez en público con un becerro. «La noche anterior no dormí porque me decía a mí mismo que no llegaría a matarlo», confiesa Luis Miguel, añorando aquella primera salida de la casa familiar hasta el entonces lejano San Martín de Valdeiglesias, a cuarenta kilómetros de Quismondo, a donde llegó en la borrica del tío Mariano, cruzando el río Alberche.

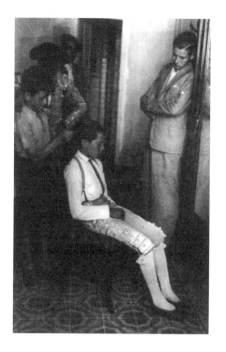

Su primo Amancio Peinado le
ayuda a colocarse la castañeta en el
hotel Samper de Alicante. Luis
Miguel tenía catorce años

Primeros éxitos de un niño precoz.
Linares, 25 de julio de 1939

«En casa —recuerda Luis Miguel— no se hablaba de otra cosa que del toro y de sus dificultades. Nuestro padre exponía su sabiduría en la sobremesa y en cualquier momento. Y nosotros tres, Domingo, Pepe y yo —continúa—, nos peleábamos por saber más, por mostrar más cuanto aprendíamos y por ganar un sitio preferente en su afecto.»

Cuando estalló la Guerra Civil, Luis Miguel sigue las vicisitudes de toda la familia. Salen de «La Companza» el 17 de octubre de 1936 camino de Salamanca y de ahí a Ciudad Rodrigo, donde cruzaron la frontera hasta Lisboa. Los días en el hotel Francfort se hacen eternos hasta que embarcan en el *Saturnia*, transatlántico italiano que les lleva a ver de cerca la estatua de la Libertad y también los barracones de Ellis Island, en espera de que se solventen sus pasaportes.

La dulce Veracruz es el siguiente destino de la familia *Dominguín*, llevada del indómito espíritu de Domingo padre, que no está dispuesto a que sus hijos y sus seres queridos corran los riesgos de la sinrazón. En la capital de México, Luis Miguel conoce a los toreros mexicanos vinculados a su casa: Luis Castro *(el Soldado)* y Fermín Espinosa *(Armillita)*, torero por el que Luis Miguel siente una especial admiración.

De regreso a Europa, en Lisboa, Luis Miguel acepta el reto que su padre les plantea a él y a sus hermanos: «Hijos, si queréis ser toreros tenéis que sacrificaros y olvidaros de todo lo demás.» Los tres aceptan el compromiso y se preparan ilusionados para torear en público dos becerradas en la histórica plaza de Campo Pequenho. No tienen medios apenas, hasta el extremo de que es su madre quien diseña y cose los trajes camperos.

De regreso a los campos de «La Companza», «La Guadamilla» y «El Mocho», Luis Miguel y su hermano Pepe hacen el ejercicio que fortalece los músculos y les dota de la elasticidad y la potencia necesarias. A la vez, se van convirtiendo en expertos cazadores, llevando a casa liebres, palomas, perdices y conejos. Este contacto, un tanto primitivo y salvaje, con el ambiente rural dejará un poso notable en la formación humana de Luis Miguel.

Tanto cuidan los *Dominguín* todo cuanto rodea el mundo de los toros que a Luis Miguel le lazan los pies para que su zancada se reduzca y su andar torero tenga armonía y cadencia.

Concluida la confrontación fratricida, toda la familia regresa a Madrid desde los campos toledanos de «La Companza» para estar más

Manolete le confirma la alternativa en la plaza de toros de Las Ventas,
el 14 de julio de 1945

cerca de las empresas y del mundillo taurino. Se instalan en la calle
Príncipe, 35, esquina con la de las Huertas, en una casa que hará historia y por la que desfilará todo el toreo de los próximos treinta años.
Pero la economía familiar no admitía aventuras y los *Dominguín*
recurren —como en tantos otros momentos de su vida— al préstamo, en esta ocasión al subgobernador del Banco de España, don
Ramón Artigas, un perillán, casi tan aficionado a los toros como
devoto de las mujeres. Hasta tres mil pesetas le presta a Luis Miguel
Dominguín a título personal. Con esa «fortuna» los tres hermanos se
van a la sastrería Ripollés de la calle León a encargarse todos los avíos
de torero, muletas, capotes, espadas con sus fundones y tres relu-
cientes vestidos de torear. Luis Miguel se encarga un vestido salmón,
bordado en seda blanca, que es el único que conserva en su casa.

El 25 de julio de 1939, Luis Miguel se vistió de luces por primera vez en Linares, donde le acompañaron Domingo y Pepe.
Días después, su primo Amancio Peinado, otro crío, le colocó la
castañeta en una habitación del hotel Samper de Alicante, plaza
donde intervino por segunda vez. Otra de las citas previstas es en
Córdoba, donde el gran califa Rafael Guerra *(Guerrita)* va a verle
al ruedo de Los Tejares. Desde el palco y con su habitual seriedad,
«el Guerra» analiza la actuación de los chavales a los que por la
noche recibe en su casa. A Luis Miguel le dice: «Niño, me has
gustado mucho... No te deseo más que seas en el toreo lo que yo
he sido... más no se puede ser.» Y dicho esto sacó un dije que
entregó a Luis Miguel, quien lo conserva como una maravillosa
reliquia y en el que figura una inscripción: «1895. La Asociación
de la Prensa de Madrid a Rafael Guerra *Guerrita.*» Este les reconoció que era la primera vez que iba a una plaza de toros desde
que se retiró.

Hasta cincuenta festejos completó como becerrista, llamando la
atención por su precoz sapiencia y gracia, y satisfaciendo a don
Pedro Balañá, que le ofreció ese elevado número de actuaciones
alternando con el rejoneador portugués Paquito Mascarenhas, y otro
becerrista, Vicente Gimeno *(Niño de Valencia),* sustituido en el mes
de septiembre por otro, de insólito apodo: *Niño del Acuarium.* Luis
Miguel se anunció como *Dominguín Chico.* Con él figura en su cuadrilla su primo Domingo Peinado.

Culmina su etapa de becerrista presentándose en Madrid el 11
de agosto de 1940, donde asombra su facilidad torera y su conocimiento de la lidia, augurándole todos los espectadores un seguro

porvenir. Gregorio Corrochano, el más prestigioso escritor de toros del momento, haciendo honor a su sagacidad taurina y a su conocimiento del mundo de los toros, escribió en el periódico *España* de Tánger una crónica titulada «Ha nacido un torero» en la que, entre otras cosas dice: «Todo lo que hace este niño tiene un aplomo, una serenidad y un gesto de torero que son irreprochables. Todo lo sabe. Todo lo hace. Todo lo domina. Leyendo esto, el lector preguntará: ¿Es que ha resucitado...? No; no ha resucitado nadie. Es que ha nacido un torero...»

Amancio Peinado, dos años menor que Luis Miguel, recuerda que la víspera de su actuación cogieron el tranvía en la Puerta del Sol hasta Las Ventas para ver los becerros, y como los corrales estaban cerrados se colaron por un ventanuco abierto. Allí les pescó Parejo, el mayoral de la plaza, que se sorprendió de ver a dos mocosos por aquellos rincones. No sabría que, con Amancio, Luis Miguel, desde hacía tiempo, iba al matadero a descabellar gracias a la tolerancia del padre de la conocida familia de subalternos Saugar, apodados *Pirri*.

Con la misma ilusionada memoria, Amancio recuerda que el presidente, al verle tan pequeño fuera del burladero, no le dejó servirle las espadas a Luis Miguel y le obligó a ver la corrida entre Ramón Artigas y Domingo Ortega. Luis Miguel estrenó un vestido azul y oro que le había hecho Ripollés, y brindó su primer becerro a Ramón Artigas.

Luis Miguel tenía entonces sólo quince años y las autoridades españolas no le permitían actuar en novilladas. Debido a esto, Domingo padre, consciente de la valía de Luis Miguel, se rebela contra la adversidad y decide probar fortuna en América una vez más.

Las incidencias y peripecias que ocurren a esta familia de aventureros taurinos ya han sido relatadas, y servirán a Luis Miguel —y a todos sus hermanos— para empezar a construir una vida propia y a establecer sólidos afectos con personas y familias que tendrán, como él, poder e influencia en los años venideros.

Luis Miguel, matador de toros

El 23 de noviembre de 1941, Domingo Ortega hace entrega a Luis Miguel de los trastos de matar, concediéndole la alternativa en la plaza de toros de Bogotá. Para la historia, la ceremonia no tendrá validez ya que entonces no se admitían las alternativas concedidas fuera de España. Para la curiosidad del aficionado, Luis Miguel tuvo ya ese día su primer enfrentamiento con otro profesional. No será el último. Lo anecdótico es que se produjera con su padrino Domingo Ortega que —sin duda conocedor de sus virtudes de gallo de pelea— quiere estimularle con el desprecio. «No tienes ni idea. Mira cómo se coge la muleta», son algunas de las frases que ilustran un trato que roza la desconsideración con un chiquillo ya tan orgulloso como Luis Miguel, que además sufrirá esa tarde un revolcón sin importancia.

Quizá por los nervios, Luis Miguel no dio su medida ante el insólito regocijo de Ortega que, sin miramientos, le dirá después de la corrida en el hotel Granada: «Muchacho, dedícate a otra cosa.»

Marita Amboage, esposa de Domingo, reprochaba a su marido que mostrara esa manía a Luis Miguel en público. Por ello, Luis Miguel lloró amargamente con el desconsuelo de los orgullosos, con la desesperación de quien ha puesto el listón de su propia exigencia tan alto y con la rabia de quien sabe lo injusto de ese desprecio. En la repetición «mano a mano», cuando Domingo ve que Luis Miguel se va a la puerta de toriles para recibir al toro a portagayola, le dice: «Calma, muchacho», a lo que Luis Miguel replica con raza: «Calma usted, Domingo, porque usted tiene que conservar lo que ha ganado y yo no tengo nada que perder.» Y toreando con la mano izquierda mira al burladero y le dice al maestro: «Fíjate y aprende porque esta (la mano izquieda) no sabes tú ni moverla.»

También en Bogotá estrenó su virilidad de la forma que Pepe, instigador de la travesura con su hermano Domingo de cómplice, describe con gracia: «Miss Betty Vasques, una bella americana algo mayor que Luis Miguel, nos pidió a Domingo y a mí que le facilitáramos el terreno para abordar a nuestro hermano Luis Miguel, del que se sentía enormemente atraída. Nosotros, a cambio de nuestros servicios, le pedimos veinte dólares.» Luis Miguel, listo como el hambre, sospechó algo raro y, tras admirar la belleza del cuerpo femenino y dejarse seducir por la mayor tentación que cabe en la vida, reclamó a sus hermanos la mitad de las ganancias.

Del calor y calidad humana que ambos pusieron en esa primera experiencia del que ella ignoraba iba a ser uno de los más reputados conquistadores, dan prueba los regulares contactos epistolares que Luis Miguel y Miss Vasques mantuvieron a lo largo de los años, hasta el extremo de que, tiempo después, estando en Londres el torero y habiendo dado la prensa inglesa la información de su presencia en la capital inglesa, ella le llamó concertando una cita. Luis Miguel se presentó en el lugar convenido y a la hora prevista, pero ella no acudió, sin duda temerosa de perturbar tan grato recuerdo.

A su regreso a España, el 30 de agosto de 1942, en la plaza de toros de Málaga, un novillo de Julio Garrido le hiere por primera vez sin que este bautismo de sangre mengüe su ánimo y coraje.

En 1943 intervino en quince novilladas, y por fin se presentó el 5 de septiembre en la plaza de toros de Las Ventas para lidiar cinco novillos de Cobaleda y uno de García Boyero, en compañía de *Angelete* y Rafael Perea *(Boni)*. El éxito acreditó su madurez y su ambición, revelando sus innatas condiciones para el toreo. En nueva prueba de gratitud, Luis Miguel brindó su primer novillo a Ramón Artigas, subgobernador del Banco de España.

Aunque su presentación en Sevilla se produjo el 8 de junio, fue el 30 de julio —en su despedida de novillero— cuando obtuvo un clamoroso éxito, cortando dos orejas de un novillo del duque de Tovar brindado a Pepe Luis Vázquez. Los sevillanos le llevaron en hombros hasta el hotel Majestic.

El 2 de agosto de 1944, en la plaza de toros de La Coruña, Luis Miguel entra en la historia de los matadores de toros, recibiendo de las manos ásperas y encallecidas de Domingo Ortega —que se ha retractado de su funesto vaticinio— los trastos de matar, con los que enfrentarse al toro *Cuenco,* marcado con el número 34, de la ganadería de Samuel Flores. Ofició de testigo su hermano Domingo.

De la mano de Marcial Lalanda, a quien Domingo había confiado momentáneamente a su hijo, Luis Miguel intervino en esta primera temporada en otras ocho corridas. De la celebrada el 25 de agosto en Almería recuerda: «Esa tarde salí a por todas porque era la primera vez que toreaba con *Manolete* y sabía que era a quien había que empezar a presionar. Estuve bien y en un momento de la corrida, Domingo Ortega, que actuaba en primer lugar y que, ya "comodón", se amoldaba a *Manolete,* me reprochó mi celo. Yo le repliqué —como ya hiciera en Bogotá hace dos años—: "Domingo, tú ganas cincuenta mil pesetas, como *Manolete,* y yo sólo quince mil pesetas."»

Consecuencia de su actuación de esa tarde es que el apoderado de *Manolete,* José Flores *(Camará)* consideraría incómoda la presencia de Luis Miguel en los carteles de *Manolete,* cancelando muchos de los compromisos ya contraídos y dejando a Luis Miguel «parado». De hecho, después de Almería, el menor de los *Dominguín* sólo toreó tres corridas y, según me ha revelado Luis Miguel en su finca de Andújar: «Aquel año de 1944 *Camará* nos pagó las corridas contratadas aunque no las toreé. La situación se puso muy tensa, muy difícil, porque apareció el torero mexicano Arruza, formándose el tándem con *Manolete,* y *Camará* encontró en Andrés Gago el apoderado ideal con el que controlar el toreo.»

En efecto, la pareja *Manolete*-Arruza se convirtió en el máximo interés de los públicos y, pese a ser rebatida como «competencia», lo cierto es que quienes vivieron aquellas temporadas de 1944 y 1945 no olvidan la espectacularidad de este teórico duelo que estimuló a *Manolete*, sin perjudicarle, y que hizo figura del toreo al mexicano. El ímpetu arrollador de Luis Miguel se vio frenado y su camino entorpecido, hasta el extremo de que en 1945 toreó cuarenta y una corridas de toros, pero muchas de ellas «montadas» por su padre.

Con *Manolete,* Luis Miguel sólo toreó cuatro corridas —en Plasencia, Madrid y Bilbao en junio, y en Albacete en septiembre—, mientras que con Arruza hizo siete veces el paseíllo, en Jerez, Málaga, Córdoba, Algeciras, Madrid, Zamora y Albacete, el mismo 12 de septiembre, única tarde en la historia en la que alternaron los tres espadas juntos.

El 14 de junio, los buenos oficios de la empresa de Madrid y de Domingo consiguen que el cartel de la confirmación de la alternativa de Luis Miguel sea todo un lujo, al ser su padrino *Manolete* y el testigo Pepe Luis Vázquez. Los toros fueron de la ganadería salmantina de Antonio Pérez y, pese a la expectación despertada, la corrida decepcionó sin afectar al crédito del espada novel.

Días después, en Bilbao, alternando con *Armillita,* Pepe Luis y *Parrita,* un toro de Atanasio le da un pitonazo contra la barrera de tanto dejar llegar al toro en banderillas, provocando el sobresalto de los aficionados bilbaínos. En Almagro, pocos días después, le brinda un toro a *Armillita,* por el que tanta admiración ha sentido y con el que se ha apostado un reloj si le corta las dos orejas al séptimo toro de la tarde, perteneciente a la ganadería del duque de Pinohermoso. El brindis no deja dudas respecto a la audacia y seguridad de Luis Miguel: «Va por el reloj.» Y el espléndido Longines de *Armillita* será su compañero durante muchos años.

Algunos críticos le reprochan que alguna vez bese el pitón de los toros, aunque Alfredo Marqueríe alegue que «otros hacen el teléfono —en alusión a Carlos Arruza— y arrebatan». Es también Marqueríe, que escribe de toros con asiduidad en *El Ruedo*, quien le afea que «se enfade tanto con los peones» y que «se vaya al rabo de los toros», costumbres que mantendrá hasta su retirada.

Luis Miguel ya nota la exigencia del público y hace una de sus primeras declaraciones: «Mientras esperen de mí, continuarán exigiendo. ¿No cree usted que entre un "no he querido" o un "no he podido" es siempre menos mortificante el segundo comentario?»

Durante 1945 Luis Miguel participó en la finca «Monasterio», del duque de Pinohermoso, en una tienta homenaje a la amazona peruana Conchita Cintrón, en la que esta echó pie a tierra, toreando con exquisita calidad y dejando pruebas de que ha sido la mujer que mejor ha toreado una res de lidia. Esa tarde contemplaron su valor y gracia Juan Belmonte y su hijo Juanito, el académico y escritor José María de Cossío, Cristina de la Maza y el marqués de Villabrágima.

Cuando la temporada de 1945 termina, Luis Miguel busca el solaz y la diversión —pero sin renunciar a mantener la forma— participando en cacerías y monterías en las que el torero llena sus pulmones de aire libre y fortalece sus músculos con el ejercicio ecuestre.

La guerra que bajo cuerda han organizado su padre y su hermano Domingo ha significado la ruptura del convenio hispano-mexicano que regulaba las actuaciones de los toreros de ambos países en los ruedos respectivos y con ello el alejamiento de Carlos Arruza y la momentánea ruptura del tándem con *Manolete*.

Luis Miguel, al asalto de «Manolete»

A principios de 1946 se le ofrece a Luis Miguel un homenaje en el hotel Palace de Madrid, al que asisten, entre otras personas, actrices de la talla de Amparo Rivelles, que será una de las «novias» de su hermano Pepe, con su madre María Fernanda Ladrón de Guevara, Ana Mariscal —siempre próxima al mundo de los toros—, escritores como Luis Escobar —muy unido a los *Dominguín*— y Rafael Duyos. No faltó don Marcelino y tampoco Domingo Ortega.

El hecho más destacado de esta temporada será su participación en la Corrida de la Beneficencia, pero antes, el 7 de abril, sufrió en Barcelona un grave percance, al padecer una hernia del testículo derecho, que en las fotografías de la época aparece colgando fuera del escroto.

Sus éxitos se sucedieron durante la primera mitad de la temporada hasta que en julio se anunció que, pese a su voluntario retiro, *Manolete* se había comprometido con la Diputación Provincial de Madrid para torear gratis la Corrida de la Beneficencia, integrando un cartel en el que figuraban *Gitanillo de Triana* y Antonio *Bienvenida,* con el rejoneador Álvaro Domecq en primer lugar.

Este anuncio desencadenó que en la calle Príncipe, 35, donde los *Dominguín* tenían su sede, el clan urdiera un plan para que Luis Miguel se viera incluido en la Corrida de la Beneficencia. Toda la estrategia familiar se volcó en ese objetivo, sacrificando, e hipotecando incluso, cuanto fuera para que Luis Miguel ofreciera un donativo en metálico a la Diputación Provincial por ser incluido en el cartel. Don Domingo dijo: «A esto hay que darle la vuelta, hijo.» ¿Qué torero —incluido *Manolete*— se hubiera atrevido a vetar la presencia en cartel del joven y prometedor Luis Miguel? Luis Miguel lo ha recordado así: «Fui a la Diputación y no solamente ofrecí torear completamente gratis, sino que di un donativo de cien mil pesetas.»

El 31 de julio, el marqués de la Valdavia, presidente de la Diputación de Madrid, confirmó a los medios de comunicación que, en nombre de la comisión organizadora de la Corrida de la Beneficencia, había aceptado el ofrecimiento del diestro Luis Miguel *Dominguín* para actuar desinteresadamente.

Hasta la fecha de la celebración del festejo —19 de septiembre— Luis Miguel recorrió España evidenciando sus progresos y su insolente madurez y alternando con los jóvenes matadores de entonces, como *Parrita,* Pepín Martín Vázquez y Rovira, el argentino-peruano, que causó sensación en Barcelona.

Llegó el 19 de septiembre. Cuentan sus seguidores que, camino de la plaza de toros de Las Ventas, le dijo a su chófer Teodoro: «No dejes el coche en la puerta de la plaza porque no pienso volver en él. O me llevan en hombros o me quedo en la plaza.» Los detalles de la corrida ya están en la historia y se concretan en el éxito de *Manolete* —que cortó dos orejas del quinto toro de la tarde, que le cogió al pasar de muleta— y en el arrollador triunfo de Luis Miguel, para el que el público solicitó y obtuvo las dos orejas del octavo y una del cuarto, saliendo —como había augurado— a hombros. *Manolete* le reconoció a Domingo Peinado en el burladero, según este me lo ha contado:

Extraordinario y ajustadísimo natural de Luis Miguel en la plaza de toros de Barcelona. Temporada de 1945

«Peinado, como tu torero está toreando hoy yo no he visto torear nunca.»

En *Informaciones,* su crítico César Jalón *(Clarito)* titulará su crónica: «... y el monstruo ha sido Luis Miguel.» Bellón, en *Pueblo,* dictaminó: «Con el toro *Victorioso,* número 32, negro zaino, Luis Miguel entró en la historia del toreo.»

Pero el asalto a la fortaleza de *Manolete* ocurrirá en 1947, temporada histórica, en la que Luis Miguel sufrió una nueva cornada, esta vez en Valencia, y en la que su padre y *Camará* acordaron que ambos toreros se midieran en Vitoria, San Sebastián y Linares, lidiando juntos la Corrida de la Prensa en Madrid, el 25 de septiembre. Así lo confirmó después de la muerte de *Manolete* el presidente de la Asociación de la Prensa, don José María Alfaro, fallecido en septiembre de 1994.

Durante la competencia con *Manolete* las relaciones entre él y Luis Miguel se agriaron. Así lo demuestra este comentario aparecido en la revista *Dígame* que refleja la amargura con la que *Manolete* vivió esos meses previos a su muerte. Decía la revista que dirigía el crítico *K-Hito:* «*Manolete* era incapaz de reaccionar ante el embuste, el fraude o la premeditada falsedad. Con ese fatalismo de las gentes de aquí, aceptaba todo, quizá con amargura pero nunca con indignación. Cuando alguien escribió que Luis Miguel debía haber tenido un puesto en la Corrida de la Beneficencia de 1947, contestó que se le había ofrecido y que lo había rehusado. Y como nosotros le pidiéramos que hiciera unas declaraciones para dejar la verdad en su sitio, contestó secamente: *"Pa* qué, ¿tú no ves que lo que quieren es que nos liemos a discutir en los periódicos? El que quiera que hablen de él que se arrime al toro."»

Con anterioridad a la corrida de San Sebastián, el 12 de agosto, y para llegar a tiempo de torear en El Escorial, Luis Miguel alquiló un aerotaxi, siendo uno de los primeros toreros en utilizar este medio de transporte para una emergencia. A esta corrida, que se suspendió en el quinto toro, asistió el general Millán Astray.

En Bilbao, sólo una semana antes de Linares, Luis Miguel tuvo una tarde redonda: cortó cinco orejas y un rabo despachando tres toros por cogida de *el Andaluz.* Uno de los toros se lo brindó al ministro de Comercio e Industria, Juan Antonio Suanzes. También asistieron a la corrida los titulares de las carteras de los ministerios del Aire y Justicia, González Gallarza y Fernández-Cuesta, respectivamente.

Luis Miguel me ha revelado que «entre *Manolete* y yo había un respeto mutuo e incluso creo que nos admirábamos mientras aparentábamos indiferencia. Para mí, *Manolete* era el enorme rival al que debía alcanzar y superar. Personalmente, *Manolete* tenía un magnetismo especial pero, si me preguntas cómo eran sus pensamientos, te diré que era difícil conocerle porque era parco en palabras. Casi no hablaba».

Como ya he relatado con detalle, el 28 de agosto, Luis Miguel y *Manolete* libraron su última batalla vivos en la plaza de toros de Linares. La muerte de *Manolete* causó una tremenda impresión en el joven Luis Miguel. No es fácil asimilar la muerte de un rival con apenas veintiún años y, aunque Luis Miguel se convirtió en el más importante matador de toros del momento y se ganó la animadversión de muchos públicos por su aire altivo, pedante y suficiente, lo cierto es que Linares dejó una gran cicatriz en el alma de Luis Miguel, que siguió toreando con idéntica rabia y feroz espíritu competitivo.

El 6 de septiembre Luis Miguel participó en la inauguración de la plaza de toros de Melilla acompañado de Domingo Ortega y *Gitanillo de Triana,* y sólo a Luis Miguel le correspondió el estreno de la enfermería, ya que resultó herido por el sexto toro. El médico que le atendió en Melilla dictaminó «un puntazo en la cara posterior del muslo izquierdo, de una extensión de seis centímetros y cuatro de profundidad». Trasladado en avión a Madrid al sanatorio Ruber, el doctor Tamames expidió otro pronóstico: «Herida en la cara posterior del muslo izquierdo con dos trayectorias: una de ocho centímetros llegando al nervio ciático mayor, que no ha sido afectado. La otra trayectoria, de unos seis centímetros, es en sentido ascendente y penetra por debajo de la aponeurosis produciendo un amplio despegamiento de la misma. Pronóstico grave.»

En el sanatorio, donde sus hermanas *Pochola* y Carmina le acompañaban, Luis Miguel recibió a una periodista llamada Pilar Yvars que escribió en *El Ruedo:* «Luis Miguel no es ni nos parece el muchacho altivo y engreído que muchos suponen», hasta el punto de preguntarle: «¿Es usted tan serio y tan poco afectuoso para la gente como algunas personas creen?», a lo que Luis Miguel contestó: «Creo que, en realidad, a veces debo parecer antipático al público. A esta conclusión llegué un día que me vi en un noticiario. Tenía una cara tan seria y tan estirada, que no me gustó nada.»

Pocos ejemplos habrá más evidentes de la voluble condición de la masa que su reacción en relación a la muerte de *Manolete*. Los mismos espectadores que increpaban a este por lo caras que estaban las entradas, lo poco que toreaba en España en el último año y le reprochaban que ya no se arrimaba como antes, fueron los que animaron a Luis Miguel para que le plantara cara al ídolo. Y estos son los mismos que a su muerte culpabilizaron a Luis Miguel de haberla provocado, de haber llevado el celo y la profesionalidad de *Manolete* hasta el extremo fatal.

Años después, en 1962, Luis Miguel hacía unas declaraciones a una revista inglesa en las que —entre otras cosas— manifestaba que a él le gustó más Domingo Ortega que *Manolete,* lo que levantó de nuevo la voz airada de los muchos «manoletistas». A su regreso a España, el periodista Jaime Peñafiel reflejó su sorpresa por la reacción causada: «Jamás me ha molestado lo que se ha inventado de mí. Sea bueno o malo. Pero mezclar el nombre de una figura por desgracia desaparecida para atacarme es una cosa que no puedo tolerar. *Manolete* fue mi amigo. Aunque los entendidos y los que fueron sus amigos y los que se dicen los míos hicieran todo lo posible por demostrar lo contrario.» Y añadía Luis Miguel esta curiosa observación: «Porque no sé si sabrá usted que los amigos de los toreros, el noventa por ciento de las veces, creen que la única manera de ganarse al torero es hablando mal de los demás, y sobre todo del rival.»

Como colofón de estas reveladoras palabras, Luis Miguel recordaba a Peñafiel: «Precisamente sobre esto, una vez que estábamos cenando a solas, *Manolete* me dijo: "¡Qué a gusto estamos sin los amigos!" *Manolete* fue el torero más atacado durante sus últimas corridas. ¿Por qué no le defendieron entonces? A un hombre se le defiende en vida.»

Y llegó el 12 de octubre, fecha en la que Luis Miguel debía torear en Barcelona por primera vez después de la muerte de *Manolete,* el gran ídolo de la afición barcelonesa. Y Luis Miguel escuchaba en su habitación del hotel Oriente los gritos de los «manoletistas» que le increpaban culpándole de la muerte de *Manolete* y lee alguna de las miles de octavillas que se han tirado por las Ramblas de Barcelona. El gobernador civil le dice que no se hace responsable de la situación y le aconseja una serie de medidas para evitar la agresión de un incontrolado. Llega a aconsejarle que no toree. Luis Miguel le replica que si esa tarde no torea, debería retirarse.

Luis Miguel, ante el reto, escenifica una de las situaciones que le harían célebre, acreditándole como un hombre de los pies a la cabeza: cuando circula por la Gran Vía barcelonesa camino de la Monumental, le dice a su chófer Teodoro: «Cuando estés a unos cien metros de la entrada de los coches párate», y le añade a la cuadrilla: «Entonces me bajaré y seguidme, pero no os detengáis, porque si lo hacéis nos matarán.» Dicho y hecho. Entre un centenar de enfurecidos aficionados, Luis Miguel recorrió los cien metros con la cabeza alta y su dignidad a salvo.

Al día siguiente, en la primera de las tres corridas en las que iba a participar en la Feria del Pilar de Zaragoza, Luis Miguel fue recibido con pitos aislados. Había pasado sólo mes y medio desde la muerte de *Manolete*.

Luis Miguel se proclama número uno del toreo

Termina 1947 a la cabeza del escalafón y, durante el invierno, Luis Miguel se prepara intensamente porque sabe que su primera temporada como figura del toreo va a ser muy dura y competida.

Con su ranchera americana Station Wagon, Luis Miguel se propone disputar una temporada tremenda y, si es posible, alcanzar las cien corridas. En una de las primeras, celebrada el 18 de marzo, Pepe Luis Vázquez, Luis Miguel y *el Choni* hicieron el paseíllo en Valencia, siendo recibido Luis Miguel de forma hostil, hasta el punto de que en *El Ruedo* se pudo leer: «El público de Valencia ha tratado a Luis Miguel con adusta severidad. Le ha chillado por lo que ha hecho, por lo que no ha hecho y por otras causas ajenas a su labor en el ruedo.»

Pero el mayor reto que afrontará Luis Miguel esta temporada será la conquista de Sevilla. Luis Miguel había anunciado que no vendría a la feria de Sevilla hasta que le dieran tantas corridas como al que más y cobrando mucho más que el resto. Conclusión: a Luis Miguel le contrataron cinco tardes y ¡tres con Pepe Luis!, que era el ídolo de Sevilla desde su alternativa.

Luis Miguel toreó las cinco corridas en casi cinco días consecutivos, logrando un total de cinco orejas, aunque cierto sector de la plaza de toros de Sevilla le hizo sudar sangre. El torero guardará memoria de la hostilidad con la que una tarde y otra se comportaron los sevillanos. Claro que Luis Miguel no se arrugó y prueba de su carácter es la anécdota que él recuerda con especial cariño: «Al iniciar la faena a un toro de Carlos Núñez, un espectador me increpó diciéndome que a esa rata la toreaba cualquiera. Y yo dejé de torear, le ofrecí la muleta y le dije: "Baje usted y toréela." ¡La que se armó!»

«Indignado, abrevié y al doblar el toro —continúa recordando Luis Miguel— el presidente quiso que subiera al palco. Cuando me tuvo allí me dijo que cuando por encima de una plaza de toros se ve la Giralda y la Torre del Oro, debe uno tenerle más respeto al público. Y yo le pregunté: "¿Cuál de las dos es la Giralda?"»

Don José María Piñar y Miura que, además de presidente de la corrida era el alcalde de Sevilla, dejó por imposible al insolente torero y le sancionó con una multa por alteración del orden público. Aún estaba en el palco Luis Miguel cuando salió el cuarto toro, y Pepe Luis lo toreó con el capote maravillosamente, poniendo la Maestranza «boca abajo». En el sexto, Luis Miguel cortó las dos orejas con toda la plaza en contra, demostrando su raza y su casta.

Su popularidad es ya tan grande que, con motivo de la concesión de los premios Mariano de Cavia y Luca de Tena a Jacinto Benavente y a Luis Calvo, respectivamente, Luis Miguel les invitó a comer con el crítico de *ABC*, Antonio Díaz-Cañabate, y su hermano Pepe. Y es que los hermanos *Dominguín* conocían de mucho tiempo a Benavente por un doble motivo: vivía en la calle Atocha, 26, muy cerca de donde vivió la familia *Dominguín* y, además, porque era uno de los habituales contertulios del Gato Negro, donde departía con unos y con otros y donde, en cierta ocasión, ante la pregunta de si le gustaban los toros, reconoció públicamente: «Me gustan más los toreros...»

Los triunfos se suceden y en Madrid torea por primera vez en la recién creada Feria de San Isidro, inspiración feliz de Livinio Stuyck, siempre tan recordado. No corta apéndices pero enrabietado por su falta de éxito y por la actitud de cierto sector de público, realizó un quite al sexto toro de la tarde que desencadenó la pasión en los tendidos.

Pocos días después de que Franco y don Juan de Borbón se entrevistaran a bordo del *Azor* para perfilar la educación del príncipe de Asturias, Luis Miguel volvió a Madrid para torear la Corrida de la Prensa y brindó su primer toro al escritor argentino Enrique Larreta que presenciaba la corrida en el tendido, acompañado del inefable don Marcelino.

La temporada siguió sin otros contratiempos que la insistencia de cierto público en recibirle de uñas, a lo que contribuyó su actitud, siempre avasalladora y soberbia.

El hecho sentimental más significativo de esta temporada ocurrió en Linares, el 28 de agosto de 1948, justo un año después de la muerte de *Manolete,* cuando estimulado —aún más si cabe— por su rabia interior, Luis Miguel obtuvo cuatro orejas y un rabo y, lo que es más importante, el I Trofeo *Manolete.* Del aprecio que le tiene al mismo es testimonio que sea uno de los pocos galardones, de los miles obtenidos a lo largo de su vida, que adorna con orgullo una de las estanterías de su casa de «La Virgen».

En Barcelona lidió en solitario seis toros de Guardiola, con un éxito impresionante, ya que le concedieron diez orejas, tres rabos y ¡tres patas! La corrida duró hora y media y Luis Miguel acabó con sus enemigos de seis estocadas. Era la corrida número noventa y nueve y para alcanzar la redonda cifra de cien, la casa *Dominguín* organizó un «mano a mano» entre Luis Miguel y su hermano Pepe en Escalona, la amurallada localidad vecina de Quismondo, en cuyas puertas estaba el por ellos llamado «Parador de Escalona», a donde en 1937 llegaban con sus borricos o a pie desde «La Companza», para allí ser recogidos por el coche del comandante Villanueva.

Y llegamos a 1949, año de su ratificación como primera figura del toreo y año también en el que se proclamará a sí mismo el «número uno» del toreo, ganándose —si no la tenía ya merecida— la inquina de una parte considerable de los aficionados y convirtiéndose en el más impopular de los populares.

A principios de abril Luis Miguel presenció un hecho triste y trágico en la finca «Jandilla». Allí se encontraba Álvaro Domecq con su hija menor, Marisol, de seis años que, heredera de las virtudes paternas, quiso montar el caballo *Cantador* que, de pronto, se desbocó. Aunque su padre y Luis Miguel intentaron alcanzarle, el caballo cayó, derribando a la niña y causándole la muerte, justo cuando el matador de toros llegaba a su altura.

Su apuesta para este año volvía a ser Sevilla y Madrid, y a tal fin se comprometió a actuar en la Maestranza hasta cuatro tardes, obteniendo cuatro orejas y un gran triunfo con un toro de Miura muy difícil. Pero no todo había de ser sacrificio, porque una vez conquistada la Maestranza, Luis Miguel tuvo tiempo de pasear a caballo con su hermana Carmina por el ferial y de dejarse seducir por la clase y la gracia de Angelita Pinohermoso.

Lo que ocurrió el 17 de mayo pertenece a la historia de la plaza de toros de Madrid y desde luego es una de las páginas más decisivas de su vida y claves en el desarrollo de su personalidad. El cartel de esa tarde era: Luis Miguel, *Parrita* y Manolo González. Los toros pertenecían a la viuda de Galache. Nada significativo ocurrió en los dos primeros toros; sí en el tercero, en el que Manolo González tuvo una brillante actuación premiada con dos orejas. *Parrita,* que presenciaba la faena junto a Luis Miguel, pudo apreciar el gesto de Luis Miguel en el burladero y escuchar esta frase: «Mañana sólo se hablará de mí.» Y salió el cuarto toro, con el que Luis Miguel realizó una faena, brindada al ex presidente del Perú, en la que destacaron unos redondos en los que el toro describió el círculo completo, pero que no despertaron en el exigente público madrileño el clamor que Luis Miguel esperaba. De hecho, se trataba de una novedad que no agradaba a los puristas, por lo que Luis Miguel se volvió retador hacia el público y levantó el dedo índice derecho, proclamándose así el número uno del toreo. En *Informaciones,* escribió *Clarito:* «Y cuando caen a cataratas los olés, henchidos y ardorosos, he aquí que el artista se vuelve y alza un dedo. ¿Qué dice? ¿Yo el mejor?» Según *Clarito,* a continuación, «el gesto levanta como en vilo a la compacta muchedumbre, y una oleada de furor y otra de entusiasmo chocan y entrechocan como un mar encrespado».

El crítico del *Pueblo,* Antonio Bellón, fue otro testigo del acontecimiento y en el periódico evocaba una coplilla escuchada entre el tintineo de los cafés del Chinitas malagueño, donde se decía: «... dijo *Paquiro* a su hermano: Soy más valiente que tú, más torero y más gitano.»

Por su parte, en el periódico *ABC, Giraldillo* acertó a valorar el significado del gesto, recordando que Corrochano había escrito hacía ya tiempo que en el toreo era modesto quien no podía ser otra cosa. Y escribía el crítico del matutino madrileño: «Se halla Luis Miguel en su momento cumbre. La fiesta se centra en él, y esto, que le da conciencia de sus deberes, le lleva a gestos de rebelde sublevación de su amor propio y propia conciencia de artista-juez de sí mismo. Estos excesos, aunque justificados, a fin de cuenta son a él a quien perjudican.»

Justo al lado de la crítica de toros, *ABC* publicaba la relación de salas de cines, frontones y salas de fiestas del Madrid de 1949. Entre estas, Pasapoga, Villa Romana, J'Hay, Fontoria, Casablanca y Las

Palmeras, que presumía así de su oferta: «Siete tarde. Gran baile: señoritas, gratis», que si no fuera por esa mínima coma, podría haber despertado auténticas legiones de funcionarios de manguitos, administrativos y universitarios alegres. En el cine Príncipe Alfonso de la calle Génova ponían *Jalisco canta en Sevilla* y en el Tívoli *La senda tenebrosa,* con Humphrey Bogart. En el frontón Recoletos se anunciaba un partido entre Abrego I y Zaldúa I y los hermanos Salsamendi. ¡Aquel Madrid!

Al día siguiente, Luis Miguel volvía a torear en Las Ventas y, como otros momentos de la historia que no se han contado, fue recibido con una ovación que el torero recibió emocionado, no sin haberse cerciorado de que el agasajo era sincero y no se trataba de una de las muchas chanzas del público madrileño.

Torero suficiente y capaz, al margen de sus aptitudes profesionales, en él gustaba o no gustaba su personalidad, que es lo que diferencia a los toreros. Quizá pecaba de frío de tanta facilidad y poderío que demostraba. Ya se sabe que los públicos son más sensibles a quienes demuestran cierta debilidad.

Desde ese día, se cumplirá el vaticinio de Gregorio Corrochano: «A partir de la muerte de *Manolete,* los aficionados irán a los toros por Luis Miguel; otros contra él.» Pronto un toro le impondría una cura de humildad: en Barcelona, el 29 de mayo. «Fue un toro de Atanasio Fernández, que era una ganadería que me gustaba mucho porque, además, yo iba a menudo en invierno a Campocerrado. Me cogió al dar un farol y me pegó una cornada en la espalda, pero no me retiré a la enfermería hasta que le maté —recuerda Luis Miguel que, al evocar esa corrida y esa cornada, saca a relucir un vestigio de su orgullo—. Cuando me cogió me llevaron a la barrera y aunque yo sabía que estaba herido, le dije a mi cuadrilla que iba a matar al toro. Manolo González, al ver que yo seguía me dijo: "No tienes *ná,* Miguel. Creí que estabas herido." Y yo le respondí: "No todos somos como tú." Y es que —me aclara— a Manolo González, con muy mala leche, le llamábamos *Mataúno,* porque siempre nos dejaba un toro a los demás, ¡como le cogían tanto!»

El doctor Olivé Gumá le curó en la enfermería de la plaza de toros de Barcelona de «una cornada de quince centímetros de extensión y doce de profundidad en la región lumbar derecha, que le interesaba el tejido subcutáneo y aponeurosis, de pronóstico grave». Al día siguiente, Luis Miguel tomó en una camilla el primer avión para Madrid y, al llegar a Barajas, fue conducido en una ambulancia al sanatorio Ruber, donde le atendieron sus médicos de confianza, Tamames y Merchán, que confirmaron el parte facultativo expedido en Barcelona y su pronóstico.

El 23 de junio volvió a Madrid para torear la Corrida de la Beneficencia. De nuevo brindó un toro a Franco que ocupaba el palco real, mientras que su hija Carmen presenciaba la corrida desde la barrera acompañada de su marido, Cristóbal Martínez-Bordíu. Ambos serían muy amigos del torero, al que seguirían en sus actuaciones y al que tratarían en las cacerías y otros acontecimientos sociales.

Nuevamente esa tarde obtuvo un gran triunfo cortando dos orejas de un toro de Juan Antonio Álvarez. La afición ya no veía cuál era el techo de este torero, capaz de conquistar las dos plazas más difíciles a fuerza de demostrar su capacidad y su coraje. Pero el primer tropiezo no va a tardar en producirse porque, confiado en sus inmensas posibilidades y convencido de que nada ni nadie podía frenarle, aceptó también torear en Madrid el 5 de julio la Corrida de la Prensa, encerrándose solo con seis toros. Y la corrida de su buen amigo el marqués de Villagodio salió sosa y apagada y Luis Miguel se contagió, resultando el espectáculo tedioso y sin la emoción imprescindible. «No me sentí a gusto, hacía mucho calor, aunque me acuerdo que cayó una tormenta, y la corrida no sirvió», fue el vago recuerdo que Luis Miguel me ofreció de aquella tarde para el olvido, en la que sólo cosechó un trofeo del segundo toro de la tarde.

A finales de octubre, Luis Miguel voló a Lima en un cuatrimotor DC-6 de la compañía de aviación Panam, acompañado por su padre, su hermano Pepe —que viajaba con su mujer—, sus banderilleros de confianza, Domingo Peinado y David; el picador *Chavito* y su mozo de estoques, *Miguelillo*.

Los compromisos adquiridos con las empresas americanas eran para la Feria del Cristo de los Milagros de Lima y la feria de Caracas. Gracias a las gestiones del entonces embajador español en Perú, Fernando María de Castiella, en algunas de las corridas de la plaza de Lima se lidiaron toros españoles de las ganaderías de Antonio Pérez, Salvador Guardiola, Fermín Bohórquez y Lamamié de Clairac.

En la primera corrida no ocurrió nada especial. Sin embargo, en la segunda, celebrada el 6 de noviembre, Luis Miguel y Rovira protagonizaron un incidente, que entonces levantó una gran polémica y que hoy sólo apasiona al curioso por el dato histórico. Con ellos dos toreaba Pepe Luis Vázquez, y los toros correspondían a la ganadería de Salvador Guardiola, que permitieron el lucimiento de los espadas.

«A Rovira —me cuenta Luis Miguel— le tocó cerrar el tercio de quites. Yo había hecho antes uno con el capote a la espalda que rematé arrodillado, acariciando al toro con la montera, y siempre de rodillas y dándole la espalda. Rovira —recuerda— hizo el mismo quite. Dio lo menos diez lances, diez gaoneras y, al ir buscando el remate, también de rodillas —el toro lo tenía ya casi prendido— yo metí el capote y me lo llevé, con protesta de Rovira y aplauso de la gente. Allí debió terminar la cosa. Sin embargo, aunque el toro era "mío", reanudó el quite. Otras dos o tres gaoneras y, nuevamente, en el remate de rodillas, con el toro otra vez casi encima de él, volví a meter el capote y a llevármelo... Rovira se alzó y se vino hacia mí, gesticulando y descompuesto. Me empujó y yo le contuve. De repente, tiró el capote al suelo y me lanzó un golpe con la mano derecha, sin alcanzarme del todo en la cara porque pude esquivarlo en parte.»

La versión que del incidente dieron los periódicos de la capital limeña no deja duda alguna de la interpretación del mismo, ya que *La Prensa* tituló: «Actitud bochornosa e incalificable de Rovira»; *La Crónica:* «Es un espectáculo, además de insólito e irrespetuoso, vergonzoso.»

En *El Comercio,* su cronista taurino Z. M. afirmó, indignado: «... y Rovira, en grosera e insolente actitud, pegó a Luis Miguel *Dominguín* quien, dando a Rovira una lección de caballeresca tranquilidad, permaneció inmóvil.»

Tras ganarse una ovación del público limeño, Luis Miguel brindó el toro a Agustín de Foxá, que ocupaba una barrera, y tuvo una magnífica actuación que remató con un pinchazo y una estocada, recibiendo las dos orejas del toro y dando dos vueltas al ruedo entre aclamaciones. Cuando se retiró entre barreras Rovira fue a pedirle disculpas y Luis Miguel recuerda muy bien lo que le dijo: «No puedo darte la mano porque acabo de limpiármelas y no quiero mancharme otra vez.»

El incidente trajo consecuencias, porque Rovira —que es el padre del cantante Emmanuel— fue obligado a pedir perdón en público y sancionado por el presidente de la corrida con cinco mil soles, «por faltar el respeto al público, agrediendo al espada Luis Miguel *Dominguín* durante el tercio de quites del quinto toro».

Luis Miguel escribió una carta a los periódicos para agradecer los mensajes de simpatía recibidos de peñas taurinas, artistas, toreros y aficionados y, además de torear, hizo una gran amistad con las principales familias limeñas.

El lunes 21 de noviembre Luis Miguel pudo desquitarse en privado —lo que ya intentó a la salida de la plaza, el día del incidente— de la pública afrenta que le había producido Rovira. Así lo relataba el semanario español *El Ruedo* en una breve noticia: «El pasado 21 por la tarde se encontraron en las oficinas del edificio San Luis de Lima, donde tiene su despacho el señor Graña, Rovira, que estaba arreglando sus cuentas con la empresa, y Luis Miguel *Dominguín,* que iba a visitar a don Fernando. Al darse cuenta Luis Miguel de que Rovira se hallaba en el despacho, se abalanzó sobre él, golpeándolo. Trató Rovira de repeler la agresión y ambos fueron separados por Graña.»

Como despedida de la feria, Fernando María Castiella ofreció una recepción a la que asistió el general Adria, presidente de la Junta Militar y jefe de gobierno, que manifestó a los toreros españoles su agradecimiento por sus actuaciones. Según Luis Miguel, «era un gran aficionado».

En Venezuela, Luis Miguel participó en tres corridas en Caracas, regresando de improviso a Madrid para pasar las Navidades. En Barajas apareció Luis Miguel con una pajarita de lunares, abrigado con una canadiense, vestido con un traje cruzado y acompañado de los toreros españoles *Boni* y *Yoni,* que llevaban cierto tiempo en América y a los que invitó a volver a España. Veintiséis horas de vuelo empleó el DC-6 de Panam en volar de Caracas a Barajas, y cuando muchos de los que le esperaban manifestaron su sorpresa por su venida, Luis Miguel ironizó: «Una buena mañana le dije a mi padre y a Pepe: me voy a pasar las Navidades con mamá. A fin de cuentas se tarda en venir de Caracas a Madrid lo mismo que en ir a Melilla», emulando el sentido de la frase de Julio Camba que sostenía que los gallegos emigraban tanto a América porque tardaban menos tiempo en llegar a Buenos Aires que a Madrid.

Luis Miguel disfrutó de las vacaciones de Navidad más agitadas de su vida, ya que en ellas se vio envuelto en el supuesto secuestro de la hija del duque de Pinohermoso. Por supuesto, compartió también horas de descanso y armonía familiar con su madre y sus hermanos Domingo, *Pochola* y Carmina y, en cuanto pudo, se escapó a «La Companza» a cazar perdices, deporte al que era muy aficionado. En «La Companza», precisamente, sufriría en esos días un accidente David Jato, por entonces jefe nacional del Sindicato del Espectáculo, que fue víctima de una caída del caballo, sufriendo la fractura de los tobillos y siendo trasladado al sanatorio Ruber, donde quedó hospitalizado. «La yegua que le derribó —recuerda Luis Miguel— se llamaba *Tortolete* y era una de mis favoritas.»

Luis Miguel, Gran Cruz de Isabel la Católica

En 1950, la figura de Luis Miguel *Dominguín* verá incrementado su polémico perfil al enfrentarse con las empresas de las dos plazas más importantes del toreo —Sevilla y Madrid— exigiendo los más altos honorarios y no aceptando los que le ofrecían. Las empresas desviaron su atención hacia dos novilleros, Aparicio y *Litri,* que centraron el interés de la temporada y de los aficionados, y Luis Miguel, después de cumplir una larga campaña en América, se limitará a mantener su prestigio y su cotización, empezando a torear en España en el mes de agosto.

Tras su descanso en Madrid durante las Navidades, el martes 24 de enero Luis Miguel viajó a Quito —se hospedó en el hotel Majestic— para unirse a su padre y su hermano que, con el resto de la cuadrilla, le esperaban ya en la capital del Ecuador. Le acompañaban en el vuelo el teniente coronel Martínez Mazas y el director gerente del Banco de Crédito Local, José Fariñas, personas designadas por el propio Francisco Franco para colaborar con Luis Miguel en el montaje de la corrida a beneficio de los damnificados de los terremotos del Ecuador. Ha sido el propio Luis Miguel quien me ha relatado que fue a ver a Franco para explicarle la conveniencia de volcarse en la organización y especialmente en el donativo de los toros, haciéndole ver la importancia y el positivo efecto que en las repúblicas americanas tenían los toros y la presencia activa de diestros españoles en este tipo de festejos. Según Luis Miguel, «Franco lo entendió inmediatamente y para que quedara clara su vinculación personal al proyecto, propuso que me acompañaran el teniente coronel Martínez Mazas y Fariñas. Por cierto, Franco me contó cómo conoció a Fariñas en Salamanca. Se presentó a ver a Franco sin conocerle y estuvo esperando seis días a que le recibiera. Cada vez que Franco salía de su despacho veía a ese hombre allí sentado. Un día, Franco les dijo a sus ayudantes: "Que no se vaya ese señor, porque quiero conocer a quien es capaz de estar seis días esperando a que le reciba."»

La iniciativa de Luis Miguel y su ofrecimiento desinteresado desencadenó la creación de una comisión formada por el almirante Basterreche, el alcalde de Madrid y el citado Fariñas, así como la colaboración del Instituto de Cultura Hispánica, el Instituto de la Moneda, el Ministerio de Industria y la Dirección General de Relaciones Culturales.

En el fondo de todo este despliegue diplomático latía el afán del Gobierno español por permanecer activo en una comunidad como la iberoamericana y el propósito de mejorar las relaciones con Ecuador, que no vivían su mejor momento. Pese a ello, tan pronto Luis Miguel llegó a Quito fue recibido en audiencia por el presidente, Galo Plaza, quien según los medios de prensa de entonces «hizo grandes elogios de España y de su jefe de Estado, agradeciéndole la iniciativa de celebrar la corrida de toros».

Mientras el grueso de la familia concentraba sus fuerzas en Quito y en el éxito de la corrida pro-damnificados de Ecuador, la inquietud empresarial de los *Dominguín* no cesaba, pues Domingo viajaba desde España a Brasil para ultimar los detalles de las corridas que en Río de Janeiro pensaba organizar en el mes de julio coincidiendo con el Campeonato Mundial de Fútbol.

Y por fin llegó el 12 de marzo. El cartel oficial de la corrida no dejaba duda alguna respecto al significado de la misma, al rezar: «Corrida de toros generosamente obsequiada por el Gobierno español a beneficio de las Juntas de Reconstrucción de las zonas afectadas por el terremoto de agosto.» Para la inauguración de la que se llamó Plaza Nueva se lidiaron toros de las ganaderías españolas de Juan Pedro Domecq, Atanasio Fernández, Tomás Prieto de la Cal, viuda de Molero, herederos de doña María Montalvo y Pedro Gandarias. Al término del paseíllo, el embajador de España tuvo que bajar al ruedo, para compartir la ovación con los espadas.

El éxito del festejo fue tanto artístico como económico —se recaudaron 624.000 sucres, equivalentes a un millón de pesetas— y político, ya que al mismo asistió el presidente Galo Plaza que por la noche ofreció una cena condecorando a Luis Miguel y a Pepe *Dominguín* con la Cruz del Mérito Civil. Pepe no pudo asistir al no haberse repuesto de un cólico hepático. Luis Miguel agradeció la distinción que le dispensaban y brindó por los lazos de amistad que unían a ambos pueblos.

Mientras Luis Miguel hacía «las Américas», la España taurina enloquecía con la joven pareja Aparicio y *Litri*. El 9 de marzo debutaba en Las Ventas de Madrid un joven novillero que habría de tener una estrecha relación con él: Antonio Ordóñez.

Pero también la vida española se vio conmocionada por la llegada a nuestro país de Ava Gardner, la bella actriz americana contratada para rodar en la Costa Brava la película *Pandora y el holandés errante* y no «Pastora y el judío errante» como, por error, publicó *El Ruedo*.

Luis Miguel aprovechó el vuelo de regreso a Madrid para visitar Nueva York, donde pasó unos días. A su llegada a Barajas a primeros de mayo, cientos de seguidores le vitorearon, exhibiendo pancartas en las que le expresaban el deseo de que volviera pronto a los ruedos. Luis Miguel contestó a las preguntas de los periodistas y manifestó su orgullo porque «el Gobierno del caudillo Franco me ha concedido la Cruz de Caballero de Isabel la Católica como premio a mi condición de buen español».

En una entrevista publicada en *El Alcázar,* Domingo *Dominguín* confirmaba que Luis Miguel reaparecería en Vitoria el 5 de agosto y que las corridas a celebrar en Brasil serían a la española, es decir, con la muerte de las reses. Por actuar los días 18, 23 y 30 de julio en Río de Janeiro, con toros colombianos de Clara Sierra y españoles de Prieto de la Cal y Antonio Pérez, le ofrecían diez mil dólares por tarde. Entre los espadas que integrarían los carteles, Domingo contaba con sus hermanos, el portugués Diamantino Vizeu, el peruano Rafael Santa Cruz, el rejoneador portugués Mascarenhas y «seguramente Domingo Ortega». Sin embargo, muy pocos días después, se anunciaba que las corridas que debían celebrarse en Brasil quedaban aplazadas hasta octubre, frustrándose así los sueños de su hermano Domingo que, a cuenta de su organización, había disfrutado de unos maravillosos días de «veraneo» en Río de Janeiro, paseando por las playas de Copacabana, Ipanema y Flamengo, admirando los cuerpos de las increíbles mulatas y viviendo muy de cerca el Campeonato Mundial de Fútbol, en el que Zarra marcaría el histórico gol a Inglaterra.

Matías Prats, que narró con inolvidable verbo la internada de Gabriel Alonso, el centro de Gaínza y el remate de Telmo Zarra, es testigo viviente y lúcido de la relajada vida del mayor de los *Dominguín* que, lo mismo comentaba sus conquistas playeras que acompañaba a Ramallets, Gonzalvo, Parra o Basora en sus ratos de ocio en la concentración de la selección española.

Y llegó el sábado 5 de agosto, en el que Luis Miguel reapareció en España, concretamente en Vitoria, con una gran expectación. En los tendidos, un gran lleno. Entre otros muchos aficionados y rostros conocidos, los de los marqueses de Villaverde, que fueron unos de los muchos espectadores que le obligaron a saludar desde el tercio al terminar el paseíllo y que solicitaron las dos orejas de su segundo enemigo. Con él tomaron parte en la corrida Agustín Parra *(Parrita)* y José María Martorell.

Al día siguiente, Luis Miguel toreó en Bayona donde, según el testimonio de *Chocolate,* cobró doscientas mil pesetas, honorarios que sólo percibió el resto de la temporada en otras plazas francesas y en San Sebastián.

El 10 de agosto, Luis Miguel lidió una dura corrida de Pablo Romero en Málaga, calificada así por *Chocolate* en su singular diario: «Don Felipe mandó una corrida para hombres y sin pasar por el instituto de belleza, por no haber delinquido en el fraude del afeitado.» Luis Miguel obtuvo un gran triunfo y fue sacado a hombros hasta el hotel Miramar.

La víspera, los hermanos *Dominguín* fueron testigos y protagonistas de un curioso incidente. Mientras presenciaban una novillada, uno de los novillos saltó al callejón y rompiendo una puerta accedió a los pasillos de la plaza y de allí a uno de los tendidos —concretamente al siete—, donde sembró el pánico. Ni Luis Miguel ni Pepe, provistos de muleta y capote, consiguieron reducir al novillo, que acabó saltando al ruedo. Hubo cuatro heridos y la empresa fue sancionada por el gobernador civil con una multa de diez mil pesetas.

Al día siguiente, en San Sebastián, las cosas no se dieron bien y, según todos los testimonios, la afición estuvo dura con Luis Miguel porque existía una gran expectación por verle. En los tendidos, además de los ya habituales marqueses de Villaverde, estaban también Manolo Caracol y Lola Flores.

El 12 de septiembre Luis Miguel se enfrentó en Salamanca a una corrida de Eduardo Miura, obteniendo un resonante triunfo y siendo llevado en hombros hasta el Gran Hotel.

Pocas incidencias más ofreció la temporada más reposada de Luis Miguel desde que se hiciera matador de toros. El 13 de octubre en Zaragoza, Annabella Power estaba en el tendido para contemplar la primera actuación de su admirado Luis Miguel con el novel matador de toros Julio Aparicio, que había tomado la alternativa la víspera en Valencia. El acontecimiento se saldó con éxito para ambos espadas. Este hecho es fiel ejemplo de que Luis Miguel no

Regreso triunfal de la campaña americana de 1950

Con Antonio Suárez *(Chocolate)*, su leal y fiel amigo. Barcelona, 18 de abril
de 1948

rehuía, sino todo lo contrario, la confrontación con los jóvenes toreros. No le importaba que éstos fueran de su estilo y concepción, como Julio, o tremendistas como *Litri*.

A final de temporada, los números hablaban por sí solos y *Chocolate* tomaba muy buena nota de ellos porque, en las veintinueve corridas toreadas, había percibido unos honorarios totales de tres millones cuatrocientas dieciocho mil pesetas.

El martes 28 de octubre, en un acto íntimo, se hizo entrega a Luis Miguel de la Gran Cruz de la Orden de Isabel la Católica, siendo el director general de Relaciones Culturales del Ministerio de Asuntos Exteriores quien hizo la entrega en presencia del alcalde de Madrid, del director del Instituto de Cultura Hispánica y del director general de Política Exterior.

Menos íntimo resultó el homenaje que el 17 de noviembre se tributó a Luis Miguel, cuyas invitaciones podían recogerse en determinados lugares y cuya evocación resultará grata a quienes vivieron aquel Madrid de los cincuenta: El Abra, Cervecería Alemana, Los Gabrieles, El Galgo, de la calle Cruz; el Café de San Isidro, de la calle Toledo, y el bar Reno de la plaza de Segovia Nueva, número 1. El homenaje comenzó con una misa en la iglesia de Jesús de Medinaceli y continuó con un almuerzo-banquete en el restaurante Biarritz —a sesenta y cinco pesetas el cubierto— al que asistieron unas seiscientas personas, entre las que se encontraban: los diestros Vicente Pastor, Nicanor Villalta, Domingo Ortega y Antonio *Bienvenida*, el maestro Jacinto Guerrero, el marqués de la Valdavia y sus amigos el marqués de Ossorio, Jean Lacazzete, Arturo Covisa y Domingo Calderón, entre otros. Tomaron la palabra el crítico *Curro Meloja* y el propio maestro Guerrero. Por la noche, en la sala de fiestas Teyma concluyó el homenaje con el sorteo de un traje de luces de Luis Miguel y un baile al que asistieron los socios de su Club Taurino.

El año 1950 concluía para Luis Miguel con una caída del caballo en «La Companza» en la que se lesionaba la mano derecha, que era preciso escayolarle.

Luis Miguel frente a la juventud (1951)

La lesión en su mano derecha impedirá que, como tenía previsto su padre y apoderado, volviera a torear en América y concretamente en Colombia.

Muy pronto, la familia *Dominguín* sufrirá un duro revés al morir el 28 de diciembre de 1950 la mujer de Pepe cuando dio a luz a la segunda de sus hijas.

Para afrontar la temporada española, Luis Miguel seguía confiando en su cuadrilla, integrada a pie por Antonio Duarte, *Angelete* y Domingo Peinado —después de que Alfredo David se hubiera ido la temporada anterior con Manolo González— y a caballo por *Chavito* y Ramón Atienza. Mientras llegaba el momento de apretarse los machos para medir su poder en los ruedos y en los despachos con los jóvenes, Luis Miguel viajaba a París, donde disfrutaba de varios días de placer, se daba a conocer en los medios de comunicación franceses, que pronto le tendrán entre sus favoritos, y paseaba por la ciudad acompañado de la bella María Félix, la mítica actriz mexicana con la que Luis Miguel había mantenido un romance en Madrid. Ataviado con su capa española, Luis Miguel fue acosado por un fotógrafo en el *hall* de su hotel, empeñado en captar una instantánea de sus cicatrices. A su regreso, se refugió en «La Companza» para, acompañado de su perra favorita, *Tula,* cazar perdices y hacer campo.

Antes de comparecer en Valencia, Luis Miguel toreó en Castellón y después en un festival en Vista Alegre organizado por su club taurino, en el que rejoneó y toreó a pie.

Y por fin llegó la cita de Valencia, plaza que Luis Miguel no visitaba desde 1949 por no acceder sus empresarios a sus pretensiones económicas, y donde fue recibido con una gran bronca. Con él hicieron el paseíllo Miguel Báez *(Litri)* y Julio Aparicio, los dos toreros que más habían entusiasmado a las grandes masas desde la época de *Manolete.*

La expectación era enorme y Luis Miguel, fiel a su costumbre, se había encargado de fomentarla al exigir torear tres corridas en las Fallas y otras tres en la feria de julio, cobrando más que ningún torero.

El 17 de marzo se agotaron las entradas y Luis Miguel fue el único que obtuvo un trofeo. Según escribió *Chocolate* en su diario: «Julito Aparicio me defraudó grandemente y *Litri* es un pobre muchacho con un aureola falsa debido al trastorno mental de los públicos de esta carnavalesca época.» Los toros de Samuel Flores tuvieron bravura y fueron difíciles para los noveles. El 18 de marzo, Luis Miguel toreó «mano a mano» con Aparicio una corrida «chica y sin trapío» de Antonio Pérez, viéndose obligado a pedir el sobrero para igualar en trofeos al joven maestro de Madrid. Y el 19

de marzo, fecha estrella de las corridas falleras, con toros de Carlos
Núñez, de nuevo se repitió el cartel del día 17, y también fue Luis
Miguel quien salió triunfador de la plaza de la calle Játiva, que registró un gran lleno. Dos orejas cortó Luis Miguel del primero de la
tarde; con dignidad estuvo Julio Aparicio y mal se le dieron las
cosas a *Litri* otra vez, que no pudo dar el «litrazo» ni satisfacer a sus
enardecidos seguidores. El primer asalto de la rivalidad con los jóvenes había sido ganado por Luis Miguel, que por sus tres actuaciones
en las Fallas percibió un total de quinientas cincuenta mil pesetas, una
verdadera fortuna de la época.

Situado en la cúspide desde 1948, aclamado en todos los ruedos
de España —pese a seguir contando con un respetable y cualificado número de enemigos—, Francia y América, Luis Miguel llevaba sus exigencias económicas y sus condiciones de figura con rigor
y severidad. Él fijaba con quién toreaba, qué toros y qué días; su
mismo éxito y reconocimiento le obligaban a que cuando sus exigencias no eran respetadas, prefiriese no torear. Y eso ocurrió con
su participación en la Feria de San Isidro de 1951. Pese a que *Litri* y
Aparicio ya habían comprobado en las Fallas quién era el número
uno del escalafón, el apoderado de ambos, José Flores *(Camará)*,
había hecho valer su novedad ante el público y la empresa madrileños y conseguido reservar determinadas fechas y toros para la confirmación de alternativa de sus dos representados y posteriores
actuaciones.

Ese fue el trasfondo de la negociación que Livinio Stuyck, representante de la empresa de Madrid, y Domingo *Dominguín* sostuvie-
ron durante el mes de abril y que concluyó sin acuerdo. Por eso,
molesto y orgulloso, Luis Miguel decidió hacer pública una carta al
director de *El Ruedo* en la que explicaba las razones de su ausencia
de los carteles de San Isidro justificando que, además de sus intereses, no se habían respetado sus demandas. Terminaba lamentándose
de su ausencia en los carteles «en mi condición de madrileño y por
cuanto a todo torero importa el público de Madrid» y, fiel a su reto
permanente, anunciaba: «Tan pronto como llegue el momento en el
que el sol pierda su fuerza de verano, yo torearé dos corridas de toros
en Madrid.» En esta carta afirmaba que «desde luego, todos los contratos de artistas, entre el capital y el trabajo, son cuestión de intereses», apreciándose la mano y la inspiración de su hermano Domingo, ducho ya en la terminología marxista, aprendida en intensas
lecturas y en su cada vez más comprometida militancia comunista.

Lo cierto es que Luis Miguel no toreó en San Isidro, aunque sí lo hizo en Sevilla, donde sus cinco compromisos quedaron en cuatro al resultar herido la última tarde, en la que por fin obtuvo la recompensa a su coraje y pundonor. Quienes «peinen canas» recordarán que para animar su presencia en la feria, Luis Miguel se hizo un traje cuyo dibujo eran unas ondas que asemejaban culebras, para escándalo de los sevillanos.

Antonio Ordóñez, apoderado por los «Dominguín»

El 12 de abril se firmó el nuevo convenio taurino hispano-mexicano por el que, después de cuatro años, diestros de ambos mundos podían actuar en sus respectivas plazas. Los *Dominguín*, desde tanto tiempo vinculados a México, fueron quienes más hicieron para que el acuerdo se hiciera realidad, ya que Luis Miguel ansiaba satisfacer su íntimo deseo de torear en México.

En mayo, Luis Miguel organizó una fiesta campera en «La Companza» en honor de ciento cincuenta aficionados franceses pertenecientes a las distintas peñas y federaciones taurinas. Con ellos estuvo el escritor Auguste Lafront *(Paco Tolosa)*. Visitaron las ganaderías de Pedro Gandarias, de Remigio Thiebaut y del duque de Pinohermoso y Luis Miguel toreó, picó y rejoneó unas becerras. Entre los invitados figuraba el filósofo español José Ortega y Gasset, gran admirador suyo.

El 3 de junio viajó a Lisboa para alternar en la plaza de Campo Pequeno con el gran diestro luso Manuel dos Santos con el que —me reconoce— se llevaba bastante mal, viéndose involucrado en un incidente que acreditó una vez más su orgullo y su sentido de la solidaridad. Aunque estaba prohibida la muerte del toro en Portugal, Dos Santos acabó con su primer enemigo de una estocada y, en consecuencia, fue detenido por la policía. Entonces, Luis Miguel se negó a torear si Dos Santos no era puesto en libertad y, pese a que le amenazaron con no permitirle la entrada en Portugal, se hizo fuerte en no seguir toreando, consiguiendo que, finalmente, Manolo dos Santos fuera puesto en libertad, saliendo ambos diestros a la plaza, donde fueron recibidos con una gran ovación. Luis Miguel ofreció banderillas a su rival y le brindó su siguiente toro.

Y llegó el 14 de junio, fecha de su actuación en la plaza de toros de Vista Alegre, que era de su propiedad desde 1948. La plaza registró un gran lleno, colocándose el cartel de «No hay billetes», y Luis Miguel —que lució otra vez el traje de culebras— percibió sus máximos honorarios de entonces, doscientas mil pesetas, alternando con su hermano Pepe y con el valentísimo mexicano Antonio Velázquez que resultó el triunfador de la tarde, al corresponderle el único toro manejable. Tres días después volvió a actuar en Vista Alegre, con su hermano Pepe y otro mexicano, Jorge Medina. Descontento con su actuación, pese a que cortó una oreja del quinto brindado a los marqueses de Villaverde, pidió el sobrero, que hirió gravemente a Pepe a la salida de un par de banderillas, haciéndole el quite su hermano a cuerpo limpio.

Pero en este mes de junio, una sencilla contingencia taurina iba a alterar el curso de la historia. El diario de Antonio Suárez *(Chocolate)*, el mejor testigo de lo ocurrido, lo cuenta así: «El diestro Antonio Ordóñez se doctoró con todos los honores en la plaza de Madrid y fue cateado por su desafortunada actuación, rompiendo las relaciones comerciales con su apoderado, el ex diestro Marcial Lalanda. Su hermano Juan *de la Palma* visitó a *Dominguín*, pidiéndole que les ayudase. Como se trataba de los hijos del *Niño de la Palma* y su situación era poco recomendable, *Dominguín* se hizo cargo de la administración de Antonio Ordóñez.» Y continúa su revelador relato *Chocolate:* «Al amparo de su hijo Luis Miguel, le fue abriendo paso en las ferias en espera de que lo aprovechara para sacar adelante a los suyos. El chaval —concluía el hombre de confianza de la casa *Dominguín*— cayó de pie en la casa. Luis Miguel le levantó la moral haciéndole ambicioso.»

Entre el 8 de julio y el 19 de octubre Antonio Ordóñez y Luis Miguel torearon veinte corridas y estuvieron juntos en América. En 1952 alternó con su futuro cuñado en treinta y tres tardes, componiendo con otro torero de la casa, el gaditano Rafael Ortega, un cartel repetido en muchas ferias, lo que demuestra con claridad el poder e influencia que Luis Miguel y los *Dominguín* tenían en el planeta de los toros.

Domingo Peinado, que estuvo prácticamente toda su vida profesional a las órdenes de Luis Miguel en su cuadrilla, no ahorró palabras a la hora de relatarme: «El padre de Luis Miguel me había dado instrucciones para que en los sorteos de los toros favoreciera a Antonio Ordóñez, de modo que le reservara los más cómodos.» También me confirmó: «Luis Miguel ignoraba este hecho pero, como es muy listo, se lo imaginó al ver que siempre le tocaban los

Rejoneando un novillo de los hermanos Chopera en un festival benéfico

Luis Miguel y un jovencísimo Antonio Ordóñez escuchan los consejos
de *Dominguín* padre, en presencia de Pepe *Dominguín*

toros de aspecto más agresivo.» «Pero no le importaba —continúa Peinado—. Hay que conocer a mi primo para saber que jamás se hubiera quejado; además, mi tío lo hacía también porque sabía que Luis Miguel podía con cualquier toro y Ordóñez no.»

De la acogida que se le dispensó en la casa *Dominguín* ya ha quedado prueba. De su valor como torero, el tiempo sería quien dictara su último juicio pero, por lo pronto, de su primera tarde en Barcelona, el 8 de julio de 1951, *Chocolate* comentará: «El chaval me gustó extraordinariamente, es un torero de clase superlativa, aunque el camino es duro de recorrer hasta alcanzar gloria y riqueza; reúne condiciones para triunfar en el toreo.» Así fue.

El 21 de julio, Luis Miguel quiso acometer la gesta de torear en solitario seis toros en la plaza de toros de Burdeos. Obtuvo un gran triunfo artístico que, desgraciadamente, no se vio acompañado del económico pues, según *Chocolate,* «llevado de su dinamismo, *Dominguín* padre cometió una garrafada, embarcándose al tanto por ciento con el empresario Vicente Jordá y dando la corrida entre semana. La gente no respondió, malográndose la gesta económicamente».

Una semana después, en Valencia, Luis Miguel protagonizó, llevado de su amor propio y celo, una de sus anécdotas taurinas más señaladas. Me lo contó un testigo, que entonces tenía muy pocos años y que mucho le debía a Luis Miguel: Emilio Cuevas *(Cuevitas),* el pequeño fotógrafo que, gracias a la generosidad del torero, tenía una máquina de fotos Pyer-Bollag con la que quiso que le siguiera por todos los ruedos: «Luis Miguel estaba muy picado con la gente de Valencia que sólo suspiraba por *Litri.* Aquel día especialmente, porque armó el taco. Ya sabes: "el litrazo", las vueltas y todo eso. Y un aficionado, bueno, mejor dicho un gracioso que había en Valencia que todo el mundo le llamaba *el Ché*, venga a mirar a Luis Miguel diciéndole: *"Litri, Litri, Litri."* Y así una vez, y mil veces. Cómo sería la cosa, que Pepe *Dominguín* y su padre quisieron intervenir, pero Luis Miguel les dijo: "Tranquilos que esto lo arreglo yo." Llegó el cuarto toro y Luis Miguel se fue a portagayola y cuando se había hincado de rodillas le dijo al torilero que ya podía abrir el chiquero. Le dio una larga cambiada al toro y, ya de pie, le dio varias gaoneras con el toro crudo, rematadas con el teléfono y adornos de los suyos. ¡La plaza boca abajo! En banderillas, ¿qué te voy a contar? Al quiebro, al cambio, jugando con el toro; y cuando tocan a matar le pide a Peinado que lleve al toro debajo del "gra-

En 1951, Luis Miguel alcanzó su apogeo, como demuestra este gran natural

cioso" aquel empeñado en llamarle "*Litri, Litri, Litri*". Y ya sabes tú cómo es el "Patas largas". Cuando se acercó al toro, Luis Miguel —ya con toda la plaza a su favor— miró a *el Ché* y le dijo con toda su guasa: "¿Lo ve usted bien desde ahí?" Se formó un taco de los suyos y le metió toda la espada, cortándole todo lo cortable. En el callejón no salíamos de nuestro asombro y en el tendido los propios vecinos reprochaban a *el Ché* su actitud anterior. ¡Ese era —enfatiza Cuevas— Luis Miguel! Un tío con un amor propio enorme.»

La temporada siguió y, de nuevo en San Sebastián, Luis Miguel llevó el peso de la feria. El día de la Virgen de agosto alternó con los mexicanos Antonio Velázquez y Luis Procuna y con Julio Aparicio, dándose la circunstancia de que a Procuna le echaron un toro al corral, lo que no era tan infrecuente, y que Luis Miguel tuvo una gran tarde, brindándole un toro al general Muñoz Grandes. Al día siguiente, con Franco en el palco, y en barrera los duques de Windsor, Luis Miguel volvió a alternar con *Litri* y Aparicio, y toros de Salvador Guardiola «que envió —según *Chocolate*— una corrida para hombres, oponiéndose a que las reses pasasen por la barbería». Ese día, José Flores *(Camará)* decidió concentrar sus energías en uno de sus dos pupilos, Miguel Báez *(Litri),* dejando los asuntos de Julio Aparicio en manos de su padre, y rompiéndose así una pareja histórica.

El 4 de septiembre, Luis Miguel toreó en Aranjuez y, al concluir el festejo, coincidió en un restaurante de las afueras de Madrid con el escritor y aficionado Antonio Díaz-Cañabate, con el que mantuvo una amena sobremesa que se prolongó tres horas, y en la que el torero —en palabras de Cañabate— «se mostró locuaz. Luis Miguel habla de toros con rara ecuanimidad y discreción». «Y es que —continuaba Cañabate— sólo los grandes toreros pueden ser al mismo tiempo grandes aficionados.»

Y haciendo un sutil ejercicio de psicología, Cañabate escribía a continuación: «Luis Miguel, en contra de lo que suponen los que no le conocen, es un hombre simpático, cordial, efusivo. Posee una confianza en sí mismo extraordinaria y eso no ha de interpretarse como orgullo desdeñoso. No. Esa confianza es la cualidad necesaria, indispensable, de todos los triunfadores.» Luis Miguel le dijo a Cañabate, entre otras muchas cosas, que «la gente cree que cuando uno no está bien es porque no quiere, cuando no sabe que el arte del toreo, como todo arte, necesita inspiración, ese misterio que no depende de nosotros, que nos llega sin saber por qué».

Y con su poder de convicción invitó a Cañabate a seguirle al día siguiente a Cuenca, donde toreaba, porque «¿me creerás —le dijo al escritor— si te digo que estoy casi seguro de que mañana en Cuenca voy a estar bien?». Dicho y hecho, Cañabate viajó al día siguiente a Cuenca, con otros escritores y críticos, como César Jalón *(Clarito)*, Antonio García-Ramos y, ante su sorpresa, Luis Miguel, después de saludar al presidente, se dirigió hacia Cañabate y le brindó el toro, montera en mano, con estas palabras: «Antonio, te brindo la muerte de este toro en recuerdo de lo que hablamos anoche. A ver si es verdad.» Y como Luis Miguel había predicho, tuvo una gran tarde.

Como la que tuvo en Salamanca donde, además, Antonio Ordóñez ya dio síntomas más que evidentes de haber empezado a conjugar arte y regularidad. *Chocolate* así lo detectó: «El 14 de septiembre, Antonio Ordóñez dio el toque de alarma pidiendo paso con su arte imponderable. A su segundo lo toreó con el capote majestuosamente, echando la pierna adelante. Ordóñez presentó batalla, dando un curso de toreo cantando por cante grande, arrebatando a la multitud y a los aficionados que sentimos el toreo.»

Finalmente, en septiembre y octubre Luis Miguel completó los contratos comprometidos. El 19 de octubre, en Jaén, despidió la temporada, alternando con el magnífico diestro cordobés José María Martorell y con Antonio Ordóñez, sin haber podido llegar a los cien festejos al haberse suspendido por lluvia el que estaba previsto para el domingo 21 en Barcelona y en el que Mario Cabré, Antonio Ordóñez y él se iban a enfrentar a una corrida de Antonio Urquijo. De nuevo *Chocolate* nos permite conocer el balance económico de esta última gran temporada de Luis Miguel en la que cortó ciento cincuenta y nueve orejas, treinta y ocho rabos y catorce patas, percibiendo doce millones setenta mil pesetas, lo que ofrece una media de casi ciento veinticinco mil pesetas por corrida. Sus mayores honorarios —doscientas mil pesetas— los percibió en las plazas del sudeste francés: Béziers, Arles, Nimes o Marsella. Por contra, la tarde que se jugó la vida por menos dinero fue en Barcelona, el 12 de octubre, que lo hizo —por algún acuerdo previo con Balañá— por 45.000 pesetas, cuando en el resto de la temporada en la Ciudad Condal cobró 125.000.

El año 1951 concluyó con su desmentido de dos noticias que se habían publicado y en las que se aseguraba que Luis Miguel se casaba y que al mismo tiempo dejaba los toros. En cuanto al proyecto de hacer una película —con la actriz María Montez, titulada provisionalmente *Montez el matador*— Luis Miguel mostraba sus dudas: «Si es una españolada capaz de ponerme a mí en ridículo, a mi patria y a los toros, entonces no aceptaré de ninguna manera.»

En la cumbre

Después de relajarse durante los meses de noviembre y diciembre, a mediados de enero, la «cuadra» *Dominguín* partió hacia América con su patrón, Domingo padre, y su líder, Luis Miguel, al frente. Los compromisos a cumplir eran en Colombia y Venezuela durante los meses de febrero y marzo. Con ellos viajaban Pepe *Dominguín* y Antonio Ordóñez, cartel base de las combinaciones. «El viaje lo hicimos vía Amsterdam, por uno de esos caprichos de Domingo —me cuenta Luis Miguel, con humor—, que se empeñó en que era más corto y más barato.»

La campaña supuso nueve corridas en Colombia —Bogotá, Medellín y Manizales— y tres en Venezuela —Caracas y Maracay—, y fue una sucesión de triunfos, de los que se hicieron eco los periódicos españoles. A su regreso, de nuevo cientos de aficionados fueron a Barajas a recibirle el 16 de abril acompañándole hasta su casa de la calle Príncipe, a cuyas ventanas tuvo que asomarse para corresponder a los vítores y aclamaciones. Algunas pancartas rezaban: «¡Luis Miguel! La afición te espera ver en la primera plaza del mundo.» Precisamente era el gerente de la empresa madrileña, Livinio Stuyck, uno de los que no faltaron en Barajas para recibir al torero.

Pocos días después, su hermano Domingo precisó los proyectos de Luis Miguel afirmando: «En realidad Luis Miguel tenía el propósito este año de no torear en España, ya que en América se nos hizo el ofrecimiento para torear en México la próxima temporada. Si torea en España será realmente para no perder el sitio y conservar la plena forma en que se encuentra.»

Tan pronto llegó, Luis Miguel viajó a Sevilla para lucirse en una barrera de la Maestranza con la actriz Ruth Roman y días más tarde se le volvió a ver en los tendidos de Las Ventas contemplando las actuaciones de sus rivales *Parrita*, Aparicio y Antonio Ordóñez.

Finalmente, el 1 de junio, Luis Miguel empezó su temporada en la plaza de toros de Nimes, alternando con otros dos toreros de la casa —su hermano Pepe y Rafael Ortega— y elevando sus honorarios máximos hasta las doscientas veinticinco mil pesetas, cotización que sólo sería superada en España, en Sevilla, el 12 de junio, donde cobró un cuarto de millón y donde obtuvo un gran triunfo. En Barcelona, en junio, fue entrevistado para *La Vanguardia* por el gran periodista Manuel del Arco, que se atrevió a preguntarle: «¿Primero tú, luego Antonio Ordóñez y después los otros?», a lo que contestó Luis Miguel: «Primero yo, luego Antonio Ordóñez y después los otros.» Su respuesta fue un público reconocimiento al torero que pronto sería su cuñado, porque ya en estos días el rondeño cortejaba a Carmina, la pequeña de las hermanas *Dominguín*.

En esa entrevista, Luis Miguel enunció sus diez mandamientos del toreo:

1.º   Amar a su profesión sobre todas las cosas.
2.º   No jugar con ella.
3.º   Engrandecerla.
4.º   Honrarla.
5.º   Saber matar.
6.º   Repetir taurinamente el mismo número de los mandamientos de la Ley de Dios.
7.º   Llevarse uno lo que se pueda.
8.º   No dar chicuelinas ni manoletinas porque es la mentira del toreo.
9.º   No encontrar siempre buenos los toros de los compañeros.
10.º   No copiar la personalidad de los demás.

«Pero —añadía Luis Miguel— estos preceptos se resumen en dos: arrimarse al toro y ser franco con uno mismo.»

El 3 de julio, en Burdeos, tuvo lugar el primer «mano a mano» entre Luis Miguel y Antonio Ordóñez, ganando este la Oreja de Oro en disputa, por tres mil doscientos sesenta y ocho votos frente a dos mil seiscientos ochenta y nueve emitidos por los aficionados asistentes. Días después, ambos toreros torearon en Pamplona, donde se les vio vestidos de pamplonicas y disfrutar de las fiestas en compañía de sus amigos (entre ellos estaba Pedro Gandarias y el inefable don Marcelino, a los que acompañaba una aficionada china, Doreen Feng).

En La Línea, *Chocolate* lo tuvo muy difícil para cobrar a la empresa, viéndose obligado, por su cuenta, a rebajarle veinticinco mil pesetas. «A las once de la noche —relata *Chocolate*— partí en un taxi hacia Algeciras, inquieto porque pudieran robarme. Cuando llegué, Luis Miguel estaba preocupado por mí. Le puse al corriente de lo sucedido y me felicitó por la "manteca" que había conseguido.»

Y como la veteranía es un grado, y la experiencia otro, dos días después, Luis Miguel volvía a torear en La Línea, por lo que cuenta *Chocolate* que «una vez que se celebró el sorteo cobré los honorarios del matador, pues los duelos con pan son más llevaderos».

Los aficionados de El Puerto de Santa María aún recuerdan la gran tarde que el 3 de agosto tuvieron Luis Miguel, Rafael Ortega y Antonio Ordóñez. Luis Miguel estuvo sensacional en el cuarto de la tarde y Rafael Ortega alcanzó un gran triunfo, comentado así por *Chocolate:* «Si el diestro de San Fernando gozara de mejor figura tendrían que tirar una emisión de billetes para él.»

Reaparición de Arruza en Barcelona

El 26 de agosto tuvo una gran tarde en Alcalá de Henares, sin que en ello tuviera influencia alguna el hecho de que en los tendidos estuviera *Cagancho* acompañado por el gerente de la plaza de toros de México, Alfonso Gaona, que había venido a contratarle.

Luis Miguel se había salido con la suya. Si los mexicanos querían contratarle, tenían que venir a buscarle. El doctor Gaona negoció en esos días de estancia las condiciones de su participación en la temporada mexicana, ofreciendo las que satisfacían las exigencias de Luis Miguel y su familia porque no sólo confirmaría su alternativa el número uno de los toreros españoles, sino también su hermano Pepe y Antonio Ordóñez.

A primeros de septiembre saltó la noticia de que en un hotel de Madrid se habían entrevistado el empresario catalán Pedro Balañá y el apoderado de Carlos Arruza, Andrés Gago, llegando al acuerdo de que Arruza cobraría un millón de pesetas por torear dos corridas en la próxima Feria de la Merced, en Barcelona. Por su parte, Luis Miguel consiguió que la empresa barcelonesa le firmara dos corridas para la misma feria, y una de ellas en el día más taurino, el propio día de la patrona.

Pocos días antes, su finca toledana de «La Companza» fue escenario de una nueva manifestación del cosmopolitismo que había alcanzado su personalidad, al ser el anfitrión del magnate de la industria automovilística norteamericana Henry Ford, nieto del creador del mítico Ford-T, primer vehículo producido en serie. Luis Miguel realizó una demostración de sus portentosas facultades y, además de torear unas becerras, hizo el salto de la garrocha y se subió al caballo para ser él mismo quien picara a sus pequeños enemigos.

En esos días Luis Miguel acusó un notable malestar, ya que, por una serie de razones, no podía satisfacer todos los frentes ni cumplir con todos los compromisos y el pagano de todos esos sinsabores empezaba a ser él. Luis Miguel buscó el consuelo de *Chocolate* para revelarle que no podía imponer a su hermano Pepe —con el que sólo toreó cinco corridas en 1952, y la última de ellas en Antequera, el 21 de agosto— «debido a que su padre apoderaba a Antonio Ordóñez y su hermano Domingo representaba a Rafael Ortega».

En este clima afrontó la recta final de una temporada y el reto que significó el extraordinario triunfo de Carlos Arruza en Barcelona. Arruza reapareció exclusivamente para dar la alternativa al gran torero venezolano César Girón y llenar hasta la bandera la plaza de toros Monumental de Barcelona. Presumió en público y en privado de su vieja amistad con *Manolete* y de no querer torear con Luis Miguel «para no llenarle la plaza», en frase que hizo fortuna y que corrió como un reguero de pólvora por todos los ambientes taurinos. El rival de Luis Miguel había sacado las uñas y en medio de un enorme clamor conquistó una vez más la plaza de toros favorita de *Manolete,* cortando el primer día ¡cuatro orejas y un rabo! y dos orejas el segundo. Arruza brindó uno de sus toros al ministro de la Gobernación, Blas Pérez González, al que acompañaba José Fariñas, director del Banco de Crédito Local y viejo amigo de Luis Miguel, y el gobernador civil de Cataluña, Felipe Acedo Colunga. Como hecho curioso, los dos días de Arruza se lidiaron toros de Urquijo.

Por su parte, Luis Miguel tuvo una gran tarde el día de la Merced, ante un toro de María Teresa Oliveira.

Luis Miguel, portada de «ABC»

Poco tardaría Luis Miguel en aplacar el caluroso eco de la reaparición del mexicano en los ruedos españoles porque, como colofón de su temporada, había planificado volver a Madrid, a su feudo de Vista Alegre, el primero de octubre.

Luis Miguel, dominador de todas las suertes del toreo, conocedor del toro y del público como pocos lidiadores, quiso realizar esa tarde una demostración cabal de su poderío y, cuando ya había triunfado en sus dos toros, pidió el sobrero. Barico, en *El Ruedo,* lo explica así: «Había salido el sexto toro cuando empezaron a oírse voces que pedían a Luis Miguel que matase el sobrero y, tan pronto como el sexto fue arrastrado, pidió permiso el torero a la presidencia para atender la petición que se le hacía. Y concedido el permiso, un empleado paseó una pizarra en la que se leía: "Toro regalado. No sobrero."»

El toro de Carlos Núñez salió alegre por el chiquero y Luis Miguel lo lanceó sin que lo tocase nadie y, cuando sonaron clarines para cambiar el tercio, dejó el toro frente al caballo y obligó a su picador Epifanio Rubio *(Mozo)* a descabalgar, tomó la puya y pidió a los mozos que quitaran el estribo del lado derecho yéndose al toro como podía hacerlo cualquier picador. Citó al toro en corto y clavó la puya en todo lo alto, deteniendo el ímpetu de la bestia con singular maestría.

Una vez picado el toro a conveniencia y por obra del propio lidiador, este le clavó dos parcs de banderillas y brindó su faena al marqués de Villabrágima que, cuando Luis Miguel acabó con el toro de una estocada, fue uno de los miles de aficionados que solicitó y obtuvo de la presidencia las dos orejas y el rabo del toro.

El martes 3 de octubre, el periódico madrileño *ABC* dedicó su portada a la foto en la que se veía a Luis Miguel picando al toro de Carlos Núñez, *Canastito,* marcado con el número 31 y cuya cabeza disecada es la única que figura en «La Virgen».

En las mismas fechas, pero en la plaza de toros de Las Ventas, se celebraba la tradicional corrida del Cuerpo General de la Policía, en la que actuaba Antonio Ordóñez, que desmentía un cambio de apoderado con estas palabras: «Hubo rumores, pero no llegó a cuajar la cosa. Estoy contento con mi actual apoderado.» El periodista que le entrevistaba para *El Ruedo* ya se hacía eco también de que el torero de Ronda andaba enamorado de Carmina *Dominguín.*

Para Luis Miguel la temporada española tocaba a su fin pero, antes de que se echase el telón de la misma y de que él viajara a América a la «conquista» de México, Luis Miguel se vio envuelto en la polémica del afeitado lanzada por Antonio *Bienvenida* y el periódico *ABC.* Aficionados y taurinos volvieron a enfrentarse, y en

Luis Miguel, portada de *ABC:* «Lo nunca visto hasta ahora»

una encuesta entre ganaderos, matadores de toros retirados y aficionados, el ganadero salmantino Juan Martín no se recataba al afirmar que sólo había visto durante la temporada dos corridas sin afeitar: «la de Urquijo en San Isidro y la de Albaserrada lidiada en la plaza de Madrid». Cuando le preguntaban si creía que existía algún torero con fuerza suficiente para acabar con el afeitado, respondió con rotundidad: «Uno: Luis Miguel.»

Por su parte, el ganadero Antonio Urquijo reconocía —paladinamente— que las dos corridas que le quedaban en el campo se iban a lidiar por fin, negando que fueran ellos quienes arreglaron los toros: «De la ganadería no salió un toro arreglado pero, al ver las figuras que los mataron y sabiendo la costumbre que existe, yo creo que nos pueden haber hecho trampa.» Antonio Urquijo explicaba con sarcasmo que sus dos corridas —que se supone eran las que mató Arruza en Barcelona— «hicieron un alto en Alcalá de Henares cuando iban para Barcelona, donde estarían comprando almendras o esperando el turno en la peluquería».

En este clima polémico, Luis Miguel toreaba una corrida en Béziers, junto a Rafael Ortega y Manolo Vázquez. *Chocolate* escribe en su diario que el representante de la empresa francesa, *Macareno,* «con el fin de aminorar el riesgo a los diestros afeitó la corrida, con la mala suerte de que el toro de más respeto rompió el mueco». Y con su ironía acostumbrada, *Chocolate* cuenta que «el toro no afeitado —como se temía— le correspondió a Domingo Peinado en el sorteo, es decir, a su matador Luis Miguel y, para no molestar al *número uno,* el citado *Macareno* ofreció dos corridas de toros a Rafael Ortega a cambio de matar al toro, aceptando este la oferta».

Cuando Luis Miguel llegó, a la una de la tarde, «le afeó lo que había hecho, diciéndole que dado el afecto que le tenía, no le echaba de la habitación y que, con todas sus consecuencias, mataría el toro pues quería vivir con la conciencia tranquila. *Macareno,* emocionado, le agradeció su gesto, quedando resuelto el conflicto».

La corrida pertenecía a la ganadería Murube y tuvo lugar el 5 de octubre de 1952, en Béziers. Para quienes no conozcan la personalidad de Luis Miguel y les pueda sorprender esta actitud del soberbio *número uno,* existen unas declaraciones suyas sobre el tema del afeitado que merecen ser reproducidas. Un periodista que firmaba *Ampefe* le preguntaba a finales de 1951:

En la cumbre de su éxito

—¿Cuántos toros afeitados ha toreado esta temporada?

—Muchos —contestaba Luis Miguel.

—¿Dónde?

—En las plazas de toros.

—Concrete.

—Eso es cosa de las autoridades, que son quienes tienen que evitarlo y castigarlo[1].

—¿Por qué no se niega a torear toros arreglados?

—No quiero que me culpen de las cornadas que puedan sufrir otros. Yo tengo suerte.

Y con la aplastante seguridad que le caracterizaba y la insolencia de sus años y su carácter, cuando el periodista —derrotado en su pretendida agresividad— le preguntaba: «¿No teme lo que puedan decir quienes lean esto?», Luis Miguel respondió: «No. Mis amigos me comprenderán. Mis enemigos siempre tendrán motivo para atacarme diga lo que diga.»

Por fin, México

Pero para culminar la temporada en clamor de multitud, Luis Miguel aceptó volver al ruedo de la Maestranza, en fecha tan simbólica como el 12 de octubre, registrando la plaza un lleno hasta la bandera y completando el cartel los otros dos diestros de la casa: Rafael Ortega, que dio una de las grandes estocadas de su vida, cortando un rabo, y Antonio Ordóñez, que acusó el agotamiento de su primera gran temporada. *Chocolate* reconoce que la estocada de Ortega «fue de las mejores que he visto dar en mi larga vida de aficionado».

Luis Miguel, insaciable en su deseo de superación, tuvo una de sus grandes tardes. Cortó tres orejas, haciendo una nueva demostración de su dominio de los tres tercios. Como consecuencia de ello fue paseado a hombros hasta las puertas del hotel Andalucía Palace.

Este nuevo éxito en la plaza sevillana le confirmaba que su toreo

---

[1]   Según *El Ruedo*, en 1952 fueron sancionados ganaderos por lidiar toros afeitados en dos corridas en las que actuaba Luis Miguel. En La Línea de la Concepción —toros de Prieto de la Cal— el 13 de julio y en Cáceres —toros de Higinio Luis Severino— el 30 de septiembre.

de poder, largo y dominador, y sus dosis de alardes y adornos habían vencido a la siempre severa y rigurosa afición sevillana, propicia a la indulgencia con sus debilidades y exigente con los buenos toreros castellanos.

Ya con el relajo de los últimos días, Luis Miguel se permitió participar en un festival benéfico celebrado en Calanda, el pueblo natal de Luis Buñuel, organizado por su padre, Domingo, con el concurso del hermano del director de cine, el arquitecto Alfonso Buñuel, muy amigo de *Dominguito*.

El fin de la temporada española ofrecía el siguiente balance: cincuenta y cinco corridas toreadas, y ocho millones y medio de pesetas de honorarios percibidos.

Sólo dos semanas después, el 26 de octubre, salían para América Luis Miguel *Dominguín,* su padre, su hermano Pepe, Rafael Ortega y Antonio Ordóñez, con sus respectivas cuadrillas, para cumplir los compromisos formalizados en Perú y México, donde los dos hermanos y Ordóñez iban a confirmar la alternativa.

Es en este otoño cuando estalla el conflicto entre *Dominguín* padre y *Chocolate*. Luis Miguel, sin embargo, no hizo caso de los deseos de su padre de que prescindiera de él y mantuvo a *Chocolate* a su lado, ofreciéndole viajar a México para que así pudiera cumplir su ilusión de verle confirmar la alternativa en la Monumental mexicana.

En Lima, Luis Miguel toreó cuatro corridas y ganó el Escapulario del Señor de los Milagros.

Brindis a María Félix: «Por nuestros recuerdos»

Desde el 29 de noviembre hasta el 3 de diciembre, Luis Miguel estuvo en Ecuador, adaptándose a la altura, para llegar a México en perfectas condiciones.

De nuevo es *Chocolate* quien nos sirve el guión básico de la presentación de Luis Miguel y quien nos ilustra sobre cuál fue la recepción en el aeropuerto: «Una muchedumbre de compatriotas y de admiradores fueron a recibirle. La gente manifestó su admiración invadiendo el campo y atropellando a los fotógrafos y periodistas.»

Protegido por la policía motorizada, Luis Miguel llegó, en olor de multitud, al hotel Continental Reforma, donde ofreció una rueda de prensa en la que, según *Chocolate*, «los periodistas le ametrallaron con preguntas capciosas, tachándole de antimexicano». Y es que en México no olvidaban a *Manolete*, ni su rivalidad con Arruza quien, desde Linares, había criticado las pasadas actitudes del pequeño de los *Dominguín,* en su opinión «poco respetuosas para la memoria de su amigo Manuel Rodríguez *(Manolete).* Arruza había llevado su celo pro *Manolete* a organizar en Córdoba una corrida a finales de 1951 para recaudar fondos para un monumento en su memoria.

A una de las preguntas formuladas por los periodistas: «¿Por qué ha escogido como alojamiento un hotel tan alejado de la plaza de toros Monumental?», Luis Miguel contestó —y lo recuerda perfectamente— con una chulería muy típica en él: «Porque me encanta que me lleven en hombros hasta el hotel.»

Luis Miguel rechazó ser antimexicano, recordando, por el contrario, la estrecha relación de su familia, y en concreto de su padre, con México y con los toreros mexicanos. Y sin esperar a que le preguntaran, Luis Miguel descubrió que todo el clima hostil que había en México en su contra era obra de Carlos Arruza y de su apoderado. Y concluyó Luis Miguel negando temer a la *porra*[2] y esperando ser juzgado por el público por lo que hiciera en el ruedo.

No era nada extraño que Luis Miguel revelara los ingredientes de su rivalidad con Arruza, cuando la propia empresa de México había lanzado la propaganda de la temporada 1952-1953 con un cartel en el que sólo aparecían las fotos de Luis Miguel y Arruza junto con los nombres de los demás diestros: Manuel dos Santos, Manolo González, José María Martorell, Rafael Ortega, Pepe *Dominguín,* Antonio Ordóñez y el venezolano César Girón. Y con ellos, los mexicanos Manuel Capetillo, Jorge Aguilar *(el Ranchero),* Juan Silveti, Rafael Rodríguez y Alfredo Leal, al que precisamente Arruza dio la alternativa el 16 de noviembre, justo cuatro días antes de que Pepe *Dominguín* hiciera el paseíllo en la Monumental, bajo los pitos de quienes asociaban su apodo a la figura de su hermano.

El 30 de noviembre fue Antonio Ordóñez quien ratificó su doctorado español de manos de Silverio Pérez, con el cordobés José María Martorell de testigo. Arruza había intervenido en dos corri-

---

[2]   Grupos de aficionados que apoyan a los toreros mexicanos y se muestran especialmente críticos con los espadas españoles, a quienes han llegado a gritar, cuando su actuación ha sido deficiente, frases del siguiente tenor: «¡Y se siguen llevando el oro!»

das con resultado desigual, mientras que los triunfadores de la temporada hasta el momento eran Manolo González, Capetillo y *el Ranchero*.

Conocedor de cómo las gastaban algunos compatriotas mexicanos, el padre de Luis Miguel se puso en contacto con el coronel Escalante para visitar al jefe de la policía y pedirle una escolta personal, a lo que accedió el comandante de las Fuerzas, simpatizante de Luis Miguel.

En los tres días previos a su debut en la Monumental, un enorme revuelo se apoderó de la capital mexicana. Los «españoles» de México olvidaron —como cuando llegó *Manolete*— que Luis Miguel era un «amigo» de Franco y que con él había compartido alguna cacería; para ellos era sólo un español al que iban a apoyar y a defender y cuyo triunfo deseaban celebrar. Y escribe *Chocolate:* «Por haber planteado la batalla en campo contrario, precisábamos dividir a la prensa y atraernos a los españoles —añadiendo—: Hipotecar a los críticos fue cuestión de pesos. Estos pájaros, dándose cuenta de nuestra situación, pusieron precio a las crónicas dejándonos por los caimanes.»

En este punto de su diario, *Chocolate* refiere los nombres de los críticos que tasaron su pluma o su palabra para hacer «honor» —raro y triste honor— a la tradición del «sobre» taurino.

Gracias al anuncio de la rivalidad entre *Dominguín* y Arruza, la empresa que gerenciaba el doctor Gaona recaudó más de dos millones de pesos.

Y llegó el viernes 12 de diciembre, festividad de la Virgen de Guadalupe. A la plaza de toros Monumental llegó Luis Miguel protegido por la policía motorizada, parando con las sirenas la circulación para darle paso. Hasta mil pesos se pagó por una barrera. Sesenta mil personas esperaban en el mayor coso taurino del mundo, que en su día albergó memorables actuaciones de *Manolete,* el ídolo de México. Y dice *Chocolate:* «Los españoles defendían a su "gallo". Los mexicanos, dispuestos a desplumar al "gachupín."»

Con el propio Luis Miguel he reconstruido cuanto ocurrió en esa tarde, que él tiene entre las más emocionantes y triunfales de su trayectoria. «Cuando estábamos en el patio de cuadrillas y faltaban pocos minutos para empezar la corrida, le dije a Procuna y a Humberto Moro: "Ahora, cuando abran el portón, oiréis una gran bronca. Es por mí. Los aplausos que haya serán para vosotros."»

Y se abrió el portón, en medio de un ensordecedor griterío en el que predominaban los pitos como preludio del clásico grito de la *porra:* «¡Viva México!» Luis Miguel —vestido de rosa y oro— cruzó el ruedo con la cabeza alta, mirando desafiante a los graderíos y cuando llegó a la barrera se metió en el burladero, negándose a salir al tercio a saludar cuando Procuna le invitó a ello.

Después de que el primero de la tarde fuera picado y banderilleado, Procuna le confirmó la alternativa, y Luis Miguel, muy serio y con su andar seguro, se dirigió a la barrera que ocupaba María Félix y conforme a la liturgia del momento le brindó la muerte de *Cominito* con estas palabras: «María, por nuestros recuerdos.» Como un reguero de pólvora, circuló por toda la plaza quién era la destinataria del brindis y las palabras del mismo.

La faena de Luis Miguel tuvo el mérito principal de acallar las protestas y el público acabó respetando al torero, al que vio capaz, lidiador, poderoso y conocedor de su oficio en grado superlativo. *Chocolate* deja escapar la emotividad en su diario y escribe: «En los graderíos, los españoles entraron en acción repartiendo algunas piñas.» Y cuando Luis Miguel mató al toro de un pinchazo y una estocada corta, le pidieron la oreja, que el juez de plaza se negó a dar, viéndose obligado Luis Miguel a dar la vuelta al ruedo. Poco premio para un triunfador como él, que ya en el cuarto demostró que venía a por todas, recibiéndolo con una larga cambiada de rodillas a portagayola. El toro de San Mateo, de nombre *Pajarito,* se refugió en tablas y parecía poco apto para el lucimiento, cuando Luis Miguel lo fue encelando con unos muletazos por bajo y siguió con unos naturales largos y templados, llevando al toro muy toreado y rematando con un pase de pecho. La faena siguió en gran nivel, apreciándose el poderío de Luis Miguel para adaptarse a la lenta y dulce embestida del toro mexicano, hasta provocar que el público le aclamara: «¡Torero, torero, torero!» Conocedor de los resortes finales y de la actitud emotiva de los aficionados, Luis Miguel desplegó toda la amplia gama de sus adornos espectaculares antes de acabar con su enemigo de media estocada, de la que el toro rodó sin puntilla. «Los mexicanos se solidarizaron con los españoles aclamando al enorme torero —escribe *Chocolate*— nevando la plaza de pañuelos. El cambiador de suertes le concedió las dos orejas.» Al día siguiente, el escritor Carlos León escribió: «Luis Miguel demostró ayer por qué Arruza no quiere torear con él.»

México, 12 de diciembre de 1952. «En el patio de cuadrillas le dije a Procuna y a Humberto Moro: "Cuando abran el portón oiréis una gran bronca; es por mí. Los aplausos que haya serán para vosotros"»

«Recibí a *Pajarito* con una larga cambiada para que vieran que venía dispuesto a todo»

Aquella noche la familia *Dominguín* y sus muchos amigos celebraron por todo lo alto el éxito de Luis Miguel, aunque este y su hermano Pepe tuvieron que moderarse, ya que toreaban al día siguiente en Orizaba y el domingo de nuevo en México, donde los toros de Pastejé no permitieron el éxito de los matadores.

Volvió a torear en la plaza de México el domingo 21, con Andrés Blando y *el Ranchero,* y fue recibido con una nueva «chillina» —como se dice en México—, que pronto se trocó en gritos de miedo cuando su primer toro cogió e hirió de extrema gravedad al veterano subalterno Juan *Armillita,* causándole una herida en el tórax. Fue en el quinto —brindado al compositor mexicano Agustín Lara— donde Luis Miguel volvió a jugársela, ya que su enemigo tenía poder, cuajando una faena de mérito bien coronada con la espada y por la que le concedieron la oreja.

Luis Miguel, gravemente herido, se retira del toreo

Como en los últimos inviernos, toda la familia *Dominguín* tuvo que conmemorar la Navidad en América, y en México lo hicieron en el restaurante *1,2,3,* el más famoso de la capital mexicana.

En estos días, una revista tan prestigiosa como *Time* se hacía eco de la llegada a México de Luis Miguel, de sus opiniones y de su espíritu aventurero y provocador. Ciertamente, su triunfo en México le había permitido satisfacer una deuda interior y saldar un compromiso histórico, así como disfrutar estos días navideños viendo a los amigos, aceptando las invitaciones de los *Armillita* y *el Soldado* y tratando a muchos de los exiliados españoles que, salvando las diferencias políticas, tanto interés y pasión ponían en las cosas de los que llegaban a México en esos años.

Comprometido a torear el 1 de enero de 1953 en Irapuato, Luis Miguel invitó a acompañarle al doctor Jacinto Segovia, por no fiarse de las enfermerías de los estados. Y en esa ciudad despidieron el año viejo y recibieron el nuevo en compañía, además, del cantaor Manolo Vargas, que llenó el ambiente del hotel de recuerdos que emocionaron al eminente cirujano. Pero no todo era armonía en el clan *Dominguín* porque el padre, llevado de su debilidad por *Armillita*, hizo empresa con él, organizando dos corridas en Orizaba e Irapuato. Según *Chocolate,* que vivió esos acontecimientos, fue Antonio Algara, que desde hacía muchos años era el hombre de

«Cuando escuché los gritos de "¡Torero, torero!" que me gritaba el público mexicano, me sentí orgulloso de ser matador de toros»

Camará en México y por tanto enemigo de los *Dominguín,* quien acabó organizando las corridas.

La selección del ganado fue nefasta al escoger toros de La Punta, no percibiendo además Pepe ni Luis Miguel un duro por sus actuaciones. En Irapuato, los espadas pasaron las de Caín para acabar con sus enemigos e incluso Luis Miguel fue cogido por uno de los toros, librándose del percance —según *Chocolate*— «por haber arreglado la corrida». En vista del fracaso, Luis Miguel se opuso a seguir toreando en México y marchó a Venezuela, donde el 4 de enero debía torear en Caracas.

Antonio Ordóñez actuaba en Caracas con Luis Miguel. Ya estaba enamorado de Carmina y esta de él. Se cartean, aunque no dice nada a sus futuros cuñados, lo que sorprenderá a estos —en opinión de Domingo Peinado, que sí sabía lo de su prima con el torero—. Completaba el cartel el torero local Joselito Torres y los toros pertenecían a la ganadería de La Guayabita. El cuarto fue un toro muy bonito, berrendo de piel, que hirió de gravedad a Luis Miguel al prenderle por un muslo cuando toreaba sentado en el estribo. La cornada fue grande y Luis Miguel tuvo que retirarse a la enfermería, donde se encontró con un panorama desolador, ya que el doctor Izquierdo, médico titular de la plaza, estaba bebido. Ante este panorama *Dominguito* se opuso a que operase a Luis Miguel y de las palabras se pasó a las manos, rodando *Dominguito* y el médico por tierra y con ellos el instrumental quirúrgico y las camillas. En un descuido, Luis Miguel, que conocía la gravedad del percance, escapó de la enfermería deteniendo un taxi y pidiéndole al conductor que le llevara a un centro médico. Por cierto que, según cuenta Luis Miguel, en ese momento ocurrió una de las anécdotas más cómicas de su vida, al parar un coche delante de la plaza cuya conductora, sorprendida, preguntó: «¿Eh, que es usted torero?», a lo que Luis Miguel, pese a su estado, contestó: «¿Eh, que es usted catalana?»

Bromas y anécdotas a un lado, lo cierto es que la vida de Luis Miguel sufrió un giro importante y a ello contribuyeron distintos sucesos. El primero de ellos fue que, pese a la gravedad de la herida, aún le quedaron ánimos para, ayudado por *la China* Machado, fugarse del hospital disfrazado de mujer. Con ella se refugió en un apartamento en La Guaira, donde le cuidó sus heridas. Desde allí, Luis Miguel llamó a su hermano Domingo sin decirle dónde estaba y garantizándole que estaría en la Valencia venezolana y en Bogotá para cumplir los compromisos adquiridos. Sus únicas declaraciones a la prensa fueron: «Este es el peor percance que he sufrido, pero iré a México a cumplir el compromiso que me falta en cuanto me encuentre bien.» Y sobre su estancia en México, aclaró: «Estoy emocionado por el comportamiento que ha tenido conmigo la colonia española de México.»

Pese a no estar en condiciones, Luis Miguel toreó el 23 de enero en Valencia. En el Centro Médico de Caracas sólo le habían curado dos de las tres trayectorias que tenía la herida y, preocupado, viajó a México para consultar con el doctor Segovia, que le tranquilizó y le dijo que podía esperar a operarse cuando llegara a España.

Decidido a no dejar en la cuneta a su hermano Domingo, voló a Bogotá para torear el 15 de febrero en la plaza de toros de Santamaría, mostrándose nuevamente en inferioridad de condiciones.

Al terminar el festejo y ya en el hotel, Luis Miguel anunció su propósito de retirarse. El testimonio de *Chocolate* permite evocar el contexto familiar en el que se produjo esta histórica decisión. «Con su resolución —escribe *Chocolate*— Luis Miguel le creó un conflicto a su padre, que pretendió retenerlo en defensa de sus intereses. Los muchachos perdieron la cabeza agravando la situación. *Dominguito* y Pepe se enfrentaron con su padre, solidarizándose con su hermano, que se había sacrificado por los suyos y perjudicando su salud para satisfacer los egoísmos familiares.»

Luis Miguel, fiel al espíritu de clan, me dijo que quitara importancia a las manifestaciones de *Chocolate,* atribuyéndolas —con buen sentido— a la difícil relación que existía entre su padre y el que había sido su gran amigo y leal colaborador. «Pero —según sus palabras— la cornada llegó en un momento difícil, cuando llevaba casi diez años de matador de toros y cinco de figura máxima, cansado y un poco aburrido. Y cuando se está así, lo que hay que hacer es retirarse, descansar, y eso es lo que hice.»

A su regreso a España, Luis Miguel fue operado en el sanatorio Ruber por el doctor Tamames. Para él acababa, a los veintisiete años, una etapa y empezaba otra, en la que se desarrollaría su personalidad, crearía el Luis Miguel conquistador y cosmopolita, y en la que mantendría su vitola de primera figura del toreo. Se retiró rico, cuando quiso y habiendo demostrado su orgullo profesional y torero en todas las plazas y en todos los escenarios donde se libra la batalla por la supremacía taurina.

Primera reaparición en 1957

Para quienes habían llevado su administración, Luis Miguel *Dominguín* había percibido unos honorarios brutos de cincuenta y cuatro millones ciento sesenta y tres mil quinientas pesetas, entre 1937 y 1955, habiendo toreado quinientas dieciocho corridas de toros, setenta y una novilladas y sesenta y cuatro becerradas. A disfrutar de su peculio, a invertirlo y a gozar de la vida dedicó Luis Miguel los años de 1953 a 1956, período en el que mantuvo un romance con la actriz Ava Gardner, que le hizo famoso en el mundo entero; se casó con la también actriz Lucía Bosé en Las Vegas el 1 de marzo de 1955, y se compró una finca, a la que bautizó «Villa Paz», en el término municipal de Saelices (Cuenca). En 1956 tuvo su primer hijo.

Por amor, Lucía Bosé dejó el cine y quiso comprometer a Luis Miguel para que no volviera a los ruedos, consiguiendo que se contentara con matar el «gusanillo» en festivales como el que todos los años organizaba en Madrid Carmen Polo de Franco. Fue herido, por cierto, en el que se celebró en 1953.

En septiembre de 1954, de regreso de un viaje por Estados Unidos —donde fue a ver a Ava Gardner— y Cuba —donde el visitado fue Hemingway—, Luis Miguel fue entrevistado para *Pueblo* por Santiago Córdoba:

—¿Has españoleado?

—En cuanto un español cruza la frontera se convierte en un embajador —contestó Luis Miguel.

—¿Qué te parecen los famosos del cine?

—Muy simpáticos.

—¿La estrella más guapa que viste?

—Ava Gardner.

—¿El galán más apuesto?

—Luis Miguel *Dominguín*.

—¿Vuelves a los toros?

—Por ahora no pienso en eso.

—¿Qué piensas de Luis Miguel?

—Es fatigoso eso de pensar en uno.

—¿Qué es lo que más te ha gustado de esos países?

—Su organización.

—¿Y lo que menos?

—Su organización.

Este era Luis Miguel en 1954. Seguro de sí mismo, ingenioso, audaz, atrevido, rápido y convencido de su atractivo y seducción.

Pero, como ha reconocido el propio Luis Miguel, «es muy duro sentirte fuerte, joven, en forma y quedarte en casa viendo cómo los demás triunfan y ganan dinero. Además, salen nuevos toreros y te apetece medirte con ellos».

Casi sin que Lucía se diera cuenta, Luis Miguel fue preparando su retorno a los ruedos españoles, toreando en plazas de países de poco compromiso como Ecuador, Panamá y Guatemala, hasta que a principios de 1956 aceptó torear un par de corridas en México y en Venezuela.

En una de las corridas celebradas en México se organizó un monumental escándalo al denegar el juez de plaza, Juan Pellicer, que Luis Miguel y *el Calesero* lidiaran toros sobreros regalados por ellos. Luis Miguel discutió la decisión y la Oficina del Espectáculo suspendió indefinidamente sus actuaciones en México; Luis Miguel manifestó que pensaba apelar al Ministerio del Interior y torear en los estados si no se le permitía hacerlo en la capital.

Como consecuencia de este incidente —ocurrido a principios de marzo de 1956— y con Lucía Bosé esperando a su primer hijo, que nacería en Panamá, Luis Miguel se enzarzó en una pelea legal por el cobro de un cheque de ciento setenta y siete mil doscientos sesenta y nueve pesos firmado por el doctor Alfonso Gaona y que, presentado al banco, no pudo hacerse efectivo porque el empresario no tenía fondos suficientes. De ahí que dos abogados mexicanos, Ignacio Mendoza y Enrique Alfaro, procedieran —en nombre del torero— a embargar los derechos para televisar corridas de toros firmados por la empresa con Telesistema Mexicano, S. A.

El 4 de agosto de 1957, cuando ya las ferias de mayor compromiso de la primavera habían concluido, Luis Miguel reapareció en El Puerto de Santa María, alternando con Antonio *Bienvenida* y Rafael Ortega.

En 1957, Luis Miguel hizo una temporada «cómoda», con los compromisos justos en las grandes ferias de septiembre —Albacete, Murcia, Salamanca y Valladolid—, y como se fue sintiendo más confiado y seguro en sus fuerzas, aceptó el compromiso de volver a torear en Las Ventas, ruedo que no pisaba desde 1949.

Como era de esperar se colocó el cartel de «No hay billetes». Con Luis Miguel hicieron el paseíllo el mexicano Jesús Córdoba, tan buen torero como el otro diestro alternante, el catalán Joaquín

Bernadó. Luis Miguel lució un precioso terno crema y plata, cortó una oreja del primer toro de la tarde y dio la vuelta al ruedo en el cuarto. Los titulares de los periódicos de Madrid fueron: «Más facilidad que hondura» *(ABC)* y «Luis Miguel orejeado en su apasionante reaparición en Madrid, rebosante la plaza» *(Pueblo)*.

Para *Selipe,* en el matutino monárquico, «Luis Miguel, acogido con manifestaciones encontradas, correspondió a los entusiastas —predominantes— individualmente y luego en unión de sus compañeros»; por su parte Bellón, en *Pueblo,* destacaba que «toda la tarde fue un duelo tremendo y definitivo con el peor enemigo de Luis Miguel: Luis Miguel».

Además de su actuación en sus dos toros, Luis Miguel hizo un quite en el quinto en el que dio tres faroles de rodillas y una revolera de remate, y en el sexto, tres gaoneras en su turno.

De este «nuevo» Luis Miguel, escribió Antonio Díaz-Cañabate: «Luis Miguel se encuentra en un momento muy interesante de su vida torera. En el de su depuración. Los toreros se depuran como los vinos selectos, a fuerza de años. Por fortuna, Luis Miguel, que ha estado unos años alejado de su profesión, ha vuelto a ella y nos hemos encontrado no con un torero nuevo, sino con un torero depurado, con un torero en el que la experiencia y la madurez sobresalen y relucen con el esplendor de lo clásico, de lo puro...»

En 1958, Luis Miguel llevó a cabo una temporada que sería preludio de la que pasaría a la historia como la del «verano sangriento». Durante el invierno, además de su preparación para empezar la temporada en mayo, viajó con su mujer por los festivales de cine, y con ella se fotografió en Munich durante el Carnaval y en Cannes, donde visitaba a su amigo Pablo Picasso. Es un Luis Miguel mundano, que torea pero además habla de hacer cine u otros proyectos. Cuando un periodista quiso conocer de qué película se trataba y a lo que se exponía, Luis Miguel le replicó: «Al ridículo. Que es lo que más me asusta. Que se metan conmigo.» El periodista, sorprendido por la respuesta, insistió: «Pero Luis Miguel, con las horas de vuelo que llevas, ¿temes hacer el ridículo?» Y la respuesta de Luis Miguel fue de nuevo contundente: «El día que se me vaya esa idea se me habrá acabado todo. Creo que el sentido del ridículo es lo que me ha proporcionado mayores éxitos.»

El proyecto correspondía a la productora UNINCI —de la que eran accionistas Domingo y Pepe *Dominguín*—, interesada junto con la Twenty Century Fox en realizar una película de toros, en la

Ausente de Madrid desde 1949, Luis Miguel reapareció en Las Ventas en 1957, siendo recibido con división de opiniones. En el sexto toro hizo un quite por gaoneras

En Bayona, el 25 de agosto de 1958, Luis Miguel ofreció a su gran amigo el conde de Teba hacer el paseíllo vestido de luces formando parte de su cuadrilla. La razón: no había una sola entrada. En la foto, el improvisado subalterno con Domingo y José Ignacio Sánchez-Mejías

que aportarían unos trescientos cincuenta mil dólares. Fue Juan Antonio Bardem el encargado de estudiar y preparar un guión, para lo cual se inspiró en unos folios que había escrito Domingo *Dominguín;* el título provisional de la película era *La fiera,* y relataba la historia de la vida y muerte de un torero. Presentaron el proyecto —en el que también participó Javier Pradera— en el mes de enero en París, y Luis Miguel hizo de intérprete en la rueda de prensa convocada ante los periodistas franceses. Juan Antonio Bardem recuerda que, cuando finalmente la Fox desistió del proyecto, le costó mucho recuperar el millón de pesetas que se le había entregado como anticipo a Luis Miguel porque ya había empezado la temporada y nunca estaba en su casa.

«Con parte del material preparado —me reconoció Bardem— años después produje y realicé *La cornada,* inspirada en la obra de Alfonso Sastre y que protagonizaron Germán Cobos, Enrique Diosdado y Nuria Espert.»

El «verano sangriento» y su leyenda

En 1958 *Dominguito* apodera a su hermano y planifica una campaña medida en la que, empezando por Nimes el 26 de mayo, siguió en el mes de julio en Valencia, donde Corrochano le ve tan bien que escribe: «Luis Miguel no es que tenga sitio, es que está siempre en su sitio.» Torea en Vitoria y Almería en el mes de agosto y en Murcia, Albacete, Salamanca, Logroño y Sevilla —siempre dos tardes— en septiembre. El viejo *Dominguín* quiso dejar un último testimonio taurino de su temperamento y pidió a sus hijos que se normalizara la relación personal y profesional entre ellos y su yerno Antonio Ordóñez. Este, después de haber sido ayudado por la casa *Dominguín,* y en concreto por Luis Miguel y su padre, durante las primeras temporadas de su carrera, abandonó a su suegro y a su cuñado Domingo, fichando por la casa *Camará,* en un gesto que entonces nadie entendió y, desde luego, ningún *Dominguín,* sobre todo porque para justificar su decisión manifestó Ordóñez «querer buscar limpieza».

Además de las relaciones taurinas ya conocidas, Antonio Ordóñez se había casado con la hermana pequeña de los *Dominguín,* Carmina. La boda se celebró en la finca de Luis Miguel, «Villa Paz», con todo lujo y con anécdotas como que Luis Miguel le regaló a

Antonio Ordóñez un Cadillac y que, en plena celebración, se apagaron las luces, dándose suelta a una vaquilla que provocó sustos y alguna que otra carrera. También es interesante reflejar que a la boda asistió Rosario Primo de Rivera, que, años después, se casaría con Luis Miguel.

Este y sus hermanos no se hablaban con Antonio Ordóñez desde hacía años y, cuando desde el lecho de muerte, su padre les pidió que se reconciliaran, Luis Miguel le dijo: «Papá, ya sabes que por mí no es.»

El diagnóstico del postoperatorio había previsto que al jefe del clan *Dominguín* le quedaban seis o siete meses de vida, que se cumplieron con exactitud matemática.

Mientras su padre consumía los últimos días de su dura vida, Luis Miguel intervenía en las primeras corridas de la temporada en las que le siguió su amigo Peter Viertel, que estaba preparando un libro sobre Luis Miguel. Viertel me ha contado que el torero sufría por su padre y que llamaba después de las corridas para saber cómo estaba. También recuerda que en Nimes, cuando estaba en la habitación del hotel, apareció Picasso sin anunciarse, acompañado de su hijo y otros seguidores. Cuando Luis Miguel presentó a Viertel como amigo del novelista norteamericano, Picasso contó que cuando la liberación de París, Hemingway le dio una granada de mano para defenderse, y Picasso le dijo: «¡Pero si yo soy un pintor!»

El 6 de agosto Luis Miguel toreó en Vitoria, a donde le acompañó Peter Viertel. El fotógrafo Emilio Cuevas ha contado que le vio enfrentarse a un dificilísimo toro de Miura y que —nervioso, por una vez— le oyó decir a sus banderilleros *Angelete* y Peinado: «Hoy es cuando me hacéis falta.» Esa tarde, Jaime Ostos le cortó un rabo al único toro de Miura que se dejó torear. Según Peter Viertel, «Luis Miguel hizo el paseíllo ausente, pálido, y tuvo una mala tarde».

De mejor humor estaba el 15 de agosto en Bayona, cuando se le ocurrió ofrecer a su amigo y seguidor, el conde de Teba, hacer el paseíllo vestido de luces formando parte de su cuadrilla; la prestancia del extraordinario cazador quedó realzada y su semblante sólo se alteró, entre barreras, cuando Luis Miguel, siguiendo la broma, quiso que colocara un par de banderillas.

El 16 de agosto, un toro de Salustiano Galache le hirió en Santander, produciéndole una herida en una pierna. Estrenaba traje negro y oro, y su mente, siempre tan profesional, no estaba en el toro, sino con su padre. Esa noche lo llamó y ya no se pudo poner al teléfono porque estaba agonizando. El 20 de agosto, su corazón, que tanto inspiró las decisiones de su vida, se detuvo.

La muerte de Domingo González Mateos fue un duro revés y un gran golpe afectivo para Luis Miguel porque, como reconocen sus mejores amigos y quienes le conocen bien, Domingo padre era su *manager,* su consejero y también su mejor amigo.

Después de pasar por un trance tan amargo y de dar sepultura a su padre en el cementerio de San Isidro de Madrid, Luis Miguel hizo honor a su condición humana y a su demostrada profesionalidad, viajando ese mismo día a Cádiz para cumplir con su compromiso de reaparecer en la ciudad gaditana el 24 de agosto. En su brazo izquierdo lucía esa tarde y el resto de la temporada un brazalete negro, en señal de luto.

El 5 de septiembre tuvo una gran actuación en Aranjuez. Antonio Díaz-Cañabate escribió: «Es la tarde más completa de cuantas le he visto desde sus comienzos novilleriles.» El 18 le brindó un toro en Segovia a Domingo Ortega.

El 28 volvió a torear en Madrid, esta vez en Vista Alegre, para alternar con Antonio *Bienvenida* y José Gómez *(Cabañero),* en el festejo conmemorativo del cincuentenario de la inauguración de la plaza, y para cuyo aniversario Pablo Picasso hizo un dibujo, que se reprodujo en el cartel de la corrida. Tras unos días alicaído se mostró de nuevo pletórico cortando un rabo al quinto de la tarde.

Corrochano escribió en *Cuando suena el clarín:* «De la plaza de Vista Alegre se salió en corrillos hablando de Luis Miguel con una rara unanimidad: "Está en su momento." "Anda por el ruedo como por su casa."» Sentenció: «Una cosa es torear y otra saber torear.»

Al día siguiente toreó en la plaza de toros de Sevilla y colocó el cartel de «No hay billetes». Tuvo, además, una gran actuación y demostró al novel Diego Puerta —al que ese día concedió la alternativa— cuál es el camino del éxito. La faena ha quedado en los anales como «la faena al toro de Arellano.»

Antonio Díaz-Cañabate le volvió a ver en Guadalajara el siguiente 16 de octubre y escribió: «En esta temporada nos hemos encontrado con un Luis Miguel solemne. Jamás alteró su andar por el ruedo. Corre lo indispensable. Atrás quedó el adolescente, corretón y saltarín. En plena juventud ha adquirido el aplomo de la madurez, con gravedad y majestad.» Ese día sufrió una importante voltereta.

Pero la muerte de su padre no fue sólo un trauma personal para cada uno de los *Dominguín* y, muy especialmente, para Luis Miguel. Fue también una inmediata responsabilidad porque en el lecho de muerte, el patriarca pidió a sus hijos —en concreto a Luis Miguel— que olvidaran las rencillas anteriores y volvieran a apoderar a Antonio Ordóñez.

Es también Corrochano quien confirma que un día, el padre de los *Dominguín,* ya muy enfermo, le dijo: «Gregorio, no quisiera morirme sin juntar a Luis Miguel y a Antonio.»

Y así fue: durante el invierno de 1958 y los primeros meses de 1959 la «reconciliación» se produjo, planificándose por Domingo, Pepe y Luis Miguel una temporada en la que los dos cuñados figurarían juntos en varios carteles e incluso se «montarían» tres o cuatro «mano a mano». Así lo ha recordado el propio Luis Miguel: «Yo le dije a Antonio: "Mira, vamos a establecer un poco de competencia, porque me voy a retirar del toreo y esa es la forma de que la atención se centre en ti". O sea, que esta competencia la inventé yo.»

Corrochano, en su libro *Cuando suena el clarín,* desmiente la novelada versión de Hemingway sobre la rivalidad con Antonio Ordóñez, concediéndole al acuerdo entre los cuñados un puro interés comercial. «He vuelto a los toros porque soy torero y basta», dice que declaró Luis Miguel. Corrochano también nos ofrece esta opinión de Antonio Ordóñez: «No, no creo que lleguemos a enfrentarnos directamente en un "mano a mano"; no resultaría buen negocio, y, además, no estamos de acuerdo en la cuestión económica; ganamos más toreando por separado.» Y añade Corrochano: «Lo que para alguien tenía aspecto de competencia, para ellos era un convenio colectivo muy de la época.»

Y una revelación más precisa del propio Corrochano nos aclara que cuando Luis Miguel, hablando de su rivalidad con Antonio Ordóñez, le dice a su padre: «Ya sabes que por mí no es», su padre insiste: «Lo sé, pero quiero que parta de ti la iniciativa, ya que yo, por mi enfermedad, no tengo tiempo de hacerlo. Ponte de acuerdo con *Dominguito.*» Y Luis Miguel obedeció a su padre: «Si esto te tranquiliza, lo haré; dalo por hecho.»

Y así terminó la conversación entre padre e hijo, según el gran escritor: «Aunque te estoy hablando de toros, por primera vez no pienso en los toros, pienso en tu hermana, pienso en tu madre, pienso en todos, en vosotros y en él.» «Pues no se hable más, padre —contestó Luis Miguel—, que te emocionas demasiado, y esto no tiene importancia. Se hará lo que tú dices y como tú quieres; te lo prometo.»

En 1959 Luis Miguel cobró más dinero que ningún otro torero de su tiempo; había vuelto —como casi todos los toreros— por dinero y por dejar una última lección de su poder y su dominio. Pero el cumplir con el testamento paterno le animó a continuar una temporada más y en ella a compartir con su cuñado Antonio las mieles de una competencia no pedida por los públicos.

Sólo los íntimos círculos taurinos conocían la discrepancia familiar y el dolor que habían causado las declaraciones de Ordóñez al abandonar la casa *Dominguín*.

Que no se pretendía montar una rivalidad se demostró en que Luis Miguel no toreó con Antonio Ordóñez hasta el 27 de junio en Zaragoza, es decir, con la temporada próxima a su mitad. Hasta ese día, Luis Miguel toreó varias corridas en Francia —en Arles, Toulouse, Marsella y Béziers— y en Barcelona y con éxito, demostrando hallarse en excelente ánimo y con su extraordinario dominio del toro y del público, que ya no le hostigaba como en su primera etapa. También es cierto que él había templado su carácter y su agresividad.

En estas primeras actuaciones suyas le acompañó su amigo Peter Viertel, que, años después, publicaría una novela inspirada en Luis Miguel titulada *El amor yace sangrando* y un libro de memorias, *Dangerous friends* («Amigos peligrosos»), en el que evocaría su amistad con el torero. Viertel le ve torear en Granada y Toledo.

En Aranjuez, cenando en La Rana Verde, Luis Miguel le revelará a Peter Viertel: «A Ernest le encantan los desastres.» Y es que Hemingway se encontraba ya en España, dispuesto a vivir su última aventura literaria.

Al llegar a Madrid, Viertel acompañó a Luis Miguel al sanatorio Ruber a visitar a Ordóñez, herido en Aranjuez. Hemingway no estaba. Se había ido al Museo del Prado.

Y por fin llegó la Corrida de la Beneficencia en Zaragoza, celebrada el 27 de junio, y en la que al aliciente de ver torear a Luis Miguel y a Ordóñez juntos se unía el de volver a ver en los ruedos españoles a Pepe Luis Vázquez, que había decidido reaparecer. A Zaragoza llegó Ordóñez pletórico después de haber realizado en Madrid una gran faena a un toro de Atanasio Fernández, bautizada por Gregorio Corrochano como «Faena de príncipe», porque tuvo el honor de ser brindada al entonces príncipe Juan Carlos de Bor-

En Barcelona, el 29 de junio de 1959, se hizo realidad el presagio de Gregorio Corrochano: «Los cuñados no hicieron uso del parentesco porque el torero más incómodo para Luis Miguel es Antonio Ordóñez y el más incómodo para Antonio Ordóñez, Luis Miguel»

Con casi cincuenta años impresionaba verle cómo seguía dando la larga cambiada. En barrera, *el Cordobés*

bón. «Antonio Ordóñez con el capote es la estatua de la Verónica», dirá después el propio Corrochano.

Esa tarde, Pepe Luis dejó detalles de su arte con el capote, Ordóñez estuvo muy bien en un toro al que toreó de capa y, como Luis Miguel no había tenido fortuna con sus dos toros, pidió lidiar el sobrero, detalle que avalaba que si no existió competencia —en un sentido empresarial y financiero— sí hubo estímulo porque, como dijo Corrochano, «el torero más incómodo para Luis Miguel es Antonio Ordóñez y el torero más incómodo para Antonio Ordóñez es Luis Miguel».

Antonio Ordóñez no pisó el ruedo durante la lidia del sobrero, ni siquiera cuando Luis Miguel le requirió para que hiciera un quite. Como dice Corrochano: «Los cuñados no hicieron uso del parentesco.»

Luis Miguel brindó el sobrero de Samuel Flores a Domingo Ortega, Antonio Márquez y Alfredo Corrochano que, juntos, ocupaban un burladero, y les dijo: «Brindo por las tres viejas glorias del toreo que van a envejecer viéndome torear, porque yo voy a tardar mucho en irme del ruedo.» Y le cortó el rabo al toro, saliendo a hombros.

El 29 de junio, día de San Pedro, volvieron a encontrarse ambos toreros en Barcelona, con Antonio *Bienvenida* de primer espada, y el 12 de julio en El Puerto de Santa María, esta vez con el nuevo espada de Puerto Real, Juan García *(Mondeño).*

Y llegamos a Valencia, donde Luis Miguel se ha comprometido tres tardes, dos de ellas con Antonio Ordóñez, y la última, «mano a mano». En esta, Luis Miguel lució un traje azabache de original diseño y, cuando toreaba de muleta al quinto, resultó herido de gravedad en la ingle derecha. El verano teñía ya los rayos solares de sangre y Ernest Hemingway alimentaba con ella las crónicas, que *Life* publicaba. La cornada fue grande y grave porque llegó al peritoneo sin perforarlo.

Una cornada tan grave merecía en una temporada normal un descanso superior a los veinte días, pero en ese verano había muchos contratos, mucho dinero, y sobre todo demasiado celo para quedarse en la cama. Luis Miguel reapareció en Málaga el 14 de agosto, donde tenía la segunda cita «mano a mano» con Antonio Ordóñez. Corrochano, que siguió el duelo, escribió que «ninguno de los dos se reservó: en cada toro fueron a superarse; les sacaron a los toros hasta el último átomo de bravura». Fue una gran corrida de toros y ninguno de los dos toreros acusó que sus taleguillas rozaban cicatrices recientes (Ordóñez había vuelto a ser herido en Palma de Mallorca). No se acordaron de sus heridas a pesar de que Luis Miguel fue volteado. «Sucedió —recuerda Luis Miguel— porque me quedé muy cruzado y encunado y no me respondió la pierna.»

El siguiente «mano a mano», en Bayona, estuvo rodeado de enorme expectación; en los tendidos estaba Lauren Bacall, que, animada por Hemingway y por su amistad con Luis Miguel, le siguió a todas partes. Dos trenes de periodistas ajenos al mundo de los toros se habían dado cita en la simpática plaza de Lachepaillet. En el callejón, el premio Nobel encontró a su viejo «amigo» Domingo Ortega y al escritor Gregorio Corrochano: el duelo era también literario. El acontecimiento permanecerá en los anales de Bayona. Ordóñez cortó seis orejas y un rabo y Luis Miguel —no recuperado aún— se llevó los toros peores. Al día siguiente, Luis Miguel —alternando con Jaime Ostos y el madrileño Luis Segura— estuvo soberbio con un gran toro de Antonio Urquijo.

La rivalidad les llevó a Ciudad Real, donde volvieron a enfrentarse «mano a mano» y donde Luis Miguel continuó sin recuperarse de la cornada de Valencia, de la que sólo han pasado diecisiete días. En Málaga, al sufrir la voltereta, se resintió la rodilla; lo mismo ocurrió en Bayona, donde estuvo a punto de caer. En Ciudad Real las cosas no salieron tampoco a su gusto y en un momento de lucidez decidió parar esta locura contraria a su propia concepción de la profesionalidad. Sin embargo, aparece Pablo Martínez Elizondo, empresario de Bilbao, donde toreaba los días 19 y 20 de agosto, y le convence.

En contra de esto, Corrochano escribe: «Los toreros que llevan la responsabilidad pegada a su nombre no pueden —no deben— hacer concesiones para salvar una taquilla.» «Luis Miguel no ha debido venir a Bilbao», escribirá dos días después. Corrochano denuncia que si viviera el padre de Luis Miguel, hubiera impedido que este toreara.

En un palco está Carmen Polo de Franco: los toreros hacen el paseíllo montera en mano en recuerdo del primer aniversario de la muerte de Domingo González *Dominguín,* padre de Luis Miguel.

«Se ve que Luis Miguel no está para torear —escribió el famoso crítico—; le falta una pierna y le falta gusto, le falta moral, porque él sabe mejor que nadie que no está para torear, que no puede torear como él debe torear.»

Se cuenta que, conocedor de sus limitaciones físicas, Luis Miguel le dijo al marqués de Villaverde: «Cristóbal, vete a la enfermería que este me coge.» Lo cierto es que al colocar el toro para el caballo, Luis Miguel sintió que la pierna le fallaba justo en el momento en el que el toro vio al picador y, como no pudo «escaparse», el toro le cogió contra el peto. Es la más extraña e inconcebible cogida de la historia taurina de Luis Miguel, y quienes conocen sus facultades y su poder no se explican un fallo de esas características. Pocos conocen la pequeña historia del percance cuya noticia dará la vuelta al mundo de la letra impresa. Para la gran historia, el *verano sangriento* fue una gran victoria para Antonio Ordóñez, al que la rivalidad con Luis Miguel llegó en su justo momento de sazón, de intensidad estética y en el preciso instante en el que su elegancia, su empaque y su calidad se asentaban en un valor sólido a prueba de cornadas.

La herida de Luis Miguel se produjo en el mismo lugar que la de Valencia, y aunque fue menos profunda descosió los puntos. Al frente del equipo médico de la plaza de toros de Bilbao, el doctor San Sebastián operó al torero y, cuando hubo terminado, le dijo a Manolo Tamames: «Ahí tiene a su niño. Cosa, doctor.»

Lucía Bosé, contraria a que su marido toreara y enojada por la intensidad de los últimos percances, pronunció una frase célebre que la prensa recogió con justificada emoción: «Me dijeron que me casaba con un gran torero, pero veo que me he casado con un novillero de Vista Alegre.»

ABC preguntó a *Dominguito* si en las dos cogidas sufridas por Luis Miguel podía haber influido su competencia con Ordóñez. El apoderado de ambos contestó: «¿Y por qué no? No olvide que son dos toreros que dan de sí todo lo que pueden. Y que Antonio Ordóñez, además de estar magnífico, es el torero más fuerte con el que se ha enfrentado Luis Miguel.» Igualmente a instancias de *ABC,* al llegar a Madrid, Luis Miguel contestó a la pregunta «¿Cómo ve a su cuñado?» con esta sinceridad: «Para mí es el torero más completo y profundo de todos los que he conocido. En este juicio no entra el parentesco que nos une. Nosotros podríamos hacer un quite para evitarnos el uno al otro una cornada si toreamos juntos, pero le aseguro que, a la hora de cortar una oreja, él y yo hacemos cualquier cosa por llevárnosla. Esa misma rivalidad nos impide cualquier componenda.»

Cuando a comienzos de la temporada siguiente le preguntaron a Antonio Ordóñez: «¿Crees que Luis Miguel es, en verdad, el número uno?», este respondió: «Era el número uno de los de antes....»

Ya es conocida la visión dantesca y apocalíptica que de esta confrontación dio Hemingway, cuyos artículos en *Life* eran leídos con moderada indignación por los amigos tanto de Luis Miguel como del propio Antonio Ordóñez, como es el caso del genial director de cine Orson Welles. «Luis Miguel llegó a pensar en presentar una querella», dice Peter Viertel, pero hizo caso a sus buenos amigos y sobre todo a la invitación de Pablo Picasso de ir a descansar a su casa en la Costa Azul.

Para quienes vivieron de cerca esta rivalidad histórica, como el crítico Antonio Abad *(Don Antonio),* «Antonio Ordóñez no dio cuartel a su cuñado y cuando el rondeño estaba inspirado, lo bordaba. Luis Miguel se mantuvo a fuerza de orgullo y dominio, pero por fin cayó herido, y por la herida de Luis Miguel se desangró el pacto de la familia. Antonio dejó de ser apoderado por Domingo y Pepe *Dominguín* y la nueva retirada de Luis Miguel dejó a Antonio como depositario del cetro del toreo».

Seis toros de despedida en El Puerto

El eco de la rivalidad entre ambos toreros había llegado a las plazas de América, donde entonces sí pagaban muy bien a los toreros. Allí fueron Luis Miguel y Ordóñez, que torearon juntos seis corridas de toros, y «mano a mano» en Cali el 3 de enero. El 5 de marzo, Luis Miguel inauguró la plaza de toros de Quito, repitiendo el domingo 13.

A su regreso, Luis Miguel descansó planificando una última campaña a su aire, coincidiendo solamente en Francia con Ordóñez. Algunas corridas de esta última temporada de 1960 quedarán grabadas en las efemérides de un año en el que el escalafón contempla la llegada de una sólida generación de toreros que llenará el panorama taurino de los próximos decenios: Puerta, Camino y Curro Romero.

El 15 de agosto de 1960 la cita era en Bayona, que fue siempre una de sus plazas favoritas y en la que mayores triunfos obtuvo. Por primera vez desde Bilbao, volvía a encontrarse con Antonio Ordóñez. De nuevo, el morbo de la rivalidad incitó a los que buscan en el toreo ese ingrediente y allí estaban los amigos de ambos: Hemingway y también Peter Viertel, que se había instalado en el hotel Du Palais de Biarritz acompañado de su nueva mujer, la famosa y delicada actriz de cine británica Deborah Kerr. Juntos asistieron a la corrida desde una barrera, donde la cuadrilla les pidió que acogieran al pequeño don Marcelino. Luis Miguel, con su ironía de siempre, rápido de reflejos y caballeroso, se dirigió a ellos y les brindó la muerte de uno de los toros, con estas palabras: «Recién casados y ya con un niño tan mayor.»

Es el buen torero colombiano Pepe Cáceres —al que apoderaba *Dominguito*— el testigo de la reconciliación entre los cuñados que obtuvieron un gran éxito, aunque el público se mostró exigente con Ordóñez. Cuatro orejas cortó Luis Miguel, lidiador maestro de unos débiles toros de Urquijo; idénticos trofeos consiguió el colombiano, mientras que Ordóñez añadió a su premio un rabo. ¡Doce orejas y un rabo!

En este año, Luis Miguel utilizaba una avioneta para sus desplazamientos, lo que le permitía estar más tiempo en «Villa Paz» o en Madrid y también en la ciudad donde iba a torear. Por eso le confesó a Viertel: «Mira, Peter, ir en avión está muy bien, pero tiene el inconveniente de que el torero tiene mucho tiempo para pensar y un torero, cuanto menos piense, mejor.» El fiel Teodoro cubría los trayectos cortos con un sensacional Cadillac, con baca y botijo, y en él siempre había un hueco para Peter Viertel o para el pequeño fotógrafo Cuevas, que así llegaba a Madrid a tiempo de revelar las fotos.

Las cosas están saliendo tan bien, que la empresa de Madrid le convence para que vuelva a Las Ventas como figura de la Feria de Otoño. Y le convencen con argumentos económicos y sentimentales, porque él siempre ha querido torear en su ciudad y porque le hacía ilusión confirmar la alternativa a Victoriano de la Serna, joven novillero, hijo del gran Victoriano de la Serna que rivalizó en los años treinta con su genialidad y arte con las figuras del toreo.

El 15 de septiembre de 1960 Luis Miguel hace en Madrid el paseíllo flanqueado a su derecha por Victoriano Cuevas Roger, también producto de una dinastía heroica: los valerosos *Valencia*. Luis Miguel, en palabras de los críticos de la época, tuvo una gran actuación con uno de los toros de Samuel Flores, al que desorejó; en el otro, dio la vuelta al ruedo. José Luis Suárez-Guanes escribió, sin embargo: «La faena de la tarde la realizó Victoriano *Valencia,* que vuelve a repetir el milagro del novillo *Carpeto* con el toro *Talaverano.*»

Además del día ya relatado, volvió el domingo siguiente, 22 de septiembre, con una corrida también escogida por él, de una de sus ganaderías preferidas: Palha. Dos vueltas dio en el cuarto toro, después de una buena faena, que no remató con la espada.

Entre ambos días, nuevo viaje a Arles para torear con Aparicio y Antonio Ordóñez y volver a encontrarse con su amigo Picasso que, días después, le visitaría en su habitación del hotel Imperator cuando toreó en Nimes.

Pero Luis Miguel no sería quien es si no hubiera organizado su despedida del toreo, porque eso fue la corrida celebrada en El Puerto de Santa María el 12 de octubre. Seis toros de distintas ganaderías para él solo, aunque en compañía de los que durante más de quince años fueron sus seguidores y amigos, como Manolo Tamames, Cristóbal Martínez-Bordíu —al que brindó el segundo toro—, los también doctores Jiménez Díaz e Hidalgo, el pequeño don Marcelino, Emiliano Covisa, Domingo Ortega y Gregorio Corrochano. También estaban varios periodistas extranjeros y dos de *Paris Match*. Se vistió de rosa y oro y cobró —dicen— más de dos millones de pesetas, percibiendo una cantidad fija y un porcentaje sobre la taquilla.

Luis Miguel ya había toreado en El Puerto el anterior 1 de septiembre, siendo testigo de la alternativa que Álvaro Domecq y Díez le otorgó a su hijo Alvarito Domecq Romero, en corrida nocturna que contó con el atractivo adicional de ver a Diego Puerta y Paco Camino, los dos toreros de la nueva generación que mejor han asumido la condición de jóvenes figuras. Pero esta vez el reto era demostrar que se iba de los toros porque quería, en su mejor momento, sin que nadie le invitara a retirarse y totalmente recuperado de las dos graves cornadas del año anterior.

Los toros seleccionados por *Dominguito* pertenecían a las ganaderías de Juan Pedro Domecq, Joaquín Buendía, marqués de Villamarta, Jesús Sánchez Cobaleda, marqués de Domecq y Ángel y Rafael Peralta.

Al terminar el paseíllo escuchó una gran ovación, a la que correspondió desde el tercio, montera en mano. Fiel a su estilo, dio a cada toro su lidia, mostrándose variado en el capote y las banderillas —sólo banderilleó dos de los seis— y artista dominador con la muleta. Al segundo toro le dio seis pases en redondo y al quinto seis naturales largos y mandones abrochados con el pase de pecho. Cortó dos orejas del segundo y las dos y el rabo del cuarto, dando la vuelta al ruedo en el sexto, acompañado del sobresaliente Pepe

Álvarez y las cuadrillas, con Domingo Peinado y los hermanos Luque Gago al frente.

Todo hubiera quedado en los anales de su memoria y en la de la plaza de toros de El Puerto si no fuera porque en el cuarto toro una anécdota puso de relieve una vez más la personalidad de Luis Miguel y su especial facilidad para aceptar el reto que todo artista ha de tener por actuar en público. Estaba toreando Luis Miguel al toro de Sánchez Cobaleda por el pitón derecho, cuando una voz de un tendido de sol, exigente e inoportuna, gritó: «¡Con la izquierda, Luis Miguel!»

Pero Luis Miguel siguió toreando con la derecha después de haber hecho un gesto con la mano, para demostrar que había oído la petición del anónimo espectador y cuando creyó que el toro ya había recibido la lidia conveniente y le tuvo cuadrado para entrar a matar, se perfiló, sin haber empuñado una sola vez la mano izquierda.

Pero entonces, cuando ya nadie se acordaba del grito del aficionado de sol, Luis Miguel se cambió de mano el estoque y la franela, rectificando la posición, y antes de que el toro embistiera, se lanzó fulminante sobre él y enterró, con su mano izquierda, el estoque en todo lo alto del morrillo.

Lección al espectador y alarde de sabiduría del torero a la vez, que demostró su conocimiento de la res, al mismo tiempo que su picardía, ya que nadie sabía que en el toro anterior se le había salido el hombro derecho.

Para Gregorio Corrochano, que recoge el suceso en *Cuando suena el clarín,* la razón de que utilizara la mano izquierda no fue sólo la lesión y que un espectador se lo pidiera, sino que al hacerlo Luis Miguel pudo matar al toro en la suerte natural, cosa que le había sido imposible al descuadrarse tres veces el toro. Y concluye el escritor: «Dicen que en esta corrida se retiraba Luis Miguel *Dominguín.* Yo aquí le espero. Vengo de la playa donde he visto retirarse el mar, y luego volver con la marea a bañar la playa.»

El ocaso de los dioses (1971-1973)

Luis Miguel decidió volver a los toros en 1970 y, fiel a su trayectoria, se encerró durante el invierno para perder los kilos ganados en las «farras» y en los saraos. Durante estos años había procurado, sin embargo, torear en el campo becerros y toros de su propia ganadería comprada en 1960 a Piedad Figueroa y a los que había marcado con el hierro que hacía honor a su personalidad: los toros de Luis Miguel lucirán en el brazuelo el «número uno».

Pero una becerra rebelde y aviesa frustra sus ilusiones al cornearle de gravedad. Ocurre en la finca de Miguel Báez *(Litri)* en Huelva. Cuando se recuperó vio que la temporada estaba ya vencida y optó por esperar a 1971 para volver a sentir la inquietud de las habitaciones de hotel, el celo por el toro y la rivalidad con los jóvenes matadores que se abrían paso entonces.

Algunas de las razones de su retorno pertenecen a la norma común: ansiedad, frustración y necesidad económica. Otras son de su exclusivo mundo: en 1970, Luis Miguel empieza a aborrecer su vida privada, atraviesa una grave crisis de identidad que deteriora su relación con María —ya muy dañada— y se siente vacío, sin ilusión. En estos casos, volver a los toros con cuarenta y cinco años no era ninguna locura y, aunque parezca un contrasentido, Luis Miguel anhelaba retornar a la vida sacrificada, de ejercicio y disciplina, después de haber llevado una vida de diversión.

Como muestra, en diciembre había participado en una cacería de faisanes en una reserva italiana en compañía del armador griego Stavros Niarchos, el príncipe Bernardo de Holanda y el actor Walter Chiari. Por cierto que los cazadores fueron acusados por un juez de haber incumplido la ley italiana que prohibía la caza con nieve.

Su reaparición se produjo el 10 de octubre de 1970 en Madrid en el festival por los damnificados del Perú y le demuestra que su nombre no se ha olvidado y que, como Antonio *Bienvenida* —que también vuelve—, ha sido tratado por los aficionados y por los medios de comunicación como un maestro.

En diciembre de ese mismo año, los citados medios polemizaron sobre la conveniencia de su retorno, al saberse que Balañá le había firmado una importante exclusiva para 1971: veinte corridas a un millón por cada una de ellas eran razones suficientes para compensar el sacrificio que era preciso realizar para introducirse en un traje de luces. Por supuesto que, antes de su reaparición y para crear la expectación adecuada, Luis Miguel negó su retorno: «No vuelvo; torearé sólo por vocación, pero no me vestiré de luces. Sólo tientas y algún que otro festival.»

Para animar más el ambiente, el rumor a primeros de enero de 1971 hablaba de que Luis Miguel formaría cartel con Manuel Benítez *(el Cordobés)* en las principales ferias de España. Hubo fotos de los dos juntos en una cacería, visitas del uno al otro, en «La Virgen» y «Villalobillos», y juntos torearon unas becerras pero, al final, no llegaron a emparejarse los dos toreros que con mayor fortuna habían sabido explotar su propia imagen al margen de los ruedos. «Torearé con *el Cordobés* si el público lo pide y allí donde lo pida», declaró Luis Miguel a un grupo de periodistas en su propia finca, donde también habían «aterrizado» Antonio *Bienvenida* y *el Cordobés*.

Allí anunció Luis Miguel que volvía a los toros en el mes de junio, una vez pasados Sevilla y San Isidro, pero con el ánimo de comparecer en las plazas de primera que fueran convenientes, oportunas y que abonaran sus altos emolumentos.

Su reaparición en Las Palmas de Gran Canaria el 10 de junio de 1971 no consiguió acallar las críticas de los agoreros que se pronunciaban contra el retorno de los llamados viejos; para su organización, Domingo había fichado a dos periodistas de la desenvoltura y tablas de Tico Medina y Rafael Muñoz Lorente, que duraron hasta el mes de agosto, cansándose de que los compromisos económicos no se cumplieran ni en cantidad ni en plazo. La prensa afín a Antonio *Bienvenida* —es decir, *ABC* y el jefe de su sección taurina, Vicente Zabala— sostuvo que Luis Miguel se apoyaba en Antonio para reaparecer, ridícula tesis que provocó el enfado de Luis Miguel. Esto no perjudicó la buena y leal amistad entre los dos símbolos vivientes de las dos dinastías madrileñas que estaban por encima de estas cosas, como prueba que Antonio *Bienvenida* —como ha contado el propio Zabala— le pidiera al crítico un trato benévolo y favorable para Luis Miguel para la primera actuación en la Península, que fue en Alicante, y en la que Luis Miguel se resarció con creces de la anterior, cortándole el rabo a un buen toro de Atanasio Fernández, como recuerda el gran aficionado Mauricio Gor, duque de Gor: «Estuvo colosal y mira que yo no he sido luismiguelista. Se vistió en casa de Alberto Closas y allí fui a saludarle con Ángel Luis *Bienvenida*, que había viajado conmigo para verle.» Esa tarde, Luis Miguel ofreció la alternativa a José María *Manzanares*, torero aún en activo, y le brindó un toro a Deborah Kerr.

Hay que conocer bien la historia del toreo para saber que muchos de los contratos de Antonio *Bienvenida* en esta y otras épocas se gestaron por influencia e imposición de Luis Miguel, y ello no es demérito alguno para el gran torero de la calle General Mola de Madrid, que fallecería en octubre de 1975, pocos días antes que Domingo *Dominguín*.

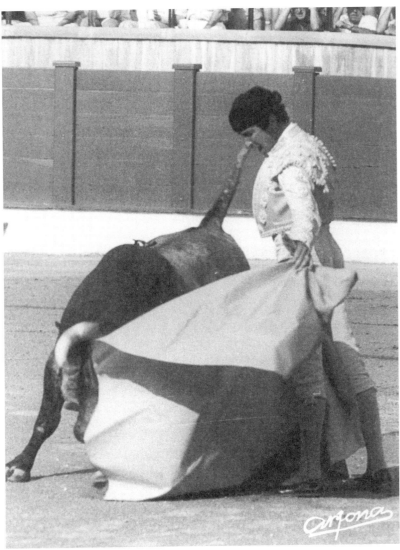

En 1971, once años después de su última retirada, volvía a los toros,
cuando tenía cuarenta y cinco años

Don Marcelino bautizó a esta temporada como «la de la pantera rosa» pues, para dar que hablar, Luis Miguel había diseñado unos trajes casi sin oro —es decir, sin peso— con mucha seda y con unos mínimos dibujos que evocaban trazos picassianos. Por supuesto, Luis Miguel no desveló si había sido su amigo —que por entonces ya no lo era tanto— Pablo Picasso quien había tenido la ocurrencia o Rafael Alberti, a quien también se atribuyó la novedad. Sólo el gran sastre Fermín sabe los desvelos que le costó interpretar la voluntad heterodoxa y provocadora de Luis Miguel.

Toreó por placer y se mantuvo con dignidad en las casi cuarenta corridas en las que tomó parte. Alternó mucho con Sebastián Palomo *(Linares),* del que se haría muy amigo, y se reencontró con Paco Camino, con el que ya había coincidido en su última etapa activa. En septiembre, Domingo anunció que Luis Miguel y Antonio *Bienvenida* no seguirían alternando en los mismos carteles, ofreciendo la razón oficial de que «los públicos recibían mal un cartel con dos toreros veteranos». El 21 de septiembre, en Valladolid, fue el último día que ambos diestros torearon juntos.

En octubre, Luis Miguel acometió con su hermano Domingo la osadía de torear en Belgrado dos corridas de toros, con el resultado satisfactorio en lo propagandístico y no tanto en lo físico, ya que en la segunda corrida resultó herido. El presidente de los festejos fue el notario de Madrid, y destacado partidario suyo, Manuel Amorós.

Tras el *impasse* invernal, continuó en activo durante 1972, no pudiendo vestirse ni en Nimes el 20 de mayo, ni en Quito los días 23 y 25 del mismo mes, a causa de una lesión. Reapareció en Estepona el 4 de junio. En barrera presenció el festejo el entonces ministro de la Gobernación, Tomás Garicano Goñi. Su amistad con Palomo *Linares,* al que apoderaban los hermanos Lozano, favoreció que estos —buenos amigos suyos— y Domingo volvieran a unirse en algunas plazas administradas conjuntamente. En este año reapareció en Madrid el 9 de julio en su vieja plaza de Vista Alegre, compartiendo cartel con Curro Romero y el mexicano Eloy Cavazos.

El 11 de julio concedió una entrevista a *El Ruedo* en la que reconocía: «¿Mi cartel ideal? Sería bonito y de garra un cartel con *Manolete,* yo y *el Cordobés* —dicho en orden de antigüedad—; pero si se pudieran lidiar ocho toros, dejaría un hueco para Antonio Ordóñez.»

Esta segunda temporada en activo con más de cuarenta años le obligó a enfrentarse a los jóvenes *Manzanares, Paquirri* y Dámaso González, y ante los ya consagrados Puerta y Camino; pese a que

En 1973, con su retirada, empezaba a nacer el hombre; atrás quedaba el éxito, el humo cegador, deslumbrante y perfumado de las ganas de ser y de vivir... y empezaba el después del éxito, la prórroga de la vida

según algunos críticos su toreo «no emociona» —como ocurre con todos los que basan su profesión en el conocimiento y el oficio—, Luis Miguel siguió dando que hablar, esta vez en Italia, donde una llamada Asociación de Lectores le eligió personaje «importante del mes», siendo la bella aristócrata y actriz Ira de Fürstenberg la que le hizo entrega del trofeo en un céntrico hotel de Roma. También es Italia el país elegido por Luis Miguel para seguir impulsando la fiesta de los toros y a este fin creó una compañía de producción taurina, bautizada Medici-González, que tenía previsto ofrecer dos corridas de toros en agosto y otras en septiembre. «La corrida tenía que ser a la española —recuerda Luis Miguel—, es decir, constar de tres toreros, porque de lo contrario yo renunciaba a bajar al ruedo. Llegué a grabar un programa para la RAI explicando el mundo de los toros, pero al fin no hubo autorización.»

En Vitoria, el 8 de agosto obtuvo un notable éxito, así como en Bayona, doce días después. Precisamente sería en la plaza de Lachepaillet, en la ciudad francesa, donde el 3 de septiembre sufriría una grave cornada de quince centímetros en el escroto que el doctor Grenet calificó de grave, y a la que se añadió una contusión muy dolorosa en la región lumbar.

Pero fiel a su raza, el 17 de septiembre reapareció en Arles, concluyendo su temporada con actuaciones en Valladolid, Logroño —en sus ferias de San Mateo— y en Barcelona. Además, en junio viajó a América para cumplir compromisos en Ecuador y Venezuela, reviviendo en ambos países el impacto que su nueva y madura personalidad causaba en aquellos mundos que tan bien dominaba.

Luis Miguel tenía a principios de 1973 cuarenta y siete años. En estas dos últimas temporadas completó sus necesidades de liquidez y midió el impacto de su tirón con los diestros y los públicos de otra generación. España asistía a los últimos años de un régimen personalista en el que él había conquistado el máximo poder. Su figura, alta y erguida, su porte señorial y altivo, y sobre todo su científico toreo seguían siendo argumentos suficientes para completar su casta y temperamento. A esa edad, Luis Miguel aún tiene arrestos para no dejarse avasallar.

Balañá, que lo sabe, le ofrece continuar una temporada más, garantizándole un número de actuaciones y una cantidad de dinero, aspecto fundamental porque «hay tardes —me ha reconocido Luis Miguel— que era muy duro vestirse con medias rosas y subirse a un coche moderno, cuando ya el hombre había llegado a la Luna, sin caer en el ridículo. La compensación económica a esa edad es

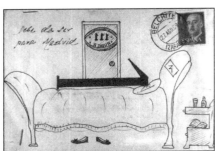

Cartas como estas le llegaban a
Luis Miguel *Dominguín* sin
ningún problema

decisiva y, desgraciadamente, la administración de Domingo era, como siempre, caótica; apenas vi un duro en esta última etapa de mi vida profesional porque él se lo daba todo al partido y a causas nobles, como pagar multas para sacar actores de la cárcel, etc...».

Además, el Luis Miguel financiero regentaba la plaza de toros de Quito y con sus hermanos Domingo y Pepe era candidato a la de Bogotá, arrendamiento que fue concedido finalmente a los hermanos Lozano por cinco años, provocando el distanciamiento definitivo con su hermano Domingo. También en 1973 llegó a un acuerdo con los *Choperitas* para el arrendamiento de la plaza de toros de Vista Alegre.

El 16 de febrero, en la iglesia de San Francisco el Grande de Madrid se casó Francisco Rivera *(Paquirri)* con su sobrina Carmina Ordóñez. Luis Miguel asistió a la ceremonia religiosa como testigo, pero no al cóctel. Testigos fueron también de la unión sus hermanos *Pochola* y Pepe y, entre otros amigos de Antonio Ordóñez, Javier Aranduy, Álvaro Cruzat y Federico Lipperhende.

Domingo no estuvo, porque —desengañado y solo— había decidido empezar de nuevo en América, dejando en solitario a su hermano en el último tramo de su vida taurina. Luis Miguel recibió una importante oferta de la empresa de toros de Madrid: dos corridas de toros en San Isidro, a dos millones y medio por cada una, más otros dos, si lograba llenar la plaza. Finalmente sólo torearía una, el 25 de mayo, regresando a Las Ventas tras trece años de ausencia, y aunque llenó —toreó con Camino y Palomo *Linares*— las críticas le fueron poco favorables. Esa tarde vistió —según los periódicos— un traje ciclamen y oro, con adornos modernistas, que no gustaban a nadie, pero que hacía más llevadero el oficio y más práctica la lidia.

Su cuadrilla de esta última temporada fue: a caballo, el histórico Epifanio Rubio *(Mozo)* y Domingo Rodríguez *(Rubio de Quismondo),* y a pie, Antonio Luque Gago, Sánchez Saco y José Garrido. También se animó a despedirse de Sevilla, donde toreó el 29 de abril, ofreciéndole la alternativa a José Antonio *Campuzano* y donde dejó un último testimonio de su carácter al rivalizar en banderillas con su sobrino político *Paquirri* que, saltándose el respeto, quiso humillarle sin conseguirlo. Luis Miguel, que se vio reflejado en la actitud altiva de *Paquirri,* le acabó dando una lección de caballerosidad y elegancia al ofrecerle un nuevo par de banderillas con el que su joven rival pudiera reparar un error anterior, circunstancia que este no había practicado en el otro toro, cuando fue Luis Miguel el que marró.

Repitió en Sevilla el 31 de mayo y en Las Ventas compareció por última vez el 7 de junio, en la Corrida de la Beneficencia, veintisiete años después de haber intervenido en ella por primera vez. Lució esa tarde otro de sus trajes «picassianos», un negro con muy poco oro. A sus años, recibió a uno de los toros con una larga cambiada, suerte que practicó siempre y que impresionaba ver cómo la daba a los casi cincuenta años.

A finales de junio sufrió un profundo agotamiento viéndose obligado a descansar durante quince días. Corrió el rumor de que su retirada era ya definitiva, porque el reconocimiento médico al que se sometió fue exhaustivo.

Por un lado, don Servando —su leal administrador— y, por otro, el doctor Emiliano Roda salieron al paso de esos rumores, emitiendo el doctor un certificado en el que confirmaba que: «Luis Miguel padecía una situación de agotamiento psíquico-físico, con acusada distonía neurovegetativa e hipotonía tensional arterial y astenia acusada, de la que cabe esperar se recupere en doce días.»

El propio Luis Miguel escribió una carta en la que desmentía los rumores de retirada y en la que concluía con un rotundo «pienso continuar mis actividades».

Y así fue. Reapareció en Palma de Mallorca, el 15 de julio, y aún tuvo ánimo para torear quince corridas en el mes de agosto, compareciendo en las ferias de Málaga, Huelva, San Sebastián, Gijón, Ciudad Real, Alcalá de Henares y Linares, y otras diez en septiembre, en las de Jerez (en la Feria de la Vendimia), Murcia, Albacete, Salamanca, Guadalajara y Valladolid. Y el 23 de septiembre de 1973, a los cuarenta y siete años, Luis Miguel González Lucas (Dominguín) toreó en Barcelona su última corrida en España. Para quienes se solacen con el dato histórico, sus enemigos pertenecieron a la ganadería de Sepúlveda y sus rivales fueron Francisco Ruiz Miguel y Julio Robles.

El 1 de diciembre un toro de Francisco Galache frustraba su última ilusión torera al cogerle en la plaza de toros de Quito, donde actuaba junto a Sebastián Palomo (Linares) y el torero local Edgar Peñaherrera, al que concedía la alternativa. Con una fractura abierta de peroné, traumatismo lumbar y un varetazo en el muslo izquierdo, Luis Miguel voló a Madrid en un DC-8 de Iberia; en el aeropuerto de Barajas ya no le esperaba una multitud de seguidores ni había pancartas invitándole a demostrar su superioridad en los ruedos. Una camilla y una ambulancia de la Cruz Roja, por la que había toreado tantas corridas benéficas, le estaban esperando al pie de la escalerilla. El paso del tiempo había convertido al altivo, ufano y titánico lidiador de insultante juventud en un respetable hombre de aire distinguido, burlón y ahora dolorido, al que recibían con cariño sus afines: Lucía Bosé y su hija Lucía; Pepe y su hijo, *Peloncho,* y su cuñado Antonio Ordóñez. El torero había cruzado por última vez el Atlántico, el mismo océano que le vio recorrer los espacios, primero como niño obediente, después como altivo y rebelde joven y, por último, como noble y maduro galán. Ese día empezaba a nacer el hombre; atrás quedaba el éxito, el humo cegador, deslumbrante y perfumado de las ganas de ser y de vivir. Delante, empezaba la dura y despiadada aventura de encontrar en la soledad, en la vida cotidiana, en los negocios, y en uno mismo, la razón de vivir, la prórroga de la vida, el después del éxito.

7

Epílogo

L UIS Miguel ha hecho siempre lo que le ha dado la real gana, privilegio sólo al alcance de quien además de esa libertad tiene el criterio y el carácter para buscar siempre su objetivo. Seductor y tímido a la vez, escéptico como un veterano de guerra y tierno como un candoroso niño, Luis Miguel ha sido capaz de fascinar a hombres y mujeres, a políticos de derechas y de izquierdas, sólo porque en contra de la imagen que él mismo ha cultivado, su bando ha estado siempre en el corazón y en la inteligencia. Devoto de su familia, de los placeres y perversiones que la vida ofrece, acumuló ambición y estímulo para llegar a lo más alto, y cuando estuvo allí, donde la envidia y el tiro al blanco se ejercitan con tanta precisión, desafió a todos y a todo, haciendo el triple mortal para el que no todos los grandes ídolos están dispuestos ni preparados: convertir la antipatía y la provocación en su principal atractivo sobre las grandes masas hispánicas. Despreció a los puristas, ignoró a los mediocres, se codeó con los brillantes números uno como él, sedujo y se dejó seducir por las mujeres más bellas, atractivas e inteligentes y se paseó por el mundo de la mano y el halago de aristócratas y financieros de siempre, de armadores griegos, de reyes con y sin corona, pintores de fama mundial, sin buscar el vano y fútil elogio del crítico taurino. Hizo cualidad de su desprecio al arribista, al amigo del torero y del famoso, compartiendo su mundo también con el más ronco cantaor, la más racial bailaora, el más perdido producto de la noche flamenca. En un atardecer de primavera, cálido y tibio como sus pasiones de hoy, me reconoció con íntima grandeza y sinceridad: «No sé lo que es la envidia y si yo hubiera sido envidioso no tendría perdón de Dios.» Subió a las almenas del castillo, y llevado por un poderoso instinto de destrucción, bajó a las alcantarillas a la búsqueda de uno mismo, donde el humo de la hoguera de las vanidades impide ver quién es quién y sólo se acierta a inhalar el vaho embriagador de los grandes estupefacientes de la civilización.

Amó a mujeres distinguidas. Por amor perdió a sus hijos y por amor también los ha reencontrado. Por soberbia no dio un paso atrás, ni cuando el toro de la vida le embistió con certera acometida. En los toros fue el número uno de un tiempo y de una época; como le ocurrió a Juan Belmonte con *Joselito,* el pueblo le asociará siempre a *Manolete,* quien en el fragor de la batalla humana se fue a la gloria llevándose el halo de la tragedia y la íntima fatalidad. «En las desgracias alguien tiene que quedarse para contarlas, y de la de *Manolete* me he quedado yo.» Impresiona pensar el estímulo que para Luis Miguel ha supuesto la bronca mirada del envidioso, el grito del provocador, la anónima y cobarde reacción de la masa. Más aún en un mundo de gentes tan faltas de coraje, tan complacientes con el adulador interesado, con el poderoso de la prensa. Fue lo que fue, sin televisión, sin que el medio informativo más poderoso del siglo XX se hubiera convertido en el divulgador más contundente de los tiempos modernos. Fue el más impopular de los populares porque no se permitió la menor concesión externa a la debilidad, a la cristalina condición del alma humana.

Después de subir al Everest de la fama y de estar a punto de zozobrar en la riada de las tentaciones, empezó a navegar en una mar más calma, con su anticlericalismo de siempre, su aire burlón, cínico y engreído, que en la intimidad se convierte en calor humano, generosidad, sentido de la libertad y de la independencia, hospitalidad y un alto grado de humanidad. En el zurrón de su vida hay tantos éxitos, que los fracasos hay que buscarlos en el contrasentido que acompaña a los grandes personajes, a los tipos que como Luis Miguel *Dominguín* han hecho de su vida una fuente de energía, sin arrepentimiento ni vuelta atrás.

Durante un año he compartido su escueta reflexión sobre la vida, las personas, su pasado. En enero de 1994, cuando me acerqué por primera vez a su majestuoso refugio en Sierra Morena, me acordé de mí mismo como niño influido por los tics más convencionales de antiluismiguelismo nacional. Afortunadamente, en mi interior había permanecido virgen la curiosidad por el descubrimiento de los seres humanos, mi sano interés por su atractiva personalidad, mi pasión por las vidas apasionadas y mi rendido culto a un personaje cuya biografía es también la de toda una época de la vida española.

En este año he comprendido al adorado y endiosado personaje, he admirado al orgulloso torero, he reconocido en él mis señas de identidad humanas y he creído encontrar en sus silencios mucha incredulidad, poca melancolía, ironía inteligente y siempre el fervoroso y cálido abrazo del gran tipo humano que es Luis Miguel *Dominguín*, todo un *número uno*.

palabras
de
Alfonso Ussía

ESTE libro, estupendo trabajo de Carlos Abella, que ha editado Espasa Calpe, tendría que haberse escrito y presentado hace seis años. No quiero decir con esto que por haber nacido hoy sea menos necesario y menos interesante. Lo digo por una cuestión sentimental. Hace seis años, este *Luis Miguel Dominguín* habría tenido un presentador muchísimo mejor, porque Juan Antonio Vallejo-Nágera no hubiera permitido que nadie ocupara el lugar que hoy a mí me han reservado. Juan Antonio y Miguel eran, y son, porque los abrazos del alma nunca mueren, amigos hasta el fondo de sus sentimientos, ambos números uno, ambos inimitables, ambos unidos por la inteligente ley de las carencias y las compensaciones. Sólo un imbécil puede decir que es amigo de otro porque se parecen mucho. Los grandes amigos se hacen desde la admiración, desde la piel, desde el deseo de alcanzar las virtudes que a uno le faltan. Juan Antonio y Miguel se quieren y se admiran, son amigos, porque uno y otro son lo que otro y uno querrían haber sido. Cuando se moría a chorros, cuando aguantaba el dolor por la única ilusión de un nuevo libro que iba a aparecer, cuando todo estaba perdido, cuando su cuerpo ya no era casi nada y su inteligencia se acostumbraba al silencio, junto a su cama, en la despedida, Juan Antonio me preguntó: ¿Tú crees que se va a vender bien el libro? Sus amigos le decíamos, con razón, y a él le divertía, que era hermano mayor de la cofradía del puño. Por eso, de los rasgos que Juan Antonio destacaba de Miguel, de Luis Miguel, uno siempre sobresalía: la generosidad. «Luis Miguel es la generosidad en persona.» Esa cualidad, esa calidad del hombre, ese repetido sometimiento a la generosidad, se lee y se sobrentiende de continuo en este magnífico retrato de Miguel que, escrito por Carlos Abella y prologado por Jorge Semprún, no ha podido presentar nuestro amigo Juan Antonio.

Yo no he tenido esa suerte. Siempre me fascinó su personalidad, pero le he conocido tarde. Tarde y bien, porque Rosario Primo de Rivera y Urquijo, su buen ángel de al lado, es parienta de quien os habla, y por ello, sin ningún tipo de prudencia, con mucho orgullo y honda satisfacción, puedo proclamar y proclamo que Miguel es el mayor de mis primos, le guste o no le guste, no ser mi primo, sino ser el mayor.

Porque este que aquí veis, ha sido uno de los más grandes toreros de la Historia de la Tauromaquia. Porque este que aquí veis es un español rotundo, un español envidiado, un español no envidioso, un español que supo huir del clamor popular para refugiarse en la soledad, que es el estado natural de los hombres grandes de España. Porque este que aquí veis, ha sido el más mujeriego, y el más golfo, y el más sensible, y el más tierno, y el más duro, y el más cínico, y el más sincero. Porque este que aquí veis, fue un padre áspero y hoy es un gran padre, le han perseguido las mujeres más que a Roldán en Laos y Tailandia, y con peores artes aún, ha sido amigo de enemigos irreconciliables, admirador de enfrentamientos, abogado de imposibles, tesorero de las mejores lealtades y hermano de los suyos hasta el final. Porque este que aquí veis, hijo elegido de Castilla y dos castellanos, se ha toreado al mundo, se lo ha puesto por montera, ha compartido a Franco y a Picasso, a Jean Cocteau y Alonso Vega, a *Manolete* y Arruza, a Hemingway y Ava Gardner, y ha humedecido de sangre orgullosa su competencia con el gran Antonio Ordóñez, su cuñado, quizá el único torero que le produjo sombra y asombro. Porque este que aquí veis, tiene tan alta y grandísima personalidad, que habiendo sido el marido de Lucía Bosé, y siendo el padre de Miguel, nunca ha tenido que soportar el segundo plano, ni aun junto a sus hijas Lucía y Paola, que dejan en segundo plano a cualquiera. Porque este que aquí veis, ha vivido más de lo que la vida otorga, y lo ha hecho porque no conoce los límites ni las fronteras. Carlos Abella ha escrito su biografía, ha transcrito sus palabras y recreado sus recuerdos. Lo dicho, un español único, un torero inmenso, un conquistador sin derrota, un cínico cuando quiso, un tierno avergonzado de su ternura, un buen hijo, un buen hermano, un buen padre, un buen compañero, un tipo genial dominado por su generosidad. Un hombre grande y, en el honrado sentido de la palabra, bueno. O sea, mi primo mayor.

(Presentación del libro
en el hotel Palace
el 19 de abril de 1995.)

bibliografía

ANTIGÜEDAD, Alfredo R.: *Y el nombre se hizo renombre,* 1949.

BACALL, Lauren: *Lauren Bacall por sí misma.* Salvat, 1985.

BARAJAS, C.: *Una mujer llamada María Félix,* Edamex, 1992.

BUÑUEL, Luis: *Mi último suspiro,* Plaza Janés, 1982.

CAÑEQUE, Carlos, y GRAU Maite: *Bienvenido, Mr. Berlanga,* Destino, 1993.

CASTILLO PUCHE, José Luis: *Hemingway (Algunas claves de su vida y de su obra,* Libertarias, 1992.

CLARAMUNT, Fernando: *Juan Antonio Vallejo-Nágera,* Espasa Calpe, 1993.

CLERGUE, Lucien: *Picasso, mon ami,* Plume, 1993.

CONRAD, Barnaby: *Hemingway's Spain,* Chronicle, 1989.

CORROCHANO, Gregorio: *Cuando suena el clarín,* Alianza, 1961.

DOMINGUÍN, Mariví: *Paseo por el amor y la vida,* Temas de Hoy, 1993.

DOMINGUÍN, Pepe: *Mi gente,* Piesa, 1979.

DOMINGUÍN, Luis Miguel, y PICASSO, Pablo: *Toros y toreros,* G. Gili, 1961.

GARCÍA, «K-HITO», Ricardo: *Manolete ya se ha muerto,* Dígame, 1947.

GARDNER, Ava: *Memoires.* Presses de la Renaissance, 1990.

HEMINGWAY, E.: *Muerte en la tarde,* Planeta.
— *El verano peligroso,* Planeta, 1986.
— *Fiesta* «The Sun also rises», Bruguera.
*¡Hola!,*revista: «Memorias de Luis Miguel Dominguín», 1983.
— «Memorias de Lucía Bosé», 1983.
MIRA, Filiberto: *Vida y tragedia de Manolete,* Aplausos, 1984.
OLAIZOLA, José Luis, y VALLEJO-NÁGERA, Juan Antonio: *La puerta de la esperanza,* Rialp-Planeta, 1990.
OLANO, Antonio D.: *Dinastías,* CH. ASS., 1988.
— *Picasso Íntimo,* Dagur, 1971.
PAGÉS, Eduardo: *Dominguín (Su arte y sus éxitos),* 1918.
PELLETIER, Claude: *Bayone, sept siècles de premieres,* 1993.
PORTOLÉS, Alfredo: *Luis Miguel Dominguín. Anécdota, arte y triunfo del extraordinario torero madrileño,* 1948.
SEMPRÚN, Jorge: *Autobiografía de Federico Sánchez,* Planeta, 1977.
— *Federico Sánchez se despide de ustedes,* Tusquets, 1993.
SUÁREZ *(Chocolate),* Antonio: *Diario.*
VIDAL, Nuria: *Ava Gardner.* Fotogramas, 1988.
VIERTEL, Peter: *Dangerous Friends,* Nan. A. Talese, 1992.
VILALLONGA, José Luis de: *La imprudente memoria,* Versal, 1985.
WAYNE, Jane Ellen: *Los hombres de Ava,* Ultramar, 1990.

Índice onomástico

ÚLTIMOS TÍTULOS PUBLICADOS

MICHAEL Y YO, EN LA FAMILIA JACKSON, autobiografía de La Toya Jackson con Patricia Romanowski.

FRANCO, EL PERFIL DE LA HISTORIA, de Stanley G. Payne. 8.ª edición.

MARILYN MONROE, EL CUERPO DEL DELITO, de Graham McCann.

ANAÏS NIN, DESNUDA BAJO LA MÁSCARA, de Elisabeth Barillé.

JUAN ANTONIO VALLEJO-NÁGERA, LA DIFÍCIL SERENIDAD, de Fernando Claramunt, 3.ª edición.

AGATHA CHRISTIE, VIDA Y MISTERIO, de Gillian Gill.

JESÚS DE NAZARET, de Jean-Paul Roux. Prólogo de Antonio Garrigues Díaz-Cañabate.

LA REINA VICTORIA EUGENIA, de Marino Gómez-Santos. Prólogo de Luis María Ansón.

VÁCLAV HAVEL, EL RETO DE LA ESPERANZA, de Eda Kriseová.

SIMENON. MAIGRET ENCUENTRA A SU AUTOR, de Pierre Assouline.

AVIRANETA O LA INTRIGA, de Pedro Ortiz-Armengol.

CATALINA LA GRANDE, LA RUSA EUROPEA, de Isabel de Madariaga.

CARMEN AMAYA, EL DUENDE GITANO, de Mario Bois.

ORTEGA Y GASSET, de Rockwell Gray.

EL SUCESOR, de Raimundo Castro.